2015

浙江外事年鉴

《浙江外事年鉴》编纂委员会 编

ZHEJIANG
FOREIGN AFFAIRS
YEARBOOK

ZHEJIANG UNIVERSITY PRESS
浙江大学出版社

图书在版编目（C I P）数据

浙江外事年鉴. 2015 / 《浙江外事年鉴》编纂委员会编. -- 杭州 ：浙江大学出版社，2016.3
ISBN 978-7-308-15643-1

Ⅰ. ①浙… Ⅱ. ①浙… Ⅲ. ①外事管理－浙江省－2015－年鉴 Ⅳ. ①D827.55-54

中国版本图书馆CIP数据核字(2016)第043264号

2015

浙江外事年鑑

《浙江外事年鉴》编纂委员会编

责任编辑	冯社宁
出版发行	浙江大学出版社 （杭州市天目山路148号　邮政编码310007） （网址：http://www.zjupress.com）
排　　版	浙江新华图文制作有限公司
印　　刷	浙江新华数码印务有限公司
开　　本	889mm×1194mm　1/16
印　　张	22.25
插　　页	16
字　　数	600千
版 印 次	2016年3月第1版　2016年3月第1次印刷
书　　号	ISBN 978-7-308-15643-1
定　　价	150.00元

编 辑 说 明

一、《浙江外事年鉴》由浙江省人民政府外事侨务办公室主持编纂，是浙江省涉外工作年度大事、新事和要事的信息资料文献。

二、《浙江外事年鉴（2015）》主要记述2014年1月1日至12月31日期间发生的涉外事件。鉴于浙江省人民政府外事侨务办公室与浙江省人民政府港澳事务办公室合署这一实际情况，本年鉴将港澳工作也列入收编范围，暂不列入侨务工作。

三、《浙江外事年鉴（2015）》基本保持2014卷的框架结构，全书设图记、特载、省级外事、部门外事、高校外事、企业外事、市县外事和附录八大栏目，共有条目1500余条。条目一般按事件发生时间的先后顺序排列。

四、本年鉴列有详细目录。为方便读者保存和查阅，配有光盘。

五、本年鉴所收内容（含图片）均由省外事侨务办公室各处（室）和下属单位，各市外事（侨务）办公室，以及省级各有关部门、单位和驻浙机构提供。年鉴的编辑、出版得到全省各级各单位外事部门的高度重视与积极配合。借此，谨向参与年鉴编辑工作的领导和作者致谢。因编辑水平所限，书中难免有不足之处，敬请广大读者批评指正。

《浙江外事年鉴》编辑部

2016年3月

2014年2月12日，省委书记、省人大常委会主任夏宝龙会见以色列驻华大使马腾。

2014年5月13日，省委书记、省人大常委会主任夏宝龙，省委副书记、省长李强会见土库曼斯坦总统别尔德穆哈梅多夫。

2014年5月22日，省委书记、省人大常委会主任夏宝龙会见柬埔寨首相洪森。

2014年5月26日，省委书记、省人大常委会主任夏宝龙会见上海汽车工业总公司董事长陈虹。

2014年5月29日，省委书记、省人大常委会主任夏宝龙会见香港嘉里集团董事长郭鹤年。

2014年6月5日，省委书记、省人大常委会主任夏宝龙会见美国雅培公司全球执行副总裁约翰·兰格拉夫。

2014年6月16日，省委书记、省人大常委会主任夏宝龙，省委副书记、省长李强会见外交部大使参赞学习班成员。

2014年8月14日，省委书记、省人大常委会主任夏宝龙会见斐济共和国总统埃佩利·奈拉蒂考。

2014年9月3日，省委书记、省人大常委会主任夏宝龙会见国际商会世界商会联合会秘书长安东尼·帕克斯。

2014年11月7日，省委书记、省人大常委会主任夏宝龙会见加拿大总理斯蒂芬·哈珀。

2014年12月12日，省委书记、省人大常委会主任夏宝龙会见爱尔兰总统希金斯。

2014年1月16日，省委副书记、省长李强会见英国内阁大臣兼首相特使肯尼斯·克拉克。

2014年4月10日，省委副书记、省长李强会见澳门特别行政区经济财政司司长谭伯源。

2014年4月15日，省委副书记、省长李强会见美国福特汽车公司总裁艾伦·穆拉利。

2014年6月8日，省委副书记、省长李强会见捷克工贸部部长姆拉德克。

2014年6月12日，省委副书记、省长李强会见美国默沙东公司董事会主席福维泽。

2014年8月29日，省委副书记、省长李强会见马达加斯加总理库卢。

2014年10月31日，省委副书记、省长李强会见德国新任驻华大使柯慕贤。

2014年11月13日，省委副书记、省长李强会见葡萄牙农业海洋部部长阿松桑·克里斯塔斯。

2014年4月27日，省委副书记、省长李强和丹麦女王玛格丽特二世参加乐高集团嘉兴工厂开工典礼。

2014年5月13日，省政协主席乔传秀会见匈牙利中国友好协会主席洛约什·拉茨。

2014年5月26日，省委副书记王辉忠会见苏丹副总统哈赛卜·穆罕默德·阿卜杜拉赫曼。

2014年2月27日，省委常委、常务副省长蔡奇会见国务院参事室和美国威尔逊中心联合代表团。

2014年3月5日，省委常委、宣传部长葛慧君会见环球健康与教育基金会主席肯尼斯·贝林。

2014年5月27日，省委常委、杭州市委书记龚正会见惠普公司全球高级副总裁安东尼奥·奈里。

2014年9月4日，省委常委、常务副省长袁家军会见澳大利亚联邦小企业部部长布鲁斯·比尔森。

2014年6月16日，省委常委、省委秘书长赵一德会见埃塞俄比亚人民革命民主阵线高级干部考察团。

2014年11月12日，省委常委、宁波市委书记刘奇会见新西兰奥克兰市市长林·布朗。

2014年4月20日，省人大常委会副主任程渭山会见美国国会助手团。

2014年3月27日，副省长毛光烈会见美国辉瑞公司全球成熟产品业务集团总裁杨宇瀚。

2014年11月6日，副省长黄旭明会见爱尔兰农业、食品和海事部部长西蒙·科文尼。

2014年6月8日，副省长郑继伟会见波兰小波兰省副省长威斯奇·科扎克。

2014年7月23日，副省长朱从玖会见美国史带战略伙伴集团总裁钮小鹏。

2014年2月25日，副省长梁黎明会见文莱财政部副部长拿督·阿旺·哈吉·巴赫林·本·阿卜杜拉。

2014年4月29日，副省长梁黎明会见香港邵氏集团总裁邵方逸华。

2014年5月30日，副省长梁黎明会见澳大利亚驻华大使孙芳安。

2014年10月31日，副省长、舟山市委书记孙景淼会见香港舟山同乡会会长邓杨詠曼。

2014年12月15日，省政协副主席陈加元会见吉尔吉斯斯坦贾拉拉巴德州州长艾加姆别尔吉耶娃。

2014年4月14日，省政协副主席汤黎路会见英国保守党下议院议员、国际事务主席克利夫顿·布朗。

2014年5月16日，省政协副主席张泽熙会见几内亚前总理迪亚洛。

2014年2月24日，省政协副主席吴晶会见莫桑比克外交与合作部副部长科洛马。

2014年5月30日，省委书记、省人大常委会主任夏宝龙会见法国阿尔卑斯滨海省议会主席埃里克・西奥迪。

2014年5月30日，省委书记、省人大常委会主任夏宝龙会见新西兰惠灵顿市市长西莉亚・韦德布朗。

2014年4月9日，省委副书记、省长李强会见澳大利亚西澳州总理科林·巴尼特。

2014年4月29日，省委副书记、省长李强会见捷克皮尔森州州长史来思。

2014年11月18日，省委常委、组织部长胡和平会见美国肯恩大学校长法拉希。

2014年10月28日，省人大常委会副主任茅临生会见韩国全罗南道议长明炫官。

2014年8月29日，省人大常委会副主任程渭山会见日本福井县议会原议长田中敏幸。

2014年4月22日，省人大常委会副主任冯明会见日本静冈县议长中谷多加二。

2014年9月3日，副省长郑继伟会见日本静冈县副知事大须贺淑郎并出席“浙江省—静冈县健康服务业发展论坛”。

2014年6月7日，副省长梁黎明会见斯洛伐克日利那州副州长约瑟夫·施特尔巴。

2014年2月21日，副省长梁黎明会见瑞士汝拉州副州长兼经济合作部部长米歇尔·普斯特。

2014年11月，省委书记、省人大常委会主任夏宝龙会见新加坡总理李显龙。

2014年11月，省委书记、省人大常委会主任夏宝龙会晤印度外交部国务部长辛格。

2014年11月，省委书记、省人大常委会主任夏宝龙参观新加坡城市规划展览馆。

2014年11月，省委书记、省人大常委会主任夏宝龙陪同印度文化关系委员会主席罗克什·钱德拉参观“天工遗风——浙江省非物质文化遗产精品展”。

2014年5月，省委副书记、省长李强会晤捷克皮尔森州州长史来思。

2014年5月，省委副书记、省长李强拜会葡萄牙副总理波尔塔斯。

2014年5月，省委副书记、省长李强出席“浙江—皮尔森友好合作大会暨产业对接交流会”。

2014年5月，省委副书记、省长李强会晤捷克总理索博特卡。

2014年6月，省政协主席乔传秀与土耳其伊兹密尔省副省长伊斯滕举行会谈后合影。

2014年8月，省委副书记王辉忠与古巴马坦萨斯省人民权力代表大会副主席米蕾蒂·德尼斯会谈。

2014年11月，省委常委、省纪委书记任泽民拜会奥地利萨尔茨堡州政府。

2014年6月9日，省委常委、杭州市委书记龚正访问英国伦敦泰晤士水务公司。

2014年11月，省委常委、组织部长胡和平出席浙江·纽约海外高层次人才对接活动。

2014年7月，省委常委、宁波市委书记刘奇会见澳大利亚西澳州总理科林·巴尼特。

2014年7月，省委常委、省公安厅厅长刘力伟访问土耳其。

2014年5月，省人大常委会副主任冯明会见塞尔维亚经济部国务秘书斯托万诺维奇。

2014年5月，副省长熊建平考察俄罗斯莫斯科格林伍德国际贸易中心。

2014年9月，副省长朱从玖与阿尔及利亚住房部秘书长阿扎姆会谈。

2014年8月，副省长梁黎明会见捷克皮尔森州州长史来思。

2014年11月，副省长、舟山市委书记孙景淼考察西班牙巴塞罗那蒙卡巴那交易市场。

目　　录

特载

省级外事

大事记

综　述

港澳事务

对外民间交往

出　访

来　访

亚洲

欧洲和非洲

美洲和大洋洲

友好城市交流

亚　洲

欧洲和非洲

美洲和大洋洲

部门外事

省发改委

省经信委

省教育厅

省科技厅

省高级人民法院

省检察院

省公安厅

省司法厅

省人力社保厅

省国土资源厅

省交通运输厅

省农业厅

省林业厅

省商务厅

省文化厅

省卫生和计划生育委员会

省环保厅

省新广局

省体育局

省海洋与渔业局

亚太地区小水电研究培训中心

省总工会

团省委

省妇联

省科协

省文联

省工商联

省残联

省贸促会

省农科院

高校外事

浙江大学

中国美术学院

浙江工业大学

浙江师范大学

宁波大学

浙江理工大学

杭州电子科技大学

浙江工商大学

中国计量学院

浙江中医药大学

浙江海洋学院

浙江农林大学

温州医科大学

浙江传媒学院

宁波诺丁汉大学

浙江外国语学院

温州大学

浙江树人大学

浙江万里学院

义乌工商职业技术学院

企业外事

浙江省物产集团

浙江省能源集团

巨化集团公司

浙江吉利控股集团有限公司

浙江金轮机电实业有限公司

杭州娃哈哈集团有限公司

市县外事

杭　州　市

综述

市领导出访

主要来访

友好城市交流

县(市、区)外事

宁　波　市

综述

主要来访

主要出访

主要来访

民间友好交流

嘉 兴 市

综述

重要外事活动

主要出访

主要来访

县(市、区)外事

·南湖区·

县(区)外事

绍 兴 市

综述

重要外事活动

主要出访

主要来访

友好城市交流

县(市、区)外事

·上虞区·

·诸暨市·

·嵊州市·

·新昌县·

金 华 市

综述

主要出访

主要来访

友好城市交流

丽 水 市

综述

主要出访

主要来访

友好城市交流

县(市、区)外事

义　乌　市

附录

特载

Featured Articles

中国新发展　世界新机遇

——在世经论坛2014年年会上的演讲(摘要)

外交部长　王　毅

中国历来是世界经济论坛关注的热点。今年更不例外。因为时隔35年之后,中国吹响了新一轮全方位改革的号角。这不仅预示着中国的发展将进入一个新的时代,也将对整个世界产生广泛和积极的影响。

前天,中国国务院总理李克强先生专门在本届论坛官网上发表了文章,对中国经济的现状、改革和前景做了全面和权威的介绍。李总理在文中明确指出,中国经济的持续健康发展,将为世界发展带来新机遇,增添新动力。

中国新一轮的改革涵盖政治、经济、文化、社会、生态文明五大方向,涉及15个方面、60多个领域,共形成300多项重要举措。改革的范围之广、程度之深、难度之大可谓前所未有。大家可能最想知道的是,这一轮改革能否再获成功,续写辉煌?改革将给世界带来什么?我愿明确告诉大家,我们对于中国改革的成功充满自信。

——自信来自于中华民族5000年自强不息的优秀传统和博大精深的文明底蕴。中华民族曾历经无数危难,面对各种考验,却始终百折不挠,生生不息,一个重要的原因就是我们这个民族勇于自我革新,敢于自我超越。中国人在任何时候都不怕改革,乐于改革,善于改革。

——自信来自于中国业已选择的正确道路。新中国成立65年来,我们经过上下求索,找到了一条完全符合中国国情并且得到全体人民拥护的发展道路,这就是中国特色社会主义道路。实践已经并将继续证明,只要坚持这一方向,不偏离这条道路,中国就能保持发展活力,获得发展动力。

——自信来自于中国共产党的坚强有力领导。作为执政党,中国共产党拥有8600万党员。这是中国发展最独特的优势和最重要的资源。只要8600万党员团结一心,就能迸发出无与伦比的强大正能量,就能在改革进程中无坚不摧,无难不克。

——自信来自于中国业已打下的坚实基础和积累的丰富经验。改革开放以来,中国从贫穷走向富裕,从摸着石头过河到形成系统理论支撑和完整政策体系。我们不仅清晰地把握了自身存在的各种问题,也完全具备了解决这些问题的能力。

——自信来自于中国巨大的发展空间与潜力。中国是一个拥有13亿人口和960万平方公里领土的大国,发展空间极为广阔,发展潜力远未发掘。目前,中国的城乡差距、中西部与东部差距还很大,这既是中国面临的重大课题,更是未来发展的希望所在。随着改革的深入,中国的巨大需求将波浪式持续释放,长久地推动中国经济保持强劲发展势头。

——自信来自于中国奉行的互利共赢开放战略。中国改革最成功的一条经验就是,改革与开放并行推进,通过改革扩大开放,又通过开放促进改革。中国的改革成果将更多惠及世界,同时也会从世界不断汲取改革的动力。

13亿人口的大国快速走向现代化,这是一幅多么波澜壮阔的历史画卷,更是中华民族对人类文明进步的最大贡献,我们不仅要对自己的国家和民族负责,也愿对世界承担应尽的义务。中国新一轮改革既符合中国人民的利益，也符合世界各国的需求。我们将加快转变经济发展方式，强化提质增效升级，跨越中等收入陷阱，实现可持续发展。而一个深化改革、日益繁荣的中国对世界意味着：

——中国将为世界发展提供更多“中国机遇”。

一是市场机遇。在全球有效需求不足背景下，中国的市场吸纳力却在不断扩容。中国人去年一年就购买了 2100 万辆汽车，超过全球汽车销量的四分之一。中国的年进口总额已接近 2 万亿美元，预计今后 5 年将进口超过 10 万亿美元商品。

二是投资机遇。在实体经济面临融资难题背景下，中国企业成为国际投融资新的生力军。去年中国非金融类对外直接投资已超过 900 亿美元。新一轮改革将鼓励企业和个人对外投资，推动中国对外投资迈入新阶段。

三是增长机遇。在世界经济增速低迷背景下，中国作为一个规模超过 9 万亿美元的经济体去年仍实现了 7.7% 的快速增长，在 G20 国家中继续名列前茅。而且这一增长是在加快调整经济结构进程中实现的，是实实在在、真金白银的增长。据推算，只要中国保持 7% 的增长率，就将拉动全球经济增长一个百分点。新一轮改革将使中国保持较长时间的中高速增长，这对世界经济无疑是重大利好。

四是合作机遇。在全球治理改革举步维艰背景下，中国新一轮改革将维护开放型世界经济和自由贸易体制，有利于经济全球化的健康发展，有助于各国经济政策的相互协调。

——中国将为世界和平贡献更多“中国力量”。

首先，中国将坚持走和平发展道路，同时也将推动各国共同坚持和平发展，这既是全球化背景下的唯一选择，也是人类发展进步的必然方向。

第二，中国将积极承担更多国际责任，在世界和地区事务中主持公道，伸张正义，践行平等，更加积极有为地参与热点问题的解决，通过维护和平来发展自己，同时又以自身发展促进世界和平。

第三，中国将继续通过平等协商处理矛盾和分歧。我们愿在维护国家根本利益前提下，以最大诚意和耐心，坚持对话解决分歧。

第四，中国将与世界各国共同维护人类良知与国际公理。决不允许过去的侵略者为侵略历史翻案，决不允许昔日的强权再度走上对外扩张邪路，也决不允许法西斯主义和军国主义思想以任何形式死灰复燃。

去年，中国国家主席习近平提出了中华民族伟大复兴“中国梦”的奋斗目标，而中国的新一轮改革正是实现这一目标的必由之路。中国梦的逐步实现，将惠及中国，也将惠及世界。正如习近平主席所指出的，民族复兴的中国梦既是每一个中国人追求幸福的梦，也与世界人民的梦想息息相通。作为国际社会的重要成员，中国将在自己追梦、圆梦的奋斗过程中，与世界各国一道，共同为人类的发展与进步做出应有贡献。

（2014 年 1 月 24 日，瑞士达沃斯）

省级外事

Foreign Affairs at
the Provincial Level

大事记

（2014年）

1　月

6日　副省长梁黎明会见新加坡驻沪总领事王首毅一行。省外办副主任虞希华参加会见。

6日　副省长梁黎明会见阿联酋驻沪总领事易卜拉欣·曼苏尔一行。省外办副主任虞希华参加会见。

10日　全省外办主任会议召开，总结2013年全省外事工作，表彰2013年度全省外事系统优秀工作集体与个人，研究部署2014年工作。副省长梁黎明出席会议并讲话。全省各市外办主任及部分县（市、区）外办主任代表参加会议。省外办主任金永辉代表省外办作工作报告，杭州、宁波、温州市和义乌市外办负责人作大会交流发言。

12日　浙江海外联谊会迎春团拜会在珠海举行。省委副书记王辉忠出席并致辞。省港澳办副主任彭波参加团拜会。

16日　美国驻上海总领事葛瑞風到杭州旁听省十二届人大二次会议开幕式。省委书记、省人大常委会主任夏宝龙会见葛瑞風。省委常委、秘书长赵一德，省人大常委会秘书长厉月姿，省外办主任金永辉、副主任陆国灏参加会见。

16日　省长李强会见英国内阁大臣兼首相特使肯尼斯·克拉克一行。副省长梁黎明，省政府秘书长李卫宁，省外办副主任顾建新参加会见。

16日　省外办在上海举行2014浙江省情介绍会暨迎春招待会。各国驻沪总领馆官员、部分驻华商务机构代表、香港特区政府驻沪办代表等230余人应邀与会。省外办主任金永辉在会上致辞。

17日　省政协副主席、邵逸夫医院院长蔡秀军赴香港出席邵逸夫追思会。省友协常务副会长阮忠训陪同前往出席。

18日　省领导夏宝龙、李强、乔传秀、王辉忠、赵一德、吴晶与出席省政协十一届二次会议的港澳华侨委员和外事委特邀委员等座谈。省港澳办主任金永辉参加活动。

22日　省长李强会见波音国际副总裁、波音中国总裁马爱仑一行。省委常委、常务副省长蔡奇，副省长、舟山市委书记孙景淼，省外办主任金永辉、副主任陆国灏等参加会见。

23日　省委书记、省人大常委会主任夏宝龙与波音国际副总裁、波音中国总裁马爱仑共进早餐。省委常委、常务副省长蔡奇，省委常委、秘书长赵一德，副省长、舟山市委书记孙景淼参加早餐会。

2　月

12日　省委书记、省人大常委会主任夏宝龙会见以色列驻华大使马腾一行。省委常委、秘书长赵一德，省外办主任金永辉等参加会见。

15日　省长李强会见日本福井县知事西川一诚、议长笹冈一彦一行，并出席“浙江省·福井县结好20周年纪念招待晚宴”，李强和省人大常委会副主任冯明分别致辞。省外办主任金永辉、省友协常务副会长阮忠训、省外办副主任虞希华、省友协专职副会长陈爱珍等参加会见。

17日 省友协原会长沈祖伦会见日本福井县民间友好代表团。省外办副主任陆国灏等参加会见。

19日 副省长黄旭明会见美国安博公司中国区总裁康斌一行。省外办副主任陆国灏等参加会见。

19日 副省长梁黎明会见捷克皮尔森州副州长伊沃·格律能一行。省外办主任金永辉、副主任顾建新等参加会见。

21日 副省长梁黎明会见瑞士汝拉州副州长兼经济合作部部长米歇尔·普斯特一行。省外办副主任顾建新等参加会见。

24日 省政协副主席吴晶会见莫桑比克外交与合作部副部长科洛马一行。省外办副主任顾建新等参加会见。

27日 省委常委、常务副省长蔡奇会见国务院参事室和美国威尔逊中心联合代表团。省外办主任金永辉、副主任陆国灏等参加会见。

27日 副省长毛光烈会见香港大学校长徐立之一行。双方就如何促进科技体制改革，推进香港大学浙江科学技术研究院建设发展等问题进行深入交流。省港澳办副主任彭波等参加会见。

27至28日 2014年亚太经合组织（APEC）第一次高官会在宁波举行。来自APEC 21个经济体、秘书处、工商咨询理事会的1800多名代表出席会议。会议由APEC高官会主席、中国外交部副部长李保东主持。27日，浙江省政府和宁波市政府共同举办招待晚宴，省委常委、宁波市委书记刘奇代表浙江省和宁波市出席晚宴。省外办副主任虞希华等参加招待晚宴。

3 月

5日 省委常委、宣传部长葛慧君会见环球健康与教育基金会主席肯尼斯·贝林。贝林此行主要是推动落实计划向浙江省捐赠300多件、价值1500余万美元的珍贵野生动物标本事宜。省外办副主任陆国灏参加会见。

6日 省委书记、省人大常委会主任夏宝龙在京参加全国“两会”期间会见新加坡驻华大使罗家良一行。省外办主任金永辉参加会见。

27日 副省长毛光烈会见美国辉瑞公司全球成熟产品业务集团总裁杨宇瀚一行。美方此访旨在推动辉瑞公司与浙江省海正药业进一步合作。省外办副主任顾建新参加会见。

28日 省委副书记王辉忠会见以柬埔寨人民党中央外委会副主席、国会外交委员会副主席索斯亚拉为团长的柬埔寨人民党高级干部考察团一行。代表团此行主要是了解和学习浙江省改革开放的经验和做法，尤其是在行政体制改革方面的经验。省外办主任金永辉参加会见。

4 月

9日 省长李强会见澳大利亚西澳州总理科林·巴尼特。巴尼特此次访浙主要是探讨向浙江省出口活牛及扩大淡水鱼养殖等互利合作等事宜。省政府秘书长李卫宁，省外办主任金永辉等参加会见。

9日 省委副书记王辉忠会见各国驻华商会访问团一行。省外办副主任顾建新参加会见。

9日 副省长黄旭明会见美国前商务部长、奥尔布赖特石桥集团董事长克洛斯·古铁雷斯。美方此访希望进一步推动美国企业与浙江公司开展合作。省外办副主任顾建新等参加会见。

10日 省长李强会见澳门特区政府经济财政司司长谭伯源、澳门中联办副主任仇鸿率领的澳门特区政府代表团一行。代表团此行主要是出席由澳门特区政府在杭州举办的“活力澳门推广周·浙江杭州”活动。杭州市市长张鸿铭，省政府秘书长李卫宁，省港澳办主任金永辉、副主任彭波等参加会见。

10日 省委副书记王辉忠

会见香港青年精英代表团。省港澳办副主任虞希华参加会见。

11日 副省长梁黎明出席在浙江世贸国际展览中心举办的“活力澳门推广周·浙江杭州”开幕式，并与澳门特区政府经济财政司司长谭伯源、澳门中联办副主任仇鸿一同巡馆。省港澳办副主任彭波等陪同出席、参加上述活动。

14日 省政协副主席汤黎路会见英国保守党下议院议员、国际事务主席克利夫顿·布朗一行。英方此访是在中联部安排下参访浙江，了解浙江省经济社会发展情况。省外办副巡视员余亦平参加会见。

15日 省长李强会见美国福特汽车公司总裁兼首席执行官艾伦·穆拉利，美方通报长安福特杭州整车项目进展情况，并探讨与浙江省进一步加强合作等事宜。省政府秘书长李卫宁，省外办主任金永辉等参加会见。

20日 省人大常委会副主任程渭山会见美国亚洲基金会组织的美国国会助手代表团。美方此访旨在加强对浙江的了解。省外办副主任陆国灏等参加会见。

22日 省人大常委会副主任冯明会见日本静冈县议长中谷多加二一行。中谷多加二为浙江省友城日本静冈县议会新任议长，此访旨在进一步密切静冈议会与浙江省人大交流，推动浙静友好关系。省外办副主任虞希华等参加会见。

27日 省长李强陪同丹麦女王玛格丽特二世和亲王亨里克出席丹麦乐高玩具制造（嘉兴）有限公司开工奠基典礼。随后，李强会见丹麦乐高集团首席执行官乔根·克努德斯托普一行。省政府秘书长李卫宁，省外办主任金永辉、副主任顾建新等陪同出席活动。

29日 省长李强会见捷克皮尔森州州长史来思一行，并共同签署两省州深化经贸合作备忘录。省政府秘书长李卫宁，省外办主任金永辉、副主任顾建新等参加上述活动。

30日 副省长梁黎明会见香港邵氏集团总裁、已故邵逸夫先生夫人邵方逸华和美国罗马琳达大学医疗健康机构部分代表，并出席邵逸夫医院建院20周年庆典暨邵逸夫先生铜像揭幕仪式。省政协副主席、邵逸夫医院院长蔡秀军，浙江大学党委书记金德水，省港澳办副主任彭波等出席上述活动。

5 月

7日 副省长朱从玖会见摩根士丹利中国区总裁孙玮，商谈浙江省与摩根士丹利进一步扩大互利合作等事宜。省外办副主任陆国灏参加会见。

7至9日 浙江省举办以“走进金华——魅力浙中非常金华”为主题的第七届外国驻华使节“走进浙江”活动。来自25个国家（地区）、45名驻华使节参加活动。省外办副主任陆国灏出席活动。

13日 省委书记、省人大常委会主任夏宝龙和省长李强会见土库曼斯坦总统别尔德穆哈梅多夫一行。省委常委、秘书长赵一德，副省长梁黎明，省政府秘书长李卫宁，省外办主任金永辉、副主任顾建新和陆国灏参加会见。

当晚，夏宝龙和李强等陪同别尔德穆哈梅多夫观看《印象西湖》大型水上演出。

13日 省政协主席乔传秀会见来浙参加匈牙利著名艺术家拉贾斯·萨雷作品展的匈中友协主席洛约什·拉茨及匈牙利驻上海总领事帕尔·施密特。省政协秘书长陈荣高，省外办主任、省友协常务副会长金永辉，省友协专职副会长陈爱珍参加会见。

13日 第六期全省外办主任研修班在杭州举办。省外办副主任彭波出席开班仪式。

16日 省政协副主席张泽熙会见访浙的几内亚前总理迪亚洛一行。省外办副主任顾建新参加会见。

22日 省委书记、省人大常委会主任夏宝龙会见柬埔寨人民党副主席、政府首相洪森一行。外宾此行系应邀出席在上海举行的“2014 亚信峰会”。省委常委、秘书长赵一德，副省长梁黎明，省外办主任金永辉、副主任虞希华参加会见。

26 日　省委书记、省人大常委会主任夏宝龙会见上海汽车集团董事长陈虹以及大众汽车集团（中国）执行副总裁戴诗琳一行。省委常委、秘书长赵一德，省委常委、宁波市委书记刘奇，副省长梁黎明，省外办副主任顾建新参加会见。

26 日　省委副书记王辉忠会见苏丹全国大会党领导局成员、政治部部长、副总统哈赛卜·穆罕默德·阿卜杜拉赫曼一行。外宾此行旨在拜会浙江省省委领导，并出席在义乌举办的中国—西亚北非“未来发展愿景”对话会活动。省外办副主任虞希华参加会见。

26 日　上海大众汽车有限公司与宁波市人民政府“扩大投资深化合作战略协议”签署仪式在宁波举行。省委常委、宁波市委书记刘奇，副省长梁黎明，省外办副主任顾建新出席仪式。

26 日至 6 月 4 日　省长李强率浙江省政府代表团访问波兰、捷克和葡萄牙。省外办主任金永辉陪同出访。

26 日至 6 月 4 日　省人大常委会副主任冯明率浙江省代表团访问塞尔维亚、罗马尼亚和希腊。省外办副巡视员余亦平陪同出访。

27 至 29 日　中国—西亚北非“未来发展愿景”对话会在义乌市举办。副省长梁黎明、省政协副主席孙文友，苏丹全国大会党领导局成员、政治部部长、副总统哈赛卜·穆罕默德·阿卜杜拉赫曼，土耳其大国民议会副议长、正义与发展党议员萨迪克·雅库特以及西亚北非 22 国的来宾参加有关活动。省外办副主任虞希华参加有关活动。

29 日　省委书记、省人大常委会主任夏宝龙会见香港嘉里集团董事长郭鹤年一行。郭鹤年此行旨在通报嘉里集团的未来发展及构想理念，并就加强浙港两地投资与合作进行交流探讨。省委常委、杭州市委书记龚正，省委常委、秘书长赵一德，省港澳办副主任彭波参加会见。

30 日　省委书记、省人大常委会主任夏宝龙会见法国阿尔卑斯滨海省议会主席埃里克·西奥迪一行，并与西奥迪共同签署《中国浙江省与法国阿尔卑斯滨海省进一步深化友好交流合作协议书》。省委常委、秘书长赵一德，省人大常委会党组书记、副主任茅临生，省人大常委会外委会主任瞿素芬，省外办副主任顾建新参加上述活动。

30 日　省委书记、省人大常委会主任夏宝龙会见新西兰惠灵顿市市长西莉亚·韦德布朗。省委常委、秘书长赵一德，省外办副主任顾建新参加会见。

30 日　副省长梁黎明会见澳大利亚驻华大使孙芳安。省外办副主任彭波参加会见。

6　月

5 日　省委书记、省人大常委会主任夏宝龙会见美国雅培公司营养品总裁、全球执行副总裁约翰·兰格拉夫一行。美方此行主要是出席雅培（嘉兴）营养品有限公司投产仪式，并向浙江省主要领导通报雅培公司未来在浙江发展规划。省委常委、秘书长赵一德，省外侨办主任金永辉等参加会见。

6 日　副省长梁黎明在嘉兴出席雅培（嘉兴）营养品有限公司投产仪式。省外办副主任虞希华等陪同参加。

8 日　省长李强在宁波会见前来参加“中国—中东欧国家经贸部长级会议”的捷克工业与贸易部长杨·姆拉德克一行。省政府秘书长李卫宁，省外侨办主任金永辉参加会见。

8 日　副省长郑继伟会见前来参加“浙洽会”的波兰小波兰省副省长威斯奇·科扎克一行。省外办副主任陆国灏参加会见。

12 日　省长李强会见美国

默沙东公司董事会主席、总裁兼首席执行官福维泽。美方此行旨在拜会浙江省主要领导，介绍默沙东全球发展战略以及在中国及浙江的发展规划，探讨进一步加强与浙江省合作事宜。省政府秘书长李卫宁，省外侨办主任金永辉、省外办副主任陆国灏等参加会见。

14 日　副省长郑继伟会见美国伊利诺伊大学校长罗伯特·伊斯特。省外办副主任陆国灏等参加会见。

16 日　省委书记、省人大常委会主任夏宝龙和省长李强会见以中国常驻联合国代表刘结一为团长的外交部 2014 年第三期大使参赞学习班成员。省委常委、秘书长赵一德，副省长梁黎明，省政府秘书长李卫宁，省外侨办主任金永辉等参加会见。

下午，外交部国外工作局与省外办共同举办“外交为国内发展服务座谈会”，副省长梁黎明出席座谈会并致辞。省外侨办主任金永辉主持座谈会。30 余位中国驻外大使、总领事、参赞，省外办副主任虞希华，40 余家浙江省企业代表参加座谈会。

16 日　省委常委、秘书长赵一德会见埃塞俄比亚人民革命民主阵线高级干部考察团一行。省外办副主任顾建新参加会见。

16 日　根据政府机构改革需要，省政府研究决定：彭波、顾建新、陆国灏、虞希华任浙江省人民政府外事侨务办公室副主任；陈安、王通林任浙江省人民政府外事侨务办公室副主任、浙江省人民政府港澳事务办公室副主任；李培培、余亦平任浙江省人民政府外事侨务办公室副巡视员。

18 至 19 日　副省长梁黎明会见第八届 APEC 中小企业技术交流暨展览会参会代表，并出席展览会开幕式。省外侨办副主任虞希华参加上述活动。

19 至 28 日　省政协主席乔传秀率省政协代表团访问匈牙利、爱尔兰和土耳其三国。省外侨办主任金永辉陪同出访。

26 日　副省长梁黎明会见来浙江省进行辞行访问的德国驻沪总领事芮悟峰。省外侨办副主任顾建新参加会见。

26 日　副省长梁黎明会见对浙江省进行首次公务访问的意大利新任驻沪总领事裴思泛。省外侨办副主任顾建新参加会见。

27 日　副省长梁黎明会见首次正式访问浙江省的新加坡驻华大使罗家良。省外侨办副主任虞希华参加会见。

27 日　副省长郑继伟会见香港永新企业有限公司副董事长曹其镛夫妇，并出席浙江博物馆表彰曹其镛先生捐赠颁奖仪式。省友协常务副会长阮忠训，省港澳办副主任彭波等参加上述活动。

30 日　省外侨办召开干部大会，宣布省外侨办领导班子任职方案，对原省外办、原省侨办两家单位的机构整合工作进行动员部署。副省长梁黎明出席会议并讲话，省委组织部常务副部长于跃敏宣布省委、省政府关于省外侨办机构改革、主要领导及班子成员任职决定，省外侨办主任金永辉主持会议并作表态发言。省外侨办领导班子成员彭波、顾建新、陆国灏、虞希华、陈安、王通林、陈爱珍、陈江风、陆翔、李培培、余亦平，原省外办、原省侨办机关全体干部职工及直属单位班子成员，离退休老同志代表参加会议。

7　月

9 日　省长李强在杭会见出席在义乌举办“食尚新加坡食品中心”开幕仪式的新加坡贸易与工业部部长林勋强一行。省政府秘书长李卫宁，省外侨办主任金永辉、副主任虞希华参加会见。

9 日　副省长梁黎明和新加坡贸易与工业部部长林勋强共同出席“食尚新加坡食品中心”开幕仪式。省外侨办副主任虞希华参加开幕仪式。

11 日　副省长梁黎明会见中东欧国家高级别官员访华团一行。省外侨办副主任顾建新参加会见。

11日 省外侨办举行揭牌仪式，副省长梁黎明和省外侨办主任金永辉共同为“浙江省人民政府外事侨务办公室”揭牌。

24日 副省长朱从玖会见美国史带战略伙伴集团总裁、美国印第安纳州对华事务全权代表钮小鹏一行。省外侨办副主任陆国灏参加会见。

28日 副省长郑继伟在温州会见美国肯恩大学校长达伍德·法拉希。温州市委书记陈一新、省外侨办副主任陆国灏参加会见。

8 月

4至12日 省委副书记王辉忠率浙江省代表团访问厄瓜多尔、古巴两国。省外侨办副主任彭波陪同出访。

14日 省委书记、省人大常委会主任夏宝龙会见到南京参加第二届夏季青年奥林匹克运动会开幕式前顺访浙江省的斐济共和国总统埃佩利·奈拉蒂考一行。省委常委、秘书长赵一德，副省长梁黎明，省外侨办主任金永辉，省友协常务副会长阮忠训，省外侨办副主任陆国灏参加会见。

20日 副省长梁黎明会见智利新任驻华大使贺乔治一行。省外侨办副主任虞希华参加会见。

25日 副省长毛光烈会见加拿大ESI公司创始人、加拿大工程院院士安德鲁·戈登伯格一行。省外侨办副主任陆国灏参加会见。

26日 省政协副主席汤黎路会见澳大利亚西澳州反对党领袖兼地区发展、经济改革及公共事务管理影子部长马克·麦高恩一行。省外侨办副主任陆国灏参加会见。

27日至9月5日 副省长梁黎明率浙江省代表团访问捷克、德国和希腊。省外侨办副主任顾建新陪同出访。

29日 省长李强会见到南京参加第二届夏季青年奥林匹克运动会闭幕式后顺访浙江省的马达加斯加总理库卢一行。杭州市市长张鸿铭，省政府秘书长李卫宁，省外侨办主任金永辉，省友协常务副会长阮忠训参加会见。

29日 省人大常委会副主任程渭山会见日本日中友好协会副会长、福井县日中友好协会会长酒井哲夫，福井县议会日中友好议员联盟会长田中敏幸等一行。省友协专职副会长陈爱珍参加会见。

9 月

2日 省委常委、宣传部长葛慧君会见东盟国家主要新闻网站负责人代表团一行。省政协副主席吴晶、省外侨办副主任彭波参加会见。

2日 副省长朱从玖会见美国史带战略伙伴集团总裁钮小鹏一行。省外侨办副主任陆国灏参加会见。

2日 中国国际茶文化研究会会长周国富会见日本静冈县副知事大须贺淑郎一行。省外侨办主任金永辉、省友协常务副会长阮忠训参加会见。

3日 省委书记、省人大常委会主任夏宝龙会见国际商会世界商会联合会秘书长安东尼·帕克斯一行。省委常委、秘书长赵一德，省外侨办主任金永辉参加会见。

3日 副省长郑继伟会见日本静冈县副知事大须贺淑郎一行。省外侨办副主任陆国灏参加会见。

4日 省委常委、常务副省长袁家军会见澳大利亚联邦小企业部部长布鲁斯·比尔森一行。省外侨办副主任陆国灏参加会见。

6日 省委书记、省人大常委会主任夏宝龙会见马来西亚最高元首哈利姆一行。省委常委、秘书长赵一德，省外侨办主任金永辉参加会见。

9日 省委副书记王辉忠率浙江省代表团赴澳门、香港访问，出席澳门苏浙沪同乡会庆祝中华人民共和国成立 65 周年庆典和香港苏浙沪各界人士庆祝中华人民共和国成立 65 周年庆典。省政协副主席、省委统战部部长孙文友，省港澳办副主任彭波陪同访问。

9 日　副省长梁黎明会见泰国孔敬府府尹（相当于省长）甘通·塔温萨提率领的泰国东北部四府联合代表团。省外侨办副主任虞希华参加会见。

10 日　中国国际茶文化研究会会长周国富率团出访印尼、柬埔寨和斯里兰卡。省友协常务副会长阮忠训陪同出访。

15 日　省委副书记王辉忠会见厄瓜多尔厄中商会会长维森特·王一行。省外侨办副主任彭波参加会见。

15 日　副省长朱从玖率省政府代表团出访阿尔及利亚、坦桑尼亚和埃塞俄比亚。

18 日　省政协副主席张泽熙会见波兰青年政治代表团一行。省外侨办副主任顾建新参加会见。

19 日　副省长梁黎明会见坦桑尼亚前总统姆卡帕一行。省外侨办副主任顾建新参加会见。

22 日　省委副书记王辉忠会见墨西哥杜兰戈州州长豪尔赫·埃雷拉·卡尔德拉一行。省外侨办主任金永辉、副主任陆国灏参加会见。

22 日　副省长梁黎明会见荷兰弗里福兰省副省长阿普曼一行。省外侨办副主任顾建新参加会见。

28 日　副省长毛光烈会见意大利全国工业设计协会主席嘉林贝蒂一行。省外侨办副主任顾建新参加会见。

30 日　省长李强会见新任美国驻上海总领事史墨客一行。省政府秘书长李卫宁，省外侨办主任金永辉、副主任陆国灏参加会见。

10　月

7 至 16 日　省外侨办副主任虞希华率团访问新加坡、印度和阿联酋。

11 日　省委副书记王辉忠会见香港工商界人士访问团一行。省政协副主席、省委统战部部长孙文友，省港澳办副主任彭波等参加会见。

11 日　副省长梁黎明会见印尼东爪哇省政府代表团一行。省外侨办副主任陆国灏等参加会见。

14 日　省政协副主席、省委统战部部长孙文友和省港澳办主任金永辉联合举行酒会，欢迎全国妇联系统港澳执委、特邀代表一行。省港澳办副主任彭波等参加欢迎酒会。

15 日　省委副书记王辉忠与全国妇联系统港澳执委、特邀代表一行举行座谈并致辞。省港澳办副主任彭波等参加座谈。

16 日　副省长梁黎明会见德国驻沪总领事罗腾一行。省外侨办副主任顾建新等参加会见。

18 至 25 日　省友协专职副会长陈爱珍率团访问伊朗、阿曼和卡塔尔。

25 日　中共中央政治局委员、国家副主席李源潮在杭州会见出席第二届中法青年领导者论坛的双方代表。省委副书记王辉忠，省委常委、秘书长赵一德，省外侨办主任金永辉等参加会见。

26 日　副省长毛光烈会见美国辉瑞中国区总裁吴晓滨一行。

27 日　省委书记、省人大常委会主任夏宝龙会见百贤教育基金会理事会主席、香港永新企业有限公司副董事长曹其镛一行。曹其镛此行系出席百贤亚洲研究院第一次全体公开论坛和第三次董事会议、第 18 届旅外“乡贤聚会”、浙江大学亚洲青年交流中心落成典礼及浙江省博物馆漆器艺术馆开馆暨浙博漆器研究基金会成立仪式。省委副书记王辉忠，省委常委、秘书长赵一德，省政协副主席、省委统战部部长孙文友，浙江大学党委书记金德水，省友协常务副会长阮忠训，省港澳办副主任彭波等参加会见。

27 日　省委常委、秘书长

赵一德会见印度执政的印度人民党全国书记希达哈特・纳特・辛格一行。省外侨办副主任虞希华、副巡视员余亦平等参加会见。

28日 省长李强出席浙江省博物馆漆器艺术馆开馆仪式并参观展览。省港澳办副主任彭波等参加上述活动。

28日 省委副书记王辉忠，省政协副主席、省委统战部部长孙文友，外交部原副部长乔宗淮，浙江大学党委书记金德水和曹其镛夫妇共同为浙江大学亚洲青年交流中心大楼启用揭幕。省港澳办副主任彭波等参加揭幕仪式。

28日 省人大常委会党组书记、副主任茅临生会见韩国全罗南道议长明炫官一行。省外侨办副主任陆国灏等参加会见。

28日 副省长梁黎明会见香港舟山同乡会名誉会长周亦卿和会长邓杨咏曼。省港澳办副主任彭波等参加会见。

28日 副省长梁黎明出席在杭州举办的第二届中国中亚合作论坛。省外侨办副主任虞希华等参加论坛。

31日 省长李强会见德国新任驻华大使柯慕贤一行。副省长梁黎明，省政府秘书长李卫宁，省外侨办主任金永辉等参加会见。随后，梁黎明与柯慕贤就在浙建立德国工业园事宜进行座谈。省外侨办主任金永辉等参加座谈。

31日 副省长郑继伟会见香港教育局局长吴克俭一行。吴克俭此访系出席“浙江・香港姊妹学校网上交流平台启动仪式暨‘视像中国’数字化教育论坛”。省港澳办副主任彭波等参加会见。

11 月

5日 副省长梁黎明会见美国印第安纳州经济发展部部长维克多・史密斯一行。省外侨办主任金永辉、副主任陆国灏参加会见。

6日 副省长黄旭明会见爱尔兰农业、食品和海事部部长西蒙・科文尼一行。省外侨办副主任顾建新参加会见。

7日 省委书记、省人大常委会主任夏宝龙会见加拿大总理斯蒂芬・哈珀一行。省委常委、杭州市委书记龚正，省委常委、秘书长赵一德，副省长梁黎明，浙江大学校长林建华，省外侨办主任金永辉、副主任陆国灏参加会见。

7日 省长李强与加拿大总理斯蒂芬・哈珀共同出席“加拿大—中国（浙江）经贸合作论坛”，并陪同哈珀参观钱江新城城市阳台和胡庆余堂。杭州市市长张鸿铭，省政府秘书长李卫宁，省外侨办主任金永辉、副主任陆国灏等出席陪同。

10至19日 省委常委、纪委书记任泽民率浙江省代表团访问奥地利、瑞士和法国，省友协常务副会长阮忠训随访。

11日 省政协副主席吴晶会见约旦参议院约中友好委员会主席欧伟达特一行。省外侨办副主任虞希华参加会见。

13日 省长李强会见葡萄牙农业海洋部部长阿松桑・克里斯塔斯一行。省政府秘书长李卫宁、省外侨办主任金永辉参加会见。

17日 省委常委、秘书长赵一德会见柬埔寨奉辛比克党主席、西哈努克太皇之女诺罗敦・阿伦・拉斯美公主（正部级）一行。省外侨办主任金永辉参加会见。

18日 省委常委、组织部长胡和平会见参加中美“高等教育与地方经济发展”主题论坛暨温州肯恩大学正式建校主题活动的美国肯恩大学校长达伍德・法拉希。省外侨办副主任彭波、陆国灏参加会见。

19至21日 以“互联互通、共享共治”为主题的首届世界互联网大会在浙江省乌镇召开。国家主席习近平为大会发来贺词。国务院总理李克强在杭州会见并与部分会议嘉宾座谈，国务院副总理马凯出席开幕式并发表主旨演讲。国家网信办办公室主任鲁炜，省委书记、省人大常委会主任夏宝龙，省委副书记、省长李强，省委副书记王辉忠，省委常委、宣传部长葛慧君，省委常委、秘书长赵一德，副省长毛光烈、朱从玖、梁黎明等出席相关活动。来自近100个国家和地区的1000多名全球政界、商界和学界的精英代表与会。省外侨办主任金永辉，副主任顾建新、陆国灏参加有关活动。

22至27日 省委书记、省人大常委会主任夏宝龙率浙江省代表团访问新加坡、印度。访问期间，代表团会见1位国家领导人和7位部级领导，参加18场公务活动，出席浙江省举办的3场大型经贸、文化活动，见证26个项目签约，合同总金额逾67.7亿美元。省外侨办主任金永辉陪同出访。

23日 省长李强会见并宴请捷克总理顾问、捷中友好合作协会监事会主席雅罗斯拉夫·德沃吉克一行。省外侨办副主任顾建新参加活动。

26日 省委副书记王辉忠，省委常委、秘书长赵一德会见全国政协副主席、澳门前特首何厚铧和澳门特区立法会主席贺一诚一行。省港澳办副主任彭波参加会见。

26日 副省长毛光烈会见美国密歇根州州长里克·斯奈德一行。省外侨办副主任陆国灏，省友协专职副会长陈爱珍参加会见。

26日 副省长梁黎明会见捷克皮尔森州副州长伊沃·格律能一行。省外侨办副主任顾建新参加会见。

27日 省长李强会见全国政协副主席、澳门前特首何厚铧和澳门特区立法会主席贺一诚一行。省政府秘书长李卫宁、省港澳办副主任彭波参加会见。

28日 全国政协副主席、澳门前特首何厚铧，澳门特区立法会主席贺一诚，副省长熊建平，省政协副主席吴晶在安吉出席凯蒂猫主题乐园落成仪式。省港澳办副主任彭波陪同参加。

28至29日 中央外事工作会议在京召开，省委书记夏宝龙、副省长梁黎明、省外侨办主任金永辉参加会议。省委常委、宁波市委书记刘奇作为计划单列市市委书记参加会议。夏宝龙代表浙江省作大会交流发言。

12 月

2日 省委常委、秘书长赵一德会见马来西亚多元文化妇女联合会秘书长任学慧一行。省友协专职副会长陈爱珍等参加会见。

3日 省委书记、省人大常委会主任夏宝龙会见印度驻华大使康特一行。随后，副省长梁黎明宴请康特一行。省外侨办主任金永辉、副主任虞希华等参加会见宴请。

4日 副省长梁黎明会见环球香港商业协会联盟代表团一行。省港澳办副主任彭波等参加会见。

5日 省长李强会见摩托罗拉系统公司全球执行副总裁马克·蒙一行。省政协副主席、东方通信董事长张泽熙，省政府秘书长李卫宁，省外侨办主任金永辉、副主任陆国灏等参加会见。

12日 省委书记、省人大常委会主任夏宝龙会见爱尔兰总统希金斯一行。希金斯此行系应国家主席习近平邀请访华后顺访浙江省。省委常委、秘书长赵一德，副省长梁黎明，省外侨办主任金永辉、副主任顾建新等参加会见。

15日 省人大常委会副主任程渭山会见美国加利福尼亚州议员代表团一行。省外侨办副主任陆国灏等参加会见。

15日 省政协副主席陈加元会见吉尔吉斯斯坦贾拉拉巴德州州长艾加姆别尔吉耶娃一行。省外侨办副主任顾建新等参加会见。

16日 副省长梁黎明会见新西兰驻沪总领事戴迈雄一行。省外侨办副主任陆国灏等参加会见。

综　　述

【概况】 2014年，全省外事侨务系统深入学习贯彻习近平总书记系列重要讲话精神，服务国家总体外交和全省中心工作，推进“五大工程”，加强对外交流合作，构建大外侨工作体系，强化组织保障，各项工作取得新进展、新成绩。

发挥外事优势，服务国家总体外交和全省中心工作。全年成功举办或协办“首届世界互联网大会”、第四次“亚信峰会”相关活动，中国—西亚北非“未来发展愿景”对话会等高端涉外活动30场次。积极实施“21世纪海上丝绸之路”战略，以新加坡和印度为浙江省实施海上丝绸之路的重要节点国家，配合有关部门在新加坡举办浙江—新加坡经贸理事会第十次会议，在印度举办“携手浙商—丝绸之路行”和“天工遗风—浙江非物质文化遗产展”活动。在波兰、捷克等中东欧国家举办友好合作和产业对接洽谈会，在德国、希腊举办旅游推介会，参加中国—中东欧地方领导人会议以及中国投资论坛，配合开通“义新欧”(义乌—新疆—欧洲)班列，努力推进与“丝绸之路经济带”国家在经贸等各领域的交流合作。宁波市举办中国宁波—中东欧城市市长论坛和“欧美·宁波周”等活动，温州市在境外举办“走出温州”活动8场次，湖州市举办“2014湖州·匈牙利经贸对接会”，绍兴市与新加坡正式签署战略合作框架协议。各市积极办好有地方特色的涉外品牌活动，积极为当地招商引资、招才引智搭建平台。做好重要团组的接待服务工作，接待加拿大总理、爱尔兰总统、土库曼斯坦总统等国家元首和政府首脑团组9批506人次，副部级以上团组124批1751人次。接待美国福特汽车公司、德国大众汽车公司、丹麦乐高集团等国际知名跨国公司高管79批758人次。杭州市为美国思科公司总部落户杭州提供优质服务，台州市举办“2014世界500强及跨国公司台州行”活动，积极促成外方到浙投资。加大对浙江企业“走出去”的支持服务力度，举办“外交为国内发展服务”专题座谈会，完成因公电子护照项目二期建设工作，新增APEC商务旅行卡2260张，办理领事认证175657份，认证量居全国首位。成功举办迎春招待会、驻华使节“走进浙江”活动、在浙外国人领事保护工作研讨会，邀请美国、德国驻沪总领事旁听浙江省“两会”，增进浙江省与外国驻华使领馆的沟通联系与工作协调。接待重要港澳团组65批1094人次，举办“香港·湖州——走向国际”专业服务研讨会、“活力澳门推广周·浙江杭州”、内地企业利用香港服务业平台投资海外研讨会等活动，着力提升浙江与港澳合作层次与水平。

着眼务实拓展，推进友城工作和民间友好交流。以友城为主渠道、民间交流为重要平台，全面推进全省国际交流合作。推动市县两级缔结友城25对，友城总数达到374对；举办美国印第安纳州经贸投资环境说明会、荷兰弗里福兰省浙江企业对接会等产业对接活动或项目推介会7个，接待友城来访代表团233批2072人次。嘉兴市举办国际友城经济合作关系推进会，衢州市举办衢州·雷德温结好20周年纪念活动，积极拓展当地对外交流渠道。2014年，浙江省获全国友协“国际友好城市交流合作奖”，浙江省和美国印第安纳州、杭州市和美国波利斯市分别获得2014中美友好城市大会青年交流奖、最佳创新奖。拓展与拉美和加勒比、非洲等地区的民间友好关系，

举办“第16届锦带桥之缘”、2014中日青少年书画音乐大会、“走进中国——西澳学生访华交流活动”等70余场民间友好交流活动，共接待外国民间组织200批2021人次。

加强有序管控，促进涉外管理和服务水平提升。召开加强境外非政府组织在浙活动管理专题会议，完成省内境外非政府组织及其活动的调查摸底工作。依法处理省内涉外案（事）件445起，牵头协调处理重大海外领保案（事）件148起，维护境内外浙籍公民和机构的合法权益。温州、舟山、丽水等地健全领保工作机制，提升应急处置能力，各地领事保护工作取得较好成效。制定防控人感染埃博拉疫情应急预案，配合做好全省埃博拉疫情输入防控工作。坚持“管控有序、服从大局”的原则，进一步规范邀请外国人来华管理工作。全省办理邀请外国人来华18603批25812人次。

坚持从紧务实，加强因公出国（境）管理。严格执行中央、省委省政府关于加强因公出国（境）管理规定，坚持从紧务实严把审批、审核关。各地以党的群众路线教育实践活动为契机，加大工作力度，规范因公出国（境）管理，因公出国（境）团组和人数均明显下降。认真落实中央和省委、省政府《党政机关厉行节约反对浪费条例》，与省财政厅联合制发《浙江省因公临时出国经费管理规定》，进一步完善因公出国（境）经费管理制度。召开因公出国（境）审批工作会议，突出部门间的横向沟通与上下级间的纵向联动，对因公出访工作实行宏观管理和统筹协调。会同省纪委、省委组织部、省公安厅对党政机关、企事业单位因公出国（境）工作情况开展专项检查，确保全省因公出国（境）工作规范有序。

整合外事资源，努力构建“大外侨”工作体系。根据省委、省政府决策部署，原省外办与省侨办整合组建省外侨办。原两家单位服从大局，做好各项工作，推进整合工作。市县两级外事侨务部门履行职责，加强对本地区对外交流合作和侨务工作的指导、协调、管理和服务。举办因公出国（境）业务培训、基层外办主任研修班、侨务干部培训班等5个专题培训班，1700人次分别参加各类培训。各地加强内部建设，完善管理制度，开展形式多样的主题活动，外侨干部队伍综合素质得到新的提升。

【第七届驻华使节“走进浙江”活动】 5月7日至9日，省外办与金华市政府联合举办以“魅力浙中 非常金华”为主题的第七届驻华使节“走进浙江”活动。25个国家驻华大使、驻沪总领事及特派代表共45人应邀参加。

活动期间，各国驻华使节参加“金华市情及投资环境介绍会”，并赴金华古子城、永康国际会展中心、众泰集团、东阳横店影视城、金华火腿博物馆、万象花卉等参观考察，加深对金华市风土人情、经济社会发展以及民营企业“走出去”情况的认识和了解。驻华使节纷纷表示，愿意为本国与浙江省、金华市开展交流合作提供帮助和支持。

【协办“两会两展”】 6月8日至12日，第16届浙江投资贸易洽谈会、第三届中国海洋经济投资洽谈会和2014中东欧国家特色产品展、第13届中国国际日用品消费品博览会（简称“两会两展”）在宁波举行。省外办协调安排办领导参加12场省领导外事活动，并对现场活动的外事礼宾安排等予以指导。协助安排省长李强会见并宴请捷克工贸部长一行活动。协调组织翻译承担省领导会见宴请重要外宾团组、“两会两展”招待酒会与开幕式、省领导巡馆等近10场翻译工作。协助邀请加拿大纽芬兰省代表团一行5人参与活动。

【第七届浙江省外国人领事保护工作研讨会】 10月22日至23日在湖州德清召开，23个国家的40名驻沪总领事和领事官员应邀参加会议。省外侨办副主任彭波主持会议并作主旨发言。省法院、司法厅、公安厅等单位业务处室负责人出席会议并发言。中外双方就近年来外国人在浙领事保护的主要做法、存在问题、下阶段工作建议，以及最新管理政策、相关司法程序和涉外法规等进行交流和探讨。

【举办全省因公出国(境)业务培训班】 12月11日至12日,2014年度全省因公出国(境)业务培训班在省委党校举办,来自省级部门、省属企业、省属高校和多家中央在浙机构的近130家单位和11个市及下属县(市、区)外办的450余人参加培训。出管处和外服中心有关负责人讲授因公出国(境)审批和护照签证申办有关政策规定和注意事项;邀请外交部领事司、省财政厅和省外国专家局有关部门领导,就当前领事工作、出国经费管理及培训团组管理等内容分别授课并答疑。

【领事认证】 2014年,全省办理领事认证158566份,与上年相比,上升5%。省外侨办办理领事认证142139份,比上年上升5%(民事类认证79615份,下降5%;商业类认证62524份,上升21%)。认证量居前三位的国家分别是:埃及40518份,意大利18722份,俄罗斯12173份。代办外交部及外国驻华使馆领事认证459份;代办外国驻沪总领馆领事认证76556份,比上年上升6%。代办阿根廷驻沪总领馆商业发票认证2299份;审核意大利家庭团聚双认证材料2079户8943份。全年退回各类不规范公证书300多份,查处假证7份,网上答疑100人次。

【因私签证】 2014年,省外服中心办理因私签证11349批22296人,其中因私赴美签证外办专属通道273批441人;办理意大利签证面谈预约审核2079户2890人;办理法国签证用公证文书直送193批434份;办理希腊签证用文书材料直送128批239人;办理APEC商务旅行卡846批1420人;受理VIP客户299批1262人;代办各地市外办、央企等单位因公护照签证186批475人;代办领事认证2342批4468人;代打各类签证表格2410人;处理领事保护签证申请8批18人。2014年全省办理APEC商务旅行卡1333批2260人。因私签证申办量前五位国家分别为日本、韩国、印尼、美国和孟加拉国。

【第六期全省外办主任研修班】 5月12日至14日在杭州举办。全省各市、县(市、区)外办主任,省级有关单位及涉外企业代表160余人参加研修。省外办主任金永辉与学员互动交流。省外办副主任陆国灏、彭波分别主持研修班开班式和结业式。

外交部领事司司长黄屏等来自外交部、中联部、国港办的有关负责人围绕“外国记者管理及舆论引导”“新时期党的对外工作”“港澳工作实务”“境外非政府组织管理”“当前中国领事工作”等五大专题作报告,指导外事干部把握时局,提高综合业务能力,做好地方外事和港澳工作。杭州、宁波、温州、衢州等地市外办就各自工作特点、要点和实际工作案例交流经验。

【第五期全省外事系统翻译讲习班】 8月4日至8日举办,全省各地外办和有关单位近80名学员参加学习。讲习班培训内容侧重口笔译实用技巧,开设外事翻译概述、口译笔记、口笔译要求和训练等课程。外交部翻译室主任张建敏等到会授课,省外侨办副主任顾建新携地区处负责人开设专讲,与学员们就如何提高翻译技巧及如何进行日常训练等议题进行交流,给予指导。

(周赵行　杜　薇　易书莉　蒋　岚　董培军)

浙江外事侨务部门组织机构暨负责人名录

（2014年12月31日止）

省外侨办（港澳办）

党组书记、主任：金永辉
党组成员、副主任：彭　波
顾建新
陆国灏
虞希华
陈　安
王通林
党组成员、省友协专职副会长：陈爱珍
党组成员、人事秘书处处长：陈江风
副巡视员：李培培
（2014年10月止）
余亦平

省友协

会长：赵一德
常务副会长：金永辉
阮忠训
专职副会长：陈爱珍
兼职副会长：彭　波
顾建新
陆国灏
虞希华

各市外办（外侨办）

·杭州市外办·

主　任：谢国建
（2014年3月止）
邱卫星
（2014年4月起）
副主任：解崇明
（2014年6月止）
杜士根
孔德胜
（2013年12月起）
金　恒
（2014年6月起）

·宁波市外办·

主　任：孔玮玮
副主任：江　鲁　叶荣钟
黄　萍　石国祥

·温州市外办·

主　任：邱华萍
副主任：陈瓯平　朱玉贵
周怀中

·湖州市外侨办·

主　任：孙虎林
副主任：黄永南
（2014年10月止）
潘宇文
徐汝忠
沈　列
（2014年10月起）

·嘉兴市外侨办·

主　任：朱永明
副主任：邱锦月　庄玉娥

·绍兴市外侨办·

主　任：谢振江
副主任：张小华　周　英

·金华市外侨办·

主　任：章　宏
副主任：张远平　程广兴
金　烨

·衢州市外侨办·

主　任：朱晓红
（2014年7月起）
副主任：许　立
（2014年11月止）
周立年

·舟山市外侨办·

主　任：方　维
副主任：刘　宁　庄海波
丁　涛

·台州市外侨办·

主　任：项文敏
副主任：徐跃莲　朱丹君
应真箭

·丽水市外侨办·

主　任：潘志强
副主任：吴一平
金晓伟

港澳事务

【香港中小型律师行协会代表团访问浙江】 1月11日，省港澳办副主任虞希华会见协会会长陈曼琪率领的代表团一行。虞希华希望代表团来访能进一步推进浙港两地法律界的合作交流，实现双方共赢发展。代表团一行访问杭州市律师协会，参观浙江金道律师事务所，并与杭州市律师协会会长和律师们进行座谈交流。

【浙江海外联谊会迎春团拜会】 1月12日在珠海举行。浙江省领导与来自香港、澳门特区和海外的300多名乡贤、朋友欢聚一堂，畅叙乡情，互致祝愿，共贺新春。省委副书记王辉忠致辞。

香港浙联会会长李德麟，澳门纺织商会理事长王世民，西班牙中国和统会会长徐松华在团拜会上分别致辞。省港澳办副主任彭波等有关部门负责人参加团拜会。

【省领导与省政协港澳华侨委员座谈】 1月18日，省委书记、省人大常委会主任夏宝龙与出席浙江省政协十一届二次会议的港澳华侨委员、外事委特邀委员等座谈，共叙乡谊、共话发展。省长李强，省政协主席乔传秀，省委常委、秘书长赵一德，省政协副主席吴晶等出席，省委副书记王辉忠主持座谈会。

夏宝龙指出，刚刚过去的一年，以习近平为总书记的党中央团结带领全党全军全国各族人民，开创了党和国家事业发展的崭新局面。浙江在深入实施“八八战略”，大力推进“五水共治”，深化平安浙江、法治浙江建设等方面取得了卓有成效的业绩。希望各位委员继续保持关心家乡、热爱家乡、帮助家乡建设的境界和情操，一如既往支持家乡的改革发展和现代化建设，与家乡人民携起手来，为浙江更加美好的明天而共同奋斗。

会上，十位委员代表围绕省政府工作报告踊跃发言、献计献策。

省港澳办主任金永辉出席座谈会。

【香港大学校长访问浙江】 2月27日，副省长毛光烈会见香港大学校长徐立之一行，双方就如何促进科技体制改革、推进香港大学浙江科学技术研究院的建设发展等问题进行交流。

毛光烈指出，在临安青山湖科技城设立的“香港大学浙江科学技术研究院”项目，其建设与运作等方面已取得阶段性成果，此项合作提升了浙江的科技创新水平，有利于浙江更好地探索科技体制机制改革的先进经验，也有利于人才培养和产业创新方面的经验积累。希望双方共同努力，在改革开放、科技创新、人才培养、科技成果转化等方面互惠互利。

徐立之表示，青山湖的项目增进了香港大学学术创新与成果产业化的融合。在工业产业的绿色可持续发展方面，香港大学有很多学术成果，依托港大在浙江的研究院，可以得到充分实践和有效发挥。

省政府副秘书长孟刚、省港澳办副主任彭波以及省财政厅、省民政厅、省科技厅等相关厅局和杭州市、临安市有关负责人参加会见。

【香港贸发局华东、华中区首席代表访问浙江】 3月12日，省港澳办主任金永辉会见首席代表钟永喜一行3人。金永辉充分肯定香港贸发局多年来为促进浙港经贸领域合作作出的贡献，希望香港贸发局凭借遍布全球的网络资源优势和丰富的国际化经验，在助推浙江民营企业转型升级走向国际等方面发挥更加积极的作用。钟永喜详细汇报2014年香港贸发局新的工作计划，表示香港贸发局将一如既往为港浙在经贸、金融等现代服务业领域的合作与交流发挥更积极的作用。

省港澳办副主任彭波会见时在座。

【香港律师会会长等访问浙江】 3月25日至26日，香港律师会会长林新强、香港中联办法律部副部长李光祥等一行4人访问浙江。

26日，省司法厅厅长赵光君、副厅长俞世裕等接待林新强一行。赵光君希望两地律师界进一步完善合作交流机制，互相取长补短，实现互惠互利、合作共赢。林新强介绍香港律师会的发展历程和运作模式、律师队伍现状等，希望两地法律界继续加强交流合作，为浙江民营企业走出去发挥香港法律界独特的优势和力量。

省港澳办副主任彭波会见林新强一行。

【2014浙江—香港现代服务业高端人才招聘会】 3月30日在香港举办。共有约1000人应聘(其中参加实习面试350人左右)，其中100余人拥有博士学历，近450人拥有硕士学历。经过洽谈，有83人与企业达成初步意向，65人与高校达成意向。

省港澳办副主任彭波出席上述活动。

【香港中学课程骨干教师专业考察交流团访问浙江】 4月9日至13日，香港特区政府教育局组织中学课程骨干教师专业考察交流团一行40人访问浙江。省港澳办副主任彭波会见并宴请考察交流团一行。

考察交流团一行访问省教育厅教研室，双方就语文、数学、社会、科学等学科教学、学校课程建设、教学管理、学生品德培养等问题进行交流；赴杭州外国语学校、杭州市建兰中学深入课堂分组听课，并在课后与相应学科的师生进行面对面探讨和交流；参观杭州市青少年发展中心、杭州市城市规划馆及浙江省对外服务公司。

【香港青年精英访问浙江】 4月10日，省委副书记王辉忠会见香港青年精英访浙团一行。他希望广大香港青年才俊多来浙江、多了解浙江，进一步深化合作交流，为巩固浙港良好合作关系、促进两地繁荣发展贡献力量。省委副秘书长张才方、省港澳办副主任虞希华等参加会见。

在浙期间，香港青年精英访浙团考察舟山群岛新区建设，并与浙江省青年企业家就加强双方合作进行交流。

【澳门特区政府代表团访问浙江】 4月10日至12日，澳门特区经济财政司司长谭伯源和中央人民政府驻澳门特区联络办公室副主任仇鸿率澳门特区政府代表团一行17人访问浙江，出席由澳门特区政府在杭州举办的“活力澳门推广周·浙江杭州”活动。

10日，省长李强会见并宴请谭伯源、仇鸿一行。李强说，澳门是中国内地与葡语国家发展友好关系特别是经贸关系的重要纽带，是浙江实施“走出去”和“引进来”战略的一个重要平台。近年来浙澳两地来往密切，成果斐然，希望以此次活动为契机，继续加强全方位的交流与合作。谭伯源表示，“活力澳门推广周·浙江杭州”的举办，一定能够加强澳门与浙江两地的沟通与合作，愿通过努力，推动澳浙两地更全面、更紧密的合作。

杭州市市长张鸿铭，省政府秘书长李卫宁，省政府办公厅副主任王纲，省港澳办主任金永辉、副主任彭波等相关部门负责人参加会见宴请。

【“活力澳门推广周·浙江杭州”大型展览】 4月11日至13日在杭州举办。澳门特区政府经济财政司司长谭伯源、浙江省副省长梁黎明、中央人民政府驻澳门特区联络办公室副主任仇鸿等出席开馆仪式并巡馆。省政府副秘书长陈宗尧，省港澳办副主任彭波以及省商务厅、省新闻办、省旅游局、省贸促会及杭州市政府相关负责人陪同出席活动。

“活力澳门推广周”大型综合展览活动系澳门特区政府、澳门中联办全力支持的大型综合巡回推广活动，是澳门特区结合自身产业特点，推介澳门及葡语国家产品与服务的综合性活动品牌，2014年在杭州举办主题展览、产品展销、商贸推介、行业对接、特色表演等系列经贸文化交流活动，上百家澳门特区企业展示千余种商品，吸引75300余人次参观。

【香港邵氏集团总裁和美国罗马琳达大学医疗健康机构代表访问浙江】 4月29日至5月1日，香港邵氏集团总裁、已故邵逸夫先生夫人邵方逸华和美国罗马琳达大学医疗健康机构代表一行42人，应邀专程来浙参加邵逸夫铜像揭幕仪式及邵逸夫医院建院20周年庆典。

29日，副省长梁黎明会见邵方逸华一行。梁黎明说，邵逸夫先生一生情系桑梓，慈善为怀，为内地及家乡的教育、科技事业慷慨解囊，做出了巨大贡献。浙江大学医学院附属邵逸夫医院就是为发展内地医疗卫生事业，培育塑造医学人才的一大福举，更是留给家乡人民的宝贵财富。会见结束后，梁黎明和邵方逸华共同出席邵逸夫铜像揭幕仪式。

庆典活动期间，邵方逸华一行观看邵逸夫医院20周年专题片展映，出席20周年特别贡献奖颁奖礼等活动。省政协副主席、邵逸夫医院院长蔡秀军，浙江大学党委常务副书记邹晓东向邵方逸华颁奖并赠送礼品。浙江大学党委书记金德水、省政府副秘书长陈宗尧、省卫计委主任杨敬、省港澳办副主任彭波等出席上述活动。

【香港小学课程骨干教师专业考察交流团访问浙江】 5月6日至10日，香港特区政府教育局组织香港小学课程骨干教师专业考察交流团访问浙江。省港澳办副主任彭波会见并宴请考察团一行。

访问期间，考察交流团拜访省教育厅教研室，与浙江教育专家就小学课程发展重点及特色进行座谈交流。走进杭州市崇文实验学校、杭州市学军小学，深入课堂分组听课，并在课后与师生进行互动交流。

【香港贸发局内地关系事务主管访问浙江】 5月21日，省港澳办主任金永辉会见香港贸发局内地关系事务主管温少文一行。金永辉说，当前省委省政府提出实施“四换三名”“五水共治”等一系列举措，倒逼产业转型升级，推进浙江生态建设和环境保护，努力建设“美丽浙江”。希望香港贸发局继续加强与浙江的交流与合作，围绕重点工程，推进浙江与香港之间更紧密的技术合作和经贸往来。

温少文介绍香港贸发局推广中国内地企业与全球企业开展合作交流、搭建服务平台的情况，肯定港浙两地在过去几年开展经贸合作取得的成果，并再次诚邀浙江省政府在合适的时间到香港举办更简化更务实的交流合作活动。

省港澳办副主任彭波陪同会见。

【内地企业利用香港服务业平台投资海外研讨会】 5月22日在杭州举办，200多位杭州优秀企业代表与会。商务部台港澳司副司长孙彤、商务部投资促进局汪建、香港贸发局助理总裁叶泽恩先后致辞。国富浩华（香港）会计师事务所主席陈维端、盛德律师事务所合伙人郭子澄以及渣打银行（香港）股票企业融资部董事张廷坚分别对香港投资作专业讲解分析，并与现场企业代表进行互动交流。

省港澳办副主任彭波出席活动。

【香港特区政府驻沪经贸办主任访问浙江】 5月26日至28日，香港特区政府驻沪经贸办主任谭惠仪一行5人访问杭州、绍兴、嘉兴及海宁市。

在浙期间，谭惠仪一行分别与省、市商务厅（局），港澳办及绍、嘉两市经济开发区进行座谈交流，听取省、市商务部门负责人就浙港两地近年来在经贸领域合作的详细情况。拜访香港杭州商会,实地考察近10家在杭的港资企业,深入了解港资企业的经营状况和有关需求。

【香港嘉里集团董事长访问浙江】 5月29日,省委书记、省人大常委会主任夏宝龙会见香港嘉里集团董事长郭鹤年一行。夏宝龙对郭鹤年等香港企业家为中国改革开放和经济繁荣作出的重要贡献表示赞赏和感谢。夏宝龙说,当前浙江正处在实现经济转型升级的关键阶段,希望嘉里集团进一步发挥多元化经营和资金雄厚的优势,继续为促进浙港两地的经济发展和繁荣发挥更大的作用。

郭鹤年表示,嘉里集团一直与浙江开展多领域合作,均取得良好的经济效益和社会效益。嘉里集团将继续加强与浙江合作,扩大投资合作领域,推动双方合作向更高层次发展。

省委常委、杭州市委书记龚正,省委常委、秘书长赵一德,省港澳办副主任彭波等会见时在座。

【曹其镛夫妇捐赠漆器】 6月27日,省政府在浙江省博物馆举行颁奖仪式,香港永新企业有限公司副董事长曹其镛夫妇将珍藏多年的160件(组)宋、元、明、清漆器慷慨捐赠给浙江省博物馆。仪式上,副省长郑继伟对曹其镛夫妇热爱家乡、回馈社会的爱国爱乡情怀和为浙江省博物馆所作的无私贡献给予高度评价和肯定。曹其镛衷心希望他的带头捐赠能推动更多的漆器收藏爱好者加入捐赠行列,以进一步丰富馆藏漆器,让广大市民更全面了解中国历史悠久和博大精深的漆器艺术。

颁奖仪式结束后,郑继伟一行参观"重华绮芳——宋元明清漆器艺术陈列"展的漆器展品。省友协常务副会长阮忠训、省港澳办副主任彭波等出席活动。

【浙江省代表团访问澳门和香港】 9月9日至14日,省委副书记王辉忠率团赴澳门和香港访问。

在澳期间,代表团出席澳门苏浙沪同乡会庆祝中华人民共和国成立65周年庆典活动,拜访澳门特别行政区行政长官崔世安、澳门中联办副主任陈斯喜、澳门苏浙沪同乡会会长曹其真以及贺一诚、贺定一、王孝行等澳门浙籍代表人士,王辉忠介绍近年来浙江经济社会发展的新变化,并希望浙澳两地进一步密切合作,实现优势互补,促进共同繁荣发展。

在港期间,王辉忠出席香港苏浙沪各界人士庆祝中华人民共和国成立65周年庆典,拜会全国政协副主席董建华、香港中联办主任张晓明,拜访香港浙联会、新界乡议局、王宽诚教育基金会负责人和范徐丽泰、李达三、胡鸿烈、曹其镛、包培庆等香港浙籍代表人士。

【全国妇联港澳执委考察浙江】 10月14日至18日,全国妇联系统港澳执委、特邀代表80多人考察浙江。

15日,考察团在杭州举行座谈会,省委副书记王辉忠出席并致辞,全国妇联副主席孟晓驷参加座谈。王辉忠代表浙江省委、省政府对考察团到访表示欢迎,希望广大港澳优秀女性代表继续发扬爱国爱港爱澳的优良传统,坚定不移贯彻"一国两制"方针和基本法,确保港澳长期繁荣稳定;充分利用妇女交流平台,多关心支持浙江的改革发展建设。

省港澳办副主任彭波参加有关活动。

【香港友好访问团访问浙江】 10月26日至29日,百贤教育基金会理事会主席、香港永新企业有限公司副董事长曹其镛率香港友好访问团一行104人访问浙江,出席百贤亚洲研究院第一次全体公开论坛和第三次董事会议、第18届旅外"乡贤聚会"、亚洲青年交流中心落成典礼及浙江省博物馆漆器艺术馆开馆暨浙博漆器研究基金会成立仪式。"百贤亚洲研究院"是曹其镛捐资1.5亿美元创办的"百贤教育基金"设立的重要组成部分。

27日,省委书记、省人大常委会主任夏宝龙会见访问团部分代表。夏宝龙首先感谢曹其镛先生多年来对祖国对家乡建设发展的关心支持以及为推进浙港合作、亚洲各国之间的友好交流所作的努力，并介绍浙江经济社会发展情况。他说，此次曹先生斥巨资成立的百贤教育基金会非常有意义，相信一定会进一步促进浙江发展，进一步促进与亚洲各国的交流合作。

曹其镛希望百贤教育基金会的平台可以帮助亚洲各国青年增进了解、促进交流，以此来推动亚洲地区乃至世界各国人民之间的和平共处及友好合作。

省委副书记王辉忠，省委常委、秘书长赵一德，省政协副主席、省委统战部部长孙文友，浙江大学党委书记金德水，省友协常务副会长阮忠训，省文化厅厅长金兴盛，省委办公厅副主任朱重烈、吴伟斌及省港澳办副主任彭波参加会见。

28日，浙江大学亚洲青年交流中心大楼正式启用。全国人大常委会原副委员长路甬祥，省委副书记王辉忠，省政协副主席、省委统战部部长孙文友，外交部原副部长乔宗淮，浙江大学党委书记金德水、校长林建华，浙江大学发展委员会主席张浚生和曹其镛夫妇共同为大楼启用揭幕。

同日，为曹其镛夫妇共同捐赠的精美漆器专设的“中国漆器博物馆”正式开馆。全国人大常委会原副委员长路甬祥出席开馆仪式，省委副书记、省长李强出席开馆仪式并参观展览。仪式上，曹其镛夫妇又向浙江省博物馆捐赠同款舫式香盒一件，使之成双成对，同时将省政府奖励的1000万元捐给浙博漆器研究基金会。省博物馆负责人向曹其镛颁发漆器艺术馆名誉馆长聘书。省博物馆中国古代漆器研究中心同时揭牌成立。

省港澳办副主任彭波陪同访问团在浙活动。

【香港舟山同乡会回乡考察团访问浙江】 10月28日至11月2日，香港舟山同乡会名誉会长周亦卿和会长邓杨咏曼率香港舟山同乡会回乡考察团一行18人访问浙江。

28日，副省长梁黎明会见并宴请考察团一行。梁黎明希望各位新老朋友今后继续关心和支持家乡的经济社会发展，为浙港两地的共同繁荣发展作出新贡献。邓杨咏曼表示，今后将一如既往地做好同乡会各项工作，为两地的经济发展和人民福祉作出贡献。

在浙期间，周亦卿、邓杨咏曼出席第18届浙江旅外乡贤聚会，邓杨咏曼还获得浙江省“爱乡楷模”称号。考察团一行访问宁波市和舟山市，并出席海洋学院揭牌仪式。

省委统战部副部长汤为平，省港澳办副主任彭波参加会见宴请。

【浙江·香港姊妹学校网上交流平台启动仪式暨“视像中国”数字化教育论坛】 10月30日在杭州正式启动。会议由省教育厅和省港澳办联合主办，来自浙港两地120余位学校校长和教师代表及上海、宁波、佛山等地的“视像中国”项目学校代表参加会议。

副省长郑继伟、香港教育局局长吴克俭、香港中联办教科部部长李鲁、省政府副秘书长李云林、省教育厅副厅长于永明等出席开幕式，省港澳办副主任彭波主持会议。开幕式上，教育部港澳台办副主任王志伟和吴克俭、李鲁、于永明分别致辞。“视像中国”远程教育发展中心研训总监代表本项目向与会的领导和嘉宾汇报“视像中国”远程教育项目发展历程与主要成果。于永明向两地学校代表颁发由“视像中国”远程教育项目签发的项目证书。

“视像中国”远程教育发展中心安排一节多地互动的演示课，与会代表与嘉宾现场旁观由上海市七宝中学老师主讲的《论语之交友之道》，上海、宁波、香港、马来西亚等的6所学校分别在自己的教室里通过互联网连线一起进行学习交流。省教育厅教研室副主任科庆标、“视像中国”远程教育项目总监陈圣日、香港恒生管理学院黄宝财教授分别从浙江省教育数字化发展、“视像中国”项目介绍及活动发展以及数字时代的教育作主题报告。

全体会议代表还参观考察了杭州外国语学校，并进行集中交流和分组论坛，两地校长教师代表就今后如何在“视像中国”远程教育平台中开展教育合作交流，促进共同发展进行研讨。

【香港教育代表团访问浙江】 10月30日至11月2日，香港教育局局长吴克俭在香港中联办教科部部长李鲁陪同下率香港教育代表团一行39人访问浙江，并出席“浙江·香港姊妹学校网上交流平台启动仪式暨‘视像中国’数字化教育论坛”。

31日，副省长郑继伟会见吴克俭一行。郑继伟说，浙港两地交流合作密切，特别是在教育领域的合作卓有成效，浙港两地已有46对中小学校喜结姊妹学校，希望代表团来访能进一步深化合作交流，开拓在数字化时代运用信息技术手段进行跨区域的互动与合作。吴克俭说，香港教育局在2004年开始推行“姊妹学校计划”，“浙港姊妹学校计划”的参加学校十分踊跃，连同这次将要签署协议的两对姊妹学校，港浙已缔结48对姊妹学校。相信在优势互补下，一定能为两地在教育合作方面开创新天地。

省政府副秘书长李云林、省教育厅副厅长于永明、省港澳办副主任彭波等参加会见。

【香港特区政府公务员内地专题考察团访问浙江】 11月10日至14日，香港特区政府和国务院港澳办共同组织“香港特区政府公务员内地专题考察团”对浙江进行参观考察。

考察团一行以“物流业与电子讯息业”为主题，考察杭州、宁波和义乌三地，希望浙港两地今后在管理、技术、人才等领域更为紧密地加强交流与合作。

【澳资企业——凯蒂猫家园在安吉落成】 11月28日，中国首个凯蒂猫家园在安吉县落成。全国政协副主席、澳门前特首何厚铧，全国人大常委会委员、澳门立法会主席贺一诚，全国政协常委、国家旅游局原局长邵琪伟，浙江省副省长熊建平，省政协副主席吴晶等出席落成仪式。

省港澳办副主任彭波陪同参加。

凯蒂猫家园90%游乐设施均引自国外，分六大主题游乐区，有几十项游乐设施，使游客一起“创造快乐，分享快乐”。

【环球香港商业协会联盟代表团访问浙江】 12月4日至6日，香港贸发局助理总裁黄思慧率环球香港商业协会联盟代表团一行48人访问浙江。副省长梁黎明会见并宴请代表团一行。梁黎明向客人介绍浙江经济社会发展情况，希望代表团深入考察、广泛接触，发掘商机，加深对浙江省投资发展环境的了解。黄思慧介绍环球香港商业协会联盟情况。

在杭期间，代表团一行考察杭州娃哈哈集团有限公司、杭港地铁有限公司、阿里巴巴集团、浙江中南卡通股份有限公司。

省港澳办副主任彭波等参加会见宴请。

（金晓霞）

对外民间交往

【概况】 2014 年，浙江省人民对外友好协会（简称省友协）本着"增进人民友谊、推动国际合作、维护世界和平、促进共同发展"的工作宗旨，全力参与大交流、大周边、大友城、大项目、大平台的"五大工程"建设，立足民间、放眼世界，各项工作取得新进展。全年接待来自美国、日本、韩国、德国、澳大利亚、西班牙、马来西亚、比利时、匈牙利、马耳他、墨西哥、多米尼加等国家和地区代表团组 54 批 704 人次；组派出访团 10 批 186 人次，分别前往美国、墨西哥、日本、德国、奥地利、瑞士、法国、印度、伊朗、阿曼、卡塔尔等国家和地区开展友好交流活动；促成省内 17 对中小学校与比利时、荷兰、德国的中小学校缔结友好学校。

【日本福井县民间友好代表团访问浙江】 2 月 15 日至 17 日，日本福井县国际交流协会理事长栗田幸雄和福井县日中友好协会会长酒井哲夫率领日本福井县民间友好代表团一行 10 人访问浙江，参加浙江省福井县结好 20 周年庆祝活动。

15 日，省长、省友协会长李强会见栗田幸雄、酒井哲夫和福井县日中友好协会副会长兼理事长竹下清。16 日，省友协常务副会长阮忠训、专职副会长陈爱珍为代表团举行欢迎晚宴，并特意准备生日蛋糕祝贺酒井哲夫 80 周岁大寿。17 日，省友协原会长沈祖伦与代表团共进午餐。

在杭期间，代表团参观浙江美术馆敦煌展、浙江省自然博物馆和南宋官窑博物馆。

【中日韩友城交流大会工作组考察浙江】 4 月 22 日至 25 日，全国友协日本工作部主任王秀云一行 3 人访问浙江，考察将在义乌举办的"第 17 届中日韩友城交流大会"会场、食宿设施和义乌国际商贸城，并考察计划安排外宾参观的千岛湖。省友协专职副会长陈爱珍与工作组进行座谈交流。

中日韩友城交流大会由中国人民对外友好协会、日本自治体国际化协会、韩国全国市道知事协议会共同主办，每年在中日韩三国轮流举行。

【派员参加德国纽伦堡"蓝色之夜"艺术节活动】 4 月 30 日至 5 月 6 日，全国友协组织的文化交流团一行 9 人访问德国，参加纽伦堡第 15 届"蓝色之夜"艺术节

◎在德国纽伦堡—埃尔朗根孔子学院举办浙江省"环西湖佛文化摄影展"

活动，省友协派员随团前往。

5月2日，浙江省的“环西湖佛文化摄影展”作为“蓝色之夜”艺术节的参与项目，在纽伦堡—埃尔朗根孔子学院新址开幕。纽伦堡市前市长、纽伦堡—埃尔朗根孔子学院顾问委员会主席勋莱，纽伦堡—埃尔朗根孔子学院德方院长徐艳和中方院长陈杭柱，以及纽伦堡当地政经文化界人士出席开幕式。现场还举办小型中国佛教文化讲座。

【匈牙利中国友好协会代表团访问浙江】 5月11日至16日，匈牙利中国友好协会主席洛约什·拉茨一行8人应邀访问浙江。13日，省政协主席乔传秀会见并宴请洛约什·拉茨一行，省政协秘书长陈荣高，省外办主任、省友协常务副会长金永辉，省友协专职副会长陈爱珍参加会见宴请。14日，由省友协和匈中友协共同主办的“匈牙利艺术家拉贾斯·萨雷作品展”开幕式在浙江美术馆举行，省友协常务副会长阮忠训出席开幕式并致辞。

在浙期间，代表团游览西湖名胜和西溪湿地，并赴绍兴等地考察。

【温州安福寺与斯里兰卡西里帕勒贡巴寺签订友好交流意向书】 5月13日至19日，经省友协和斯里兰卡斯中协会牵线，温州安福寺佛教交流团一行24人访问斯里兰卡。在斯期间，交流团一行拜会西里帕勒贡巴寺住持月光长老，并在大殿佛前献花，斯方和中方众僧诵经祈福，安福寺住持达照与月光长老分别代表两寺院签署友好交流合作意向书。双方分别介绍各寺院的历史、规模、理念以及开展友好交流活动的缘起，展望两个寺院未来开展佛教文化交流合作的方式等。斯里兰卡贾亚瓦特纳大学名义校长、暹罗教派科提凯拉尼支派副导师宝光，科伦坡两地区大僧正、西里贾亚瓦特那寺院住持智军，科伦坡卡鲁特勒地区大僧正、西里苏奈特拉寺院住持戒喜和中国驻斯里兰卡大使馆文化处负责人沈鸣等参加上述活动。

温州安福寺在文成县天圣山，始建于唐代，系千年古刹，几度兴衰。2003年浙江省人民政府批准在原址重建安福寺。斯里兰卡西里帕勒贡巴寺在该国科提市。

【参加全国友协成立60周年庆祝活动】 5月14日至16日，“中国国际友好大会暨中国人民对外友好协会成立60周年”系列活动在北京举行，国家主席习近平出席大会并发表重要讲话。

全国友协会长李小林回顾全国友协60年发展历程，表示将继续高举“友好、和平、合作、发展”的旗帜，续写民间友好事业的新篇章。汤加公主伊塔，日本前首相鸠山由纪夫，圣马力诺中国友好协会主席泰伦齐，非盟委员会前主席、加蓬前外长让·平，美国前总统尼克松外孙考克斯等分别致辞。全国人大常委会副委员长陈昌智、艾力更·伊明巴海，全国政协副主席王家瑞，有关部委、人民团体和各省区市友协负责人，长期从事民间外交工作的人士以及各国友好组织和人士代表850余人出席大会。

省友协专职副会长陈爱珍参加庆祝大会、史料展、“民间外交60周年特别节目《难忘60年》”央视录制等相关活动，并与中外代表交流地方开展民间外交的情况。

【日本日中文化交流协会代表团访问浙江】 5月16日至19日，以日中文化交流协会常任委员、书法家杭迫柏树为团长的日本日中文化交流协会代表团一行6人访问杭州、绍兴、东阳等地。省友协专职副会长陈爱珍宴请代表团。代表团游览杭州西湖文化景观，参观西泠印社、胡雪岩故居；参观、游览绍兴鲁迅故居、兰亭和东阳横店影视城。

【组团参加首届“中国阿拉伯城市论坛”】 6月17日至18日，省友协专职副会长陈爱珍率乐清市、义乌市政府领导及友协负责人一行9人，出席在福建省泉州市召开的首届“中国阿拉伯城市论坛”。全国人大常委会副委员长、中阿友协会长艾力更·依明巴海出席论坛并致辞，乐清市、义乌市政府代表分别在大会上作推介发言，论坛上通过《关于建立“21世纪海上丝绸之路城市联盟”倡议书》。论坛期间，乐清市和巴勒斯坦贝图尼亚市签订友好交流意向书，义乌市和巴勒斯坦希伯伦市达成结好意向。

【浙江大学生参团访问日本】 6月17日至24日，省友协组织杭州师范学院和衢州学院共32名大学生参加全国友协组派的中国大学生代表团访问日本。在日期间，代表团访问东京都和石川县，考察日本国会、水科学馆、东京学艺大学、金泽大学，并与日本大学生进行友好交流，同时深入日本社会，体验日本文化。

【韩国济州韩中交流协会代表团访问杭州】 6月27日至29日，以会长梁洪喆为团长的韩国济州韩中交流协会代表团一行19人访问杭州。在杭期间，韩国济州汉拿日报社团员赴浙江日报报业集团，洽谈与《钱江晚报》结好事宜。代表团其他成员参观访问钱江新城城市阳台、大剧院、规划馆、市民中心。省友协专职副会长陈爱珍陪同并宴请代表团。

【组团参加“中国—中亚合作对话会”】 7月6日，由全国友协和甘肃省人民政府共同举办的“中国—中亚合作对话会”在兰州市召开，全国政协副主席陈元出席对话会并致辞。省友协专职副会长陈爱珍率绍兴市、义乌市政府领导及友协负责人一行10人出席会议。

对话会以“亲诚惠荣、务实合作”为主题，分“中国与中亚五国地方领导人对话会”和“经贸合作与人文交流务实对话会”，义乌市政府代表在专题论坛上作推介发言。来自中国以及哈萨克斯坦、吉尔吉斯斯坦、蒙古、俄罗斯、塔吉克斯坦、土库曼斯坦和乌兹别克斯坦等国地方省州长和各界代表以及中亚五国、上合组织驻华使节等共350余人出席活动。

【多米尼加前总统访问浙江】 7月25日至27日，多米尼加前总统伊博利多·梅西亚一行4人访问浙江。省友协常务副会长阮忠训宴请代表团，双方进行了友好交流。代表团考察浙江泰达作物科技有限公司，游览杭州西湖名胜、雷峰塔、胡雪岩故居和绍兴鲁迅故居，观看杭州《宋城千古情》。

【浙江省青少年书画音乐交流代表团赴日交流】 7月30日至8月6日，由日本日中协会和九州日中民间文化交流协会共同举办的“2014日中青少年书画音乐交流大会”，先后在日本熊本及东京举行。省友协组织由杭州和宁波青少年组成的省青少年书画音乐交流代表团一行52人赴日参加交流会。日本前首相村山富市和鸠山由纪夫、中国驻日本大使馆公使韩志强等分别出席熊本与东京的开幕式并致辞。浙江省共展出154幅书画作品，其中28幅获奖。杭州市大关小学舞蹈队与日本小朋友共同演出的节目获得好评。代表团拜访中国驻日本大使程永华，体验日本茶道、花道、香道。

【第九届国际少年棒球邀请赛】 8月25日至27日在杭州举行。韩国水原市少年棒球队、上海少年棒球队和杭州市十三中棒球队等4支球队参加比赛。

省友协专职副会长陈爱珍出席开幕式并致辞。杭州市西湖区教育局局长钱志清和韩国水原市棒球协会会长郭永鹏为棒球赛开球。比赛采用单循环赛，每场7局，限时90分钟。最终，杭州市十三中棒球队获得冠军，韩国水原市少年棒球队获第四名。

【日本福井县友好代表团访问杭州】 8月28日至30日，由日本日中友好协会副会长、福井县日中友好协会会长酒井哲夫任名誉团长，福井县议会日中友好议员联盟会长田中敏幸任团长，福井县议会与日中友好协会联合组成的福井县友好代表团一行9人访问杭州。

29日，省人大常委会副主任程渭山会见代表团。程渭山说，浙江省与福井县缔结友好关系20多年来，双方合作领域日趋宽广，内容日趋丰富，友好交流事业结出累累硕果。浙江方面愿与福井县议会及各界友好人士一道，推进以文化、艺术、体育为载体的民间交流，为中日友好作出不懈努力。

代表团拜访杭州市外办、友协，参观钱江新城、福井友好公园、富阳数马装饰工艺品有限公司等。

省友协常务副会长阮忠训宴请代表团，省外侨办副主任虞希华、省友协专职副会长陈爱珍参加。

【日本静冈县经济交流促进机构代表团访问浙江】 9月1日至3日，日本静冈县经济产业部部长土屋优行率代表团一行6人访问浙江。3日，省友协专职副会长陈爱珍与代表团举行会谈，并宴请代表团。在浙期间，代表团拜访省政府副秘书长陈宗尧，并与省农业厅、省商务厅会谈，考察萧山开发区江东工业园、静冈企业阿斯莫等。

【参加中美建交35周年研讨会和招待会】 9月4日至5日，省友协专职副会长陈爱珍一行2人应全国友协邀请出席在北京人民大会堂召开的中美建交35周年研讨会和招待会。国家副主席李源潮、美国前总统卡特出席招待会活动并致辞。

【日本大学生代表团访问浙江】 9月5日至7日，日本日中友好协会常务理事小野寺喜一郎率日本大学生代表团一行107人访问浙江。代表团与杭州师范大学学生交流，并参观钱江新城。6日晚，全国友协与省友协共同在杭州西溪宾馆举行“欢送晚会”，中日双方大学生代表分别表演节目。省友协专职副会长陈爱珍出席活动并致辞。

【毛里求斯中国友好和文化协会主席访问浙江】 9月7日至12日，毛里求斯中国友好和文化协会主席李基昌一行6人访问浙江。省友协专职副会长陈爱珍宴请李基昌一行，双方进行友好交流，并就两协会建立友好交流关系达成初步意向。在浙期间，代表团游览西湖名胜，并赴宁波、义乌两地考察。

【墨西哥中国友好协会代表团访问浙江】 9月18日至19日，墨西哥中国友好协会副主席里奥诺拉·托雷斯一行27人访问浙江。省友协专职副会长陈爱珍会见代表团，双方就今后开展友好交流事宜进行探讨。

【西班牙巴塞罗那自贸区主席访问浙江】 9月23日至24日，西班牙巴塞罗那自贸区主席乔迪·格内一行8人访问浙江，出席在杭举行的“西班牙投资新机遇推介会”。省外侨办副主任、省友协副会长顾建新宴请代表团一行。

【澳大利亚西澳州小学生代表团访问浙江】 10月6日至11日，以西澳州奥贝瑟小学校长提姆西·班默为团长的澳大利亚西澳州小学生代表团一行70人访问浙江。代表团与杭州市行知小学开展交流，体验民宿和中国文化。8日，省友协为代表团举行欢送交流晚会，省友协专职副会长陈爱珍出席并致辞。

【中国浙江省—比利时、荷兰校际交流会暨友好合作意向书签约仪式】 10月16日至20日，以比利时教育部校长培训中心主任雅尼克·杜潘格纳为团长的比利时、荷兰教育交流代表团一行24人访问浙江。

17日，“中国浙江省—比利时、荷兰校际交流会暨友好合作意向书签约仪式”在杭州举行，浙江省内13所中小学的校长参加会议，省外侨办主任、省友协常务副会长金永辉，省教育厅副厅长于永明，省友协专职副会长陈爱珍等出席活动并致辞。会上，比利时及荷兰的13所学校与浙江省内13所中小学校签订《友好合作意向书》。

【“走进中国——德国高中生代表团”访问浙江】 10月25日至11月7日，德中协会主席格雷戈尔·保罗率德国高中生代表团一行23人访问浙江。代表团与杭州绿城育华学校开展交流，并参加学校举办的“国际文化节”活动，体验民宿和中国文化。26

日，省外侨办主任、省友协常务副会长金永辉宴请格雷戈尔·保罗等代表团干部。

【省青少年民族艺术团访问日本演出】 10月27日至11月10日，省友协组织由浙江艺术职业学院师生组成的省青少年民族艺术团一行16人访日交流演出。艺术团在日本共举行18场演出，其中在静冈县西部地区的各所高、中、小学演出16场，在浜松市和浜北区的文化中心公演2场，表演民族舞蹈、民乐演奏、戏曲演唱等节目。中国驻日本大使馆参赞田培良专程前往浜松观看演出。

在日期间，浜松市市长铃木康友和静冈县教育长安倍徹先后会见艺术团，静冈县日中友好协会和县内相关友好团体分别宴请艺术团，静冈县舞蹈协会会长佐藤典子还专门安排日本现代舞领军人原田稔为浙江省青少年民族艺术团的舞蹈演员上了一堂现代舞实技表演课。

【韩国青少年友好使者代表团访问浙江】 10月30日至11月1日，韩国国际交流财团策划总管理事金成烨率领韩国青少年友好使者代表团一行121人访问浙江。在杭期间，代表团分组赴浙江树人大学、浙江艺术职业学院、杭州市聋人学校和杭州市经济技术开发区参观交流。31日，全国友协与省友协共同在杭州西溪宾馆举行"欢送晚会"，省友协专职副会长陈爱珍出席并致辞，中韩双方大学生代表表演节目。

【韩国济州汉拿日报社与《钱江晚报》签订友好交流协议书】 10月30日至11月2日，韩国济州汉拿日报社董事长柳炳昊率领济州汉拿日报社代表团一行16人访问杭州。31日，汉拿日报社与《钱江晚报》签署友好交流协议书。省友协专职副会长陈爱珍出席签字仪式并宴请代表团。代表团还参观浙报传媒梦工场山南基地、大韩民国临时政府杭州旧址纪念馆、胡雪岩故居和西湖名胜古迹。

【省友协与香港教联会签署友好交流合作协议书】 10月31日，省友协专职副会长陈爱珍与香港教育工作者联会主席邓飞在杭签署《浙江省人民对外友好协会与香港教育工作者联会友好交流合作协议书》。香港教育局局长吴克俭，省教育厅副厅长于永明，省外侨办副主任、省港澳办副主任彭波等见证签字仪式。

【2014杭州国际马拉松】 11月2日上午8时在黄龙体育中心东广场鸣枪开跑。省友协专职副会长陈爱珍出席开幕式。（参见第119页省体育局）

【墨西哥代表团访问浙江】 11月6日至11日，墨西哥参议员、参议院秘书长莉迪亚·梅罗迪奥率墨西哥代表团一行24人访问浙江。6日，省友协专职副会长陈爱珍宴请代表团，双方就今后交流合作事宜进行磋商。

【卡塔尔国际象棋女子特级大师访问浙江】 11月12日至21日，卡塔尔国际象棋女子特级大师诸宸在浙江参加"映美杯2014年中国国际象棋甲级联赛"。14日，省友协专职副会长陈爱珍在台州宴请诸宸，并就今后开展民间文化、体育交流合作事宜进行磋商。

【日本喜连川日中友协代表团访问浙江】 11月17日至20日，以日本喜连川日中友好协会会长稻泽永次为团长的喜连川日中友协代表团一行19人访问浙江，出席武义县与喜连川町结好15周年庆祝活动。19日，省友协专职副会长陈爱珍在杭州宴请来访客人。

【中美美术馆长对话会】 11月20日至22日在杭州举行。美国亚洲中心执行副主席汤姆·纳高斯基率代表团一行28人，参加在浙江美术馆进行的"中美美术馆长对话会"。对话会主要议程：两国美术馆间的国际合作案例分析及探讨国际文化公益项目的可能性。省友协专职副会长陈爱珍宴请中外美术馆长。

【日本福井市日中友协代表团访

问浙江】 11月20日至24日，为庆祝福井市与杭州市结好25周年，以福井市日中友好协会会长江守康昌为总团长，市日中友协副会长小林忠男、市国际交流协会会长吉田辉男为团长的日本福井市友协代表团一行24人访问浙江。21日，省友协专职副会长陈爱珍会见代表团，并介绍浙江省经济社会发展新情况。23日，代表团前往杭州市少年宫参加第十届“天眼杯”中国国际少年儿童漫画大赛启动仪式，吉田辉男代表国外来宾致辞，并代表日本分赛区签署授权书。仪式结束后，代表团与少年宫负责人座谈，就选送杭州市儿童书画作品到福井参展等活动达成意向。代表团还拜访杭州电视台，游览乌镇。

随团来访的日本大鼓表演组合在福井县驻杭两家企业和浙江艺术职业学院进行表演交流。

【日本福井县日中友好协会代表团访问浙江】 11月21日至23日，以日本福井县日中友好协会副会长兼理事长竹下清为团长的福井县日中友协代表团一行16人访问浙江。省友协专职副会长陈爱珍在杭宴请来访客人。

【美国密歇根州代表团访问浙江】 11月26日，副省长毛光烈会见由州长里克·斯奈德率领的美国密歇根州代表团一行14人。他说，浙江十分重视发展与美国地方的友好往来，双方在经贸、教育、文化等领域开展形式多样、内容丰富的交流与合作，在汽车制造、智能工业、人才培训等领域有合作的空间和潜力，希望访华团此行能进一步增进对浙江的了解，继续提升双方的务实合作水平。省外侨办副主任陆国灏、省友协专职副会长陈爱珍参加会见。代表团还参观考察万向集团。

【参加2014中国国际友好城市大会暨广州国际城市创新大会】 11月27日至29日，由中国人民对外友好协会、中国国际友好城市联合会、广州市共同举办，主题“我的城市我的梦”的“2014中国国际友好城市大会暨广州国际城市创新大会”在广州召开。来自56个国家和地区277个城市和国际组织的600多位嘉宾与会，分享城市治理经验，交流城市发展成果，探索城市创新路径。

中国人民对外友好协会、中国国际友好城市联合会设立“国际友好城市交流合作奖”“对华友好城市交流合作奖”和“国际友好城市特别贡献奖”3个奖项，表彰交流成绩突出的中外友好城市。浙江省、市及相关地市外国友城共获7个奖项，分别是：浙江省、宁波市、绍兴市获“国际友好城市交流合作奖”；美国印第安纳州（浙江省）、德国德累斯顿市（杭州市）、日本长冈京市（宁波市）、澳大利亚班布里市（嘉兴市）获“对华友好城市交流合作奖”。

省友协专职副会长陈爱珍率宁波、绍兴、嘉兴和义乌等市代表一行13人出席会议，外方获奖城市代表4人与会。

【马来西亚代表团访问浙江】 12月1日至5日，马来西亚多元文化妇女联合会秘书长任学慧一行4人访问浙江。2日，省委常委、秘书长赵一德宴请代表团，省友协专职副会长陈爱珍参加宴请。在浙期间，代表团与省友协会谈，探讨中马华文中学结好事宜，并考察相关学校，还与杭州巴赫事业有限公司总裁进行经贸洽谈。

【韩国济州韩中交流协会代表团访问杭州】 12月13日至16日，韩国济州韩中交流协会会长梁洪喆一行19人访问杭州。代表团参观考察阿里巴巴集团、银江股份公司，参观访问钱江新城城市阳台、规划馆、西溪湿地。省友协专职副会长陈爱珍陪同活动并宴请代表团。

（钱飞瑛）

出 访

【熊建平率团访问俄罗斯、丹麦和荷兰】 5月18日至26日，副省长熊建平率省民政代表团一行6人访问俄罗斯、丹麦和荷兰。

在俄罗斯，代表团代表民政部出席在莫斯科举办的2014年国际民防组织安全和保卫综合展览会开幕式，俄罗斯紧急情况部长弗拉基米尔·普奇科夫出席开幕式并致辞。实地察看圣彼得堡国立消防大学火灾痕迹分析实验室、3D大型火灾救援模拟指挥实验室、石化企业火灾模拟实验室、水上救援模拟实验室，与副校长特卡恰耶夫就加强专业救援人才培训方面的合作交流并洽谈。代表团还实地调研莫斯科阿尔巴特、特维尔社区和圣彼得堡波罗的海明珠社区，就社区建设和管理、社区防灾救灾演练等内容进行交流。

在丹麦，代表团与浙江省友好省区——西兰岛大区政府成员、欧洲关系处组委会主席马德森就进一步深化交流合作达成共识。访问丹麦社会与保健学院，听取学院总监赛林·克洛桑关于丹麦教育体系及社会与保健学院基本情况介绍，并就深化浙江医学高等专科学校与丹麦社会与保健学院合作进行商谈。实地了解西兰岛大区创新福利养老展示中心、Slags市福利养老院，察看Ropox公司生产的残疾人辅助器具和康复器具。

在荷兰，代表团拜访荷兰德瑞健康集团，就养老服务理念、员工培训、养老服务与管理进行交流。

【李强率团访问波兰、捷克和葡萄牙】 5月26日至6月4日，应波兰经济部部长、捷克皮尔森州州长、葡萄牙副总理邀请，省长李强率浙江省政府代表团一行6人访问波兰、捷克和葡萄牙。

在波兰，李强先后会见总统府国务秘书捷孔斯基、经济国务秘书彼特勒维茨、小波兰省副省长科扎克、圣十字省副省长科托瓦斯基以及波兰外交部、经济部、基础设施与发展部、信息与外国投资局、国家发展银行的官员，就推动浙江与波兰友好交往进行对话。出席由浙江省政府与波兰经济部共同举办的浙江—波兰产业对接洽谈会，来自浙江与波兰的200多名企业家与会，并进行一对一洽谈；与捷孔斯基共同出席由省青联和波中合作论坛联合举办的“浙江—波兰青年论坛”，来自浙江和波兰的70余名青年企业家、艺术家与会，并就创业创新、放飞梦想主题开展热烈讨论。代表团还考察克拉科夫农业大学多个实验室，与校长沙迪就开展园林农艺培植领域交流进行探讨。

在捷克，李强先后会晤总理索博特卡、内政部长霍瓦内茨、工贸部长姆拉德克、皮尔森州州长史来思、捷中友协会长雅罗斯拉夫等，双方表达了在经贸、旅游、文化、科技等领域进一步加强交流与合作的良好愿望。在皮尔森州出席两省州联合举办的“浙江—皮尔森友好合作大会暨产业对接交流会”，捷克总理索博特卡发来贺电，两国200多位企业家展开对接交流活动，省贸促会与皮尔森州商会签署合作备忘录，浙江浩恒通用航空有限公司和捷克F Air公司签署合作合同。捷克内政部长霍瓦内茨、工贸部长姆拉德克等捷克政府高层官员专程从布拉格赶到皮尔森出席有关活动。李强与史来思签署两省州全面深化友好关系合作备忘录。代表团还出席“美丽浙江”图片展开幕式，“浙江—皮尔森青年创业创新交流会”。李强还与捷中友协会长雅罗斯拉夫就加强浙江与捷克民间交往以及通过捷克国家技术研发中心与浙江省开展科技交流达成共识。在布拉格，代表团与来自土耳其、西班牙、罗马尼亚的多位欧洲采购商座谈，听取他们对浙江制造的产品走进欧洲的建议；考察布拉格伏尔塔瓦河洪水防治设施项目；召开在捷浙商座谈会。

在葡萄牙，李强分别与副总理波尔塔斯、外交部长马谢特、经济部长德利马、农业食品安全国务秘书布里托进行会谈，就加强浙江省与葡萄牙在海洋经济、新能源、农产品加工、纺织、电动汽车、旅游等领域的交流合作达成广泛共识。李强与波尔塔斯、布里托共同出席浙江—葡萄牙经贸合作交流会，浙江省工商联与葡萄牙投资贸易局、浙江省青联与葡中青年企业家协会分别签署合作备忘录。来自浙江和葡萄牙的80余名企业家出席会议，达成多个合作意向。代表团还出席“美丽浙江”图片展开幕式，与葡萄牙大型商贸物流企业马丁斯集团总裁桑托斯座谈，并赴葡萄牙中华总商会召开在葡浙商座谈会，了解在葡浙商生存发展现状，就浙商海外长期发展、转型升级、浙商回归等问题进行深入交流。

中国驻波兰大使徐坚、驻捷克大使马克卿、驻葡萄牙大使黄松甫分别陪同代表团出席相关活动。应马克卿大使邀请，李强向中国驻捷克使馆人员和中资机构代表介绍了浙江省情和改革发展情况。

【冯明率团访问罗马尼亚、塞尔维亚和希腊】 5月26日至6月4日，应罗马尼亚伊尔福夫县委员会、塞尔维亚工商会和希腊投资促进局邀请，省人大常委会副主任冯明率浙江省代表团一行6人，访问罗马尼亚、塞尔维亚和希腊。

在罗马尼亚，代表团一行先后拜访中国驻罗马尼亚大使霍玉珍、罗马尼亚经济部国务秘书博格丹·潘得利科、罗马尼亚议会议员尼科拉·纳斯塔等。赴伊尔福夫县会见县委员会主席马里安·佩特拉齐、副主席塞巴斯蒂安·吉安塔、县委员会主席办公厅主任斯科里斯特努、顾问齐拉兹等人，双方就进一步推进浙江省与伊尔福夫县友好交流、建立工作机制和平台深入交换意见。举办了经贸交流会，伊尔福夫县议会、阿福玛奇市、图那瑞市政府及布加勒斯特商会、伊尔福夫县商会等有关机构分别向代表团介绍与浙江开展友好往来和经贸交流的情况，并重点推介体育场、高速公路、交通枢纽等重大基础设施建设项目。

在塞尔维亚，代表团拜访塞尔维亚经济部国务秘书斯托万诺维奇，探寻双方具有合作潜力的领域，推动双方企业间的交流合作。调研由浙江温州朗讯贸易有限公司投资3000万美元设立的塞尔维亚贝尔麦克贸易中心、浙江卧龙集团公司在塞尔维亚的电机生产工厂ATB SEVER，出席浙江农林大学和诺维萨德大学合作建立的孔子学院揭牌仪式并代表浙江省向诺维萨德大学孔子学院赠送“悦读浙江”图书500本。

在希腊，代表团参加第24届希腊国际海事展并会见展会主办方。省商务厅组织舟山、台州、宁波、嘉兴4个地区的14家企业参展。代表团还拜访希腊投资促进局（已更名为企业局），会见希腊—中国工商会董事会成员，双方就促进浙希贸易投资合作进行热情友好的会谈。

【龚正率团访问英国、爱尔兰和意大利】 6月8日至17日，应英国利兹市政府、爱尔兰科克市政府和意大利阿尔巴市政府邀请，省委常委、杭州市委书记龚正率杭州市政府代表团一行6人访问英国、爱尔兰和意大利。

在英国，代表团访问杭州友好城市利兹市，议长维克菲尔德和市长康格里夫会见代表团一行，对两市的友城交往表示高度肯定，希望通过代表团访问，使两市友好关系保持热度不减、继续稳步地向前发展。龚正希望双方继续利用好友城平台，拓宽合作领域，特别是要加强在环保等城市治理领域的对话，互通有无，实现双赢、多赢的互利合作局面。代表团还听取该市市政官员关于空气和水污染治理以及垃圾处理的介绍，拜访利兹大学和约克郡水务公司，与高校科研人员和公司管理人员就汽车尾气减排、污水处理、河道污染治理、工业废水处理技术等话题进行互动交流，代表团还访问伦敦泰晤士水务公司并实地体验伦敦电动巴士。

在爱尔兰，代表团访问杭州友好交流城市科克市，市长希尔兹会见代表团一行。代表团听取该市市政官员关于空气和水污染治理以及垃圾处理的介绍，访问科克理工学院并实地考察污水处理厂，学习了解科克市在水、气治理以及垃圾处理等城市治理领域的经验和做法。代表团还拜访都柏林市政府交通部和市政工程师，就智能交通以及城市垃圾处理等课题进行深入交流，学习借鉴都柏林市在城市治堵和垃圾处理方面的先进理念和做法。

在意大利，代表团访问位于阿尔巴市的费列罗公司总部，与公司高层进行会谈并实地考察费列罗巧克力的生产工艺和流程。听取公司副总裁弗尔茨关于公司和萧山工厂的情况。代表团拜访菲亚特公司总部，听取副总裁切瑞蒂关于公司和杭维柯项目的介绍，出席依维柯传动技术有限公司和杭州萧山经济技术开发区管委会增资意向书的签署。

【乔传秀率团访问匈牙利、爱尔兰和土耳其】 6月19日至28日，应匈牙利巴兰尼亚州政府、爱尔兰凯瑞郡政府、土耳其伊兹密尔省政府邀请，省政协主席乔传秀率浙江省代表团一行6人访问匈牙利、爱尔兰和土耳其。

在匈牙利，乔传秀先后会见匈国家议会副议长伊斯特凡，巴兰尼亚州议会议长佐尔特、副议长波尔，就推动浙江与匈国家及地方议会的友好交流进行直接有效对话。乔传秀与佐尔特共同签署两省州全面深化友好合作协议，出席“美丽浙江”图片展，调研佩奇大学。代表团在布达佩斯走访浙商批发市场并召开座谈会，广泛听取省政协海外特邀委员和浙商代表对浙江省政协、侨务工作的意见，推动浙商回归；与中国银行匈牙利分行行长陈怀宇就为浙江省中小企业在匈发展提供金融支持事宜进行详细探讨。

在爱尔兰，代表团访问凯瑞郡，郡议会主席麦克埃斯特里、郡长麦克马洪分别会晤代表团一行，双方就进一步深化经贸、旅游、环保、人员培训等领域的交流与合作达成广泛共识。代表团调研特拉里理工学院，乔传秀向学院负责人宣布浙江省将向该院提供5个奖学金名额的决定。此外，代表团还调研凯瑞郡城乡污水处理工作。郡长麦克马洪全程陪同代表团活动。

在土耳其，乔传秀与伊兹密尔省副省长伊斯腾会谈，就加强浙江省与伊兹密尔省在海洋经济、新能源、纺织、电动汽车、旅游等领域的交流合作进行深入探讨，双方共同出席“美丽浙江”图片展开幕式。代表团还与伊兹密尔市议会议员代表举行座谈。在伊斯坦布尔召开在土浙商座谈会，就浙商海外可持续发展、浙商回归等问题进行深入交流。

中国驻匈牙利大使肖千、驻爱尔兰大使徐建国、驻伊斯坦布尔总领事顾景奇先后向代表团介绍驻在国情况，就合作交流提出建议，并陪同代表团出席部分活动。

【刘奇率团访问新西兰、澳大利亚和新加坡】 7月2日至11日，省委常委、宁波市委书记刘奇率宁波市代表团一行访问新西兰、澳大利亚和新加坡。

在新西兰，刘奇会见奥克兰市市长林布朗和相关政府部门官员，双方就促进海洋经济发展、经贸合作、教育合作、环境保护和青年交流等方面进行会谈。刘奇对两市下一步开展交流与合作提出五点建议：一是进一步扩大港口合作，推动宁波港和奥克兰港建立战略合作关系。二是进一步深化经贸合作，搭建经贸交流平台，扩大企业双向投资以及先进制造业、现代服务业的合作。三是进一步加强教育合作，积极支持在奥克兰举办第二届宁波—奥克兰中学校长论坛，推动双方教育合作长效化。四是进一步促进青年间的交流，推动奥克兰市青年理事会与宁波市青联建立友好关系，使两地人民的友谊在青年一代中得到更好传承。五是进一步推动文化交流，把各自优秀的民族文化推介给两地人民，促进两地文化产业发展。

在澳大利亚，刘奇考察西澳州弗里曼托港，与弗里曼托港务局局长艾伦·格莱深入探讨在港口管理、转口贸易和活畜运输等方面的合作，取得良好效果。此后，刘奇在西澳州政府与西澳州总理科林·巴尼特、州财政部长兼能源部长麦克·纳汉及州经济发展部常务副部长斯芬·伍德，就进一步促进宁波与西澳州双边贸易、农业合作和天然气等资源性产品进口进行工作会谈。

在新加坡，刘奇考察新加坡国际港务集团、丰树集团和滨海湾新区，会见新加坡总理公署部长兼浙新理事会新方主席傅海燕、新加坡国际企发局和水务局负责人，双方就进一步深化宁波与新加坡在经贸、港航物流、城市建设与管理等领域的合作达成广泛共识。

【刘力伟率团访问俄罗斯和土耳其】 7月9日至16日，应俄罗斯圣彼得堡及列宁格勒州内务总局、土耳其警察总局邀请，省委常委、公安厅长刘力伟率浙江省公安代表团一行6人访问俄罗斯和土耳其。

代表团先后拜会中国驻俄罗斯大使李辉、驻圣彼得堡总领事季雁池、驻伊斯坦布尔总领事顾景奇。与俄罗斯圣彼得堡及列宁格勒州内务总局和土耳其布尔萨省警察局开展以反恐合作、共同打击跨国犯罪、保护本国公民合法权益为主要内容的警察业务会谈，实地走访圣彼得堡市警察博物馆、滨海新区内务分局、布尔萨省警察局指挥中心、伊斯坦布尔市警察局特警队等。刘力伟代表浙江省公安厅和布尔萨省警察局长萨布里签订《关于开展警务交流与合作的会谈纪要》，双方同意在中国公安部和土耳其内政部及警察总局执法合作机制内，定期进行互访和执法合作会晤，相互交流警务信息和工作经验。

圣彼得堡及列宁格勒州内务总局代理局长米哈依洛维奇主持会谈并与代表团进行工作餐叙。土耳其警察总局协调伊斯坦布尔市警察局、布尔萨省警察局和沿途地方警察局，对代表团从入境到出境提供全程交通便利。

【王辉忠率团访问厄瓜多尔和古巴】 8月4日至12日，应厄瓜多尔瓜亚斯省、古巴马坦萨斯省人民权利代表大会邀请，省委副书记王辉忠率浙江省友好交流代表团一行6人访问厄瓜多尔和古巴。

在厄瓜多尔，代表团出席2014中国商品博览会暨第二届浙江机电产品出口（瓜亚基尔）展览会等一系列商务活动，并与厄瓜多尔签署经贸合作协议。中国驻厄瓜多尔大使王士雄、驻瓜亚基尔总领事雷同立，厄瓜多尔商务部长弗朗西斯科·里瓦德内、生产工业部长弗朗西斯科·巴彦、旅游部副部长帕特里西奥·塔玛里斯、外交部副部长里卡多·帕蒂尼奥等当地政商界重要人士，以及100多位浙江企业代表和厄瓜多尔、秘鲁、哥伦比亚、玻利维亚等国近3000名工商界代表出席展会开幕式。展会期间，浙江企业和200多家拉美企业就机电、竹木材、农牧渔业、矿业、新能源、基础设施建设、食品加工、现代服务业等领域的合作进行对接洽谈，在进出口贸易、项目投资、设立分支机构和营销网点以及产品服务分包等方面达成121项初步合作意向。浙江省旅游集团与厄瓜多尔中国商会、中国进出口银行浙江省分行与厄瓜多尔瓜亚基尔银行瓜亚基尔分行、安吉县贸促会与厄瓜多尔竹制品协会分别签订合作协议。代表团还拜会瓜亚斯省省督潘查纳、省长哈伊拉拉以及瓜亚基尔市市长内博特，各方明确表达进一步深化在经贸、旅游、港口建设等领域合作的强烈愿望。

在古巴，代表团出席“浙江—马坦萨斯省中医周”活动，浙江省中医药专家在马省举办中医药论坛，并现场为马省民众义诊一周。举办浙江省与马坦萨斯省企业投资贸易洽谈会，浙江二轻集团、浙江机电集团等6家企业负责人与马省企业进行对口业务洽谈。代表团还与马坦萨斯省人民权力代表大会副主席米蕾蒂·德尼斯举行会谈，就进一步推进两省在医疗卫生、文化、经贸等领域的合作交换意见，明确浙江省将在教育、卫生领域继续为马省提供重点支持。

【梁黎明率团访问捷克、德国和希腊】 8月27日至9月5日，应捷克共和国内务部、中国—中东欧国家合作秘书处、捷中友好合作协会、德国石荷州政府、希腊发展与竞争部以及萨洛尼卡国际博览会主办方邀请，副省长梁黎明率浙江省政府交流代表团一行6人访问捷克、德国和希腊。

在捷克，代表团出席第二届"中国—中东欧地方领导人会议"暨中国投资论坛开幕式、闭幕式、欢迎晚宴、闭幕招待会等活动。梁黎明与参会的其他省市代表团团长受到捷克总统米洛什·泽曼、总理胡斯拉夫·索博特会见，出席捷克工贸部长姆拉德克以及内政部长霍瓦内茨、捷克州长协会会长米哈尔·哈谢克的工作午宴。代表团出席地方领导人会议"中国企业进军中东欧市场"分论坛，梁黎明作主旨发言，并代表浙江省政府与与会中外省州长共同签署中国—中东欧国家地方省州长联合会意向书。出席"中国投资论坛"旅游专题论坛，推介浙江旅游，拓展旅游合作。代表团还会见浙江省友城皮尔森州州长史来思、副州长格律能，考察布拉格移动防洪墙项目，召开在布拉格浙商座谈会。

在德国，梁黎明与石荷州州长阿尔比希、经济部长麦尔等进行会谈，双方就进一步深化经贸、海洋经济、新能源等领域交流与合作，特别是合作建立德国工业园区事宜进行深入探讨并达成广泛共识，中国驻汉堡总领事杨惠群参加会谈。代表团还考察基尔ADM造船厂以及吉儿玛海洋研究中心，深入调研石荷州海洋经济情况。在慕尼黑，代表团出席浙江旅游（德国）推介会，梁黎明与德国联邦议会议员法尔贝克、慕尼黑旅游局局长克鲁森在推介会上分别致辞，德国、浙江旅游、新闻业界近100多位嘉宾出席推介会。此外，代表团还会见中国驻慕尼黑副总领事王锡廷、驻汉堡总领事杨惠群以及中国贸促会、中国国际商会驻德国代表处首席代表蔡小龙。

在希腊，代表团出席在雅典举办的"希腊—浙江旅游业者交流会"。会前，梁黎明会见出席活动的希腊旅行社协会主席齐力迪斯、雅典市政府国际事务顾问约安尼斯珍、雅典太阳城市政府副市长亚纳吉斯等，并向希腊旅行社代表赠送浙江旅游宣传册《爱上浙江的九大理由》。希腊、浙江旅游、新闻业界近60多位嘉宾出席业界交流会。代表团与希腊造船协会船运商会、海运设备制造及出口商代表共40余人举行座谈。希腊外交部国际经济关系秘书长米哈洛斯、希腊发展与竞争部战略及私人投资秘书长塞勒克斯、中国驻希腊大使邹肖力等出席座谈会。梁黎明还会晤希腊萨洛尼卡市市长以及萨洛尼卡国际贸易博览会组委会官员，并与参展浙商座谈；会晤圣托里尼市副市长、圣托里尼商会会长卡佛罗斯，双方就开展经贸和旅游合作进行友好交流，浙江省旅游协会与圣托里尼市政府签订两地旅游交流合作备忘录。代表团还考察比雷埃夫斯港以及中远比雷埃夫斯集装箱码头有限公司，并就依托港口资源、发挥港口辐射地位、建立浙江商品储运分拨中心、开展海铁联运物流、推动配套产业发展进行商谈并与在希主要浙商代表举行座谈。

【朱从玖率团访问阿尔及利亚、坦桑尼亚和埃塞俄比亚】 9月15日至24日，应阿尔及利亚住房部、坦桑尼亚投资促进中心和埃塞俄比亚工业部邀请，副省长朱从玖率浙江省政府代表团一行5人访问阿尔及利亚、坦桑尼亚和埃塞俄比亚。

在阿尔及利亚，代表团先后拜会中国驻阿尔及利亚大使及经商处参赞，听取省建设集团阿尔及利亚分公司工作汇报，与14家中资企业代表座谈，实地考察浙建集团EPC总承包的杜维拉4万人体育馆项目，看望慰问项目管理人员及工人；与阿尔及利亚住房部秘书长（第一副部长）阿扎姆就如何利用浙江建筑业优势更好地为该国服务进行会谈。

在坦桑尼亚，代表团拜访中国驻坦桑尼亚大使及经商处相关领导，与坦桑尼亚国家投资中心相关负责人举行会谈，了解坦桑尼亚经济发展情况、投资政策以及适合浙江企业投资的项目。考察浙江企业越美集团在坦桑尼亚的经营状况及筹建中的中国商业银行，实地参观浙企联合建筑公司承建项目。

在埃塞俄比亚，代表团拜会中国驻埃塞俄比亚大使及经商处参赞，与埃塞俄比亚工业部长、总理顾问等会谈，详细了解该国吸引投资及市场开放的相关政策、产业方向，结合浙江省产业升级的客观需求，就如何吸引相关企业赴埃进行深入交流。代表团还考察由江苏企业投资的东方工业园，实地考察部分入园企业。调研中地海外集团投资非洲最大的房地产项目及玻璃生产厂并与有关负责人进行座谈。

【胡和平率团访问加拿大、美国和澳大利亚】 11月6日至15日，应加拿大安大略省政府间事务部、美国新泽西州议会和澳大利亚联邦科工组织邀请，省委常委、组织部长胡和平率浙江省代表团一行访问加拿大、美国和澳大利亚。

在加拿大，代表团拜会安大略省移民、公民和国际贸易部部长迈克尔·陈；与在加浙江籍侨领就“浙商回归”项目进行座谈交流。

在美国，代表团出席由省委人才办、省人力资源和社会保障厅、省外侨办共同举办，分别在硅谷和纽约举行的海外高层次人才对接活动；拜会新泽西州前副议长、公共事业委员会委员尤潘德拉·奇武库拉和肯恩大学校长达伍德·法拉希；拜会苹果公司、特斯拉公司、斯坦福大学可持续发展和全球竞争力研究中心及美国能源部联合基因研究所；与海外留学组织代表和浙江清华长三角研究院硅谷创新创业合作基地负责人就引进海外人才进行座谈；与在美浙江籍侨领就“浙商回归”项目进行座谈交流。

在澳大利亚，代表团出席浙江·悉尼海外高层次人才对接活动，与澳大利亚浙大校友会等留学生代表就引进海外人才座谈，与在澳浙江籍侨领就“浙商回归”项目进行座谈交流。

【任泽民率团访问奥地利、瑞士和法国】 11月10日至19日，应奥地利萨尔茨堡州政府、瑞士弗里堡州政府和法国阿尔卑斯滨海省议会邀请，省委常委、纪委书记任泽民率浙江省代表团一行6人访问奥地利、瑞士和法国。

代表团分别拜会奥地利萨尔茨堡州政府办公厅主任麦克哥特、中国事务特使埃瑟尔，瑞士弗里堡州州长兼经济部长冯朗特、瑞士前驻华大使多米尼克·德赫耶，法国阿尔卑斯滨海省议会主席西奥迪、副主席福海尔、省政府秘书长加沃里等有关方面人士，就廉政建设和反腐败工作特别是加强公务员监督管理、强化廉政培训、防止利益冲突等方面进行座谈交流。代表团还与三个国家有关地方和部门开展经济、文化等方面的合作交流，并就浙江音乐学院与奥地利莫扎特音乐学院合作事项进行洽谈，达成初步合作共识。中国驻法国大使翟隽、驻瑞士大使许镜湖向代表团介绍驻在国廉政建设和反腐败工作情况。

【夏宝龙率团访问新加坡和印度】 11月22日至27日，应新加坡外交部、工贸部和印度外交部邀请，省委书记、省人大常委会主任夏宝龙率浙江省代表团一行5人访问新加坡和印度。

在新加坡，夏宝龙先后会见新加坡总理李显龙，新加坡贸工部部长林勋强，总理公署部长、环境及水资源兼外交部第二部长兼浙新经贸理事会新方主席傅海燕，新加坡贸工部高级政务部长李奕贤等新方高级官员，就深入推进浙江省与新加坡的合作交流达成广泛共识。夏宝龙与傅海燕共同出席由浙江省商务厅和新加坡企发局合办的浙江—新加坡经贸理事会第十次会议，来自浙新双方的160余位政企代表参会。浙新双方签署新加坡丰树集团在宁波的现代创新产业基地、新加坡盛邦国际参与杭州湾新区建设七彩小镇、绍兴滨海新城建设政府战略合作项目、舟山海洋工程平台及船舶出口项目、浙江正泰集团向新加坡华中国际学校赠送10千瓦屋顶光伏系统等15个项目的合作协议和备忘录。其中新方对浙江投资合作项目6个，浙江在新加坡投资合作项目1个，双边货物贸易项目2个，其他项目6个，涵盖城市规划、金融服务、文化教育、慈善捐赠等领域。代表团拜访新加坡市区重建局、凯发创新中心、滨海湾堤坝以及达士岭摩天组屋等机构，听取该国在市政规划、环境整治、水资源处理、居民保障房建设等领域的经验介绍，了解新加坡社区管理经验，实地考察地下城市开发建设、地下停车场所及其智能化管控配套设施等基础设施建设。此外，代表团还参加在新乡贤和浙商座谈会，传达家乡人民对华人华侨的亲切问候和良好祝愿。

在印度，夏宝龙先后会晤印度外交部国务部长辛格、财政部长杰特利、商工部长希塔拉曼、印度工商联合会会长比拉、印度文化关系委员会主席钱德拉等印度高层领导，双方均表达了希望在经贸、旅游、文化、科技等领域加强合作交流的良好愿望。夏宝龙出席由浙江省工商联和印度工商联共同举办的中国浙江—印度企业交流合作大会并作主旨演讲，印度商工部副部长坎特、印度商工会联合会会长悉达多·比拉出席大会，并分别与夏宝龙进行会谈。代表团出席"携手浙商——丝绸之路行"主题活动，浙印两地共400余位工商界代表参加，双方进行一对一企业接洽活动。浙江省工商联主席南存辉、阿里巴巴董事局主席马云、万丰奥特董事局主席陈爱莲以及印度商工会联合会会长悉达多·比拉、印度工业园高级副总裁彼得等双方知名企业家出席并发言。大会共签署11个合作项目，涉及先进制造业、电子信息、商贸流通、新能源、生态环保等领域。印度塔塔集团浙江公司、印孚瑟斯公司浙江公司、桑德兰紧固件有限公司等印度在浙企业纷纷表示，将在未来几年内进一步扩大投资规模，扎根浙江发展。出席由浙江省文化厅与印度艺术和手工艺协会联合举办的"天工遗风——浙江非物质文化遗产展"，印度文化关系委员会主席罗克什·钱德拉等印方嘉宾受邀一同观展。展览以"传承中华文脉、共享华夏文明"为主题，选择青瓷、木雕、湖笔、瓯塑等浙江最具代表性的人类非遗和国家级非遗代表项目展示，有8位省市级非遗项目代表性传承人、工艺美术大师现场表演茶艺、制陶、木版画、人偶戏等富有浙江特色的文艺项目。

中国驻新加坡大使馆临时代办黎宝光、驻印度大使馆临时代办姚敬等使馆负责人陪同代表团参加有关重要活动。

【孙景淼率团访问西班牙和意大利】 11月23日至30日，应巴塞罗那市政府和意大利参议院邀请，副省长、舟山市委书记孙景淼率浙江省经贸代表团一行6人访问西班牙和意大利。

在西班牙，代表团与巴塞罗那自贸区联盟、巴塞罗那省政府等有关负责人座谈，访问蒙卡巴那农产品交易市场、欧亚水产品公司等，并分批会见当地的浙江省及舟山市侨胞代表。广泛了解两国的规划、政策、生态环境、经贸文化、产品市场及投资合作等情况。

在意大利，代表团深入拉斯佩齐亚省五渔村考察滨海生态建设，实地调研交易市场，与管理机构和自贸区联盟官员进行探讨交流，达成进一步加强与舟山国际渔业合作的意向。在瓦伦西亚省，代表团调研与舟山合资的欧亚水产公司，研究探讨进一步扩大合作、加快发展的具体方案，争取提高舟山市水产品在当地市场的份额。与罗马市议会第一副议长、罗马市商贸总会会长以及中意文化与对外项目合作委员会主席等商洽舟山与意大利文化、经贸等合作事项，并深入洽谈在舟山建设意大利商品城项目。

访问期间，代表团分别在米兰、巴塞罗那、马德里、罗马会见各地侨领代表，介绍舟山群岛新区发展情况并推介新区发展优势和美好前景，勉励广大侨胞为增进双方文化经贸合作和友谊作出更大贡献。

来　　访

（非友城团组）

亚　　洲

【新加坡驻沪总领事访问浙江】 1月6日，副省长梁黎明会见新加坡驻沪总领事王首毅一行。梁黎明表示，新加坡先进的理念和管理模式值得浙江省借鉴，双方可加强在这一领域的互动和合作，在社会管理、智慧城市建设领域可采取点面结合的合作方式，将政府规划和市场需求相结合，由地方成立专门对接工作班子具体落实合作项目。王首毅表示，此次来访，主要是向浙江省政府领导通报智慧城市示范项目的进展。新方将根据中方要求、市场需求和新方实际能力进行考察和遴选，从而为最终选定的示范点量身打造培训与合作内容。

省外办副主任虞希华，省商务厅副厅长韩杰等参加会见。

【阿联酋驻沪总领事访问浙江】 1月6日，副省长梁黎明会见阿联酋驻沪总领事易卜拉欣·曼苏尔一行。梁黎明指出，浙江与阿联酋经济发展互补性强，合作潜力巨大，浙阿交流合作主要有两个重点：一是进一步深化浙江沙迦友城务实合作；二是鼓励浙江民营企业“走出去”到阿联酋投资创业，促进双边投资良性发展。希望曼苏尔总领事在任期间能为浙阿合作提供更大的支持和帮助。曼苏尔表示，在任职期间他将不遗余力地推动阿浙关系，积极推进阿联酋与浙江省在经贸、文化、旅游等领域的交流合作。省外办副主任虞希华、省商务厅副厅长韩杰等参加会见。中午，省外办主任金永辉宴请易卜拉欣·曼苏尔一行。

在杭期间，易卜拉欣·曼苏尔一行游览了西湖、雷峰塔和胡雪岩故居等。

【印度孟买警察局副总监访问浙江】 1月13日至14日，印度孟买警察局副总监沃特卡夫妇一行在中国友谊促进会刘孟彧陪同下访问浙江。在浙期间，沃特卡夫妇参观雷峰塔、西湖、河坊街等景点。

【印度舞蹈及民乐表演在杭举行】 1月24日至26日，印度对外文化交流协会代表团一行6人，在杭进行“印度舞蹈及民乐”演出。

【印度驻沪总领事访问浙江】 1月25日，印度驻沪总领事史耐恩一行3人访问浙江，出席由浙江外服公司承办的“印度舞蹈及民乐演出”。此次演出由印度驻沪总领馆和浙江省外办牵头，印度对外文化交流协会派出表演艺术团来杭进行非商业性演出，目的是为配合印度第65个国庆招待日，并开启2014年中印友好交流年。省外办主任金永辉宴请史耐恩一行，并一同出席演出活动。省外办副主任虞希华陪同参加上述活动。

【日本昭和混凝土工业株式会社会长访问浙江】 2月10日，省外办副主任虞希华会见宴请日本昭和混凝土工业株式会社会长村濑恒治一行5人。村濑恒治此行旨在参加杭州友好饭店成立30周年庆祝活动。访浙期间，村濑恒治还拜访杭州市外办。

【以色列驻华大使访问浙江】 2月12日至13日，以色列驻华大使马腾一行7人，在以色列驻沪总领事柏安伦陪同下访问浙江。

省委书记、省人大常委会主任夏宝龙会见马腾一行时表示，以色列作为创新国家的先驱、创业国度的典范，在科技进步和自主创新方面有着很多经验和优势，值得我们学习。浙江经济发展已步入转型升级的关键阶段，今后将特别注重环境保护与治理，特别是下一阶段提出"五水共治"发展战略，希望与以色列加强在这一领域的交流与合作。

马腾表示，以色列希望加强与浙江省的合作，参与到浙江省"五水共治"发展战略中来。他邀请夏宝龙书记访问以色列，并提出邀请专门的水资源管理考察团访问以色列，进一步了解以色列海水淡化、污水处理和水资源循环利用情况，共同探讨合作内容和方式。

省委常委、秘书长赵一德，省外办主任金永辉，省科技厅厅长周国辉，省卫计委主任杨敬，省委办公厅副主任朱重烈、吴伟斌等参加会见。

省外办主任金永辉宴请马腾一行。省外办副主任虞希华参加宴请。

访浙期间，马腾一行还拜会省科技厅和省卫计委。

【文莱财政部副部长访问浙江】 2月25日，恒逸—文莱炼化一体化项目合资协议和股份认购协议签约仪式在杭举行，文莱财政部副部长拿督·阿旺·哈吉·巴赫林·本·阿卜杜拉一行6人出席签约仪式。签约仪式后，副省长梁黎明会见代表团一行。省商务厅副厅长韩杰、省外办副主任虞希华出席会见活动。

【亚太经合组织2014年第一次高官会】 2月27日至28日在宁波举行。此次高官会是2014年中国担任APEC东道主后主办的首场正式活动，旨在为11月10日至11日在北京举行的第22次领导人非正式会议预做准备。来自APEC 21个经济体、秘书处、工商咨询理事会及观察员等1800多名代表出席会议。会议围绕中方倡议的推动区域经济一体化，促进经济创新发展、改革与增长，加强全方位基础设施和互联互通建设三项重点议题进行深入讨论，在加快推进亚太自贸区进程、通过改革创新挖掘亚太发展新的增长点和动力、制定亚太互联互通蓝图等方面进一步扩大共识，通过一系列工作方案。会议由APEC高官会主席、外交部副部长李保东主持，商务部部长助理王受文与会。27日，浙江省政府和宁波市政府共同举办招待晚宴，省委常委、宁波市委书记刘奇出席。省外办副主任虞希华出席招待晚宴。

【省领导在京会见新加坡驻华大使】 3月6日，在京参加全国"两会"的省委书记、省人大常委会主任夏宝龙，应约会见新加坡驻华大使罗家良一行4人。

夏宝龙简要介绍浙江省经济社会发展近况，详细介绍浙江省开展"五水共治"的举措，并提出希望与新加坡在科技、教育、文化等领域有更密切的合作。夏宝龙表示，新加坡在社会管理和环保领域具有很多经验和优势，值得我们学习借鉴。浙江经济发展已步入转型升级的关键阶段，今后将注重环境保护与治理，特别希望与新加坡加强在"五水共治"方面的交流与合作。

罗家良表示，新加坡与浙江的合作关系有很大的提升空间。新加坡希望在小城镇示范项目和人民币清算业务等领域开拓与浙江省的合作，并参与到浙江省"五水共治"发展战略中来。他邀请夏宝龙书记访问新加坡。

省外办主任金永辉，省委办公厅副主任吴伟平等参加会见。

【柬埔寨人民党高级干部考察团访问浙江】 3月28日至31日，应中联部邀请，以柬埔寨人民党中央外委会副主席兼国会外交委员会副主席索斯亚拉(正部级)为团长的柬埔寨人民党高级干部考察团一行19人访问浙江。

28日，省委副书记王辉忠会见宴请考察团一行。王辉忠简要介绍浙江省经济社会发展情况，同时就考察团所关心的浙江省行政体制改革问题进行阐述，重点介绍浙江省"三张清单一张网"的改革建设。王辉忠指出，中国共产党与柬埔寨人民党一样，处在执政地位，面临着加快国内经济发展，提高人们群众生活水平的基本任务，希望两党能在经贸、文化、教育、旅游等方面进一步加大合作力度，创造良好的投资环境，为双方老百姓谋福祉、做实事。去年，浙柬贸易额实现6.5亿美元，同比增长32.7%，在经济危机还未完全结束的当下，能取得这样的成绩是了不起的。王辉忠特别强调希望索斯亚拉副主席能帮助推动浙江省与柬埔寨金边市的友好交流，以促进双边贸易以及各领域的合作。

索斯亚拉说，通过对中国的实地考察，学习中国深化改革的成功经验，看到了亚洲未来的希望。他指出，有很多浙江商人在柬埔寨投资经商，尤其在成衣织造领域投资比重很大，提供了近50万个工作岗位，为柬埔寨的经济发展做出了极大的贡献。柬中关系源远流长，这次考察团一行大多是青年人，愿意做柬中友谊的传承者、接班人，不遗余力地推动柬中关系，全面推进柬埔寨与浙江省在经贸、文化、旅游、体育等领域的交流合作。

省委副秘书长张才方、省外办主任金永辉、省发改委主任谢力群、省民政厅厅长尚清、省住房和城乡建设厅副厅长樊剑平、省旅游局副局长杨建武等参加会见宴请。

在杭期间，代表团考察杭州市行政服务中心，并游览西湖、雷峰塔景区、太子湾公园等。29日，代表团赴桐乡拜会桐乡市委常委、常务副市长吴炳泉，考察桐昆集团，游览乌镇西栅景区。

【中日佛教界祈祷世界和平法会】 4月9日，由日本阿含宗和杭州灵隐寺发起的"中日佛教界祈祷世界和平法会"在杭州灵隐寺举行。以松本辉臣顾问为团长的日本阿含宗访华代表团一行及阿含宗北京事务所首席代表洪峰、中国国际友好联络会副会长陈祖明、中国佛教协会国际部李贺敏、灵隐寺方丈光泉大和尚及两序大众等参加，共同祈愿世界和平、人民安乐。无数游客和信众合掌随喜，同沾法益。法会后，两国的法师们还进行围棋、茶道等文化交流。

省外办副主任虞希华参加"中日佛教界祈祷世界和平法会"。

8日，日本阿含宗赴杭州交流欢迎晚宴在灵隐寺举行。灵隐寺方丈光泉大和尚、中国国际友好联络会副会长陈祖明、中国佛教协会国际部李贺敏、省民宗委副主任倪忠扬等出席。省外办派翻译出席晚宴活动。

【日本国际协力银行代表董事一行访问浙江】 4月16日，日本国际协力银行代表董事、专务前田匡史，日本E一解决方案株式会社社长佐佐木经世一行11人访问浙江，江苏省侨办主任王华陪同来访。代表团一行与杭州市相关部门举行座谈，杭州市副市长谢双成致欢迎词。杭州市经信委负责人介绍杭州市智慧城市规划与建设情况，杭州市经合办负责人介绍"长三角"合作与发展情况。

【日本旭硝子株式会社执行董事访问浙江】 4月22日，省外办副主任虞希华会见到访的日本旭硝子株式会社执行董事新保贵史一行2人，向客人介绍浙江省"五水共治"工作。双方就在环保（污水处理、土壤净化等）、氟化学领域（浙江衢化集团）交流交换意见。

【日本全日空上海·杭州分公司总经理访问浙江】 4月24日，省外办副主任虞希华会见到访的日本全日空上海·杭州分公司总经理久米正泰一行3人。2014年是全日空杭州航线开通十周年，久米正泰感谢浙江省方面给予杭州航线的支持，并介绍杭州航线的现状。虞希华向客人介绍浙江省"五水共治"工作。

【新加坡中华中学副校长访问浙江】 4月26日至5月1日，新加坡中华中学副校长黄连源一行2人访问浙江，拜访拟开展校级交流的淳安县千岛湖初级中学和宁波江北外国语学校。省外办副主任虞希华会见宴请黄连源，双方就浙江省"千校结好"项目交换意见。

【韩国大韩贸易投资振兴公社杭州贸易馆新任馆长拜访省外办】 4月30日，韩国大韩贸易投资振兴公社杭州贸易馆新任馆长李洪均拜访省外办副主任虞希华，通报今后在其任期内希望进一步推动与浙江省务实交流与合作，并希望一如既往地得到省外办的大力支持和协作。虞希华对此表示欢迎。

【柬埔寨首相访问浙江】 5月22日，出席在上海举行"2014亚信峰会"的柬埔寨人民党副主席、政府首相洪森一行40人，在中联部副部长陈凤翔等17人陪同下顺访浙江。

省委书记、省人大常委会主任夏宝龙会见宴请洪森一行。夏宝龙指出，柬埔寨是中国的好邻居，柬埔寨人民和中国人民非常友好。洪森首相是我们中国人民的老朋友、好朋友，亚信峰会时间安排得很紧，还抽出时间专程访问浙江，体现了对浙江的好感和对浙江人民的感情。夏宝龙表示，洪森首相这次到访，对推进浙江与柬埔寨之间的贸易往来、友好往来具有重要作用。希望双方能以首相此次来访为契机，进一步加强各方面的务实合作，促进共同发展。

洪森表示，中国有13亿人口，只要百分之一的中国人到柬埔寨旅游，柬埔寨的游客数量就会有很大提升。前几天与习近平总书记会见，两人同样也谈起了旅游方面的合作。所以，柬中两国的合作不能仅停留在政治领域，在经济、旅游、文化方面也有很大的合作潜力。现在杭州和暹粒已经实现了直飞，推动了双方进一步合作。

省委常委、秘书长赵一德，副省长梁黎明，省外办主任金永辉，省农业厅厅长史济锡，省商务厅厅长周日星，省警卫局局长王冰，省委办公厅副主任朱重烈、吴伟斌、吴伟平，省外办副主任虞希华等参加会见宴请。

访浙期间，代表团游览西湖、灵隐寺，灵隐寺方丈光泉大和尚向洪森首相赠送了一尊释迦牟尼佛铜像。

副省长梁黎明前往车站迎送并全程陪同洪森首相一行在杭活动。

【苏丹副总统访问浙江】 5月25日至29日，苏丹全国大会党领导局成员、政治部部长、副总统哈赛卜·穆罕穆德·阿卜杜拉赫曼一行12人，在中联部三局副局长姜建华等陪同下访问浙江，并出席在义乌举办的中国—西亚北非"未来发展愿景"对话会活动。苏丹驻华大使欧迈尔·伊萨·艾哈迈德随团来访。

26日，省委副书记王辉忠在杭会见宴请哈赛卜一行。王辉忠表示，中苏两国交流源远流长，人民关系世代友好。哈赛卜副总统到访浙江，更是体现了苏丹对浙江省和浙江人民的感情，希望借此机会，进一步推动浙江与苏丹之间的贸易往来和友好交流。王辉忠向哈赛卜一行特意介绍了义乌市的相关情况。他指出，义乌市拥有享誉国际的大型小商品交易市场，是连接中阿友好关系的重要纽带、开展双边经贸合作交流的桥头堡，希望能以哈赛卜副总统此次来访为重要契机，进一步加强双方在各方面的务实合作。

哈赛卜表示，苏丹人民和中国人民的友好关系情比金坚，苏丹人民和中国人民同样经受过西方列强的侵略，也同样奋起反抗，直到建立起自己的国家。相同的境遇把两国人民更紧密地联系在了一起。他提出，回国后将委派选择苏丹国内与浙江省条件互补的省份，尝试与浙江建立友好省州关系，希望双方在政治互信、人民友好的基础上，切实推进双边经贸、旅游、人文等务实合作。

省委副秘书长张才方、省外办副主任虞希华、省警卫局副局长王勇刚等参加会见宴请。

在杭期间，代表团游览西湖，参观都锦生丝绸博物馆、中国茶叶博物馆等。

27日至29日，中国—西亚北非"未来发展愿景"对话会在义乌举行，哈赛卜副总统、全国政协副主席马飚、浙江省副省长梁黎明和省政协副主席孙文友出席开幕式及浙江省招待晚宴并致辞。在义乌期间，哈赛卜一行参加"新丝绸之路起点——义乌"经贸洽谈会及中外项目签约仪式等相关活动，参与中外领导人种植友谊树活动，考察义乌国际商贸城，走访“七一村”了解农村基层党建工作。

省外办副主任虞希华迎送并全程陪同代表团在浙活动。

【越南司局级党政干部考察团访问浙江】 6月20日至24日，以越共中央组织部内部政治保卫司司长管明强为团长的越南司局级党政干部考察团一行28人，在中联部副局级参赞蔡国英陪同下访问浙江。20日，在杭举行越南司局级党政干部考察团基层党建座谈会。省外侨办副主任虞希华，省外侨办亚洲处副处长阮洁，省委组织部干部综合处副处长熊国和，省委组织部干部教育处副处长林昌明和省委组织部组织一处副处长阮明江等参加座谈。

在杭州，代表团一行游览西湖、雷峰塔，参观胡雪岩故居、河坊街等。在湖州，参观湖州翔顺工贸有限公司，游览南浔古镇。在嘉兴，参观南湖、中共一大会址、革命博物馆和五芳斋集团等。

【新加坡驻华大使访问浙江】 6月26日至28日，新加坡驻华大使罗家良在新加坡驻沪总领事王首毅陪同下访问浙江。

27日，副省长梁黎明会见罗家良一行。梁黎明简要介绍浙江经济社会发展情况。她表示，在浙新理事会经贸合作框架下，双方做了很多工作，为浙新务实合作不断注入动力与活力，并取得显著成效。下半年即将举行浙新经贸理事会第十次会议，相信这将是一次“增进政治互信，推动双边经贸合作，促进多边合作共赢”的会议。中国正处在经济转型的关键时期，加快城镇化与生态文明建设，深入推进企业间的国际合作，是浙江省今后的重点工作之一。新加坡在上述领域的先进理念与管理模式值得浙江学习借鉴，今后双方应以更开放的姿态推动彼此合作。

罗家良表示，他此访主要有四个目的：一是进一步推动新浙合作。根据两国发展战略，新加坡今后可在城镇化建设、金融服务、人才培训和科研等领域加强与浙江交流合作；二是扩大合作领域。明年是新中建交25周年，新加坡希望更多参与到中国“海上丝绸之路”发展战略中；三是邀请浙江省委书记、省人大常委会主任夏宝龙访问新加坡，推动新浙更广更深的合作；四是出席新加坡胜安航空杭州至新加坡直航首航仪式。并请梁黎明副省长转达傅海燕部长对夏宝龙书记的问候。省外侨办副主任虞希华，省商务厅副厅长韩杰等参加会见。

访浙期间，罗家良一行还访问浙江大学，并参加新加坡胜安航空首航仪式及晚宴，观赏《印象西湖》表演。

【新加坡贸易与工业部部长访问浙江】 7月8日至9日，新加坡贸易与工业部部长林勋强在新加坡驻沪总领事王首毅陪同下访问浙江。省长李强会见林勋强一行，简要介绍了浙江经济社会发展近况，并对“食尚新加坡食品中心”在义乌隆重开业表示祝贺，预祝该中心在浙江取得成功。李强表示，中国与新加坡一直以来保持着良好的合作关系，高层来往频繁，经贸、文化、教育各个领域合作密切。相信随着“食尚新加坡食品中心”的开幕，新加坡跟中国大陆的贸易，特别是与浙江的贸易会获得进一步发展。李强指出，浙江省委书记、省人大常委会主任夏宝龙拟于今年下半年访问新加坡，期待双方以此为契机，共同推进双方的良好合作和发展。

林勋强表示，浙江人民的热情好客和优美的自然环境给他留下了深刻印象。浙江民营企业发达，并且拥有丰富的海洋资源，这与新加坡非常相似，让他看到了双方更多的合作空间，特别是在海洋产业领域合作潜力更为广阔。新浙交往前景广阔，在义乌开办新加坡食品中心就是其中的一个成果。新浙经贸理事会是比较有效的合作机制，感谢浙江省领导对理事会的关注与支持。他表示，今年下半年浙江省委书记夏宝龙访问新加坡将成为双方深化合作的一个有利契机，并邀请李强省长方便时访问新加坡。

省政府秘书长李卫宁，省外侨办主任金永辉，省商务厅厅长周日星，省政府办公厅副主任王纲，省外侨办副主任虞希华等参加会见。

9日，林勋强和副省长梁黎明共同出席在义乌国际商贸城举办的"食尚新加坡食品中心"开幕仪式。金华市委常委、义乌市委书记李一飞，金华市副市长、义乌市代市长盛秋平，省外侨办副主任虞希华，省商务厅副厅长韩杰，义乌市副市长董凤鸣等参加开幕仪式。

【日本驻沪总领馆医务官访问浙江】 7月8日至9日，日本驻沪总领馆领事兼医务官高次宽治一行2人访问杭州，了解杭州涉外医疗情况。

高次宽治一行在省卫计委国合处徐叶青及日本静冈县公务员中村直哉陪同下，分别参观走访浙江大学医学院附属邵逸夫医院、浙医一院、浙江省人民医院、浙江医院、浙江绿城医院，上述五家医院都是浙江省三级甲等医院。各医院国合办主任、国际门诊负责人分别向高次宽治一行介绍医院概况、国际门诊等，并就涉外门诊(又称特需门诊、国际门诊或贵宾门诊)就诊流程及对应住院部作了说明。

高次宽治对浙江省医院拥有医术精湛的医护人员、先进的医疗设备，特别是外宾门诊的设置流程合理、服务到位给予高度评价。高次宽治还听取日本侨民对就医体验的意见及建议并反馈给医院，并帮助宣传浙江省的涉外医院，促进浙江省涉外医院国际影响力的提升。

【马来西亚驻沪总领事拜访省外侨办】 8月6日，马来西亚驻沪总领事陈扬泰来杭拜访省外侨办。省外侨办副主任虞希华会见宴请陈扬泰一行，双方就9月份马来西亚高访团访浙事宜交换意见。

【马来西亚高访先遣团访问浙江】 8月21日至22日，马来西亚外交部礼宾局局长哈桑率先遣团访问浙江，就9月6日至8日马来西亚第14任最高元首哈利姆访浙事进行磋商。省外侨办副主任虞希华与代表团举行工作会谈，外侨办亚洲处干部陪同代表团进行踩点。

【泰国外交部东亚事务司副司长访问浙江】 9月3日，泰国外交部东亚事务司副司长罗曼妮·卡纳努拉一行10人，在泰国驻上海总领事芙诗功陪同下访问浙江。省外侨办副主任陆国灏会见宴请代表团一行。

【马来西亚最高元首访问浙江】 9月6日至8日，应国家主席习近平邀请，马来西亚最高元首哈利姆和最高元首后哈米娜一行83人结束对北京的访问后，在中国驻马来西亚大使黄惠康夫妇陪同下访问浙江。

省委书记、省人大常委会主任夏宝龙会见宴请最高元首哈利姆、最高元首后哈米娜及代表团主要成员，简要介绍浙江省经济社会发展情况。夏宝龙表示，这次马方代表团选择访问习近平主席曾经工作过的地方，显示出哈利姆最高元首陛下与习近平主席的良好私人关系。习近平主席担任浙江省委书记期间，对浙江的改革发展作出了突出贡献，广受浙江人民爱戴。浙江人民对马来西亚非常熟悉，大家都对最高元首陛下对中马友谊所作的贡献表示钦佩。

哈利姆表示，浙江是一个美丽的地方，这次访问又正值杭州最好的季节，希望在接下来的日程中能够饱览浙江、杭州的秀丽风景。

省委常委、秘书长赵一德，省外侨办主任金永辉，省警卫局副局长傅利平等参加上述活动。

访浙期间，代表团乘船游览西湖，观看《印象西湖》，并赴河坊街、中国丝绸城等地参观。

【泰国东北部四府联合代表团访问浙江】 9月9日至11日，泰国孔敬府府尹甘通·塔温萨提率泰国东北部四府联合代表团一行23人访问浙江。

9日，副省长梁黎明会见代表团主要成员，简要介绍浙江省经济社会发展情况。梁黎明表示，浙江正在努力调整经济结构，加快经济转型升级。在此过程中，非常重视招商引资工作，并鼓励浙江企业"走出去"。中泰两国长期友好，互相信任，为双方地方政府创设了良好的合作、交流环境。在当前全球经济一体化，东盟合作一体化大背景下，浙江与泰国东北部四府应在教育、经贸、科学、文化等领域开展多方位的合作交流，加强往来，增进互信，实现务实有效、利益共赢的合作目标。梁黎明还特别推荐代表团访问义乌，指出义乌作为我国国际贸易综合改革试点城市，国际化程度较高，商机无限。

甘通·塔温萨提表示，泰国东北部地域辽阔、资源丰富、人口众多、市场巨大，此次来访的四府交通发达，是泰国东北部经济、教育、物流和医疗中心。希望今后与浙江开展更多贸易往来。他还邀请梁黎明副省长方便时访问孔敬府。

省外侨办主任金永辉宴请代表团一行。省外侨办副主任虞希华参加会见宴请。

访浙期间，代表团拜访杭州市丝绸行业协会，参观万事利丝绸博物馆。访问义乌并参观义乌国际商贸城，义乌市市长盛秋平会见宴请代表团。

【印度"宝莱坞之恋"歌舞演出在杭师大举行】 9月11日，为庆祝"2014中印友好交流年"，由印度驻上海总领事馆、省外侨办主办，杭州师范大学承办的印度"宝莱坞之恋"歌舞演出在杭师大举行。印度驻上海文化领事潘胜、省外侨办副主任虞希华、杭师大副校长杨磊等到场并观看演出。500余名师大师生到场观看演出。

【韩国驻沪总领事访问浙江】 9月22日，韩国驻沪总领事具相灿一行访问浙江，礼节性拜会杭州市市长张鸿铭及浙江省外侨办副主任陆国灏，访问韩国临时政府杭州纪念馆、西溪湿地等。

【博鳌亚洲论坛理事会先遣组访问浙江】 9月24日至25日，博鳌亚洲论坛秘书处执行总监吴骏一行3人访问浙江，为定于10月13日至14日在浙江省举办论坛理事会一事打前站。24日，省外侨办副主任虞希华与吴骏一行进行工作会谈。25日，亚洲处干部陪同吴骏一行考察候选饭店等。

【泰国驻沪副总领事访问浙大】 9月27日，泰国驻上海总领事馆在浙大紫金港校区圆正启真酒店为在浙泰国公民进行领事现场办公，副总领事兰洛萍到场并拜会浙大国际教育学院和外事处领导。

【新加坡驻华大使馆商务参赞访问浙江】 10月15日，新加坡驻华大使馆商务参赞尤善钡一行6人访问浙江。副省长梁黎明会见代表团一行。新加坡代表团此访，一是向梁黎明副省长汇报11月夏宝龙书记访问新加坡的日程安排；二是通报新加坡与浙江省共同推进的项目进展情况。省政府副秘书长陈宗尧、省外侨办主任金永辉、省商务厅副厅长韩杰参加会见。

【印度人民党全国书记访问浙江】 10月26日至29日，应中联部邀请，印度人民党全国书记希达哈特·纳特·辛格率印度人民党干部考察团一行14人访问浙江。

27日，省委常委、秘书长赵一德会见宴请考察团一行。赵一德简要介绍浙江省经济社会发展情况，表示浙江省愿意加强与印度各邦的经济、文化交流与合作。赵一德指出，11月下旬，省委书记、省人大常委会主任夏宝龙将率团访问印度，届时希望得到辛格书记的支持。

辛格表示，印中两国有着3000多年的交流史，当今更应该促进两国的交流，特别是政治和经济交流。莫迪担任总理以来，非常重视发展制造业，需要学习中国的发展经验和模式。希望浙江企业能到印度投资，并与地方邦建立友好关系，实现资源优势互补，印度方面会做好相关基础设施建设、规范相关行业等工作。辛格还表示，期待夏宝龙书记的访问能进一步加强印度与浙江省的友好关系。

省外侨办副主任虞希华，省工商联副主席尹健、省外侨办副巡视员余亦平参加会见宴请。

考察团与省工商联、省外侨

办举行座谈会，省工商联副主席尹健、省外侨办副巡视员余亦平等出席座谈会并为考察团介绍浙江省经济社会发展的相关情况。

访浙期间，考察团参观万事利集团有限公司，游览西湖、雷峰塔、胡雪岩故居和河坊街，观看《印象西湖》，并赴绍兴市访问。在绍兴期间，考察团深入越都社区，学习该社区的党建工作，还在绍兴团市委副书记韩彬翔陪同下参观绍兴市青少年活动中心。

【以色列高等教育委员会率高校代表团访问浙江】 10月29日至30日，以色列高等教育委员会率以色列7所高校代表团访问浙江，以色列驻沪总领馆新任副总领事章纳达陪同代表团来访。省教育厅副厅长余永明会见代表团。访浙期间，代表团还拜访浙江大学和杭州师范大学。

【阿拉伯国家青年代表团访问浙江】 10月30日至31日，阿拉伯国家青年代表团一行30人，在外交部亚非司论坛办副主任秦亦峰等陪同下访问浙江。代表团成员来自阿拉伯地区的18个国家，在杭州参观游览河坊街、西湖等。

【马尔代夫外交学院代表团培训班访问浙江】 11月1日至3日，马尔代夫教育部副部长易卜拉欣·纳吉姆·阿卜杜拉和法律与性别部副部长娜迪拉·阿米娜斯等马尔代夫外交学院代表团培训班一行12人访问浙江。省外侨办副主任虞希华宴请代表团一行，介绍浙江省经济社会发展近况，并表示希望进一步增强浙江与马尔代夫的友好交流与合作。易卜拉欣·纳吉姆·阿卜杜拉和娜迪拉·阿米娜斯代表马方欢迎浙江省方面赴马尔代夫旅游、投资。

访浙期间，代表团参观萧山航民集团、钱江新城，游览西溪湿地、西湖、河坊街等景点。

【泰国为泰党代表团访问浙江】 11月4日，以泰国为泰党前上议长素春·差里科为团长的泰国为泰党代表团一行10人访问浙江。省外侨办副主任虞希华宴请代表团一行。

【日本三县在浙企业座谈会】 11月6日，省商务厅在杭州经济技术开发区召开日本静冈、福井、枥木三县在浙投资企业座谈会。日本三县在浙江投资的12家企业代表结合各自企业发展情况、遇到的困难和问题作交流发言，就完善浙江省投资环境提出建议。静冈县日中友好协议会专务理事伊藤利信、静冈国际经济上海事务所副所长井口真彦、福井县上海事务所所长松石健司应邀出席座谈会。省商务厅副厅长马洪涛出席会议并讲话，对这次座谈会给予充分肯定，对日资企业为浙江经济社会发展作出的贡献表示感谢。马洪涛介绍中日投资贸易基本情况，通报即将赴日本开展交流合作活动的情况。对于参会企业代表反映比较集中的人才紧缺的用工问题，电力、燃气、原材料采购等生产要素的保障问题，危废品回收的环保问题等，给予积极回应并表示将会同有关部门认真研究和协调。马洪涛表示，政府部门尤其是商务主管部门要更多地为企业尽早、准确提供信息，包括重要展会的安排等，及时通报、交流有关情况，更加积极主动地为企业服务，帮助企业解决难题，为企业发展营造更好的投资环境。省外侨办副主任虞希华参加座谈会。

【2014年以色列生命科学技术浙江展洽会】 11月10日在杭州举行。12家以色列知名相关企业参与对接会。浙江省科技厅副厅长成岳冲、中国科学技术交流中心副主任王艳、以色列驻沪总领事柏安伦、以色列经济部产业研发中心主任米歇尔等出席开幕式。

成岳冲表示，以色列作为世界公认的科技创新强国，是世界上继硅谷之后的第二大创业中心。以色列在生命科学领域具有很强的实力和发展潜力，这正是浙江省优先发展的战略性产业。

米歇尔说，浙江杭州具有独特的优势，过去的一年与浙江省在推动联合研发合作方面取得巨大成就，并期待未来在政府和企业层面能进一步扩展和加深与浙江省的合作。以色列与浙江省的合作协议将于明年初开始项目征集，对双方巨大的合作前景充满信心。

当日，浙江京新药业股份有限公司与以色列RPC达成在创新诊断试剂盒领域的科技合作对接。另外在医疗器械、创新生物疗法、生物分子定制等领域有多家企业与以方达成科技合作意向。

【约旦参议院约中友好委员会主席访问浙江】 11月11日，约旦参议院约中友好委员会主席欧伟达特一行6人访问浙江。省政协副主席吴晶会见宴请代表团一行，简要介绍浙江省经济社会发展情况。吴晶指出，浙江全省有超过4000家专业市场，连续十多年位居全国首位。有近200万浙商活跃在世界各国舞台上，是世界商品贸易环中重要的一支生力军。浙江省义乌市下辖的义乌国际小商品市场享有较高的国际美誉，为不少国际客商提供商贸往来的平台，其中有不少约旦籍客商。她表示，愿意以商贸往来为起点，不断深化浙江省与约旦的双边经贸合作。希望以此次欧伟达特主席来访为契机，推动双方在多领域、全方位深入发展。

欧伟达特希望向浙江省学习成功的发展经验。表示愿意为促进两地关系穿针引线，进一步加强约旦与浙江省的交流与合作。欧伟达特特意询问浙江省在教育领域的对外合作情况，希望加强双方在文化、教育等领域的合作。

省政协副秘书长王喜法、省外侨办副主任虞希华等参加上述活动。

在杭期间，欧伟达特一行游览西湖，参观中国茶叶博物馆、都锦生丝绸博物馆。

【印度电影节在杭举行】 11月13日，“2014印度电影节”在省艺术职业学院实验剧场举办。由国家新闻出版广电总局与印度新闻广播部联合主办的印度电影节已在北京、西安、广州等地举办，杭州站展映是其后继活动。开幕式上，省外侨办副主任虞希华、印度驻上海总领事馆行政领事倪定胜及省艺术职业学院书记林国荣等出席并致辞。仪式结束后，播放印度电影《女王旅途》。此后3天，展映其他4部影片。

【柬埔寨奉辛比克党主席访问浙江】 11月16日至18日，柬埔寨奉辛比克党主席诺罗敦·阿伦·拉斯美率柬埔寨奉辛比克党代表团一行7人，在中国人民争取和平与裁军协会副秘书长陈怀凡等陪同下访问浙江。

17日，省委常委、秘书长赵一德会见代表团一行。赵一德表示，中国和柬埔寨有着传统友谊，地域相近、文化相通，两国人民在文化交流、经贸合作方面已产生很好的成果。今年5月柬埔寨首相洪森在参加上海举行的亚信峰会期间访问杭州，省委书记、省人大常委会主任夏宝龙与洪森首相亲切会面，就两地发展提出了很多好的意见。阿伦公主此次访问杭州、绍兴很有意义。赵一德向客人介绍浙江省经济社会发展情况和青年干部队伍建设培养情况。他指出，浙江有着民营经济活跃、市场活跃、人文资源丰富、自然环境好这四大特点，我们正朝着建设美丽浙江，创造浙江人民美好生活的目标发展。在介绍浙江省青年干部队伍建设培养时，赵一德指出，中国共产党培养年轻干部特别注重几点：一是重视品德，品德为先、德才兼备；二是注重把青年干部放到最基层、最艰苦、最复杂的环境进行锻炼；三是注重年轻干部后备力量建设的结构，讲究性别比例、共产党员和无党派人士比例，整个队伍建设讲究优化结构又强化功能。赵一德希望以此次代表团访浙为契机，推进与柬埔寨包括在年轻干部培养、经济、文化、经贸等各方面合作。同时，赵一德向阿伦公主通报了12月柬埔寨金边市长访问浙江一事，表示希望建立两地友城交流关系，推动两地合作与发展。

诺罗敦·阿伦·拉斯美表示，非常荣幸能来浙江参观访问，特别是去了父皇西哈努克的特殊伙伴——周恩来的故乡绍兴参观访问，深切感受到中国人民对父皇西哈努克的敬意和特殊浓厚的感情，访问取得圆满成功、收获颇丰。希望双方深入开展经贸合作交流，有更多浙商去柬埔寨投资设厂。同时，作为奉党主席和柬埔寨子民，今后将致力于贯彻对华友好政策、不断发展与中国共产党和中国的友好关系。

省外侨办主任金永辉，省委组织部副部长、省老干部局局长王文序等参加会见。省外侨办副巡视员余亦平宴请代表团一行。

访浙期间，代表团游览西湖，参观中国丝绸博物馆，并赴绍兴市访问。在绍兴期间，代表团与共青团绍兴市委开展座谈交流，参观周恩来祖居。绍兴市委常委、秘书长魏伟，绍兴市外侨办主任谢振江，共青团绍兴市委副书记韩彬翔等在不同场合陪同代表团访问。

【三井住友银行杭州分行行长拜会省外侨办】 11月27日，三井住友银行杭州分行行长川本喜幸一行2人拜会省外侨办，邀请浙江省领导及省外侨办领导参加该分行拟于2015年1月30日在杭举办的开业10周年庆典活动。

【外交学院孟加拉青年外交官研修班访问浙江】 11月27日至30日，以孟加拉人民共和国信息部增设秘书阿拉姆·阿·斯·穆·马哈布布尔为团长的外交学院孟加拉青年外交官研修班一行19人，在外交学院外办副主任盛元坤等陪同下访问浙江。省外侨办副主任虞希华宴请研修班一行。在浙期间，研修班一行赴绍兴柯桥访问，参观柯岩风景区、中国柯桥轻纺城展示中心和围巾市场、华绣科技（纳米技术）。在杭州，研修班一行参观胡雪岩故居、中国茶叶博物馆，游览西湖、河坊街、雷峰塔等。

【印度驻华大使访问浙江】 12月3日至4日，印度驻华大使康特在印度驻沪总领事史耐恩陪同下访问浙江。省委书记、省人大常委会主任夏宝龙会见康特一行。夏宝龙表示，中印两国同为文明古国，共属东方文化，有很多相通之处。两国政府和人民友好是发展经贸等友好合作关系的最重要基础。他说，前不久率浙江省代表团首次访问印度，在短短两天时间里，深切感受到印度人民的热情，留下了美好的回忆。访印期间，浙印企业签署24亿美元的经贸合作协议，浙江还在印度成功举办文化遗产展。通过参观印度国家博物馆、红堡、印度门等标志性建筑，深深感受到印度传统文化、特别是给中国带来深远影响的佛教文化的魅力。希望双方在文化、教育、旅游等领域有更长远的交流规划。康特表示，今年中国国家主席习近平阁下访问印度时，莫迪总理亲赴古吉拉特邦迎接，充分表明莫迪总理对印中关系的高度重视以及他本人与习主席良好的个人关系。夏宝龙书记的印度之行恰逢其时、富有成效，尤其在经贸、文化等领域取得丰硕成果。印方将跟踪落实此次访问成果，促进双方贸易和投资。并期待今后双方进一步加强经贸和人文旅游领域的交流与合作，开展如电影节、文化旅游年、艺术展等形式多样的交流活动。最后他希望看到浙江能与印度某个邦结为友好关系。

省委常委、秘书长赵一德，省外侨办主任金永辉、副主任虞希华，省工商联主席南存辉，省委办公厅副主任朱重烈等参加会见。

会见结束后，副省长梁黎明宴请康特一行。金永辉、虞希华参加宴请活动。

【新加坡驻沪总领事访问浙江】 12月4日，新加坡驻沪总领事王首毅一行2人访问浙江，拜会省工商联主席南存辉，就加强浙新在经贸等领域的交流与合作展开讨论。省外侨办主任金永辉宴请王首毅一行，在杭私人访问的新加坡教育部政务部长沈颖参加宴请。

【韩国前总统访问浙江】 12月8日至9日，韩国前总统李明博一行10人经杭州访问宁波，出席第二届中国中小企业发展论坛。宁波市委副书记余红艺会见宴请李明博一行。（刘逸凤）

欧洲和非洲

【英国内阁大臣兼首相特使访问

浙江】 1月15日至17日，英国内阁大臣兼首相特使肯尼斯·克拉克率由政府成员10人及30余名企业家组成的代表团一行访问浙江。16日，省长李强会见克拉克及代表团政府成员。李强介绍浙江经济社会发展情况，指出浙江和英国已在贸易和相关投资、教育、文化、医疗等领域开展广泛而富有成效的合作，浙江一直以来积极探索为群众提供良好医疗服务的新路子，希望同英国开展更加全面的医疗卫生合作，鼓励英国企业和机构进入浙江市场，在全科医疗、私立医疗、养老设施、老年医疗等方面开展广泛合作。克拉克介绍英国医疗系统特色，全民免费医疗服务、低成本高效率的临床护理、应对老龄化和慢性病等方面的成功做法。他表示，希望通过共同努力，推动双方医疗领域合作向更宽领域、更高层次迈进。副省长梁黎明，省政府秘书长李卫宁、副秘书长陈宗尧，省卫计委主任杨敬，省外办副主任顾建新，省政府办公厅副主任王纲参加会见。

在浙期间，代表团还出席浙江·英国医疗合作研讨会，见证英国医疗局同浙江省卫计委签署合作协议，访问省卫计委，参观灵隐社区卫生服务站。

【德国驻沪总领事访问浙江】 1月15日至16日，德国驻沪总领事芮悟峰一行2人访问浙江，旁听浙江省第十二届人大二次会议开幕式。16日，省外办主任金永辉宴请芮悟峰一行，并就双方开展务实合作进行交流。省外办副主任陆国灏参加宴请。

【莫桑比克外交与合作部副部长访问浙江】 2月21日至25日，莫桑比克外交与合作部副部长科洛马一行6人访问浙江。24日，省政协副主席吴晶会见并宴请科洛马一行。吴晶简要介绍浙江省经济社会发展情况，指出浙江十分重视与莫桑比克的交流合作，双方在经贸、文化等领域的合作卓有成效。希望通过科洛马副部长此次访问，进一步推进双方在各领域的交流合作，为深化中莫友好关系和两国人民之间的友谊发挥更大作用。科洛马表示，浙江取得的成就值得莫方学习，希望双方能加强友谊，推动务实交流，特别是在基础建设、农业、旅游业等方面的合作。他还邀请包括吴晶在内的浙江方面领导在适当时候访问莫桑比克。省外办副主任顾建新、省商务厅副厅长韩杰参加会见宴请。在浙期间，科洛马一行还参观了义乌国际商贸城，游览西湖名胜。

【南非驻沪总领事访问浙江】 3月17日，省外办主任金永辉会见南非驻沪总领事陶博闻一行，并就扩大浙江与南非的务实合作交换意见。省外办副主任顾建新参加会见并宴请客人。陶博闻一行还访问省商务厅、杭州市政府。

【英国保守党下议院议员访问浙江】 4月14日，省政协副主席汤黎路会见英国保守党下议院议员、国际事务主席克利夫顿·布朗一行。汤黎路向客人介绍浙江省经济社会发展情况。他说，浙江省与英国一直保持着友好合作关系，双方高层领导互访频繁，经贸、文化、教育、旅游等各领域交流成果丰硕，我们期待以客人来访为契机，进一步增进友谊，扩大交流，推动双方合作不断跃上新台阶。

【克罗地亚执政联盟干部考察团访问浙江】 4月23日至26日，克罗地亚执政联盟干部考察团一行访问浙江。24日，省外办主任金永辉会见以克罗地亚议会议员、社会党中央委员会委员、前秘书长戈尔达娜·索博尔为团长的代表团一行。金永辉简要介绍浙江省经济社会发展情况，并表达了进一步加强双方在经贸、人文、地方合作等领域交流与合作的良好愿望。戈尔达娜·索博尔表示将竭力推动克罗地亚与浙江更深层次的交流合作。中联部六局副局长赵磊、省外办副主任顾建新参加会见。

【诺华集团(中国)总裁访问浙江】 4月25日，诺华集团(中国)总裁徐海瑛一行拜会省外办主任金永辉，并就诺华集团拟与浙江省在卫生医疗领域开展合作事项进行探讨和交流。

【丹麦女王和亲王访问浙江】 4月27日，世界最负盛名的玩具制造商之一——丹麦乐高玩具制造（嘉兴）有限公司开工奠基典礼在嘉兴经济开发区举行。丹麦女王玛格丽特二世和亲王亨里克在中国驻丹麦大使刘碧伟陪同下亲临奠基典礼，省长李强陪同一起见证这一中丹合作盛事，一同按下开工按钮，并听取乐高集团首席执行官乔根·克努德斯托普关于项目规划的简要介绍。在座谈互动中，李强简要介绍浙江省经济社会发展情况，表达了进一步推动双方互利合作的良好愿望。对此，女王玛格丽特二世予以积极回应。在奠基典礼上，玛格丽特二世还与现场拼装乐高玩具的少年儿童进行亲切交流。仪式结束后，李强会见丹麦乐高集团首席执行官乔根·克努德斯托普。李强表示，浙江正在全面深化改革，大力推进“四换三名”战略，为企业投资营造更好环境。浙江将全力支持乐高嘉兴项目建设，预祝项目早日竣工投产。克努德斯托普表示，他对乐高在浙发展充满信心，希望浙江省、嘉兴市有关方面继续给予乐高集团大力支持。省政府秘书长李卫宁，嘉兴市委书记鲁俊、市长肖培生，省外办主任金永辉、副主任顾建新，省发改委主任谢力群，省商务厅厅长周日星等陪同出席活动。

【土库曼斯坦总统访问浙江】 5月13日，土库曼斯坦总统别尔德穆哈梅多夫一行129人，在外交部副部长程国平等陪同下访问浙江。

省委书记、省人大常委会主任夏宝龙和省长李强会见并宴请别尔德穆哈梅多夫一行。夏宝龙指出，别尔德穆哈梅多夫总统是中国人民的老朋友、好朋友，这次专程来浙江访问，使浙江人民特别感动。浙江与土库曼斯坦近年来经贸合作发展迅速，希望双方能以总统阁下此次来访为契机，进一步加强各领域的务实合作，促进共同发展。别尔德穆哈梅多夫表示，土中两国友好关系源远流长，在文化方面有很多共同点。土中两国合作前景广阔，希望浙江能与土库曼斯坦有关州建立友好省州关系，开展更多领域的合作，也欢迎更多浙江企业家到土库曼斯坦投资发展。省委常委、秘书长赵一德，副省长梁黎明，省政府秘书长李卫宁、副秘书长陈宗尧，省外办主任金永辉和副主任顾建新、陆国灏，省发改委主任谢力群，省经信委主任张金如，省财政厅厅长钱巨炎，省国土资源厅厅长陈铁雄，省住建厅厅长谈月明，省农业厅厅长史济锡，省商务厅厅长周日星，省海洋与渔业局局长彭佳学，省妇联主席劳红武，省委办公厅副主任朱重烈、吴伟斌、吴伟平，省政府办公厅副主任王纲，省警卫局副局长傅永琪等参加会见宴请。

访浙期间，别尔德穆哈梅多夫一行由夏宝龙和李强等陪同观看《印象西湖》大型水上演出。

【几内亚前总理访问浙江】 5月16日，省政协副主席张泽熙会见几内亚前总理迪亚洛一行。张泽熙向客人介绍浙江经济社会发展情况，指出浙江重视发展与非洲各国的友好往来，积极推动各领域的交流与合作。相信通过此次来访，必将进一步增进双方友谊，分享经验和机遇，实现共同发展。迪亚洛表示，几内亚正处于建设时期，非常需要中国特别是浙江省在各方面的经验，希望今后双方能大力加强合作。省外办副主任顾建新参加会见。

【捷克工业与贸易部长访问浙江】 6月7日至8日，捷克工业与贸易部长姆拉德克一行30人，在捷克政府总理顾问雅罗斯拉夫·德沃吉克、驻华大使塞奇卡等陪同下访问浙江。8日，省长李强在宁波会见并宴请姆拉德克一行。李强指出，此次中国—中东欧国家经贸部长级会议在宁波召开，浙江要以此为契机成为中国与中东欧国家合作的先行地区和重点地区。当前，浙江正致力于推进经济转型升级，捷克工业发达、科技水平高，相互间合作意向强烈，合作前景广阔。希望双方加强在政府、经贸组织、企业等各层面的交流，不断深化各领域的务实合作，实现互利共赢。姆拉德克表示，捷中建交以来，两国一直保持着良好关系。捷克是传统工业国，在机械、电子、化工、能源等行业有雄厚的基础。此次率政府及企业家代表团来宁波参加“浙洽会”及中国—中东欧国家经贸部长级会议，期待双方在上述领域加强合作，并表示将积极推动中捷开通直航和捷克高层领导访问浙江。省政府秘书长李卫宁、省外侨办主任金永辉、省商务厅厅长周日星、省工商联主席南存辉、省政府办公厅副主任王纲、省发改委副主任周华富、省经信委副主任岳阳等参加会见宴请。

【埃塞俄比亚人民革命民主阵线高级干部考察团访问浙江】 6月15日至18日，埃塞俄比亚人民革命民主阵线高级干部考察团一行7人访问浙江。16日，省委常委、秘书长赵一德会见宴请考察团一行。赵一德简要介绍浙江经济社会发展情况，指出浙江与埃塞俄比亚在经贸、人文等领域已有很好的合作基础，双方在多个领域互补性强，希望今后拓宽在能源、农业、科技以及工业化与城镇化等方面的合作交流，深化经贸与地方合作，实现共赢发展。考察团团长、埃革阵中央委员、政府政策研究中心主任阿贝表示，浙江在发展经济、推进城镇化方面取得了重大成果，积累了宝贵经验，值得埃塞方面学习。埃塞经济主要依靠农业，正在加快推进工业化，希望加强同浙江在这方面的合作。同时，希望向浙江借鉴党的建设方面的经验，处理好干群关系、民族关系。省外办副主任顾建新、省委政策研究室副主任徐志宏、省住房和城乡建设厅副厅长沈敏、省商务厅副厅长马洪涛出席会见宴请。

在浙期间，阿贝一行还考察了杭州市委党校、杭州市环保局、杭州高新技术产业开发区、绍兴柯桥经济技术开发区、义乌国际商贸城和当地企业。

【捷克EKO公司移动防洪墙技术代表团访问浙江】 6月22日，捷克EKO公司移动防洪墙技术代表团访问浙江，分别与杭州、温州两地相关水利部门举办多次交流会，就未来双方在移动式防洪墙技术方面开展合作进行深入探讨。省外侨办副主任顾建新宴请代表团一行，双方就有关方面的合作进行交流。

【意大利马可波罗历史文化协会副会长访问浙江】 6月25日，意大利马可波罗历史文化协会副会长李田钦专程来杭拜会省外侨办副主任顾建新，希望推动意大利艾米利亚—罗马涅大区里米尼省与浙江省相关地市交流合作。顾建新表示，在浙江省与艾米利亚—罗马涅大区友好交流关系的合作框架下，积极促成里米尼省与相应地市开展交流。

【德国驻沪总领事访问浙江】 6月26日，德国驻沪总领事芮悟峰一行2人访问浙江，进行辞行拜会。副省长梁黎明会见芮悟峰一行，对他多年来支持浙江与德国特别是与石荷州友好合作所作的贡献表示感谢，希望今后一如既往地支持关心双方务实合作。芮悟峰感谢浙江省对其任期内工作给予的大力支持，并回顾历次陪同德国高层领导访问浙江的经历，对中德关系持续稳定发展表示欣慰。他表示，卸任后还将继续留在中国，教授国际关系及外交实例。省外侨办副主任顾建新、省商务厅副厅长韩杰、省旅游局副局长许澎参加会见。

在杭期间，芮悟峰一行还拜会杭州市委常委佟桂莉。

【意大利新任驻沪总领事访问浙江】 6月26日，副省长梁黎明会见意大利新任驻沪总领事裴思泛一行3人。梁黎明向客人简要介绍浙江经济社会发展情况。她说，浙江与意大利多个大区建立了友好关系，双方在经贸、科技、文化、教育等领域的合作卓有成效，希望双方进一步加强企业和人员交流，拓展双方在高新技术、环境保护、清洁能源等领域的合作。裴思泛表示，希望在双方共同努力下，以2015年米兰世博会为契机，进一步拓展意大利与浙江在经贸、文化、旅游、电子商务等领域的交流合作。省外侨办副主任顾建新、省商务厅副厅长韩杰、省旅游局副局长许澎参加会见。会见结束后，省外侨办副主任顾建新宴请裴思泛一行。

【中东欧国家高级别官员访华团访问浙江】 7月10日至12日，中东欧国家高级别官员访华团一行12人访问浙江。11日，副省长梁黎明会见访华团一行，向客人介绍浙江经济社会发展情况。她说，浙江十分重视与中东欧国家合作，与中东欧各国在经贸、文化、旅游等领域的合作取得了长足发展和显著成效。希望以此次代表团来访为契机，进一步深化双方在地方、企业和人员等各层面的交流，拓展各领域务实合作。访华团代表、保加利亚总理外事顾问丘科夫表示，浙江具有灿烂的历史文化，正面临独特的历史机遇。希望中东欧国家能和浙江一起利用好这个机遇，再创经济奇迹。保加利亚瓦尔纳大区是浙江的友好大区，两省区在各自国家都有重要地位，保加利亚政府支持双方开展地方合作交流。省政府副秘书长陈宗尧、省贸促会会长吴桂英、省外侨办副主任顾建新、省经信委副主任岳阳、省商务厅副厅长韩杰、省工商联副主席尹健参加会见。

在浙期间，访华团举行同浙江经济部门、企业的交流会，考察义乌国际商贸城和当地企业，游览杭州、绍兴等地风景名胜。

【德国驻沪副总领事访问浙江】 8月21日，省外侨办主任金永辉会见宴请德国驻沪副总领事陶文治一行，双方就浙江省与德国的合作以及在浙建立德国工业园区进行友好交流。省外侨办副主任顾建新参加会见宴请。

【马达加斯加总理访问浙江】 8月29日至30日，马达加斯加总理库卢一行11人访问浙江。29日，省长李强会见宴请库卢总理一行。他说，总理阁下近日与我国领导人达成多项共识，浙江作为民营经济和外向型经济大省，将积极参加交流合作。并期待双方进一步加强经贸往来和文化交流，特别是在渔业、旅游等各领域开展务实合作。库卢表示，马达加斯加有4000万公顷土地，矿产丰富，有5000公里海岸线，是名副其实的“大陆岛”。马达加斯加政府致力于“筑巢引凤”，成立了经济特区，希望浙江企业到马达加斯加寻求合作机会，并愿通过努力推动马浙双方友好关系和交流合作不断向前发展。杭州市市长张鸿铭、省政府秘书长李卫宁、省外侨办主任金永辉、省政府办公厅副主任王纲等参加会见宴请。

在浙期间，代表团参观娃哈哈集团、志诚动力公司，并与浙江企业代表座谈。还游览西湖，参观都锦生丝绸博物馆。

【波兰青年政治家代表团访问浙江】 9月17日至19日，波兰青年政治家代表团一行10人，由外交学会副会长孙荣民等陪同访问浙江。18日，省政协副主席张泽熙会见宴请代表团一行。张泽熙介绍浙江经济社会发展情况，指出当前浙江正积极推动经济转型，发展新兴产业。波兰是欧洲经济发展较快的国家，与浙江的交流合作基础良好。今年5月，浙江在华沙举办浙江—波兰企业对接洽谈会。100多家浙江企业与近200家波兰企业进行深入对接，达成多项合作意向。同期举行的还有浙江—波兰青年论坛，省青联与波中合作协会签署合作备忘录，为两地青年企业家合作、创业搭建平台，创造机遇。并愿进一步加强合作，推动双方各领域交流合作。波兰青年政治家代表团团长米哈拉克表示，波兰经济充满活力，是欧洲经济增长最快的国家之一。青年一代是世界的未来，此次波兰多党派青年政治家一同访问浙江，与浙江省贸促会、省青联进行交流，必将推动双方多领域合作蓬勃发展。省政协副秘书长盛世豪，省外侨办副主任顾建新，团省委书记周艳参加会见宴请。

访浙期间，代表团与省贸促会座谈并签署合作协议；与省青联举行交流会；考察浙江音乐学院，并就双方今后合作进行交流。此外，代表团还参观游览西湖、雷峰塔。

【坦桑尼亚前总统访问浙江】 9月19日至23日，坦桑尼亚前总统姆卡帕一行11人，在外交学会亚非拉部副主任韩宏才陪同下访问浙江。19日，副省长梁黎明会见宴请姆卡帕一行。梁黎明表示，中坦两国建交50年来，双方关系日益深化，务实合作不断拓展。浙江重视发展与坦桑尼亚的务实合作关系，在经贸、人文等领域取得显著成效，并期待进一步推动双方在投资、产业及地方交流等领域的合作。姆卡帕表示，坦桑尼亚是农业大国，煤炭等矿产资源丰富。希望双方中小企业加强交流，寻求合作机会，并愿通过努力，推动双方友好关系和交流合作不断向前发展。省政府副秘书长陈宗尧、省外侨办副主任顾建新、浙江师范大学党委书记陈德喜参加会见宴请。

在杭期间，代表团参观中国丝绸博物馆，游览西湖。姆卡帕还赴金华考察浙江师范大学并发表演讲。

【意大利全国工业设计协会主席访问浙江】 9月26日至28日，意大利全国工业设计协会主席嘉林贝蒂一行访问浙江。28日，副省长毛光烈会见嘉林贝蒂一行。毛光烈介绍浙江经济社会发展情况，指出浙江正深入推进经济转型和产业升级，双方合作潜力巨大。希望协会抓住机遇，有序推进与浙江在农业现代化装备设计、人才培养和引进等领域的实质性合作。嘉林贝蒂介绍意大利全国工业设计协会以及"金圆规奖"的相关情况，表达在双方既有合作基础上，进一步推动意大利与浙江在工业设计领域开展交流合作的良好愿望。省政府副秘书长孟刚、省外侨办副主任顾建新、省经信委总工程师厉敏、省商务厅副厅长韩杰、永康市副市长吕群勇等参加会见。

【德国新任驻沪总领事访问浙江】

10月16日，副省长梁黎明会见德国新任驻沪总领事罗腾一行2人。梁黎明首先对罗腾履新不久就访问浙江表示欢迎，并介绍浙江经济社会发展近况。她表示，前不久中国总理李克强访问德国，两国关系获得更为深入的发展。在国家友好的总体框架下，浙江省与德国石荷州28年的友好关系获得长足发展，取得一系列成果。下一步浙江将按照两国领导人达成的合作共识，全面深化各领域的务实合作，重点以友城为基础，整合各方资源，推动共建德国工业园，希望得到德国总领馆大力支持。罗腾表示，浙江省与石荷州、杭州市与德累斯顿已结为友好关系，非常愿意继续推动双方的合作。总领馆愿意积极推动浙江德国工业园建设，并将提供支持。省外侨办副主任顾建新，省商务厅副厅长马洪涛参加会见。

在杭期间，罗腾一行参加杭州国际友城峰会，访问浙江大学。

【捷克教育代表团访问浙江】 10月20日，捷克教育代表团访问浙江，与杭州市文澜中学进行校际交流。省外侨办副主任顾建新宴请代表团一行。

【第二届中法青年领导者论坛】

10月23日至26日在杭州召开。25日，国家副主席李源潮会见出席第二届中法青年领导者论坛的双方代表。李源潮说，今年是中法建交50周年，我们愿同法方一道，增进了解和互信，提升务实合作水平，共同开创紧密持久的中法全面战略伙伴关系新时代，希望两国青年加强交往，为中法友好关系长远健康发展作出贡献。法国青年代表表示，对中国未来的发展充满信心，愿当好法中人文交流的使者，促进两国人民友谊向前发展。省委副书记王辉忠，省委常委、秘书长赵一德，省外侨办主任金永辉，外交学会副会长孙荣民等参加会见。

【德国新任驻华大使访问浙江】

10月31日，省长李强会见德国新任驻华大使柯慕贤一行6人。李强对柯慕贤上任后不久就访问浙江表示欢迎，并介绍浙江省经济社会发展近况。他说，多年来，中德双边关系不断深化发展，浙江省与德国互访频繁，双方在经贸、文化、教育、科技等领域往来密切，各领域交流合作不断增多。浙江正在大力调整产业结构，加快打造经济升级版。德国是制造业强国，最近提出的"工业4.0"战略基于信息物理系统实现智能制造方式，对浙江推进信息化和工业化深度融合工作很有启示。

李强希望大使馆大力支持，为双方合作牵线搭桥，提供宝贵的信息和建议。进一步加强双方合作，共同推动更多德国企业落户浙江，联手打造高起点的浙江德国工业园；深化贸易合作，加强义新欧国际班列建设与运营合作，共同构建互利共赢的新丝绸之路；深化文化、教育、医疗卫生、旅游等方面的交流合作，实现共赢发展。柯慕贤对此表示赞同，对中国致力于知识产权保护、法制国家建设表示乐观，并愿通过努力，积极推动德国与浙江的友好关系和交流合作不断向前发展。副省长梁黎明、省政府秘书长李卫宁、省外侨办主任金永辉、省发改委主任谢力群、省商务厅厅长周日星、省政府办公厅副主任王纲参加会见。

会见结束后，副省长梁黎明与柯慕贤一行就建立德国工业园事宜进行专题会谈。梁黎明表示，浙江省将积极为工业园创造良好的政策、法律、投资环境，重点希望吸引先进装备制造、汽车配件、新能源、化工等行业投资，同时也希望引进先进服务业。嘉兴、舟山商务部门就创建工业园进行专题推介。会谈后，梁黎明宴请代表团一行。省外侨办主任金永辉，省商务厅厅长周日星、副厅长马洪涛，嘉兴市副市长盛全生，舟山海洋产业集聚区管委会主任傅良国等参加座谈及宴请。在杭期间，代表团还参观中国美术学院，游览西湖。

【爱尔兰农业、食品及海事部部长访问浙江】 11 月 6 日，副省长黄旭明会见爱尔兰农业、食品及海事部部长西蒙·科文尼一行。黄旭明介绍浙江经济社会特别是农业发展情况，指出浙江重视发展与爱尔兰的友好合作关系，在经贸、文化教育、地方合作等领域取得显著成效，并期待以此次部长来访为契机，积极推动双方在农牧业、农产品生产加工及质量安全管理等领域的合作。省政府副秘书长陈龙、省外侨办副主任顾建新参加会见。

【白俄罗斯新任驻沪总领事访问浙江】 11 月 7 日，省外侨办副主任顾建新宴请白俄罗斯新任驻沪总领事马采利一行，双方就政治、经贸、教育、文化等领域的交流与合作进行探讨。马采利一行还拜会省商务厅、省贸促会并出席浙江树人大学校庆活动。

【第二期南苏丹苏丹人民解放运动高级干部研修班访问浙江】 11 月 12 日至 15 日，第二期南苏丹苏丹人民解放运动高级干部研修班一行 20 人访问浙江。14 日，省外侨办副主任顾建新宴请代表团一行。在浙期间，代表团考察阿里巴巴集团、绍兴宝业集团等。

【葡萄牙农业海洋部部长访问浙江】 11 月 13 日，省长李强会见宴请葡萄牙农业海洋部部长阿松桑·克里斯塔斯一行 9 人。李强说，葡萄牙是海洋强国，今年中葡两国领导人就推动海洋等领域合作达成共识，浙江作为海洋大省、中国首批海洋经济发展试点省份之一，将积极参与与葡萄牙的交流合作。浙江正在深入实施海洋经济发展示范区、舟山群岛新区两大国家战略举措，希望有更多的葡萄牙企业来浙江投资，推动浙葡双方在海洋旅游、海洋能源、海洋生物等多领域开展务实合作。克里斯塔斯重点介绍葡萄牙当前及今后一个时期里海洋经济的发展规划，并表示愿通过努力，推动葡浙海洋经济合作迈向更宽领域、更高层次。省政府秘书长李卫宁、省外侨办主任金永辉、省发改委主任谢力群、省政府办公厅副主任王纲、省农业厅副厅长叶新才参加会见宴请。

当天，浙江—葡萄牙海洋经济合作研讨会在杭州召开。副省长黄旭明与克里斯塔斯出席会议并致辞。省外侨办主任金永辉、省海经办专职副主任张善坤参加研讨会。访浙期间，代表团还游览了西湖和郭庄。

【爱尔兰及俄罗斯政要出席首届乌镇峰会】 11 月 17 日至 21 日，爱尔兰前总理伯蒂·埃亨及俄罗斯总统助理肖格列夫·伊戈尔率团访问乌镇，出席首届世界互联网大会·乌镇峰会。19 日，伯蒂·埃亨和肖格列夫·伊戈尔出席峰会开幕式并致辞。峰会期间，参加分论坛及有关活动。

【捷中友好合作协会监事会主席访问浙江】 11月23日，省长李强宴请来访的捷中友好合作协会监事会主席雅罗斯拉夫·德沃吉克一行。雅罗斯拉夫介绍明年捷克总理拟访问中国、访问浙江的有关情况，并提出双方可在卫生、教育、传媒等领域开展项目合作。李强对捷克总理访浙表示欢迎，并就合作项目提出有关建议。省政府办公厅副主任王纲、省外侨办副主任顾建新等出席。

【荷兰王后访问浙江】 11月27日，荷兰王后马克茜玛一行访问浙江，考察阿里巴巴集团，并就未来双方合作进行探讨。

【吉尔吉斯斯坦贾拉拉巴德州州长访问浙江】 12月10日至15日，吉尔吉斯斯坦贾拉拉巴德州州长艾加姆别尔吉耶娃一行7人访问浙江。15日，省政协副主席陈加元会见代表团一行。陈加元介绍浙江省经济社会发展情况，他表示，浙江将继续深入推进改革开放，实施创新驱动发展战略，开展“五水共治”，增强发展动力和活力，提升经济核心竞争力。吉尔吉斯斯坦是中国的友好近邻、上合组织成员国，地处丝绸之路经济带的重要节点，浙江非常愿意同吉尔吉斯斯坦及贾拉拉巴德州开展交往合作，造福两地百姓。艾加姆别尔吉耶娃表示，此访是她首次访问中国、访问浙江。代表团的行程安排非常充实，几天时间内走访上海、宁波、义乌、海宁、杭州等地，中国的城市建设、浙江的发展成就使人惊叹。非常希望能与浙江这样的经济强省开展友好交流与合作。省政协副秘书长王喜法，省外侨办副主任顾建新等参加会见。

访浙期间，代表团考察海宁皮革城、义乌国际商贸城、义乌利马针织有限公司、宁波北仑经济开发区。游览西湖、雷峰塔、胡雪岩故居、西溪湿地等。

【爱尔兰总统访问浙江】 12月12日至14日，爱尔兰总统希金斯一行48人，在中国驻爱尔兰大使徐建国等陪同下访问浙江。12日，省委书记、省人大常委会主任夏宝龙会见宴请希金斯一行。夏宝龙指出，加强与爱尔兰等欧洲国家的交流合作是浙江提升对外开放水平的重要内容。爱尔兰在信息技术、制药、生命科学等领域具有独特优势，农牧业基础好。浙江正在推进创新驱动发展战略，加快新型工业化、信息化、城镇化、农业现代化，双方具有广阔合作前景。浙江将认真落实习近平主席与总统阁下会面时达成的共识，进一步加强与贵国在各领域的交流，不断扩大务实合作。希金斯高度赞赏浙江与凯瑞郡间的友好交流关系，特别提及自2013年签署建立友好关系意向书以来，两郡省高层往来频繁，为促进相互在经贸、教育等领域交流合作搭建良好平台。希金斯表示，愿与浙江在经贸、教育、科技、食品等多领域开展更加广泛的交流与合作，推动爱尔兰与浙江友好关系不断向前发展。省委常委、秘书长赵一德，副省长梁黎明，省外侨办主任金永辉、副主任顾建新，省财政厅厅长钱巨炎，省农业厅厅长史济锡，省商务厅厅长周日星，省发改委副主任黄勇，省委办公厅副主任朱重烈、吴伟斌、吴伟平，省警卫局局长王冰等参加会见宴请。

访浙期间，代表团考察阿里巴巴集团，与董事局主席马云会谈。还游览西湖，参观灵隐寺和龙井村茶园。

【苏丹全国大会党代表团访问浙江】 12月20日至23日，苏丹全国大会党代表团一行30人访问浙江。20日，省外侨办副主任顾建新宴请代表团一行。在浙期间，代表团考察宁波滕头村、绍兴宝业集团等，并与省中小企业局、宁波市发改委有关负责人座谈。

（刘　霏）

美洲和大洋洲

【澳大利亚驻沪副总领事访问浙江】 1月13日，澳大利亚驻沪副总领事周美琴一行2人访问浙江，拜会省金融办和浙江大学光华法学院，就温州金融改革相关议题进行交流。

【美国驻沪总领事访问浙江】 1月15日至16日，美国驻沪总领事葛瑞風一行4人访问浙江，旁听省十二届人大二次会议开幕式。

16日，省委书记、省人大常委会主任夏宝龙会见葛瑞風一行。夏宝龙指出，浙江正在推进城市建设，通过发展公共交通等方式，改善交通拥堵现状。希望美国汽车公司向浙江销售更多小型、低耗能汽车，以适应当地城市发展需求。夏宝龙欢迎总领事一行多到浙江走走看看，了解浙江文化。并希望双方共同努力，推动友好关系迈上新台阶。

葛瑞風表示，旁听浙江省“两会”有助于更好地了解中国，特别是浙江省发展情况。葛瑞風欢迎更多浙江企业赴美投资兴业，期待双方加强沟通，推动各领域交流与合作。

省委常委、秘书长赵一德，省人大常委会秘书长厉月姿，省外办主任金永辉，省委办公厅副主任朱重烈、吴伟斌，省外办副主任陆国灏陪同会见。

省外办主任金永辉宴请葛瑞風。省外办副主任陆国灏参加宴请。

【波音国际副总裁访问浙江】 1月22日至23日，波音国际副总裁、中国总裁马爱仑一行8人访问浙江。

23日，省委书记、省人大常委会主任夏宝龙与马爱仑共进早餐。夏宝龙指出，浙江经济特别是民营经济非常发达，正在大力发展装备制造业，推动产业转型升级。国家和浙江省对舟山群岛新区也有最为优惠的政策。认为波音项目如能落户浙江将大有可为，浙江省将为项目落户提供充分支持。

马爱仑表示，波音与中国的合作意味着波音百年历史上将第一次在美国本土以外制造飞机，波音将把世界顶级的标准带到中国。

省委常委、常务副省长蔡奇，省委常委、秘书长赵一德，副省长、舟山市委书记孙景淼，省发改委主任谢力群、副主任何中伟，中国商飞公司总经理贺东风、副总经理史坚忠参加早餐会。

22日，省长李强会见并宴请马爱仑一行。李强指出，浙江省政府对于波音公司与中国商飞合作在中国选址落户交付中心一事非常关注。中国国务院副总理汪洋1月20日在会见波音民用飞机总裁康纳时表明了中央政府对该项目以及波音与中国商飞合作的支持。浙江方面认为波音项目落户浙江将是双赢的决定，希望与波音方面签署框架协议以推动项目落户进程。

马爱仑表示，波音感觉到与中国发展合作伙伴关系和创新生产策略的重要性，与中国商飞的合作将成为中美之间广泛商业合作的重要机遇，美国政府对于波音与中国合作也持积极态度。

会见结束后，李强宴请马爱仑率领的波音公司团队以及中国商飞公司副总经理史坚忠一行。

省委常委、常务副省长蔡奇，副省长、舟山市委书记孙景淼，省外办主任金永辉，省发改委主任谢力群，省商务厅厅长周日星，省政府办公厅副主任王纲，省发改委副主任何中伟，舟山市常务副市长马国华，省外办副主任陆国灏等参加会见宴请。

【美国驻沪总领馆外联处处长访问浙江】 2月11日，美国驻沪总领馆外联处处长莫丽一行2人访问浙江，拜会省外办和杭州市外办，通报2014年美领馆代表团访浙信息。省外办副主任陆国灏宴请莫丽一行。

【美国安博公司中国区总裁访问浙江】 2月19日，美国安博公司中国区总裁康斌一行4人访问浙江，副省长黄旭明会见康斌一行。黄旭明指出，安博公司是一个很有实力的大企业，与中国和浙江有很好的合作交流。浙江省在工业物流方面大有可为，非常高兴与安博公司继续探索这一领域的发展，并表示政府将为安博在浙发展提供一切可能的帮助。

康斌简要介绍安博公司概况及其在浙发展情况和计划。表示，浙江省是安博在中国投资的优先考虑省份，非常期待能与浙江长期合作。

省商务厅副厅长韩杰，省外办副主任陆国灏，省国土资源厅总规划师盛乐山参加会见。

【美国驻沪总领馆经济领事访问浙江】 2月24日，美国驻沪总领馆经济领事魏宝思一行3人访问浙江，拜会省妇联和省社科院，就妇女劳动力问题进行探讨和交流。

【国务院参事室和美国威尔逊中心联合代表团访问浙江】 2月27日，省委常委、常务副省长蔡奇会见并宴请联合代表团一行。蔡奇表示，威尔逊中心在美国具有较大的影响和较高的地位，近年来与中方开展广泛的合作，希望通过这次访问，进一步推进威尔逊中心与中国在能源产业和疾病防控等方面的交流合作，实现共赢发展。代表团美方团长，美国威尔逊中心基辛格中美关系研究所所长戴博表示，将进一步推动中美两国智库间合作，增进双方理解，扩大共识。省政府副秘书长夏海伟，省外办主任金永辉、副主任陆国灏，省政府参事室主任潘海生、副巡视员孔尧林参加会见宴请。

【新西兰毛利事务部部长访问浙江】 2月27日至28日，新西兰毛利事务部部长皮塔·沙普尔斯一行11人访问嘉兴市。嘉兴市委副书记、市长肖培生会见沙普尔斯一行，双方共同见证《碧鸟归心》舞剧项目合作备忘录签署仪式。

沙普尔斯一行参观嘉兴市博物馆和凌公塘文化主题公园。

【美国伊利诺伊州大学教育代表团访问浙江】 3月2日至8日，美国伊利诺伊州大学教育代表团一行17人访问浙江，拜会省外办、省教育厅，拜访台州、金华有关学校，介绍美国大学情况。省外办副主任陆国灏宴请代表团。

【美国驻沪总领馆签证官访问浙江】 3月3日至4日，美国驻沪总领馆签证官张瑞明访问浙江台州，出席“我眼中的美国——台州市高中英语演讲比赛”，拜访台州市民泰商业银行。

【美国环球健康和教育基金会主席访问浙江】 3月4日至5日，环球健康和教育基金会主席肯尼斯·贝林一行6人访问浙江。省委常委、宣传部长葛慧君会见肯尼斯·贝林一行，赞赏贝林和他的团队多年来为中国慈善事业所作的杰出贡献，对贝林计划向浙江捐赠300多件、价值1500余万美元的珍贵野生动物标本表示感谢，表示将要求浙江自然博物馆全力做好配合工作。届时，浙江自然博物馆将专门开辟特别展厅，陈列这批精美标本。

贝林简要介绍环球健康和教育基金会与中国合作情况，并希望通过帮助各地博物馆筹建珍稀动物标本展览、举办“环球自然日”等活动，唤起更多人对大自然的好奇与喜爱。并表示希望尽快落实动物标本捐赠事宜，期待把浙江自然博物馆打造成世界一流的博物馆。

省外办副主任陆国灏，省文化厅副厅长、省文物局局长陈瑶，浙江自然博物馆馆长严洪明等参加会见。

【上海美国商会会长访问浙江】 3月13日，上海美国商会会长季瑞达一行3人访问浙江，拜会省外办，探讨在华美国企业与浙江省扩大合作等事宜。省外办副主任陆国灏宴请季瑞达一行。

【美国驻沪总领馆领事处领事访问浙江】 3月14日至15日，美国驻沪总领馆领事处领事文玉洁一行3人访问浙江，与省外办交流美国签证、护照、领事服务等事宜。文玉洁一行还拜会省贸促会和杭州市外办，并在杭州图书馆作“在家门口看世界”讲座。

【美国驻沪总领事访问浙江】 3月24日至25日，美国驻沪总领事葛瑞風一行5人访问浙江。葛瑞風拜会浙江大学，以中美合作为题作演讲，并参观浙江美术馆。省外办副主任陆国灏与葛瑞風一行共进午餐。

【美国辉瑞公司全球成熟产品业

务集团总裁访问浙江】 3月26日至28日，美国辉瑞公司全球成熟产品业务集团总裁杨宇瀚一行7人访问浙江，副省长毛光烈会见并宴请杨宇瀚一行。毛光烈表示，很高兴看到浙江海正药业与辉瑞公司的合作项目——海正辉瑞制药有限公司获得很好的发展，海正辉瑞从安全性更为可靠、市场开发推广更为经济合理的成熟药物起步是非常正确的，希望海正和辉瑞的合作从生产领域扩大至研发领域。并建议辉瑞考虑与阿里云合作，通过监管及时注意产品问题，为市场开发创造更好的条件。毛光烈指出，浙江省的医药生产能力占全国百分之十，浙江鼓励医药产业发展，支持辉瑞与海正合作，也支持辉瑞扩大与浙江的合作，包括产业基地和高新区，进而提升浙江医药生产、研发和市场开发水平，将医药大省做成医药强省。

杨宇瀚表示，中国政府致力于完善医疗体系，辉瑞相信通过合作和扩大投资，可以实现辉瑞在中国的更大发展，并为中国医疗产业发展作出贡献。杨宇瀚希望通过提供高质量的创新产品，使中国患者有更好的药品服务。

省政府副秘书长孟刚，省外办副主任顾建新，省经信委党组副书记、副主任徐焕明，省药监局副局长陈时飞，富阳市市长黄海峰，海正药业股份有限公司董事长兼总裁白骅等参加会见宴请。

【美国前商务部长、奥尔布赖特石桥集团董事长访问浙江】 4月9日，副省长黄旭明会见美国前商务部长、奥尔布赖特石桥集团董事长卡洛斯·古铁雷斯一行3人。黄旭明简要介绍浙江的地理环境、历史文化、经济社会发展以及对外贸易等基本情况，希望加强与美国公司的互利合作，实现共赢发展。黄旭明还就2011年时任省委书记赵洪祝访美期间受到奥尔布赖特石桥集团的热情接待向古铁雷斯表示感谢。

古铁雷斯高度评价浙江企业家的开拓创新精神，希望在浙召开座谈会，以其专业知识和咨询服务为双方企业对接牵线搭桥，推动美国企业与浙江开展务实合作。

省政府副秘书长陈宗尧，省外办副主任顾建新，省商务厅副厅长陈如昉，商务部驻杭州特派员办事处副特派员李可参加会见。

【美国福特汽车公司总裁兼首席执行官访问浙江】 4月15日至16日，省长李强会见宴请美国福特汽车公司总裁兼首席执行官艾伦·穆拉利一行8人。李强指出，浙江拥有庞大的汽车市场，汽车产业发展潜力巨大，并且增势强劲，汽车产业正在成长为浙江的重点产业之一，各级政府正积极推进汽车产业与相关配套产业的同步发展。希望福特汽车在长安福特杭州整车项目的基础上，认真考虑扩大合作规模，把采用新能源等前沿科技的车型引入杭州生产。

穆拉利表示，汽车产业的重要性在于它对技术进步、经济发展、能源独立和安全以及可持续发展的贡献。整车厂是将所有零部件集中到一起完成整辆汽车生产的地方，是所有运营的总成，福特将把更多车型投放到杭州基地，并将大力发展新能源汽车。

省政府秘书长李卫宁、省外办主任金永辉、省发改委主任谢力群、省经信委主任张金如、省商务厅厅长周日星、杭州市委常委佟桂莉、杭州经济技术开发区管委会主任陈晨等参加会见宴请。

【美国亚洲基金会美国国会助手代表团访问浙江】 4月19日至21日，美国亚洲基金会美国国会助手代表团一行17人，在外交部和外交学会有关人员陪同下访问浙江。20日，省人大常委会副主任程渭山会见宴请代表团一行，向客人简要介绍浙江省概况和近年来经济社会发展情况，重点介绍人民代表大会制度基本情况。

美国国会助手代表团团长、美国国会图书馆名誉版权登记员拉尔夫·奥曼表示，代表团成员均为美国参众两院议员助手，虽党派不同，但均希望美中关系能够取得积极、正面和建设性的发展。希望此访能进一步加深对浙江省的了解。

省人大常委会外事工作委员会主任瞿素芬，省外办副主任陆国灏等参加会见宴请。

在杭期间，代表团还拜会省商务厅、省知识产权局，游览西湖名胜，观看《印象西湖》演出。

【美国亚洲学会美国国会助手团访问浙江】 4月22日至24日，美国亚洲学会美国国会助手团一行14人在团长克里斯托弗·阿姆斯特朗带领下访问浙江，拜会华三通信技术有限公司、浙江大学和杭州联合银行。省外办副主任陆国灏宴请代表团。

【摩根士丹利中国区总裁访问浙江】 5月7日，副省长朱从玖会见摩根士丹利中国区总裁孙玮一行3人，向来宾介绍浙江近期经济发展情况，希望能与摩根士丹利加强在金融领域的互利合作。

孙玮详细介绍摩根士丹利的创新服务，表示摩根士丹利与浙江合作情况良好，并期盼更好地为浙江经济发展提供助力。

省政府副秘书长陆建强、省外办副主任陆国灏、省金融办副主任徐素荣等参加会见。

【美国驻沪总领事访问浙江】 5月27日，美国驻上海总领事葛瑞風一行4人来浙江作辞行访问，与省外办副主任彭波会谈。

【澳大利亚驻华大使访问浙江】 5月30日，副省长梁黎明会见宴请澳大利亚驻华大使孙芳安一行4人。梁黎明介绍近年来浙江社会经济发展情况，以及与西澳州的交流合作情况。她表示，浙江正在大力推进“五水共治”等重大战略举措，希望能与澳大利亚加强在相关领域的合作，实现互利双赢。孙芳安对浙江省政府“五水共治”等推进经济社会发展的措施表示赞赏，表示将协调澳大利亚相关企业与浙江对接，加强务实交流合作。

省外办副主任彭波出席会见宴请。

【美国雅培公司全球执行副总裁访问浙江】 6月5日，省委书记、省人大常委会主任夏宝龙会见美国雅培公司营养品总裁、全球执行副总裁约翰·兰格拉夫一行7人。

夏宝龙祝贺雅培公司在嘉兴设立的工厂顺利投产，并表示凡是在浙江省投资的企业都是浙江自己的企业。雅培公司在嘉兴设立工厂显示了不同于其他企业的智慧，浙江欢迎高品质、更环保的企业入驻，希望雅培在浙江能够发展顺利。浙江省委、省政府也会一直致力于改善投资环境，更好地为企业服务。

兰格拉夫表示，雅培公司是在国际上具有重要影响力的公司，不仅在婴幼儿食品领域处于领先地位，在成人保健品以及医药、医疗器材领域也享有盛名。雅培公司嘉兴工厂已经投产，希望浙江省能对雅培公司未来在浙发展继续提供支持。

省委常委、秘书长赵一德，嘉兴市委书记鲁俊，省外办主任金永辉，省发改委主任谢力群，省卫计委主任杨敬，省食品药品监管局局长朱志泉，省委办公厅副主任朱重烈、吴伟斌，嘉兴市委常委、嘉兴经济技术开发区与嘉兴国际商务区党工委书记何炳荣等参加会见。

兰格拉夫一行还参加雅培（嘉兴）营养品有限公司投产典礼。副省长梁黎明专程前往嘉兴出席典礼，嘉兴市委书记鲁俊、市长肖培生、市人大常委会主任刘冬生、市政协主席高玲慧，省外办副主任虞希华，嘉兴市委常委、嘉兴经济技术开发区与嘉兴国际商务区党工委书记何炳荣等一同出席典礼。

【美国默沙东公司董事会主席访问浙江】 6月12日，省长李强会见美国默沙东公司董事会主席、总裁兼首席执行官福维泽一行9人。李强简要介绍浙江省情以及近年来的经济发展情况。他指出，默沙东公司是世界医药行业的领头羊，拥有众多的中国消费者。浙江一直十分重视医药方面的发展，需要像默沙东这样国际知名度高的企业帮助浙江提高医药产品水平。浙江省政府也会一如既往地支持默沙东公司把浙江工厂不断做大做强。

福维泽表示，中国是默沙东

在世界上的重要市场之一，公司在浙江的成功离不开浙江省政府的支持。默沙东将继续努力成为浙江省政府信赖的好伙伴，并且不断研制出高质高效的药品为浙江人民服务。

省政府秘书长李卫宁、省外办主任金永辉、省发改委主任谢力群、省商务厅厅长周日星、省卫计委主任杨敬、省食品药品监管局局长朱志泉、省外办副主任陆国灏、杭州华东医药公司董事长李邦良等参加会见。

【墨中文化交流中心主席访问浙江】 6月13日，墨中文化交流中心主席郭伟成一行访问浙江，省外办副主任陆国灏会见代表团。

【美国伊利诺伊州大学校长访问浙江】 6月14日至15日，美国伊利诺伊州大学校长罗伯特・伊斯特一行4人访问浙江，探讨与浙江扩大教育合作等事宜。省外办主任金永辉宴请伊斯特一行，省外办副主任陆国灏参加宴请。

【美国驻沪总领馆政治经济处处长访问浙江】 6月23日至25日，美国驻沪总领馆政治经济处处长杜伟林一行4人访问杭州、温州，省外侨办副主任陆国灏会见并宴请杜伟林一行。在杭州，杜伟林一行拜会万向集团；在温州，拜会温州市外办并举办签证信息交流会，参观正泰集团。

【智利驻沪总领事访问浙江】 6月30日，智利驻沪总领事安明远一行3人访问浙江，拜会省外侨办。省外侨办副主任陆国灏会见代表团一行。

【澳大利亚驻沪总领事访问浙江】 7月2日至3日，澳大利亚驻沪总领事柯未名一行4人访问浙江，出席悉尼交响乐团中国巡演杭州站演出活动。省外侨办主任金永辉、省商务厅厅长周日星、省外侨办副主任陆国灏出席并观看演出。

【澳大利亚驻沪总领馆商务领事访问浙江】 7月10日，澳大利亚驻沪总领馆商务领事陆晓恬一行2人访问浙江，拜会省治水办，了解浙江“五水共治”的相关举措，商讨促进浙江与澳大利亚在水处理领域的交流与合作。

【加拿大安大略省政府代表访问浙江】 7月30日至8月1日，加拿大安大略省政府代表黄文楚访问浙江，拜会省外侨办副主任陆国灏，商讨加强浙江与安大略省友好交流事宜。

【美国美中政策基金会第二批国会助手团访问浙江】 8月6日至8日，美国美中政策基金会第二批国会助手团一行16人访问浙江，拜会省人大常委会民侨委副主任委员张宝贵，了解浙江经济社会发展情况。

【加拿大魁北克省蒙特利尔市友人、魁北克浙江友好协会会长访问浙江】 8月12日至15日，加拿大魁北克省蒙特利尔市友人、魁北克浙江友好协会会长温纳・胡访问浙江，拜会省外侨办，商谈浙江与魁北克省及蒙特利尔开展交流事宜。

【斐济共和国总统访问浙江】 8月14日至16日，斐济共和国总统埃佩利・奈拉蒂考一行8人访问浙江，省委书记、省人大常委会主任夏宝龙会见并宴请埃佩利・奈拉蒂考一行。夏宝龙表示，奈拉蒂考总统参加在南京举行的“青奥会”前夕专程访问浙江，充分体现了斐济人民对浙江的深厚感情。奈拉蒂考是中国人民的老朋友、好朋友。浙江与斐济各领域合作十分愉快，双方互有投资，友好关系不断发展。

奈拉蒂考表示，斐济虽然国土面积、人口数量与中国相比差距较大，但斐济愿意和世界各地扩大交往，希望今后能加强与中国地方政府的交往。

奈拉蒂考一行还参观传化大地—高科技农业园区、胡雪岩故居、灵隐寺、都锦生丝绸博物馆和河坊街，游览西湖，并观看《印象西湖》演出。

【智利新任驻华大使访问浙江】 8月17日至20日，智利新任驻华大使贺乔治一行6人访问浙江。

20日，副省长梁黎明会见贺

乔治一行。梁黎明指出，浙江正在围绕建设“两美浙江”，需要加强与国际先进技术和创新成果对接，推动与世界各国的交流合作，并表示愿与贺乔治大使一起为双方今后的友城等合作作出新的努力。贺乔治表示，浙江是他上任后访问的第一个省区，浙江经济富有朝气，他非常关心并愿意推动智利和中国及浙江在贸易、投资、旅游、教育等领域的往来合作。省外侨办副主任虞希华参加会见。

省外侨办主任金永辉宴请代表团一行。

访浙期间，代表团还访问丽水，拜访省贸促会，参观都锦生丝织厂，并游览西湖名胜。

【加拿大驻沪总领事访问浙江】 8月22日，加拿大驻沪总领事尚锐恺一行7人访问浙江，与省外侨办商谈加拿大高级别代表团访浙事宜。省外侨办主任金永辉宴请代表团。

【澳大利亚驻沪副总领事访问浙江】 8月29日，澳大利亚驻沪副总领事白天伟一行2人访问浙江，与省外侨办商谈澳大利亚小企业部部长布鲁斯·比尔森访浙事宜。省外侨办副主任陆国灏宴请代表团。

【澳大利亚联邦小企业部部长访问浙江】 9月4日，省委常委、常务副省长袁家军会见宴请澳大利亚联邦小企业部部长布鲁斯·比尔森一行7人。袁家军表示，浙江正在以治水和治理环境为核心，倒逼经济转型升级。澳大利亚是浙江最重要的贸易伙伴之一，双方有较大的合作空间与潜力。希望双方共同努力，不断拓展交流合作领域。

比尔森对浙江致力于推动经济转型升级、注重环境治理的努力表示钦佩，并认为双方会有很多合作机会，如水资源管理等。浙江电商平台发展迅猛，澳方愿努力推动双方在中小企业等领域的交流。

省政府副秘书长夏海伟、省外侨办副主任陆国灏、省经信委副主任高建明、省商务厅副厅长韩杰等参加会见宴请。

比尔森一行还拜访阿里巴巴集团。

【美国芝加哥市招商局中国战略倡议办公室主任访问浙江】 9月9日至11日，美国芝加哥市招商局中国战略倡议办公室主任安德鲁·斯皮内利一行2人访问浙江，拜会杭州市外办，增强两市外事主管部门间的联系与沟通。

【厄瓜多尔厄中商会会长访问浙江】 9月15日至16日，厄瓜多尔厄中商会会长维森特·王一行5人访问浙江。15日，省委副书记王辉忠会见宴请来访客人。王辉忠指出，8月初浙江省机电产品出口展览会在厄瓜多尔成功举行，这与厄中商会的支持是分不开的。当前浙江与厄瓜多尔的贸易额虽总量不大，但有信心在双方的共同努力下，推动双边贸易迈上新台阶。浙江省将派遣宁波港负责人率团赴瓜亚基尔考察，推动双方港口深化合作。

维森特·王表示，代表团此次来访主要为落实瓜亚基尔与浙江签署的经济合作项目。厄瓜多尔与浙江省贸易合作机会广泛，他期待厄瓜多尔与浙江省开展更多合作项目，实现互利共赢。

省委副秘书长张才方、省贸促会会长吴桂英、省外侨办副主任彭波、省贸促会副会长黄小杭、省二轻集团总经理沈志云、省机电集团总经理陈正权、宁波港集团总裁徐华江、省旅游集团董事王安平、建行浙江省分行行长黄先俊、省进出口银行行长徐建华、宝石集团董事长阮小明等参加会见宴请。

【哥伦比亚执政联盟两党联合干部考察团访问浙江】 9月18日至21日，以民族团结社会党主席塞尔略·迪亚斯·格拉纳多斯为团长的哥伦比亚执政联盟两党联合干部考察团一行10人，来浙江考察经济和社会协调发展情况，参观经济开发区和特色文化项目。考察团拜会省社科院，参观杭州下沙经济技术开发区；还游览西湖胜景，观看《宋城千古情》演出。省外侨办副主任陆国灏宴请考察团一行。

【美国明尼苏达州代表团访问浙江】 9月19日，美国明尼苏达州代表团一行4人访问浙江，拜会省外侨办，省外侨办副主任陆国灏会见宴请代表团。

【墨西哥杜拉戈州州长访问浙江】 9月22日，墨西哥杜拉戈州州长豪尔赫·埃雷拉·卡尔德拉一行20人访问浙江。省委副书记王辉忠会见宴请卡尔德拉一行。王辉忠表示，去年6月习近平主席访问墨西哥以后，中墨两国各领域的合作面临着新的机遇。浙江东方日升新能源股份有限公司在杜兰戈州的投资项目已经基本成形，浙江吉利汽车也有意愿到杜兰戈州投资项目。他将积极为浙江省和杜兰戈州的交流合作做些实事，继续支持、鼓励浙江企业与墨西哥开展经贸往来。

卡尔德拉表示，杜兰戈州地理位置优越，具备港口优势，运输条件很好。该州太阳光照足，适合太阳能设备生产企业。希望杜兰戈州今后不仅能够吸引中国新能源生产企业投资落户，也希望浙江省的相关配件生产企业前往投资。

省委副秘书长张才方、省外侨办主任金永辉、省商务厅厅长周日星、省外侨办副主任陆国灏、省经信委副主任凌云、省工商联副主席赵小敏、宁波市外办主任孔玮玮、宁波国际经济技术合作联合会会长傅百奇、宁波矿业投资控股有限公司董事长林平、浙江吉利控股集团总裁安聪慧、宁波东方日升新能源股份有限公司副总经理袁建平、吉利宁波公司总经理李伟平等参加会见宴请。

代表团一行参观访问浙江吉利控股集团有限公司，并赴宁波参观东方日升新能源股份有限公司等。

【美国新任驻沪总领事访问浙江】 9月30日，省长李强会见美国新任驻沪总领事史墨客一行4人。李强介绍浙江省经济社会发展近况。他指出，近年来，浙江省与美国互访频繁，双方在经贸、文化、教育、科技等领域往来密切，其中文化是双方交往的重点。中美是两个大国，就像一张拼图的两块，拼得好就是一张完美的图画。浙江省政府及浙江人民需要与美国一起努力，拼好这张拼图。希望两国都能以长远的眼光看问题，促进双边关系稳步发展。李强希望总领事能够支持浙江与美国的发展，促进双方在经贸、文化、科技、教育等领域开展更多合作。

史墨客表示，浙江和美国的关系可以说是中美地方关系的典范，双方不仅在经贸上往来密切，在文化、教育、科技等各方面都有交流合作。美国驻沪总领事馆服务的对象不仅是美国公民，也包括中国公民，致力于推动双方人员交流、经贸合作以及双边关系。浙江省民营经济发达，许多浙江企业都在美国投资兴业。最近，纽约很荣幸见证阿里巴巴上市，这些良好的交流基础推动了双方的交流合作。史墨客期待与浙江省携手努力，在任期内继续推进双方关系迈上新台阶。

省政府秘书长李卫宁、省外侨办主任金永辉、省政府办公厅副主任王纲、省外侨办副主任陆国灏等参加会见。

史墨客还拜会杭州市市长张鸿铭。省外侨办主任金永辉宴请史墨客一行。

【加拿大驻华大使访问浙江】 10月12日至14日，加拿大驻华大使赵朴、加拿大驻沪总领事尚锐恺等一行16人访问浙江，为加拿大总理斯蒂芬·哈珀11月访杭做先遣工作。省外侨办主任金永辉会见并宴请先遣组，探讨接待细节。先遣组在杭还参观中国丝绸博物馆、胡庆余堂、郭庄、西湖天地和长桥公园等。

【澳大利亚水资源代表团访问浙江】 10月14日，澳大利亚水资源代表团一行15人访问浙江，参加“2014中澳(杭州)五水共治研讨会”。

【美国驻沪总领事访问浙江】 10月17日，美国驻沪总领事史墨客一行6人访问浙江，出席“中美友好与杭州”图片展开幕活动，拜会浙江大学，并出席浙江工业大学举办的“韦尔切克量子中心”揭牌仪式。

【美国辉瑞中国区总裁访问浙江】 10月26日，美国辉瑞中国区总裁吴晓滨一行7人访问浙江。副省长毛光烈会见宴请吴晓滨一行，双方商谈浙江与辉瑞开展大分子药物合作等事宜。毛光烈表示希望辉瑞扩大与浙合作，浙江省各级政府将提供充分支持。省政府副秘书长孟刚、省食品药品监督管理局局长朱志泉、省外侨办副主任陆国灏、省经信委副主任凌云、省食品药品监督管理局副局长陈时飞、台州市副市长李跃程、海正药业董事长白骅等参加会见宴请。

【美国伊利诺伊州教育代表团访问浙江】 11月2日至4日，美国伊利诺伊州教育代表团一行16人访问浙江，与省教育厅以及浙江高校举行交流会。省外侨办副主任陆国灏出席交流会。

【加拿大总理访浙先遣组访问浙江】 11月2日至6日，加拿大总理斯蒂芬·哈珀访浙先遣组一行10人，在加拿大驻沪总领事尚锐恺率领下访问浙江。省外侨办副主任陆国灏与先遣组就斯蒂芬·哈珀总理访浙事宜进行沟通。

【美国驻沪总领馆经济处处长访问浙江】 11月6日，美国驻沪总领馆经济处处长尹晓岚一行2人访问浙江，拜会省发改委、中国人民银行杭州中心支行，了解浙江最新经济发展情况。

【加拿大总理访问浙江】 11月6日至7日，加拿大总理斯蒂芬·哈珀一行71人，在中国驻加拿大大使罗照辉夫妇陪同下访问浙江。

省委书记、省人大常委会主任夏宝龙会见宴请哈珀总理及代表团主要成员。夏宝龙简要介绍浙江经济社会发展情况。他指出，改革开放以来，浙江经济发展迅速，但在发展过程中，浙江丰富的淡水资源没有得到很好的保护，而加拿大对淡水资源的保护十分成功，值得浙江学习。浙江正在大力治水，倒逼经济转型升级，以实现“青山绿水”的梦想，浙江希望进一步拓展与加拿大在各领域的交流合作。夏宝龙表示，期待通过刚刚举行的浙江—加拿大经贸对接活动，以及总理阁下对阿里巴巴集团的访问，推动浙、加更加紧密的互利合作。

哈珀表示，来浙之前就耳闻很多关于杭州的美丽传说，到访后感到的确名副其实。今天参观南宋御街和胡庆余堂，深深被其吸引和打动。哈珀希望通过对阿里巴巴集团的访问，帮助加拿大中小企业与中国市场建立业务联系，更多中国企业和浙江企业前往加拿大投资。

省委常委、杭州市委书记龚正，省委常委、秘书长赵一德，副省长梁黎明，浙江大学校长林建华，省外侨办主任金永辉，省发改委主任谢力群，省经信委主任张金如，省民政厅厅长尚清，省农业厅厅长史济锡，省商务厅厅长周日星，省文化厅厅长金兴盛，省工商联主席、正泰集团董事长南存辉，省委办公厅副主任朱重烈、吴伟斌、吴伟平，省外侨办副主任陆国灏，省公安厅副厅长、省警卫局局长王冰，万丰奥特控股集团董事长陈爱莲等参加会见或宴请。

省长李强与哈珀总理共同出席“加拿大—中国(浙江)经贸合作论坛”并致辞。李强指出，浙江与加拿大的经贸关系由来已久，产业结构、资源禀赋高度互补，深化合作前景广阔，进一步扩大双边贸易和投资有利于增进两地人民福祉。浙江愿与加拿大各级政府一道，努力推动两地经贸交流与合作迈上快车道。

哈珀表示，浙江是中国最具活力的地区之一，当前加拿大正在积极推进与中国的投资与贸易，尤其看重与浙江的经贸交流合作。希望进一步加强双方的交流与合作，把经贸发展的良好势头保持下去。

加拿大农业与食品部部长、工业部部长、国际贸易部部长，加拿大驻华大使、驻沪总领事等高级官员和企业家代表团约300人出席论坛。

李强还陪同哈珀参观城市阳台，欣赏钱塘江景以及钱江新城天际线，在胡庆余堂听取有关负责人介绍。杭州市市长张鸿铭，省政府秘书长李卫宁，省外侨办主任金永辉，省政府办公厅副主任王纲，杭州钱江新城建设管委会书记、主任郑翰献等陪同参加上述活动。

哈珀总理专机抵离杭州萧山国际机场时，副省长梁黎明前往机场迎送。省外侨办主任金永辉、副主任陆国灏全程陪同在杭活动。

在杭期间，代表团参观南宋御街，考察阿里巴巴集团，并与阿里巴巴董事局主席马云开展对话活动。

【澳大利亚图文巴市代表团访问浙江】 11月10日，澳大利亚图文巴市代表团访问浙江，与杭州萧山国际机场相关负责人洽谈合作事项并参观机场。

【摩托罗拉系统公司全球执行副总裁访问浙江】 12月5日，省长李强会见摩托罗拉系统公司全球执行副总裁马克·蒙一行6人。李强表示，摩托罗拉是中国人非常熟悉的品牌，也是最早进入中国市场的世界信息技术公司之一。摩托罗拉与浙江的合作由来已久，在浙江市场一直以来发展较好。希望此访能够推动摩托罗拉与东方通信及其他浙江企业进一步合作，把品牌、技术优势及其长期积累的市场优势与中国大市场相结合。李强还向客人介绍了浙江信息经济发展现状以及第一届世界互联网大会情况，希望摩托罗拉积极参与浙江经济信息产业发展。

马克·蒙表示，摩托罗拉高层与浙江建立了良好的合作与沟通关系，很高兴能够承续传统继续与浙江开展友好合作。对李强省长希望摩托罗拉积极参与浙江新一轮发展的提议，马克·蒙表示备受鼓舞。

省政协副主席、东方通信董事长张泽熙，省政府秘书长李卫宁，省外侨办主任金永辉，省经信委主任张金如，省政府办公厅副主任王纲，省外侨办副主任陆国灏等参加会见。

【美国加利福尼亚州议员代表团访问浙江】 12月15日，省人大常委会副主任程渭山会见宴请美国加利福尼亚州议员代表团一行20人。程渭山向客人介绍浙江省经济社会发展近况，表示浙江省正在着力对经济结构进行调整。同时介绍了人民代表大会制度，其人员构成、组织结构以及权力义务。程渭山表示，要构建新型的大国关系，很重要的一点就是要相互加深了解，在此基础上进行合作。

夏乐柏参议员简要介绍加州情况。他表示，此行除了拜访程渭山副主任之外，还计划考察杭州地铁与加州缤客的合作项目，也计划参观阿里巴巴集团。

省外侨办副主任陆国灏、省人大外事工作委员会副主任张宝贵参加会见宴请。

代表团考察了杭州地铁与加州缤客的合作项目，参观阿里巴巴集团总部以及杭州地铁站展示厅。

【新西兰驻沪总领事访问浙江】 12月16日，新西兰驻沪总领事戴迈雄一行10人到浙江进行任期辞行访问。副省长梁黎明会见戴迈雄一行，并对总领事在任期内大力推动新西兰与浙江的交流合作表示感谢。她表示，浙江正在努力推动“法治浙江”与“两美浙江”建设，重视科研、环保、养老服务及新兴业态发展。希望总领事今后继续关注、支持新西兰与浙江的友好交流合作。

戴迈雄对浙江在稳定经济增长的同时不断寻求新的增长点表示赞赏，认为未来双方还有很大的合作潜力与空间。他指出，中国国家主席习近平访问新西兰将两国关系提升到全面战略伙伴关系，目前新西兰与浙江乃至中国的关系处于历史最好时期。

省外侨办副主任陆国灏、省发改委副主任李岩益、省商务厅副厅长韩杰、省卫计委副主任姜建鸿、浙江检验检疫局副局长王继蓬参加会见。

戴迈雄还拜会省卫计委、浙江检验检疫局与杭州市政府。

（董丹丹）

友好城市交流

亚　洲

·日　本·

【浙江省与静冈县友好交流概况】 1月20日，省外办副主任虞希华会见日本静冈县公益财团法人日中人士交流援护会理事长土田博和一行3人，双方就派遣浙江省高中毕业生赴土田博和所在医疗法人青虎会旗下医院、康复中心、养老院等医疗设施进修项目进行初步接洽。绍兴市护士学校校长沈丽华参加会见。绍兴市护士学校是浙江省规模最大的护校，设有涉外护理专业，省教育厅推荐绍兴市护士学校参与此项目。

1月22日至24日，以日本静冈县袋井市市长原田英之为团长的静冈县友好代表团一行15人访问浙江。与浙江省相关部门就8月在静冈县袋井市举办两省县乒乓球友好交流大赛一事进行磋商。省外办连同省教育厅、省体育局、促进机构、旅行社与日方工作组进行工作会谈，大致明确了参赛人数、行程、比赛形式。23日，省政府副秘书长陈宗尧会见宴请代表团一行。在杭期间，代表团一行还游览西湖、参观浙江省美术馆。

2月10日至13日，日本静冈县政府生活环境部部长代理斋藤和裕一行6人访问浙江，目的与浙江省妇联等组织建立联系，为今后开展与浙江省妇女界交流打下基础。代表团参观杭州市妇女儿童活动中心，并与省妇联、杭州市妇联领导座谈。访浙期间，代表团还顺访绍兴市，与柯桥区妇联进行交流。

2月21日，2013年度亚洲友城进修生结业仪式暨送别会在杭举行。省外办副主任虞希华为来自日本静冈、韩国全罗南道、印尼东爪哇省的5位进修生颁发在浙进修结业证书，并勉励进修生们继续学好中文，为浙江省与当地友好交流作出贡献。

3月20日至22日，日本静冈县生活环境部部长伊熊元则一行10人访问浙江。20日，省外办副主任陆国灏宴请伊熊元则一行。21日，代表团与省环保厅交流，省环科院、省环境监测中心、省环保产业协会、辐射站分析测试中心、污防处、科合处等部门派员与日本静冈县环保交流团座谈交流。省环保厅副厅长卢春中在致辞中回顾浙江省与静冈县在环保领域32年合作历史，特别是两省县签署《浙江省与静冈县在环境领域建立友好合作关系协议书》以来，在节能减排、污泥处置、固废处理、除尘技术及环境教育等方面开展卓有成效的合作。中日双方分别介绍环境治理的现状与成就，同时细化双方合作内容。省污防处人员重点介绍浙江省大气污染和水污染防治工作情况。省环保产业协会从产业规模、技术水平、环境服务业发展进度等方面介绍浙江省环保产业发展情况。静冈方就与浙江省开展环保领域交流提出两点建议：一是开展人才隔年互派交流项目；二是开展环保企业合作，开展两省县环保企业对接会。代表团一行参观省辐射站分析测试中心（实验室）后，分成两组活动：伊熊元则一行7人参访省环境监测中心，浙静双方分别介绍各自机构组织构架、工作内容、配备的监测仪器等；静冈县经济产业部新产业聚集课细泽美奈子一行3人与省环保厅科合处、省环保产业协会就2014年两省县环保企业合作交换意见。省环保厅厅长徐震宴请代表团一行。

3月21日,2013年度日本静冈县公务员津田达也结束在浙进修回国。

3月23日至27日,民建浙江省委会专职副主委、巡视员郭吉丰一行3人访问日本静冈、东京,省民建会会员企业家交流团一行8人因私随访。在东京期间,访问团一行拜访日本经济团体联合会、普华永道、日本软银控股集团洽商合作。在静冈期间,出席浙江省·静冈县企业交流会,考察静冈县代表性企业(铃与、矢崎、雅马哈、浜松光电),拜访静冈县理工大学并交流。

4月14日,2014年度日本静冈县公务员进修生中村直哉抵黄龙旅游集散中心,开始在浙江为期一年的进修。省外办副主任虞希华会见宴请中村直哉,勉励其在浙努力学习和工作,多去省内各地走走看看。中村直哉将在浙江大学学习两个半月中文,之后赴省外服、省国际投资促进中心、省医疗卫生国际合作发展中心等地工作学习。

4月21日至23日,日本静冈县议长中谷多加二率静冈县议会代表团一行22人访问浙江。省人大常委会副主任冯明会见宴请中谷多加二议长一行。冯明简要介绍浙江经济社会发展情况。她说,浙江省将按照中央政府要求,全面深化各方面改革,通过鼓励创新产业、高技术企业和淘汰落后产能等转型升级实现新的发展,开展"五水共治",实现生态环境保护与经济的和谐发展,实现惠民生的最终目的。冯明表示,自1982年浙江省与静冈县缔结友好省县关系以来,双方高层保持密切联系,互访频繁,在经济、农业、旅游、青少年交流等领域开展形式多样、富有成效的交流与合作,呈现官民并举的良好局面。这次中谷多加二议长一行来访,必将进一步加深对浙江省的了解,增进两省县在各方面的务实交流与合作。冯明提议,一是进一步加深浙江省人大与静冈县议会的交流与合作;二是进一步加强两省县青少年之间的交流,以增进两地人民间的了解和友谊。并表示浙江省人大愿为增进两省县人民的福祉、推动彼此友好关系再上新台阶作出努力。中谷多加二希望通过此次访问进一步推动静冈县与浙江省的友好关系。他表示,此次访问深切感受到中国和浙江省经济的快速发展。一直以来,静浙两地高层互访频繁,在经济、文化、旅游、体育、进修生等领域开展积极交流,取得丰硕成果,并借此机会对一直来为两省县友好作出贡献的浙江省人大及各界人士表示衷心感谢。省人大常委会外事工作委员会副主任张宝贵、省外办副主任虞希华等参加会见宴请。访浙期间,中谷多加二议长还参观静冈县在浙合资企业阿斯莫微电机(杭州萧山)有限公司、浙江川崎茶叶机械有限公司以及浙江(杭州)途易旅游集团,游览西湖和雷峰塔。

5月24日至31日,省农业厅副厅长刘嫔珺一行6人访问日本静冈县、韩国全罗南道。在日本静冈县,代表团参加浜名湖花博会,举行第19次农促会会议。在韩国全罗南道,代表团拜会新任农业技术院院长,参加农业合作交流会,参观环境农业生态园、绿茶研究所及全罗南道有机蔬菜生产基地等。

6月23日,日本静冈县教育委员会社会教育课主席指导主事松浦真一郎一行2人访问省外侨办,向亚洲处作本年度两省县青年交流项目情况汇报。省外侨办副主任虞希华宴请静冈县客人一行。静冈县上海事务所副所长井口真彦参加宴请,并于翌日与松浦真一郎一行考察8月静冈青年团拟参访的杭州萧山雅马哈工厂。

8月8日至12日,浙江省人民对外友好协会常务副会长阮忠训率省乒乓球友好交流代表团一行90人访问日本静冈县,参加"静冈县·浙江省友好交流乒乓球大赛"。此次大赛东道主静冈县派出216人参赛,浙江省专业选手和业余爱好者共72人参赛。中国驻日本大使馆公使王晓渡专程前来参加开幕式并致辞。赛前,川胜平太知事会见省友协常务副会长阮忠训,对静浙两县省32年来的交流成果给予高度评价。

8月15日至20日,日本静冈

县日中友好协议会理事长栗原绩率静冈县青年代表团一行27人访问浙江。17日，团省委副书记、省青联主席苗伟伦宴请代表团，省外侨办副主任虞希华出席宴请。代表团在杭期间，与浙江青年结对体验民宿，并分组参观中国移动手机阅读基地、求是(和家园)小学、西子奥的斯电梯有限公司、阿里巴巴(中国)有限公司、浙江传化集团有限公司、杭州雅马哈、中国茶叶博物馆等，游览西湖。

8月19日至21日，日本静冈县川根本町町长铃木敏夫、议长中田隆幸率代表团一行12人访问丽水龙泉市，这是新任町长和议长就两市结好进行实地走访。龙泉市委书记蔡晓春非正式会见代表团、市长季柏林会见代表团一行，龙泉市人大常委会副主任陶中亮、副市长王岚陪同出席相关活动。在龙泉期间，代表团拜访龙泉市第一中学、龙泉青瓷博物馆、沈广隆剑铺、青瓷大师陈爱明和徐定昌的青瓷工房、青瓷宝剑苑、天和食品有限公司、茶叶基地金观音庄园。静冈县上海事务所副所长井口真彦陪同访问。

8月21日至22日，日本静冈县上海事务所副所长井口真彦陪同静冈县川根本町代表团结束对丽水龙泉市访问后顺访温州。井口真彦拜会温州市外办、温州市旅游局、温州机场集团有限公司，拜访温州国旅旅游有限公司。井口真彦向各拜会单位介绍静冈县上海事务所三大工作职能(服务静冈企业在华业务发展、开展友好交流、开展旅游交流)和富士山静冈机场及其中国航线业务情况，表示希望开通静冈至温州定期航线或包机，开展两地旅游及各领域交流。温州市外办副主任周怀中、温州市旅游局副局长陈秉辉、温州机场集团有限公司规划发展部部长林天辉会见井口真彦，表示希望推荐静冈县地方友城开展友好交流，并介绍温州“瓯飞工程”(围垦瓯江与飞云江之间的滩涂，项目东邻东海，连接经济发达的瑞安和龙湾)。

9月1日至4日，日本静冈县副知事大须贺淑郎率静冈县政府代表团一行11人访问浙江。副省长郑继伟会见大须贺淑郎一行。郑继伟指出，浙江和静冈结好30多年来，两省县关系不断深化，交流形式不断创新，交流领域不断扩大，合作成果有目共睹，成为浙江省国际友城的典范。特别是近几年两省县成功组织实施“3776友好访浙计划”、两省县结好30周年庆祝活动、“浙江—静冈论坛”以及浙江—静冈友好交流乒乓球大赛等，有力促进了两省县人民的相互理解和友谊，为推动两省县经济社会发展起到积极作用。郑继伟还表示，大须贺副知事此次访问一定会加深双方在养老、医疗领域的交流与合作，为两省县人民谋得更大福利。大须贺表示，近年来两县省开展多项活动，进一步加深相互之间的友好关系。在医疗卫生领域，双方相关医疗机构积极开展交流，举办人才交流、学术互动等多项活动，签署一系列交流协议，收到良好效果。此次代表团来访并参加“浙江—静冈健康服务业发展论坛”，期待着在养老、医疗等领域启动新的交流，互学互鉴，共同应对老龄化社会挑战。3日，由省卫计委和静冈县健康福祉部主办的“浙江—静冈健康服务业发展论坛”举行，郑继伟、大须贺出席开幕式并分别致辞。省政府副秘书长李云林、省外侨办副主任陆国灏、省民政厅副厅长罗卫红等参加上述活动。2日，中国国际茶文化研究会会长周国富宴请代表团一行。省外侨办主任金永辉，省友协常务副会长阮忠训等陪同参加。

访浙期间，大须贺一行参观第11届浙江国际医疗展、省人民医院、省博物馆、杭州市社会福利中心，游览京杭大运河、千岛湖和西塘古镇。

9月1日至5日，日本静冈县经济产业部长土屋优行一行5人访问浙江，就11月浙江省组团参加在静冈举行的浙静经济交流促进机构年会及杭州—静冈直航事宜与相关部门进行接洽。2日，省政府副秘书长陈宗尧会见宴请土屋优行一行。双方就经济交流促进机构成立21年来开展务实友好交流发挥的积极作用表示肯定，并希望在静冈举行的机构年会能够取得圆满成功。省商务厅开发区处副处长庄谨介绍11月组团出访相关情况，并提出需要静冈方协助事项。届时，国家级萧山经济技术开发区、国家级平湖经济技术开发区、国家级绍兴柯桥经济技术开发区、国家级杭州湾上虞经济技术开发区、省级余姚经济开发区等五大开发区相关人员将组成代表团随副秘书长陈宗尧同期访问日本静冈，拟与有意来浙江投资发展的静冈企业举行座谈会，并参观静冈相关企业。3日，省友协专职副会长陈爱珍会见宴请代表团一行。在杭期间，代表团还拜访省农业厅、省商务厅、杭州萧山国际机场有限公司、萧山开发区管委会，考察阿斯莫微电机有限公司。

9月10日，日本友城民间进修生—静冈县：木村明子、土屋早弥香；福井县：堀田仁、藤泽祐平；枥木县：小林贵志、荻原靖子和斯里兰卡西方省教师分别抵杭，开始在浙江大学为期半年的进修生活。19日，省外侨办副主任虞希华会见进修生，亚洲处便宴日本、斯里兰卡进修生。

10月8日至16日，根据浙江省与日本静冈县交流协定，2014年起省环保厅与静冈县生活环境部之间隔年互派短期进修生。静冈县环境卫生科学研究所职员内山道春赴环保厅下属省环境监测中心进修。

10月26日至28日，日本静冈县危机管理部西部危机管理局副局长泽田元则率防灾考察团一行4人访问浙江。代表团拜会省地震局，并与省地震局、省应急办、杭州市应急办座谈；赴建德市现场考察山体滑坡整治工程，并与杭州市国土资源局及建德市国土资源局座谈；赴在绍兴的浙江省消防总队培训基地，考察消防及灾后救援等方面的设施，双方交流经验和做法等。参观秦山核电站。

10月26日至29日，以日本静冈县政府理事服部真树为团长的日本静冈县通航工作协商团一行9人访问浙江。27日，省政府副秘书长陈宗尧召集杭州—静冈机场通航工作第一次协商会。陈宗尧表示，双方为推进直航事宜已作前期调查研究，希望通过不断协商，创造条件，促成直航工作落实。双方就通航形式（包机或定期）、运营主体、双方扶持政策、客源组织、市场营销、宣传推广、通航协议签约单位等项目进行工作协商。在听完杭州萧山国际机场有限公司副总经理陈祝毅关于直航事宜前期工作的汇报和服部真树对静冈县机场航线情况以及静冈县政府关于直航相关支持政策的介绍后，陈宗尧表示，拟于2015年3月开通杭州—静冈定期航线，希望静冈县政府提供更为详细的标注价格信息给杭州萧山国际机场有限公司，以便协商洽谈航线开通具体事宜；同时，建议双方签署直航事宜的框架协议和具体协议。省外侨办副主任虞希华，省旅游局副巡视员徐海，杭州萧山国际机场有限公司副总经理陈祝毅，浙江途易旅游集团有限公司总经理陈静，省静冈、福井县事务局局长孙宏等出席协商会。协商会后，陈宗尧宴请服部真树等静冈县通航工作协商团。省旅游局副巡视员徐海，省静冈、福井县事务局局长孙宏等参加宴请。访浙期间，代表团一行拜访省旅游局、杭州萧山国际机场有限公司、浙江途易旅游集团有限公司等单位，介绍静冈县政府对于通航事宜的支持政策。

11月17日至21日，省政府副秘书长陈宗尧率浙江省·静冈县、浙江省·福井县经济交流促进机构（以下简称“浙静、浙福机构”）代表团一行15人访问日本，会晤静冈、福井县知事，出席浙静、浙福机构年会，签署杭州·静冈机场通航意向书，举办招商推介活动。

12月25日，杭州—静冈直达航线首航仪式在杭州萧山国际机场举行。省政府副秘书长陈宗尧、省商务厅副厅长韩杰、省外侨办副主任虞希华、省旅游局副局长许澎、杭州市政府办公厅副主任王力兵、杭州萧山国际机场有限公司副总经理陈祝毅、首都航空公司副总裁邓志成，省静冈、福井县事务局，省口岸办和机场边防、海关、检疫等单位领导出席首航活动。静冈县上海事务所副所长井口真彦代表日方出席首航活动并致辞。

12月27日至29日，日本静冈县健康福祉部长宫城岛好史一行 14 人访问浙江。拜会省卫计委主任杨敬，就两省县医疗、卫生、养老部门开展交流合作以及 2015 年浙静论坛等事宜进行会谈。宫城岛好史一行还参观邵逸夫医院和省人民医院，并出席省人民医院成立 30 周年仪式。

【浙江省与栃木县友好交流概况】

2 月 21 日，省外办副主任虞希华会见日本栃木县悠悠世界株式会社社长小川恒夫一行 2 人。悠悠世界株式会社自上年 7 月以来，通过浙江省经济交流促进机构在杭物色心仪店铺，拟在杭开炸猪排店。

3 月 27 日至 31 日，应日本栃木县劳动者福祉协议会会长加藤刚邀请，省总工会保障部部长张卫华一行 6 人赴栃木县访问。

6 月 6 日至 10 日，日本栃木县产业劳动观光部国际课组织的“浙洽会”参展团一行 2 人访问上海、宁波、杭州。9 日，参展团与浙江省外办亚洲处就今后继续推进两省县友好交流事宜举行工作会谈。

6 月 21 日至 25 日，以公益社团法人日本技术士会栃木县支部长菅井俊郎为团长的栃木县支部成员一行 12 人访问浙江，参加由省科技厅主办的企业技术研发创新与生产管理改进暨日本专家浙江行企业管理讲座。在浙江期间，代表团一行还参观吉利汽车，并赴天台县和三门县等地访问。

【浙江省与福井县友好交流概况】

2 月 15 日至 18 日，日本福井县知事西川一诚、议长笹冈一彦率福井县友好代表团一行 42 人访问浙江，出席浙江省福井县结好 20 周年相关纪念活动。日本驻沪总领事小原雅博应福井方面邀请出席相关活动。15 日，省长李强会见福井县友好代表团主要成员。李强简要介绍浙江经济社会发展近况和今年的主要工作安排。他说，浙福结好 20 多年来，在两省县历届政府、工商界、民间友好团体共同努力下，双方经济、文化、教育、体育、卫生等领域的交流成效明显，增进相互了解和友谊。中日无论经济还是其他方面互补性都很强，两个国家就像一幅拼图，拼得好就是一幅美丽的画卷，拼不好什么都不是。中国人常说，远亲不如近邻，因此我们特别重视与周边国家的友好关系。地方交流和民间交流是国家交流的重要基础之一。当前，作为地方政府，我们衷心希望和福井多交流、深交流，通过竞争与合作，取得双赢。建议双方确立交流班子，进一步推动青少年、旅游文化等领域的务实交流与合作，实现两省县关系更好更快发展。西川一诚表示，去年是福井与浙江结好 20 周年，今年是福浙经济交流促进机构成立 20 周年，期待双方以结好 20 周年为新起点，进一步加强青少年、经济、旅游、文化、教育等各领域交流，建立定期工作协商制度，加强人员往来，开展互惠合作。日本驻沪总领事小原雅博祝贺福井浙江结好 20 周年，表示要积极支持、推动两国青少年交流和旅游往来。

会见结束后，举行浙福结好 20 周年纪念招待晚宴。李强和省人大常委会副主任冯明分别代表浙江省政府和省人大致贺辞。笹冈一彦议长代表福井县议会致答辞。中日双方 70 余位嘉宾参加晚宴。

省政府秘书长李卫宁、省外办主任金永辉、省人大常委会外事工作委员会副主任张宝贵、省商务厅厅长周日星、省旅游局局长赵金勇、省友协常务副会长阮忠训、省贸促会会长吴桂英、省政府办公厅副主任王纲、省外办副主任虞希华、省友协专职副会长陈爱珍等参加上述活动。

西川一诚访浙期间，分别与杭州求是教育集团师生代表、福井县在浙企业家代表、浙江省历年赴福井国际交流员和技术进修生代表进行座谈，出席福井旅游推介会开幕式并致辞，参观浙江美术馆敦煌展、钱江新城等。福井县旅游推介会 16 日在杭州举行，由省旅游局组织的 12 家省内旅行社与福井县旅游界人士进行对接。省外办副主任虞希华、省旅游局副局长许澎参加推介会。

访浙期间，笹冈一彦一行还赴绍兴市和义乌市访问。绍兴市人大常委会主任谭志桂和义乌市人大常委会主任陈秀仙分别会见宴请笹冈一彦一行。代表团还参观游览绍兴八字桥和鲁迅故里，义乌国际商贸城、巨龙箱包有限公司等。

由福井县国际交流协会会长、原福井县知事栗田幸雄和日本中国友好协会副会长、福井县日中友好协会会长酒井哲夫率领的福井县民间友好代表团除参加浙江省·福井县结好20周年活动之外，还拜会省友协原会长沈祖伦和省友协，参观浙江自然博物馆、浙江美术馆敦煌展、杭州南宋官窑博物馆。

4月15日，日本福井县上海事务所所长松石健司一行2人访问浙江，省外办副主任虞希华会见宴请松石健司一行，双方就浙江福井交流交换意见。松石健司一行与省外服公司进行工作座谈，双方就旅游、农村经纪人培训项目的合作等事宜交换意见。

6月10日至12日，福井县产业劳动部、福井县商工会议所联合会访问团访问浙江。省政府副秘书长陈宗尧会见来访的福井县产业劳动部企画干田冈卓晃、福井县商工会议所联合会专务理事鳄渊信一一行。陈宗尧对浙福机构成立20年来双方所做的工作给予高度评价，希望双方在新的起点上进一步发挥浙福机构的作用，不断拓展两地产业交流和经贸合作。田冈表示，福井县知事西川一诚非常重视福井与浙江的关系，希望以浙福机构成立20周年为契机，推动福浙两地经济交流。田冈还带来西川知事邀请李强省长访问福井的亲笔信，请陈宗尧副秘书长代为转交。

8月25日至29日，日本福井县坂井市市长、议长率代表团一行11人访问浙江嘉兴、杭州。省外侨办副主任虞希华会见宴请代表团一行。

8月28日至30日，福井县日中友好协会会长酒井哲夫，福井县议会日中友好议员联盟会长、议员田中敏幸等一行8人访问浙江。省友协常务副会长阮忠训宴请代表团一行，省外侨办副主任虞希华、省友协专职副会长陈爱珍参加宴请。

9月10日至11日，浙福机构福井县委员会主席代表、福井县商工会议所联合会会长川田达男一行10人访问浙江。省人大常委会副主任冯明与川田一行会谈，冯明表示，浙江省产业正在转型升级，特别是在化纤方面希望能与福井县开展合作。10日，副省长梁黎明会见川田一行。梁黎明简要介绍浙江省经济运行近况，希望浙江省电子、机械、化纤等产业的转型升级能得到福井县的技术支持。

·韩　国·

【浙江省与全罗南道友好交流概况】 3月5日，韩国全罗南道交流公务员崔炳録抵浙，开始为期一年的进修。省外办副主任虞希华会见宴请崔炳録，省卫计委副巡视员朱耀传、浙江省赴全罗南道交流公务员省立同德医院滕腾等参加会见宴请。崔炳録在浙江大学学习八周汉语，于5月4日在省卫计委进修。

3月20日，由省卫计委推荐，省立同德医院科教科科员滕腾赴韩国全罗南道进行为期一年的公务员交流。

7月10日，第16届浙江省·全罗南道学术研讨会在韩国全罗南道举行。本届学术研讨会主题是休闲观光农业，由韩国全罗南道经济科学局、浙江省人民政府外事侨务办公室、浙江省农业厅联合举办。全罗南道经济副知事权五俸、韩国农村观光大学校长金亮植出席研讨会开幕式并致辞。省外侨办亚洲处调研员、副处长阮洁代读省外侨办主任金永辉的贺辞。研讨会上，中韩双方各3位专家围绕休闲农业作专题发言。

8月9日至15日，由全罗南道青少年课系长金台焕为团长的全罗南道青少年代表团一行27人(学生22人)赴浙江丽水缙云中学进行交流，并顺访杭州、上海。韩国学生通过参观学校、民宿、景点等活动了解中国的文化、历史和社会等有关情况。

10月22日至23日，韩国全罗南道女经济人协会代表团一行15人访问浙江。代表团与浙江省女企业家协会举行座谈，双方就中韩女企业家协会职能和作用、女企业家创业发展经验和未来企业发展规划等内容进行交流。省女企业家协会派出杭州秋梅食品有限公司董事长潘秋梅、万事利集团办公室副主任尹涵岫、杭州简卡时装工作室总经理宋红珏等企业代表参加座谈会。

10月27日至29日，以韩国全罗南道议长明炫官为团长的全罗南道议会代表团一行27人访问浙江。省人大常委会党组书记、副主任茅临生会见宴请代表团一行，简要介绍浙江省经济社会发展近况和浙江省人大相关情况。在谈到两省县友好交流时，茅临生表示，浙江省和全罗南道政府公务员交流、中医医疗等学术交流项目开展情况良好，经济投资也十分活跃，今后在教育、文化、卫生等社会事业各方面都可以互相学习借鉴。两省道在人大与议会制度上有所不同，但可以学习交流工作中的方法和经验，希望进一步加强交流。

明炫官希望通过此次访问进一步推动全罗南道与浙江省的友好关系。他指出，全罗南道与浙江省在地理上相近，在历史上也很有渊源。两道省自结好以来，在农业、经济、青少年等多方面已有20多年的交流，希望今后在农业、海洋领域扩大合作，共同应对气候变化对农业、海洋业开发的影响，同时开发文化体验旅游产品，扩大旅游交流。省人大常委会外事工作委员会副主任张宝贵参加会见宴请，并陪同代表团在杭活动。省外侨办副主任陆国灏等参加会见宴请。

访浙期间，明炫官一行还参观浙江韩诺健康管理有限公司和韩国临时政府杭州纪念馆。

·印　尼·

【浙江省与东爪哇省友好交流概况】 10月10日至13日，应外交部邀请，印尼东爪哇省省长助理伊德鲁斯率印尼东爪哇省政府代表团一行20人访问浙江。副省长梁黎明会见代表团一行，简要介绍浙江省经济社会发展情况。她表示，浙江省与东爪哇省自2007年签署友好交流备忘录以来，高层互访频繁，友谊基础稳固。这次伊德鲁斯省长助理亲自率县长代表团考察访问浙江，充分显示了东爪哇省对双方关系的重视。浙江省正在积极实施“两美”浙江建设。在发展经济过程中，更注重产业结构的调整和经济转型升级，更注重经济发展的质量、效益和品牌，也更注重节能减排及生态环境的保护。今后双方可在经贸、人文等领域加大合作力度。希望通过伊德鲁斯省长助理此次访问，促进双方更多企业、行业、部门开展合作。伊德鲁斯表示，东爪哇省有丰富的农林、矿藏及海岛资源，经济发展十分迅速，旅游业、餐饮业较为发达。近年来与浙江省往来频繁，交流成果颇丰，希望今后在农业、资源、投资等领域与浙江省开展更深层次的合作。

省外侨办副主任陆国灏、省经信委副巡视员池美华、省商务厅副厅长韩杰、省工商联副主席尹健等参加上述活动。

11日，举行浙江—东爪哇经济交流座谈会，省外侨办副主任陆国灏、省经信委副主任岳阳、省工商联副主席尹健和省海洋渔业局科技合作处负责人出席座谈会并向代表团介绍浙江省经济社会发展相关情况。省外侨办主任金永辉宴请代表团。

访浙期间，代表团游览西湖与河坊街，顺访义乌市和嘉兴市。在义乌，代表团参观义乌国际商贸城，义乌市常务副市长王奎明会见宴请代表团。在嘉兴，代表团参观嘉兴秀洲工业园区，嘉兴市副市长盛全生宴请代表团。

·越　南·

【浙江省与承天顺化省友好交流概况】 4月11日至15日，由省外办机关党委副书记葛志宇、亚洲处副处长阮洁组成的浙江省交流团赴越南参加“第八届顺化国际文化节”开幕式及相关活动。本届文化节于4月12日至20日在浙江省友好城市承天一顺化举行，主题是“文化遗产与融入和发展”。开幕式上，越共中央政治局委员、越南政府副总理阮春福，老挝人民革命党中央委员、老挝国会副主席赛宋蓬·丰威汉等莅临现场并致辞，各国嘉宾、赞助商、游客及当地居民参加开幕式。日本太鼓表演、中国河南省、澳大利亚深蓝色、俄联邦拉杜加、韩国国乐等艺术团到场演出。

欧洲和非洲

·捷　克·

【浙江省与皮尔森州友好交流概况】 2月16日至20日，捷克皮尔森州副州长伊沃·格律能一行3人访问浙江。19日，副省长梁黎明会见宴请伊沃·格律能一行。梁黎明表示，浙江省与皮尔森州自2005年建立联系以来，双方高层交往密切，并在经贸、文化、旅游等领域开展一系列交流与合作。格律能副州长此次访浙与省外办、省贸促会、省青联等部门座谈，就双方在经贸、青年交流等领域合作深入交换意见。浙江省愿抓住机遇，学习借鉴各国先进理念，促进产业结构调整和转型升级，开展务实合作。格律能表示，此次来访旨在为4月皮尔森州州长访浙做好准备。届时，州长将率皮尔森州企业家与浙江省企业进行对接，并考察与浙江省在其他领域合作的可能性。皮尔森州愿向浙江省提供环保等领域的成功经验，也愿汲取浙江省的优秀理念，希望双方能开展实质性合作项目，促进共同发展。省外办主任金永辉、省贸促会会长吴桂英、省外办副主任顾建新、省商务厅副厅长韩杰参加会见宴请。在浙期间，格律能拜会杭州市委常委佟桂莉，拜访省商务厅、杭州市工商联、德国石荷州驻杭办事处和阿里巴巴集团，并与省外办、省贸促会、省青联座谈。

4月28日至5月1日，捷克皮尔森州州长史来思一行27人访问浙江。29日，省长李强会见宴请史来思一行。李强介绍浙江省经济社会发展近况与下一步打算，指出浙江将重点推进以下领域工作：一是深化政府改革；二是促进经济转型升级；三是治理生态环境；四是实现人民收入快速、稳定增长。政府工作的出发点和落脚点都是为了使人民生活更加美好，加快并不断扩大对外开放也是浙江发展的既定目标。为此，浙江愿进一步推动与皮尔森州的合作与友谊。李强表示，5月底将率团访问皮尔森州，促进两省州的合作与交流。双方要加强企业往来、人文交流和高层互访，形成全方位多层次的合作格局。史来思表示，非常期待李强省长5月底率团访问皮尔森州，以进一步促进双方的合作与友谊。会见结束后，李强与史来思共同签署两省州深化经贸合作备忘录。省政府秘书长李卫宁，省外办主任金永辉、副主任顾建新，省商务厅厅长周日星，团省委书记周艳，省贸促会会长吴桂英，省政府办公厅副主任王纲等参加会见、签约仪式和宴请。

访浙期间，代表团分别与省贸促会和杭州市工商联共同举办两省州企业对接会，考察杭州下沙经济开发区、九阳有限公司、宁波“浙洽会”展馆，并游览西湖、胡雪岩故居，观看《印象西湖》演出。

11月25日至28日，捷克皮尔森州副州长伊沃·格律能一行4人访问浙江。26日，副省长梁黎明会见宴请格律能一行。梁黎明表示，浙江与皮尔森州的交往日益频繁，两地政府都为各领域的交流牵线搭桥、献计献策，双方之前所达成的各项共识在稳步向前推进。浙江省大力支持皮尔森州在浙设立办事处，同时也考虑将浙江省驻德国办事处功能延伸至皮尔森州，以加强两地实体之间的合作及各领域的交流。梁黎明还建议双方尽快成立合作委员会。格律能指出，此访的主要任务是与浙江省政府及相关单位会晤，落实5月份双方在皮尔森就全面深化友好合作关系所达成的共识。皮尔森州希望通过在浙江开设办事处，推进两地在政治、经贸、文化、教育、旅游等领域的交流。明年捷克总理博胡斯拉夫·索博特卡、内务部部长霍瓦内茨、皮尔森州州长史来思将访问浙江，希望办事处尽早设立以服务两地合作。省政府副秘书长陈宗尧、省贸促会会长吴桂英、省外侨办副主任顾建新、省商务厅副巡视员马建国参加会见宴请。

访浙期间，格律能拜会省商务厅、省贸促会，就开设办事处、加强两省州企业合作等事宜进行交流。杭州市政协副主席、市工商联主席张必来会见宴请格律能一行。格律能一行还参观西溪湿地并游览乌镇。

·瑞　士·

【浙江省与汝拉州友好交流概况】 2月20日至23日，瑞士汝拉州副州长兼经济合作部部长米歇尔·普斯特一行10人访问浙江。21日，副省长梁黎明会见宴请代表团一行。梁黎明介绍浙江省经济社会发展情况，并表示，浙江省与汝拉州自2005年建立联系以来双方高层交往密切，并在经贸领域开展一系列交流与合作，希望双方进一步发挥优势，加强企业和人员交流，拓展新能源、精密制造、健康食品等领域的合作。米歇尔·普斯特表示，汝拉州非常重视与浙江省的友好关系，并介绍该州拟与巴塞尔市联合建立"中国商务平台"，凭借汝拉州与浙江省、巴塞尔市与上海市之间的友好关系，进一步加强和促进四方在经贸领域的交流与合作，实现信息共享、共同发展。省政府副秘书长陈宗尧、省外办副主任顾建新、省商务厅副厅长马洪涛参加会见宴请。

访浙期间，代表团参观杭州杭宁热能科技有限公司、浙江晶科能源有限公司和天通控股有限公司，考察中国国际钟表珠宝商业大会展览，游览胡雪岩故居、海宁皮革城和盐官古镇。

【浙江省与弗利堡州友好交流概况】 5月26日至27日，瑞士弗利堡州大学副校长托马斯·汉克勒访问浙江，省外办副主任顾建新与其进行工作会谈。

·挪　威·

【浙江省与北挪威省友好交流概况】 4月4日，挪威北挪威省经济厅厅长一行拜会省外办副主任顾建新，商讨双方开展科技、学术交流合作事宜。

·法　国·

【浙江省与阿尔卑斯滨海省友好交流概况】 5月30日，省委书记、省人大常委会主任夏宝龙会见法国阿尔卑斯滨海省议会主席埃里克·西奥迪一行12人。夏宝龙回忆2005年访问阿尔卑斯滨海省的情况，表示此次西奥迪主席率团来访并与浙江签署进一步深化友好交流合作协议书，这好比双方"结婚领证"，必将进一步深化两地多领域的交流与合作。法国文化底蕴深厚，浙江也是文化大省。这里不仅有知名的中国美术学院，还在建设一流的音乐学院，未来可以聘请法国的专家来浙讲课、邀请滨海省的艺术家前来演出。西奥迪表示，滨海省与浙江有许多相似之处，双方可以加强在经济、旅游、文化、教育、基础设施建设等方面的合作，同时也欢迎浙江商人赴阿尔卑斯滨海省投资兴业。夏宝龙表示，浙江省的老年人口约占总人口的18%，十分重视养老事业，欢迎西奥迪主席把贵省先进的养老实践和经验引入浙江，造福两地百姓。会见结束后，夏宝龙与西奥迪共同签署《中国浙江省与法国阿尔卑斯滨海省进一步深化友好交流合作协议书》。省委常委、秘书长赵一德，省人大常委会党组书记、副主任茅临生，省人大常委会外事工作委员会主任瞿素芬，省科技厅厅长周国辉，省商务厅厅长周日星，省旅游局局长赵金勇，省委办公厅副主任朱重烈、吴伟斌、吴伟平，省外办副主任顾建新，省教育厅副厅长鲍学军，省文化厅副厅长杨越光等参加会见与签字仪式。随后，茅临生宴请西奥迪一行。

访浙期间，西奥迪一行拜会杭州市市长张鸿铭，双方就加强未来合作进行交流。代表团还游览西湖，参观胡雪岩故居。

·比利时·

【浙江省与西弗兰德省友好交流概况】 10月12日至15日，比利时西弗兰德省政府及教育代表团一行15人访问浙江，分别与省外侨办、省工商联、省科协、省农科院举行座谈，与省教育厅合办"中国高等教育体系及国际教育合作现状"座谈会，并与相关浙江企业就实习生交流项目进行座谈。代表团还走访相关院校、企业，以进一步推动两省在各领域开展友好交流合作。（刘　菲）

美洲和大洋洲

·美　国·

【浙江省与印第安纳州友好交流

概况】 3月2日至3日，美国AMA公司合伙人邹东江一行2人访问浙江，探讨美国印第安纳州与浙江省交流合作以及AMA公司与青年集团交流等事宜。省外办副主任陆国灏宴请邹东江一行。

3月4日至6日，美国印第安纳州商务厅厅长维克多·史密斯一行7人访问浙江，拜会省外办、省商务厅、吉利集团和敏实集团。省外办主任金永辉会见宴请史密斯一行。

3月12日，美国印第安纳州对华业务代表、太平洋贸易公司总裁凯利一行2人访问浙江，拜会省外办、省卫生厅、余杭外办和省国际投资促进中心。省外办副主任陆国灏会见代表团。

3月24日至28日，美国印第安纳州贝德福德市市长金善娜一行6人访问浙江，拜会省外办，并赴奉化市参观访问，讨论贝德福德市与浙江省以及奉化市加强交流合作等事宜。省外办副主任陆国灏宴请金善娜一行。

6月6日，美国印第安纳州汉学院中医研究所首席执行官安吉利克·科卡莉斯访问浙江，拜会省中医药协会，就与浙江开展中医合作进行交流。

6月10日至14日，美国印第安纳大学外语培训“荣誉”项目主任史黛富妮·高茨一行13人访问浙江，与杭州第十四中学开展“荣誉”项目合作。省外办副主任陆国灏会见宴请代表团。

6月20日至21日，美国印第安纳州洛根斯波特市教师史蒂夫·格文访问浙江，拜会省外侨办，省外侨办副主任陆国灏会见宴请格文。

7月23日，副省长朱从玖会见美国史带战略伙伴集团总裁钮小鹏一行3人。朱从玖指出，浙江经济在转型升级，地方金融改革不断深入，希望双方能进一步加深了解，实现密切的合作和深层次的交流。浙江将一如既往地提供优质服务，促进浙江省与印第安纳州友好关系进一步发展。朱从玖表示，浙江省正全力打造杭州、宁波两个区域金融中心，史带集团在浙江的业务发展大有可为，希望史带集团加大在浙江投资，推动双方战略合作关系实现新的发展。钮小鹏表达了与浙江省加强合作的愿望，表示史带战略伙伴集团作为印第安纳州对华业务全权代表，将全力推动印第安纳州与浙江省的友好关系迈上新台阶。省政府副秘书长陆建强、省外侨办副主任陆国灏参加会见。

9月2日，美国史带战略伙伴集团总裁钮小鹏一行5人访问浙江，听取副省长朱从玖就加强史带战略伙伴集团与浙江在非银行类金融项目上合作的意见建议。朱从玖宴请钮小鹏一行，省政府副秘书长陆建强、省外侨办副主任陆国灏等参加宴请。

9月4日，美国史带战略伙伴集团美国区域总监王涛一行2人访问浙江，拜会省工商联、省境外投资协会，探讨共同举办印州投资经贸推介会事宜。

10月17日至18日，美国印第安纳州印普联大教育代表团一行4人访问浙江，拜会省外侨办。省外侨办副主任陆国灏会见宴请代表团。

10月23日至25日，美国印第安纳州洛根斯波特市教育代表团一行9人访问浙江，拜会省外侨办，省外侨办副主任陆国灏会见宴请代表团。

11月4日至6日，美国印第安纳州经济发展部部长史密斯一行8人访问浙江，拜会省外侨办，并在万豪酒店举办印州经贸投资推介会。省政府副秘书长陈宗尧，省外侨办主任金永辉、副主任陆国灏分别会见宴请代表团。代表团还拜会了省商务厅和阿里巴巴集团。

【浙江省与新泽西州友好交流概况】 1月27日，美中城市友好交流协会会长徐艇夫妇拜会省外办，商谈加强浙江与美国新泽西州交流合作等事宜。省外办主任金永辉宴请徐艇夫妇。

2月24日至25日，美中城市友好交流协会会长徐艇访问温州，考察浙江与美国新泽西州学校开展千校结好以及温州肯恩大学项目等事宜。省外办副主任陆国灏全程陪同考察。

6月24日，美中城市友好交流协会会长徐艇访问杭州。省外侨办副主任陆国灏宴请徐艇，就推动温州肯恩大学发展事宜交换意见。

7月26日至30日，美国肯恩大学校长达伍德·法拉希一行4人访问浙江。28日，副省长郑继伟在温州会见宴请法拉希一行。郑继伟感谢法拉希对温州肯恩大学建设所作的贡献，表示温州肯恩大学的建设不仅是中美两所大学之间的合作，也事关中美之间的交流与合作。要充分发挥中外合作办学优势，引进美方先进教学理念，完善中外合作沟通协作机制，把温州肯恩大学建成高水平、有特色的大学，使之成为浙江高等教育的典范，成为中外合作、对外开放的典范。他祝愿温州肯恩大学在省委省政府、温州市委市政府的全力支持下，在中美双方的共同努力下，健康稳步发展，努力让美好蓝图早日成为现实。法拉希表示，温州经济要迈向知识经济，需要一大批创新型人才和企业家人才，这些人才正是温州肯恩大学要致力于培养的。希望温州肯恩大学能为温州和浙江的产业发展提供智力支持，助力温州和浙江成为知识经济的核心区域。温州肯恩大学正处在全新的发展起点上，相信通过中美双方的通力合作，一定可以把温州肯恩大学建设成为一所一流的有影响力的大学。温州市委书记陈一新、省政府副秘书长李云林、省外侨办副主任陆国灏、省教育厅副厅长于永明等出席会见宴请。

法拉希一行访问杭州，与省人大常委会副秘书长胡亚芳以及省人大常委会外事工作委员会副主任张宝贵就有关浙江省人大拜访新泽西州议会进行工作会谈。29日晚，省外侨办主任金永辉宴请法拉希一行。省外侨办副主任陆国灏参加上述活动。法拉希一行还访问杭州师范大学。

9月15日至22日，省外侨办美大处工作组对美国、加拿大进行友好访问。在美国新泽西州，工作组与肯恩大学教育学院以及林登学区等相关人员进行座谈，走访当地中小学。并与新泽西州众议院副议长奇伏库拉会面，商讨浙江省人大与新泽西州议会交流等事宜。

11月6日至15日，省委常委、组织部长胡和平率浙江省代表团对加拿大、美国和澳大利亚进行友好访问。在美期间，胡和平拜会新泽西州前副议长、公共事业委员会委员尤潘德拉·奇武库拉和肯恩大学校长达伍德·法拉希，并对肯恩大学进行实地调研。参见第37页【胡和平率团访问加拿大、美国和澳大利亚】。

11月15日至20日，美国肯恩大学校长达伍德·法拉希一行15人访问浙江。省委常委、组织部长胡和平会见宴请法拉希一行。胡和平表示，前不久访问美国肯恩大学时受到的热情接待展现了新泽西州人民对浙江的友谊，肯恩大学高水平的校园基础设施、研究室建设令人印象深刻。他祝贺温州肯恩大学正式建校并且运行顺利，表示浙江省政府和温州市政府将共同努力，支持温州肯恩大学的发展，希望温州肯恩大学为当地经济和社会建设发挥积极作用。法拉希回顾前任浙江省委书记习近平和赵洪祝对温州肯恩大学建设的大力支持，并介绍温州肯恩大学目前的学生规模和学科建设概况以及美国联邦政府和州政府对美国肯恩大学的财政支持，希望浙江省政府考虑温州肯恩大学项目的资金来源渠道（目前项目资金来自温州省级财政）。省委教育工委副书记、省教育厅副厅长汪晓村，省外侨办副主任彭波、陆国灏，省科技厅副厅长陈洪涛等参加会见宴请。

18日，省人大常委会副秘书长胡亚芳会见宴请法拉希一行，双方就浙江省人大与新泽西州议会交流有关事宜交换意见。法拉希一行还出席温州肯恩大学正式建校系列活动，考察位于嘉兴的清华长三角研究所，并游览杭州西湖。

·加拿大·

【浙江省与纽芬兰和拉布拉多省友好交流概况】 6月7日至11日，加拿大纽芬兰省创新、企业和乡村发展部贸易和出口发展处处长琳达·斯普雷尔一行6人访问浙江宁波、舟山和杭州。代表团在宁波出席“浙洽会”开幕招待会并参观展馆；在舟山，访问浙江海洋学院和中国(舟山)海洋科学城,并进行座谈;在杭州,拜会省商务厅和省海洋渔业局以及浙江工业大学,商谈促进与浙江省经贸合作以及海洋渔业合作等事宜。省外办副主任陆国灏宴请代表团。

9月1日至2日,加拿大纽芬兰省创新、企业和乡村发展部亚太区国际贸易官员鲍勃·诺曼访问浙江。省外侨办副主任陆国灏会见诺曼,探讨加强浙江省与纽芬兰省在各领域合作等事宜。诺曼还访问舟山市,考察纽芬兰省首府圣约翰斯与舟山建立友城关系的可能性。

9月15日至22日,省外侨办美大处工作组对美国、加拿大进行友好访问。在加拿大纽芬兰省,工作组走访2014海洋科技大会,参观纪念大学及其下属渔业与海洋学院,拜会城市与政府间事务部,农业和水产部,自然资源部及创新、企业和乡村发展部等政府部门,并与Nalcor能源公司、三一国际咨询公司进行工作会谈。

11月6日至7日,加拿大纽芬兰省渔业与养殖部部长沃恩·格兰特一行3人访问浙江。省海洋渔业局巡视员俞永跃、副局长林东勇分别会见、宴请格兰特一行。格兰特一行拜会省海洋与渔业局,探讨两省州渔业等相关领域合作等事宜。

·澳大利亚·

【浙江省与西澳州友好交流概况】

1月12日至13日,澳大利亚西澳州政府驻华首席代表郝宁生一行3人访问浙江,参加"浙江省—西澳州活牛进口及销售研讨会"。省外办副主任陆国灏宴请代表团。

3月11日至12日,澳大利亚西澳州农业与食品部活牛项目联合研究小组一行6人访问浙江,与省外办、省商务厅、省农业厅和浙江检验检疫局座谈,就两省州活牛贸易项目联合研究进行数据收集。拜会浙江省粮油食品进出口股份有限公司,并与华统集团以及浙江青莲食品股份有限公司代表会面。省外办副主任陆国灏宴请小组成员。

4月8日至17日,省外办副主任陆国灏率省外办工作小组一行3人对澳大利亚、斐济和瓦努阿图进行工作访问。在澳大利亚,出席在珀斯举行的"西澳—中国农业商务合作论坛"开幕式,以及浙江农业企业与西澳州活牛出口联盟关于商品活牛贸易合作备忘录签字仪式,拜会西澳州议会下议院新任议长迈克·苏瑟兰德、西澳州州发展部副部长赵耀东、前议长斯区克兰兹,以及西澳中华总商会主要成员。西澳州州发展部国际贸易和投资局局长图尔特·克洛基特为工作组举行工作午餐并主持对口会谈。

4月9日,澳大利亚西澳州总理科林·巴尼特率代表团一行6人访问浙江。省长李强会见宴请巴尼特一行。李强表示,两省州结好以来,在经贸、农业、矿产资源等领域的交流合作取得了丰硕成果,西澳已成为浙江诸多友好省、州中交往合作的一个典范。期待双方进一步推动全面合作关系向前发展,特别是加强在水环境治理等方面的合作,并希望中澳双方共同努力,促成活牛贸易项目,实现互利双赢。巴尼特表示,西澳方面愿推动两州省交流合作向更宽领域、更高层次发展。西澳期待为浙江人民提供高品质、稳定的牛肉供给。巴尼特还提议西澳州和浙江省就今后开展淡水鱼养殖方面合作研究等事宜。省政府秘书长李卫宁、省外办主任金永辉、省农业厅厅长史济锡、省商务厅厅长周日星、省政府办公厅副主任王纲、浙江检验检疫局副局长游忠明等参加会见宴请。代表团还参观了胡雪岩故居。

6月10日,澳大利亚西澳州驻华商务代表处首席代表郝宁生一行3人访问浙江,参加两省州活牛贸易项目协商会。省外办副主任陆国灏宴请郝宁生一行。

8月26日至27日,澳大利亚西澳州反对党领袖兼地区发展经济改革及公共事务管理影子部长马克·麦高恩一行6人访问浙江。26日,省政协副主席汤黎路会见麦高恩一行。汤黎路表示,浙江与西澳州友好交往与交流合作不断发展,在经贸、能源、农业、医疗卫生等领域的务实合作取得丰硕成果,浙江十分重视与西澳州的友谊与合作。麦高恩表示，他曾于2012年9月出席两州省在珀斯举行的结好25周年庆祝活动，两州省在各领域的交流令人高兴。访浙期间，麦高恩一行拜访省发改委、省农业厅和浙江大学国际教育学院，参观浙江大学与西澳大学生物治疗和再生医学联合研究中心。

8月31日至9月2日，澳大利亚西澳州渔业部办公室主任特莱沃·惠廷顿一行5人访问浙江，拜会省外侨办副主任陆国灏，拜访舟山市和省海洋与渔业局，就加强西澳州与浙江省在渔业领域的合作进行交流。

9月1日至2日，澳大利亚西澳州农业与食品部常务副部长罗伯·迪莱恩一行4人访问浙江，拜会省农业厅，并与日发控股集团、浙江青莲食品股份有限公司等企业代表会谈，就落实西澳州活牛出口浙江事宜与相关方进行探讨。

·新西兰·

【浙江省与惠灵顿大区友好交流概况】 4月24日至26日，新西兰惠灵顿市国际关系负责人袁同一行4人访问浙江，与省外办等单位商谈惠灵顿市市长访浙事宜。省外办副主任陆国灏宴请袁同一行。

5月30日至31日，新西兰惠灵顿市市长西莉亚·韦德布朗一行30人访问浙江。30日，省委书记、省人大常委会主任夏宝龙会见宴请韦德布朗一行。夏宝龙表示，浙江和惠灵顿大区的友谊在不断交往中日趋深厚。浙江正在推进经济转型升级，治理河流污染。双方在环保、教育、旅游、博物馆、新兴产业等领域有很大合作空间。浙江愿与新西兰开展任何形式的教育合作，如联合办学、重点学科联合建设、学生委托培养、请新西兰名师前来授课等。他本人对毛利文化印象十分深刻，曾建议丽水畲族博物馆去新西兰向毛利博物馆学习。韦德布朗表示，惠灵顿与浙江在经贸领域的合作已经取得进展，如新西兰邮政局与阿里巴巴集团、纺美瑞公司与浙江毛纺企业都在洽谈合作。惠灵顿希望在旅游领域、教育领域扩大与浙江的合作。

省委常委、秘书长赵一德，省经信委主任张金如，省教育厅厅长刘希平，省财政厅厅长钱巨炎，省建设厅厅长谈月明，省商务厅厅长周日星，省旅游局局长赵金勇，省物产集团董事长王挺革，省委办公厅副主任朱重烈、吴伟斌，省外办副主任顾建新，省文化厅副厅长杨越光等陪同参加会见宴请。在杭期间，韦德布朗还与浙江新通教育集团负责人共进早餐。

·古　巴·

【浙江省与马坦萨斯省友好交流概况】 8月4日至12日，省委副书记王辉忠率浙江省代表团对厄瓜多尔、古巴进行友好访问。在古巴，代表团与马坦萨斯省人民权力代表大会副主席米蕾蒂·德尼斯举行会谈，推进两省在医疗卫生、文化、经贸等领域开展的务实合作；出席“浙江马省中医周”活动开幕式，王辉忠致开幕词。随团出访的中医药专家在马省举办中医药论坛，与马省中医药医生进行学术交流以及治疗演示，并现场为马省民众义诊。代表团还出席浙江省与马坦萨斯省企业投资贸易洽谈会，以及浙江省向马省赠送锤式碎石机仪式，并拜会中国驻古巴大使馆，与浙江华人华侨和企业家代表座谈。参见第34页【王辉忠率团访问厄瓜多尔和古巴】。

（董丹丹）

部门外事

Foreign Affairs in Provincial Department and Bureaus

省发改委

【涉外工作概况】 2014年，浙江省发展和改革委员会(简称省发改委)接待来自美国、英国、澳大利亚、新西兰等国家的外宾5批，组团出访考察3批。

【捷克工贸部长访问浙江】 6月8日，省长李强会见捷克工贸部部长姆拉德克一行，省发改委副主任周华富陪同会见。李强希望浙捷双方加强在政府、经贸组织、企业等各层面的交流，不断深化各领域的务实合作，实现互利共赢。姆拉德克表示，愿通过努力推动双方交流合作不断向前发展，期待在新科技、新能源、旅游等领域加强合作。

【澳大利亚西澳州影子部长访问省发改委】 8月27日，省发改委副主任李岩益接待澳大利亚西澳州反对党领袖兼地区发展、经济改革及公共事务管理影子部长马克·麦高恩一行，向代表团介绍浙江经济社会发展情况。

【省发改委社会处组团考察英国和希腊】 9月20日至27日，省发改委社会处代表团一行5人，就重大文化设施规划建设和运营管理、提高浙江省公共文化服务体系建设和管理水平等课题赴英国和希腊学习考察。

【英国驻沪领事访问省发改委】 11月13日，英国驻沪领事馆双边关系及华东地区合作领事陶爱莎一行访问省发改委。双方就PPP(公共私营合作制)公司合作基础设施建设模式在浙江省应用情况，浙江民营经济营商环境发展趋势，浙江省政府鼓励和支持企业创新的有效措施等进行交流。外资处、投资处、产业处等相关负责人参加会见。

【美国驻沪领事馆经济处处长访问省发改委】 11月14日，美国驻沪领事馆经济处处长尹晓岚一行访问省发改委，了解浙江最新经济发展情况。双方就浙江城镇化计划、经济增长前景等进行交流。外资处、规划处、综合处、服务业处等相关负责人参加会见。

【省发改委规划处干部赴美国培训】 11月23日至12月13日，省发改委规划处干部赴美国巴尔的摩大学参加巴尔的摩大学政策研究中心举办的国土空间规划培训班。

【新西兰驻沪总领事访问省发改委】 12月17日，新西兰驻沪总领事戴迈雄一行11人访问省发改委。双方就机场建设、城市水系统建设和管理、医疗信息业等领域的合作进行交流。外资处、投资处、交通处、社会发展处等相关负责人参加会见。

(曹卓雨)

省经信委

【涉外工作概况】 2014年，浙江省经济与信息化委员会(简称省经信委)接待各类外事访问团组15批次；组织因公出国团组12批32人次，分别赴欧、美、日、韩等地区和国家进行项目洽谈、企业培训、对接交流等活动；派遣14批14人次，参加国家和省有关部门组织的赴国(境)外交流学习。

【美国华美半导体协会会长访问浙江】 3月23日至26日，美国华美半导体协会会长钟俞平一行8人访问杭州、绍兴、宁波等市地开发区、高新区，考察杭州未来科技城。省经信委总工程师厉敏会见钟俞平一行，双方就集成电路、物联网、云计算、大数据等新一代信息技术领域开展合作交流进行探讨。

金华市组织招才局、开发区、高新区以及部分电子信息行业龙头企业负责人赴杭，与钟俞平一行进行座谈交流，并在可穿戴电子产品、汽车传感器和MEMS技术领域达成合作意向。

【毛光烈会见美国辉瑞公司全球成熟产品业务集团总裁】 3月27日，副省长毛光烈在杭州会见美国辉瑞公司全球成熟产品业务集团总裁杨宇瀚一行。毛光烈对浙江省制药企业与辉瑞公司合作取得的进展和成果表示祝贺。他说，美国辉瑞公司是全球领先的制药公司之一，浙江医药行业有着较好的产业基础，希望双方实现更密切的合作和更深层次的融合，增强发展后劲，为浙江医药行业转型升级注入更多动力。浙方将一如既往地提供优质的服务，创造良好的投资环境。省经信委副主任徐焕明参加会见。(参见第7页)

【省经信委代表团赴美国和加拿大招展】 4月20日至27日，省经信委组团赴美国、加拿大开展APEC会议招展及中小企业交流。代表团与美中国际合作交流促进会、美国联邦中小企业管理局洛杉矶办公室、麻省理工学院中国创新与创业论坛组委会、IBM公司波士顿技术创新中心和加拿大温哥华亚太经济发展委员会及加中工商联合会进行交流洽谈，宣传、推介在浙江义乌举办APEC中小企业技展会的优势和特色，动员对方组织更多企业参会参展，并交流中小企业发展情况、技术需求、管理工作等。

【中英智慧城市研讨会】 5月28日在杭州举办，省经信委副主任吴君青和英国驻沪总领事戴伟绅出席并致辞。吴君青介绍浙江省智慧城市发展的现状与机遇，希望借此机会学习英国的创新理念，推进中英企业在信息通信及智慧城市建设领域的合作与交流。

研讨会安排中英双方各10余家企业，就智慧城市建设、物联网、云计算、大数据及移动互联等领域进行一对一会谈。

【省经信委代表团访问南非和土耳其】 6月9日至17日，省经信委组团赴南非、土耳其开展智慧城市和安防项目对接。在南非，参团的浙江中控技术股份有限公司、银江股份有限公司和杭州西湖电子研究所与Markco连锁超市网点监控项目、kpay连锁超市POS机监控项目、RMB银行全国网点监控项目进行对接，商谈与南非社区监控项目的合作。在土耳其，与AJ ENERJI公司就社区监控、城市交通智能化等项目进行合作建设，达成实质性意向。

【第八届APEC中小企业技术交流暨展览会】 6月19日至22日在义乌市举办。本届技展会以"技术提升经济,合作创造未来"为主题,主要内容包括技术交流大会和展览展示两部分。全国人大常委会原副委员长路甬祥,全国政协常委、经济委员会副主任李毅中,工信部总工程师朱宏任,浙江省副省长梁黎明及省经信委主任张金如等领导出席相关活动。

来自21个APEC成员经济体的1135家企业参展参会。组织各项交流对接活动50余场,邀请世界500强企业买家代表与参展企业进行项目对接,对28亿元的采购订单精准匹配。举办主题演讲及前沿技术专题论坛、科技创新成果与中小企业需求对接会,共推广技术项目958个。

浙江省围绕电子电器与高端装备、生产性服务业、公共服务平台和中小企业"专精特新"等,共组织131家企业312个展位参展。

【浙江省中小企业国际化人才短期培训班】 7月14日至18日在杭州举办。目的在于进一步加强浙江省中小企业国际化人才培养,加快推动中小企业开展国际化经营和抱团"走出去",增强企业在国际市场上的竞争力。来自全省各地的中小企业高管和经信系统干部约80人参加。

培训班聘请北京大学、浙江大学的特聘教授和专家主讲"浙江区域经济发展与产业结构调整""国际化市场策划与营销管理""电子商务与网络营销""产业转型与价值蓝海""企业家领导艺术与科学管理""孙子兵法的战略思维与管理智慧"等课程,还特别邀请省外专局的专家为赴英培训团学员授课。

【赴以色列参加"城市战略发展平台"培训】 7月19日至31日,省经信委派员参加以色列外交部国际发展合作司莫沙夫组织的"城市战略发展平台"培训。学习了解以色列在市政建设方面的管理经验,深入研讨可持续发展理念、污水处理的先进技术、政府购买服务用于工业园区管理及中小企业培育、城市品牌建设等专题内容。

【省经信委组团赴罗马尼亚、塞尔维亚和克罗地亚交流】 7月22日至31日,省经信委主任张金如率团赴罗马尼亚、塞尔维亚和克罗地亚进行"两化"融合和通信产业交流。

在罗马尼亚,与普拉霍瓦工商会交流,了解经济、文化、工业和信息经济发展特色,"两化"融合推进情况。拜访华为、中兴公司。

在塞尔维亚,与贝尔格莱德工商会就内务部112项目、铁路通信项目以及塞尔维亚数字广电等项目建设情况进行对接。

在克罗地亚,与中国驻克罗地亚大使馆商讨当地造船、冶金、机械制造等行业"机器换人"等信息化改造项目的合作可行性。

【组团参加"中小企业国际化发展培训"】 8月17日至9月5日,省经信委组织省内一批中小企业赴英国参加"中小企业国际化发展培训"。由英国华威大学主办的培训采用教学案例与实地考察相结合的方式,走访摩根汽车公司等世界知名企业,学习、借鉴英国先进的理念、技术、方法和经验,帮助企业家开拓国际视野、提升拓展国际市场与开展国际化商业运营的能力。

【组团赴英国和瑞士对接交流】 8月31日至9月7日,省经信委组团赴英国和瑞士开展云计算和大数据项目对接交流。代表团与英国米尔顿凯恩斯市议会达成智慧城市合作意向;与瑞士惠普公司开展云计算平台技术、存储技术、大数据分析挖掘、预处理等技术研发及应用情况交流,重点洽谈惠普服务器技术及产品线转移杭州项目。

【浙江—印尼东爪哇经济交流座谈会】 10月11日在杭州举行,印尼东爪哇省省长助理伊德鲁斯率代表团一行参会。副省长梁黎明会见伊德鲁斯一行,省经信委副巡视员池美华参加会见。

座谈会上,省经信委副主任岳阳介绍浙江由资源小省跃居经济大省的经验和做法,以及产业结构、产业政策与未来发展规划等情况。双方就矿山资源开发、海洋渔业合作以及经济开发区建设等事项进行探讨。伊德鲁斯及东爪哇省所属各市市长分别表示，希望充分利用本地的资源优势，加强与浙江省的经济交流与合作。

【参加中国国际中小企业博览会】 10月11日至14日，第11届中国国际中小企业博览会在广州举办，省经信委副主任高建明率浙江省代表团参会。本届展会主题为“加强合作，扩展交流，互利共赢，携手发展”，近3000家中外中小企业参加。浙江省组织70家企业参展，设96个展位，重点展示工业自动化、金属压延加工制造业、汽摩配、汽车零部件行业等生产企业及产品。展会期间，浙江展团总成交金额5800万元。

【组团赴日本培训】 10月13日至26日，省经信委组织部分企业经营管理人员赴日本进行精细化管理培训。代表团先后在日本名城大学、静冈产业大学培训学习，调研松下电器、京都京瓷、丰田汽车、朝日啤酒、滨松光电、铃木汽车、雅马哈发动机、矢崎仪表、小糸车灯等日本著名企业和都田高新工业园区、滨松技术工业园区、大田区产业振兴公社等，参加静冈县投资环境说明会、人力资源利用促进交流会、静冈滨松地区企业家交流会，并与静冈县经济产业部、日中协会、大田区中小企业协会、东京商工会议所等单位负责人及50余位日本企业家进行面对面交流。

【加拿大—中国(浙江)经贸对接洽谈会】 11月7日在杭州召开。省委书记、省人大常委会主任夏宝龙会见加拿大总理斯蒂芬·哈珀率领的高访团一行，省经信委主任张金如参加会见。

加拿大总理斯蒂芬·哈珀、浙江省省长李强出席开幕式并分别致辞。100多名来自技术创新、投资金融、环保、农业和旅游运输等领域的加方企业家与300多名浙江企业家进行对接交流。省经信委组织20多家软件及信息领域的企业参加专题洽谈。

【毛光烈会见美国辉瑞制药公司代表】 11月13日，副省长毛光烈在杭州会见美国辉瑞制药中国区总裁吴晓滨一行7人。毛光烈对辉瑞制药公司与浙江海正药业合资设立的海正辉瑞制药(杭州)有限公司近两年来取得的成效表示肯定，并简要介绍浙江省生物医药产业发展状况及相关扶持政策措施。毛光烈表示，省政府及其相关部门将继续支持浙江医药企业与辉瑞公司开展深度合作，切实推进浙江省医药产业转型升级。省经信委副主任凌云参加会见。

【首届世界互联网大会】 11月19日至21日在浙江桐乡乌镇举行。大会以“互联互通　共享共治”为主题，由中国国家互联网信息办公室和浙江省政府共同主办，浙江省网信办、浙江省经信委、桐乡市政府和中国互联网络信息中心联合承办。邀请来自近100个国家和地区的1000余位嘉宾参会，开展近20场论坛、对话活动，近200名嘉宾作演讲和发言。

◎首届世界互联网大会在浙江乌镇召开

峰会期间，由省经信委牵头举办“透过浙江看中国——信息经济论坛”，省长李强作“浙江信息经济发展”主旨演讲，副省长毛光烈主持论坛。省经信委主任张金如作“信息化与工业化深度融合国家示范区建设——浙江的探索与实践”交流发言。17个国家信息和科技领域的部级领导或国外互联网巨头参加论坛，共同研究探讨浙江省互联网创业创新生态系统建设。

省经信委协调完成乌镇信息基础设施建设；负责开展“互联网之光”主题展，集中展示中国和浙江省互联网在发展、应用、安全、网络文化等方面的成果。参加展览的会议嘉宾和媒体记者等超过15000人次。

【2014中国义乌国际装备博览会】 11月19日至22日在义乌举行。展会分设展览展示、贸易洽谈、会议论坛三大板块，设立网络化装备、节能环保装备、高技术服务三大主题展区，以及数控机床、工业自动化装备、通用机械、纺织服装机械、木工机械等8大类实用装备类展区。来自国内及德国、日本、意大利、瑞士、土耳其等10余个国家和地区的800余家企业参加博览会。

【毛光烈会见美国密歇根州州长】 11月26日，副省长毛光烈在杭州会见美国密歇根州州长里克·斯奈德率领的友好访华团。毛光烈介绍浙江省经济社会发展情况。他说，浙江十分重视发展与美国地方的友好往来，双方在经贸、教育、文化等领域开展了形式多样、内容丰富的交流与合作。当前，浙江省把改革、转型、环境和民生作为主要工作内容，相信双方在汽车制造、智能工业等领域有合作的空间和潜力，希望访华团此行能进一步增进对浙江的了解，继续提升双方的务实合作水平。省经信委副主任岳阳参加会见。

（胡朦梦）

表1 2014年浙江省经信委接待的其他访浙团组

序号	来访时间	来访人员	来访内容
1	3月3日	英国贸易投资总署孔立夫等	商讨续签MOU框架协议事宜，并探讨加强医药领域的合作交流
2	3月19日	英国华威大学中国项目部总监史蒂夫等	沟通中小企业国际化发展培训的相关事项，初步确定培训时间、地点、培训形式和课程等
3	3月20日	美国纽约州中小企业发展总署国际部部长张金水等	磋商在浙江召开的第八届APEC中小企业技展会参展参会事宜；交流美中两国中小企业发展现状和政府支持中小企业的政策措施等
4	8月6日	英国驻上海总领事馆副总领事傅伯诗等	英方推介2015年在上海举办的创意英伦盛典活动
5	10月24日	加拿大驻上海总领事馆副总领事裘瑞恩等	商讨11月初在杭州举办商务交流活动合作事宜
6	11月13日	香港公务员代表团	陪同“物流业和电子讯息业”代表团参访杭州物联网产业基地、阿里巴巴集团、杭州未来科技城并座谈交流
7	12月15日	香港贸发局研究部经济师赵永础等	探讨双方在智慧城市建设方面的合作事宜
8	12月23日	日本各都、道、县驻沪机构负责人	考察阿里巴巴集团并进行工作交流，探讨淘宝国际开展合作事宜

省 教 育 厅

【涉外工作概况】 2014年，浙江省教育厅(简称省教育厅)接待国(境)外来宾14批70人次。完成因公出国(境)团组27批208人次。

全省推荐155人申报"国家留学基金委资助出国留学项目"，经评审，录取84人。报名参加省部合作项目——"浙江省高校优秀中青年骨干教师出国研修项目"231人，录取180人。录取省高校优秀本科生出国交流项目派出125人。

全省高校招收外国留学生23817人，占全日制在校生总数的2.3%，比上年增长13.5%。其中：长期生19334人(学历生9351人，增长25.5%)，增长14.5%；短期生4483人，增长9.4%。

经省教育厅审批并获得教育部批准备案的中外合作办学项目15个，其中本科项目5个、高职高专项目10个。

评选出浙江大学计算机科学与技术等20个本科国际化建设专业。

【浙江省首个境外合作办学项目在新加坡举办】 2月14日，教育部批复同意浙江师范大学与新加坡智源教育学院联合举办浙江省高校首个境外合作办学项目——学前教育专业教育硕士学教育项目。该项目将在新加坡实施。

【中英地方合作首个奖学金项目】 3月13日，省教育厅与英国驻沪总领事馆正式签订合作协议，设立英国留学生联合奖学金，共同资助英国大学生来浙江高校学习。这是中英地方合作的第一个奖学金项目。

【香港幼儿园教师交流团访问浙江】 4月14日至18日，香港幼儿园教师交流团一行41人来浙江交流访问。交流团走进浙江师范大学附属幼儿园、杭州师范大学附属幼儿园和浙江省教育厅教研室，观摩浙江省幼儿园示范教学活动，考察幼儿园教学环境和生活环境，并进行交流讨论。

【外籍专家送教到常山】 5月23日至24日，来自浙江工商大学、中国计量学院、浙江机电职业技术学院的4名外籍专家对常山县中小学英语教师进行英语教学培训，为常山县第一小学和三衢中学学生上口语课。此外，浙江省教育国际交流协会还向常山县东

◎外国留学生给磐安县初中学生上口语课

案小学捐赠了文体用品。

【香港杰出学生交流团访问浙江】 7月6日至10日，香港杰出学生交流团一行60人来浙江省交流访问，参观浙江大学紫金港校区、中国美术学院象山校区、阿里巴巴杭州总部，分别聆听“中国崛起与中国梦”“璀璨的浙江历史文化”“玩转电子商务”等讲座。学生们还与浙江大学附属中学学生进行互动交流。

【外国留学生送教到磐安】 7月13日至14日，浙江工业大学的6名外国留学生赴磐安县参加送教活动。他们分别给磐安深泽初中3个班的夏令营学生上口语课，并与学生们进行交流活动。此外，浙江省教育国际交流协会向磐安深泽初中捐赠了文化体育用品。

【温州肯恩大学正式开学】 9月12日，经教育部批准，温州大学和美国肯恩大学合作举办的温州肯恩大学在温州高教园区正式开学。这是浙江省第一所中美合作举办的大学。

【比利时西弗兰德省教育代表团访问浙江】 10月13日至15日，比利时西弗兰德省教育代表团一行15人与浙江省高校进行教育交流。13日，省教育厅在杭州举办“浙江—西弗兰德省高等教育研讨会”，来自比利时的4所高校和浙江的8所高校进行了教育交流与合作探讨。

【浙江科技学院中德工程师学院正式运行】 10月17日，经教育部批准的浙江科技学院中德工程师学院正式在安吉招生运行。这是浙江省第一所非独立设置的中外合作办学机构。该校的国外合作院校是德国吕贝克应用科技大学和西海岸应用科技大学，首批设置土木工程、电气工程及自动化本科专业。

【举办建设高水平中外合作大学国际论坛】 10月18日，由中国教育国际交流协会、中国高等教育学会、浙江省教育厅与宁波市人民政府联合主办的“建设高水平中外合作大学国际论坛”举行，论坛议题为：完善质量保障体系，建设高水平中外合作大学。国内外专家、学者130多人应邀出席。

【第八届“梦行浙江”系列活动】 10月25日至12月9日举行，活动由省教育厅、省委外宣办、省外侨办和浙江广电集团联合举办。10月25日，外国留学生中华厨艺大赛在浙江旅游职业学院举行，来自全省16所高校、15个国家的23名选手参加比赛。12月5日，外国留学生中华才艺展演在浙江师范大学举行，来自浙江省14所高校近200名外国留学生参加才艺展。才艺展结束后，外国留学生们参观了当地的文化设施和名胜古迹。

【浙江·香港姊妹学校网上交流平台启动仪式暨“视像中国”数字化教育论坛】 10月30日至11月2日在杭州举行。教育部、北京、上海、广东、江西代表以及浙港中小学校代表近120人参加本次论坛。论坛结束后，部分香港校长访问了浙江姊妹学校。

【伊利诺伊州·浙江省高等教育圆桌会议】 11月3日在杭州召开。来自美国伊利诺伊州的伊利诺伊大学芝加哥分校、西伊利诺伊大学、班尼迪克大学等9所高校和浙江的中国计量学院、浙江水利水电学院、浙江金融职业学院等8所高校参加会议。双方就共同感兴趣的领域进行了探讨，并一致认为交流合作不应局限于本科高校，也可以扩展至美国社区学院和浙江高职院校之间的合作。

【孔子学院添新成员】 2014年，新增2所由浙江外国语学院与赤道几内亚国立大学、宁波大学与马达加斯加塔马塔夫大学合作举办的孔子学院。至此，浙江省已有12所高校在16个国家建立20所孔子学院。

（钱晓晴）

省科技厅

【涉外工作概况】 2014年，浙江省科学技术厅(简称省科技厅)组织26批28人次赴国(境)外进行业务考察、培训、展览。组织实施国际科技合作项目近100项，引进一批技术，经过消化、吸收、再创新，形成一批自主知识产权。接待国(境)外专家学者、友好人士、驻华使领馆和政府官员24批150余人次。举办科技论坛、研讨会、项目对接会、展览会近20场。组织全省150多名科技外事管理干部进行培训。

【与加拿大艾伯塔省续签科技合作谅解备忘录】 1月8日，副厅长成岳冲会见加拿大艾伯塔省创新和高等教育部部长卢卡斯祖克·托马斯一行。双方回顾两地开展合作与交流情况，介绍各自在开展创新转型、技术产业化等方面所做的工作，并就今后在新材料和纳米技术、环境、医疗和生物医药等领域加强交流，继续推动两地创新研发合作等方面达成一致。双方探讨成立指导委员会，以统筹推进科技合作活动。成岳冲和卢卡斯祖克·托马斯分别代表省科技厅和加拿大艾伯塔省创新和高等教育部续签科技合作谅解备忘录。根据备忘录，双方确定将信息通信、环境保护、生物医药等行业列为重要科技合作范畴，并在开展产业联合研发项目、人才交流、举办技术对接活动等方面进行合作。

【以色列驻华大使访问省科技厅】 2月12日，厅长周国辉、副厅长成岳冲会见以色列驻华大使马腾、驻沪总领事柏安伦一行。成岳冲和柏安伦分别介绍浙、以经济、科技发展状况以及科技合作情况。周国辉表示，双方要本着“优势互补、合作共赢”的原则，积极探索、开展浙江—以色列产业研发合作计划，共同推进国际创新园和国际孵化器建设，促进以色列高新技术成果落地浙江。马腾表示，浙江省企业活跃、产业基础良好，是以色列对外科技合作的重要区域，双方合作定能取得良好成效。

【韩国专场技术对接活动】 3月11日至12日分别在杭州高新区和湖州德清县举行。韩国泽塔普兰投资公司董事长洪显权、省科技厅国际合作处处长、德清县副县长、杭州高新区科技局局长等出席活动并致辞。活动期间，来自岭南大学、德尔塔公司等7家韩国科研机构、科技型企业和科技中介机构的13名代表与35家浙江中小企业的管理、技术人员进行一对一项目洽谈，在生物、材料、环保等领域就开展联合研发、实施技术转移等方面达成合作意向近10项。

【第27届中国(浙江)国际科研、医疗仪器设备技术交流展览会】 3月19日至22日在浙江世界贸易中心举行。展出面积12万平方米，展位420余个。美国、德国、英国、以色列、瑞士、意大利、日本、韩国等20多个国家和中国香港地区及内地共350家企业参展。展出国际最先进的科研和医疗仪器设备，推介国际最新的科研和医疗成果。6万余名专业人员前来参观、交流、洽谈，成交额10多亿元人民币。展会期间举办临床医学工程论坛。

【美国旧金山湾区委员会CEO兼总裁访问浙江】 3月27日，厅长周国辉会见美国旧金山湾区委员会CEO兼总裁吉姆·旺德曼一行。吉姆·旺德曼表示，此次来访目的是希望进一步了解浙江科技创新与科技金融发展情况，推动浙江与旧金山湾区更加紧密地开展科技合作，促进人才双向交流。周国辉强调，杭州市政府、浙江清华长三角研究院等机构均已在旧金山湾区设立办事处，省科技厅一直高度关注、支持、鼓励这一创新发展模式，非常愿意与旧金山建立沟通渠道，成为促进浙江与加州之间企业合作与人才互通的纽带，将双方科技、人才交流合作推向更高台阶。

【美国国会助手代表团访问浙江省知识产权局】 4月21日，由美国国会参众两院议员组成的美亚基金会美国国会助手代表团一行17人访问浙江省知识产权局。副巡视员吴坚接待客人，介绍浙江省与美国知识产权保护交流、《浙江省专利保护条例》修订以及高层次知识产权人才赴美培训等，详细阐述浙江在国内率先开展先调后立、诉调对接等专利执法模式的相关情况。双方就专利行政执法与司法救济途径的区别，知识产权维权援助中心投诉处理情况，以及商业秘密、音乐版权等知识产权保护等问题进行交流讨论。美方代表团表示，通过此次访问，加深了对浙江知识产权行政执法和维权援助工作的了解和认识。

【浙江与以色列签署科技与产业合作协议】 5月20日，受浙江省人民政府委托，省科技厅厅长周国辉代表省政府与以色列经济部在以色列特拉维夫签署科技与产业合作协议。双方约定，进一步加强在不同领域的科技合作，发挥双方科技和产业优势，通过支持联合产业研发项目，增强彼此的产业竞争力，进而加强双方在经济和商业领域的合作。随后，周国辉出席以色列首届科技活动周活动，并率领浙江代表团考察生物医药展和高科技展。浙江企业、大学和科研院所的30余位代表与以色列相关机构负责人进行B2B对接洽谈，达成合作意向近10项。

【浙江—白俄罗斯联合科技合作中心成立】 5月23日，省科技厅厅长周国辉率浙江代表团访问白俄罗斯国立大学。白俄罗斯国立大学校长希尔盖·阿布拉米亚科、副校长阿列克·伊瓦实科维奇接待代表团，希尔盖·阿布拉米亚科介绍白俄罗斯国立大学基本情况、学术科研能力以及与中国开展科技合作的情况。周国辉向对方介绍了浙江的经济科技发展情况。会后，周国辉与希尔盖·阿布拉米亚科共同签署《关于共建浙江—白俄罗斯联合科技合作中心的协议》，并为该中心揭牌。

【第一届中国—葡萄牙先进材料创新论坛】 5月30日在杭州召开。科技部国际合作司副司长陈霖豪、葡萄牙科技基金会合作处主任宝拉·梅斯基塔、浙江大学副校长吴平、省科技厅副厅长成岳冲等出席论坛并致辞。陈霖豪和宝拉·梅斯基塔共同为"生物医用材料和技术创新平台"和"吸附分离材料与技术创新平台"揭牌。宝拉·梅斯基塔对葡中在先进材料领域的合作给予充分肯定，希望在生物医用材料与器件、纳米技术与材料、能源材料和环境材料等领域与中国特别是浙江省进一步加强产学研合作。成岳冲表示，省科技厅将大力推动中国—葡萄牙先进材料联合创新中心建设，支持其发展成为国际先进、国内一流的先进材料创新基地和转移孵化基地。

当天，举行了生物医用材料和技术创新研讨会、产业转化创新研讨会、环境意识材料创新研讨会、新能源材料与技术创新研讨会、纳米技术与先进材料创新研讨会等5场平行专场论坛。

【加拿大代表团考察中国(舟山)海洋科学城】 6月8日至10日，加拿大纽芬兰和拉布拉多省创新贸易部代表团对中国(舟山)海洋科学城(国家海洋科技国际创新园)进行访问考察，加拿大驻上海科技商务领事戴慕杰陪同考察。加拿大代表团与中国(舟山)海洋科学城建设管理局、舟山市科学技术局、浙江省海洋开发研究院等机构代表就合作领域、合作模式等问题进行深入探讨。加拿大纽芬兰和拉布拉多省创新贸易部贸易和出口处处长琳达·斯珀雷尔表示，纽芬兰和拉布拉多省与舟山地理环境相似、产业契合度高，具有良好的合作条件，纽芬兰和拉布拉多省创新贸易部将积极推动纽芬兰和拉布拉多省内海洋科技企业和研究机构与中国（舟山）海洋科学城交流合作。

【英国知识产权局代表团访问省科技厅】 9月3日，省科技厅厅长周国辉、省知识产权局局长洪积庆会见英国知识产权局国际政策司司长内尔·费森一行。周国辉向客人介绍浙江科技创新与专利保护情况。他提出，希望在专利保护与产业合作方面进一步深化和扩大双边的交流，推动浙江与英国的科技合作不断迈上新台阶。洪积庆表示，希望今后在专利保护工作人员互访、专业知识培训、联合组织专题研讨会以及开展项目研究等方面进一步加强合作。内尔·费森表示，英国知识产权局非常希望与浙江省科技厅、浙江省知识产权局通过加强交流互访、举行不定期的专家视频会议等形式进一步加强合作，促进两国共赢发展。

【浙江—芬兰科技企业专场对接会】 10月13日在赫尔辛基的芬兰国家技术创新局总部举行，由浙江省科技厅与芬兰国家技术创新局共同主办。来自浙江企业、技术转移机构的13名代表和24家芬兰企业、科研单位的负责人进行一对一交流洽谈，专业范围涵盖清洁能源、水处理、电子信息、造纸技术、机械装备、食品安全技术等。

14日，浙江企业代表团访问芬兰国家技术研究中心、图尔库科技园和奥博大学，与风力发电、食品安全和水处理等领域的芬方研究机构进行技术合作洽谈，为进一步深化双边交流与合作奠定基础。

【芬兰专场技术对接活动】 11月3日在杭州举行，由省科技厅和芬兰国家创新局主办。芬兰国家创新局执行局长戴雅·拉赫缇·努蒂拉、项目经理碧亚·萨洛科斯基，芬兰驻沪科技领事贺亚盟，省科技厅国际合作处处长等参加活动。来自芬兰国家技术研究中心、恩诺沃公司、尤凯斯地区发展有限公司等12家企业、科研院所和政府机构的16名代表与30余家浙江企业、科研机构的管理、技术人员进行一对一项目洽谈，在空气净化、节能技术、智能测量、废物循环领域达成合作意向近10项。

【浙葡开启科技全面合作】 11月4日，厅长周国辉、副厅长成岳冲会见葡萄牙中部大区协调发展委员会主席安娜·安布恩荷塞一行。周国辉表示，2013年落户浙江大学的中国—葡萄牙先进材料联合创新中心是由中国和葡萄牙两国政府支持建设的第一个国家级科技合作中心，为进一步推动浙江和葡萄牙全面合作提供了良好的平台和机遇。安娜·安布恩荷塞表示，希望双方可以在开放合作、积极探索的文化基础上进一步开展深入的科技合作。会

◎葡萄牙中部大区协调发展委员会主席安娜率团访问省科技厅

后，周国辉和安娜·安布恩荷塞签署浙葡科技合作备忘录，双方商定在先进材料科学与技术、海洋科学与技术、生物医疗科学与技术等重点领域开展广泛交流与合作。

【2014年以色列生命科学技术浙江展洽会】 11月10日在杭州举行，由中国科学技术交流中心、浙江省科技厅、以色列经济部首席科学家办公室和产业研发中心共同举办。以色列驻沪总领事柏安伦、以色列经济部产业研发中心主任米歇尔·伊维特，中国科学技术交流中心副主任王艳、省科技厅副厅长成岳冲等出席展洽会开幕式。来自70余家国内企业的100余名代表与12家以色列知名生科企业负责人在生物医药、医疗器械、创新生物疗法、生物分子定制等领域进行一对一交流洽谈，达成技术引进、技术入股等合作意向16项。

【浙江—白俄罗斯联合科技合作中心揭牌】 11月11日，厅长周国辉会见白俄罗斯国立大学副校长、国家科学院院士阿列克·伊娃斯凯维奇一行。周国辉表示，希望双方能进一步加强经常性的合作交流，及时了解掌握彼此的科技需求，做强做实合作共建载体，不断拓宽双方合作领域和渠道、总结完善合作交流机制，努力提高浙江与白俄罗斯国立大学合作水平。阿列克·伊娃斯凯维奇表示，浙江是白俄罗斯国立大学密切合作的伙伴，期待通过双方的科技合作实现互利共赢。会后，周国辉与阿列克·伊娃斯凯维奇共同为浙江—白俄罗斯联合科技合作中心揭牌。

【香港大学浙江科学技术研究院正式启用】 12月10日，香港大学浙江科学技术研究院落成启用仪式在杭州青山湖科技城举行。香港大学校长马斐森、副校长康诺恩、协理副校长张英相，浙江省科技厅厅长周国辉、副厅长成岳冲等出席启用仪式。周国辉提出三点希望：一是融入浙江经济建设主战场；二是集聚国际科技创新好资源；三是打造新型创新载体新模式，并期待研究院充分用好两种体制的优势，在成果转化、人才培养、运营模式等方面积极探索，为浙江的科技体制改革特别是新型创新载体建设提供宝贵经验。马斐森表示，研究院是香港大学研发工作在内地的延伸，更是香港大学科技成果在内地转化的基地。研究院将提供高端、前沿学科的研发，支撑提升自主创新能力，加强与内地尤其是长三角地区政府、业界、院校和科研单位交流合作，培育新兴产业，培养高科技人才，促进技术转移，为推进浙江经济转型做出贡献。

【第六届海外清华学子浙江行活动】 12月15日在杭州启动，由省委组织部、省科技厅和浙江清华长三角研究院共同举办。副省长毛光烈，清华大学党委副书记、纪委书记韩景阳，省委组织部副部长、人才办主任姚志文，省科技厅厅长周国辉，浙江清华长三角研究院院长王涛等出席启动仪式。来自美国、德国、日本等国的海外学子、全英创业大赛的优胜团队以及来自芬兰、爱沙尼亚等国的科技型企业代表参加活动。

海外清华学子浙江行活动已连续举办六届，为近500位有志归国创业的海外专家搭建了与国内企业对接的平台，参会项目800余项，促成200余名海外高层次人才落户浙江，落地孵化的项目总投资额逾20亿元人民币，带动投资近100亿元人民币。

（张宇环　陈晟颖）

省高级人民法院

【外事工作概况】 2014年，浙江省高级人民法院（简称省法院）组织全省法院出访团组6个50人次，参加双跨团组出访7人次，赴美国、奥地利、瑞士、南非、坦桑尼亚和香港、澳门等国家与地区专题交流、培训。接待来自英国、韩国等国来访客人2批5人次。办理涉外送达案件452件。

【省法院办公室主任赴港参加研修班】 1月9日至23日，省法院办公室主任陆永棣随最高法院团赴香港参加“中国高级法官研修班”。

【浙江法官代表团访问澳大利亚和新西兰】 3月25日至4月1日，应澳大利亚新南威尔士州联邦地方法院和新西兰司法部邀请，省法院党组成员、审判委员会委员、政治部主任华关祥率浙江法官代表团一行5人，赴澳大利亚和新西兰进行以“陪审制度”为主题的专题交流。在澳大利亚新南威尔士联邦地方法院、昆士兰州最高法院布里斯班分院和新西兰奥克兰高等法院，双方着重就法院工作机制特别是陪审制度进行探讨。

【英中协会执行总裁访问省法院】 4月11日，英中协会执行总裁理查德·裴思科一行2人访问省法院，参观省法院审判管理系统，并与副院长刘合华就“英中司法协作”主题进行座谈。

【省法院知识产权审判工作会议暨知识产权审判新闻发布会】 4月15日在杭州举行，省法院第六次邀请境内外媒体和外国驻华机构代表列席新闻发布会。美国驻上海总领事馆、韩国驻上海总领事馆和日本贸易振兴机构3家外国政府和国际组织驻华机构代表，《人民日报》、新华社、日本《朝日新闻》、日本《化学工业日报》、香港凤凰卫视、香港《文汇报》等40余家境内外媒体记者应邀列席会议。省法院还举行浙江法院网知识产权保护专栏开通仪式，公布2013年全省法院知识产权司法保护十大案例并回答记者提问。

【浙江法官代表团访问香港和澳门】 4月23日至29日，省法院院长、大法官齐奇率浙江法官代表团一行6人，赴香港和澳门法院进行专题交流。在港期间，代表团访问参观高等法院和区域法院，先后与高等法院首席法官张举能、司法机构政务长刘嫣华、总系统经理杨子权及区域法院司法常务官黎达祥、总司法书记钟冯绮薇等座谈。旁听高等法院原诉庭一件刑事案件审讯，区域法院一件适用简易判决的民事案件审前聆案和一件初审刑事案件审讯。在澳期间，代表团访问参观高等法院及中级法院，先后与终审法院院长岑浩辉，法官宋敏莉，院长办公室代主任、顾问、中级法院院长赖建雄，行政法院法官梁小娟等进行专题交流。

【浙江法官代表团访问巴西和阿根廷】 5月21日至29日，浙江法官代表团一行赴巴西和阿根廷进行以“企业破产审判的司法保障”为主题的司法专题交流。代表团访问巴西圣保罗州法院、圣贡萨洛法院，阿根廷圣菲省高等法院和莎莎诺&安叟卡多斯律师事务所，详细了解与企业破产有关的法律制度和诉讼程序，并与接待方就民事执行工作等进行交流。

【韩国驻沪总领事馆领事访问省

法院】 5月28日，韩国驻上海总领事馆领事(特许官)沈相熙访问省法院，主要了解中国新商标法实施后的变化情况。

【中国法官学院浙江分院副院长赴美国和加拿大交流】 6月21日至28日，中国法官学院浙江分院副院长鲍灵富随省法学会赴美国和加拿大考察，进行法学交流。

【省法院审判监督庭庭长赴奥地利参加法律论坛】 6月24日至30日，省法院审判监督庭庭长倪代化随中国法学会赴奥地利，参加"中欧法律论坛"并在会上作专题报告。

【省法院研究室主任赴新加坡培训】 7月17日至8月2日，省法院研究室主任魏新璋随省委组织部赴新加坡，参加"公共服务与阳光政务"为主题的培训。

【省法院民四庭庭长赴法国培训】 9月19日至10月8日，省法院民四庭庭长沈晓鸣随最高法院赴法国，参加"国际商事仲裁及司法审查"为主题的培训。

【省法院执行局局长赴美国培训】 10月8日至25日，省法院执行局局长金平强随省委组织部赴美国，参加"环境保护与可持续发展"为主题的培训。

【浙江法官代表团访问瑞士和西班牙】 10月23日至30日，省法院党组成员、审判委员会委员宋涛率浙江法官代表团一行6人赴瑞士、西班牙，就"刑事和解程序"进行专题司法交流。在瑞士日内瓦州大法院，代表团与负责行政事务的副秘书长胡布特·姆塔方、民事庭副庭长简·雷蒙德、刑事庭法官皮耶·彭格涅就"刑事和解程序"进行深入交流。在西班牙，马德里大区高等法院罗格萨法官向代表团介绍西班牙相关司法制度，双方就刑事和解程序进行交流。

【省法院教育培训处干部赴香港交流】 11月4日至8日，省法院教育培训处干部余音随最高法院代表团赴香港，进行"香港法律生暑期内地法院实习项目"交流。

【浙江法官代表团访问坦桑尼亚和南非】 12月6日至14日，省法院政治部主任、审判委员会专职委员何鑑伟率浙江法官代表团一行6人访问坦桑尼亚和南非，就"社区矫正"主题进行司法交流。在坦桑尼亚，代表团参观坦桑尼亚高级法院及下属商事法院，并与坦桑尼亚高级法院院长、达累斯萨拉姆地区法院院长、商事法院院长等进行座谈，听取三家法院就坦桑尼亚司法制度及所属法院工作情况介绍，双方围绕中坦两国司法制度就社区矫正问题进行交流。在南非，代表团与法官约翰·彼得、大律师曼尼·维茨以及南非司法宪法发展部长官马兹万德·普斯维尔·赛非等就南非司法体系、社区矫正制度和中南两国的司法制度等进行广泛交流。

【浙江法官代表团赴美国培训】 12月7日至27日，省法院刑事审判第二庭庭长吴国宝率代表团一行20人，赴美国纽海文大学参加"刑事证据审查和证人出庭制度"培训。康涅狄格州最高法院法官卢比·哈普，奎尼皮亚克大学法学院教授陈泽祥，纽黑文大学刑事鉴证中心李昌钰、依莲·M·裴格立罗博士及史蒂芬·史尼等专家分别教授美国法治、刑事司法框架及流程、专家证人制度等内容，并在美国法院、议会和检察官办公室与刑事法院、警察局及法医鉴定中心进行学术交流，观摩美国法院法庭设置、庭审活动，并就刑事诉辩交易、检察官职权职责、陪审团功能及美国法律人生存环境等问题与美国同行进行交流。

(徐亦男)

省检察院

【涉外工作概况】 2014年，浙江省人民检察院(简称省检察院)组织检察代表团4批24人次赴丹麦、瑞典、阿根廷、秘鲁、南非和土耳其访问，接待韩国检察代表团6人次。接受最高人民检察院交办，办理国际司法协助案件6件，办理中国香港特别行政区廉政公署个案协查案件5件。应美国、澳大利亚、尼日利亚、伊拉克、埃及等国驻上海领事馆要求，安排领事探视被羁押的外籍犯罪嫌疑人12人次，指导有关市检察院处理涉外刑事犯罪案件2件。

【浙江省检察代表团访问丹麦和瑞典】 5月11日至18日，省检察院党组成员、副检察长刘晓刚率浙江省检察代表团访问丹麦和瑞典。代表团访问丹麦总检察院、瑞典林雪平市政府和地方法院及市监狱与缓刑服务局等机构，通报浙江省司法机关对外国人犯罪案件领事保护的做法和中国理性、平和、文明、规范的司法理念，还就检察官的准入制度、职业培训、廉洁司法等进行探讨。

【浙江省检察代表团访问阿根廷和秘鲁】 7月9日至17日，省检察院党组副书记、常务副检察长庄建南率浙江省检察代表团访问阿根廷和秘鲁。代表团访问阿根廷布宜诺斯艾利斯联邦首都检察院和秘鲁国家总检察院，在与两国检察机关交流中，庄建南介绍中国检察制度和浙江省检察工作的基本情况，通报浙江省司法机关在外国人犯罪案件领事保护方面的做法，表达与两国检察机关加强合作交流的愿望。秘鲁国家总检察长卡洛斯·拉莫斯·埃雷迪亚会见代表团一行，表达建立两国检察机关间的刑事执法协作机制，加强信息交换、理论研究、检察官培训与交流等方面的合作意愿。访问期间，代表团还与秘中文化交流协会、秘鲁中华通惠总局、秘鲁温州工商总会、阿根廷浙江商会等侨民组织进行座谈交流，对浙商在两国的生产经营、权益保护等方面情况进行调研。

【浙江省检察代表团访问南非和土耳其】 9月21日至29日，受省检察院指派，杭州市人民检察院检察长吴春莲率浙江省检察代表团访问南非和土耳其。代表团访问南非司法部和土耳其司法学院，参观访问土耳其大国民议会、土耳其司法部、土耳其最高行政法院等，就国际刑事司法协助案件办理和浙商在当地国权益保护等问题进行调研与协调。

【浙江省检察代表团访问罗马尼亚和匈牙利】 10月23日至30日，省检察院党组书记、检察长陈云龙率浙江省检察代表团访问罗马尼亚和匈牙利。在罗马尼亚，代表团访问国家廉政总局并举行反腐双边会议，双方就反腐败国际合作中的“引渡”“司法协助”“执法合作”“联合侦查”“特殊侦查手段”和“资产的追回”等内容结合《联合国反腐败公约》和《中华人民共和国和罗马尼亚关于民事和刑事司法协助的条约》作主旨发言并展开深入研讨交流。访问罗马尼亚总检察院，通报罗马尼亚总检察院通过中国最高人民检察院交办浙江省检察机关的数起国际司法协助案件办理情况，并进行协商协调。在匈牙利，代表团访问匈牙利检察官协会，会见匈牙利总检察长、匈牙利检察官协会会长彼得·波尔特，与检察官协会举行两场双边会议。

（莫舟强）

省 公 安 厅

【涉外工作概况】 2014年，浙江省公安厅(简称省公安厅)接待国(境)外来访团组21批400人次；先后派遣47批85人次出国(境)访问、考察、培训。继续巩固与澳大利亚西澳州警察厅、韩国全罗南道地方警察厅的友好关系，与土耳其布尔萨省警察局、越南庆和省公安厅建立友好关系。

【澳大利亚联邦警察驻华联络官代表团访问浙江】 3月19日，厅党委委员、副厅长华远平会见来访的澳大利亚联邦警察驻华联络官何力鹏一行，向客人介绍浙江省公安机关与澳方在毒品稽查和跨境追逃方面的合作情况。厅办公室、经侦总队、刑侦总队、出入境管理局、禁毒总队等部门领导参加会见。

◎省公安厅副厅长华远平会见澳大利亚联邦警察驻华联络官何力鹏

【第七期香港纪律部队国情研修班】 4月8日至18日在杭州举办，由中央人民政府驻香港特别行政区联络办公室警务联络部主办、浙江警察学院承办，30名香港纪律部队官员参加培训。培训班官员还实地考察了杭州市公安局、杭州市公安局西湖区分局和淳安县公安局。

香港纪律部队主要隶属于香港特区保安局，分为“香港七大纪律部队”和“香港八大纪律部队”，其中差别主要是廉政公署、民众安全服务队、医疗辅助队的不同所属。

【香港海关与内地公安机关执法协作培训班】 5月14日至22日在杭州举行，来自香港海关的25名官员参加研修。培训班官员还实地考察杭州市公安局、杭州市公安局西湖区分局和桐乡市公安局。

【土耳其高级警官代表团访问浙江】 5月16日，省委常委、公安厅厅长刘力伟会见以土耳其科尼亚省警察局局长侯赛因·纳玛尔为团长的高级警官代表团一行9人。厅办公室、出入境管理局、交管局、警察学院负责人陪同会见。

17日，侯赛因·纳玛尔一行参观浙江警察学院，考察该学校教学、训练和生活等场所。

【2014警察与科学国际讲坛暨首届“安全促发展”国际论坛】 6月26日至27日在杭州举办，由公安部国际合作局和省公安厅共同主办，浙江警察学院承办，来自东盟国家执法部门和国际刑警组织的官员，中国外交部、公安部和相关科研院校的专家

共60余人出席论坛。公安部国际合作局副巡视员朱明出席开幕式并致辞，省公安厅党委委员、政治部主任石小忠致欢迎词。泰国国家安全委员会办公室边境安全与邻国事务处主任宋凯·诗帕瑟致贺词。

本次论坛围绕“更好的湄公河流域执法安全合作”这一主题进行研讨。

【省公安厅代表团访问俄罗斯和土耳其】 7月9日至16日，省委常委、公安厅厅长刘力伟率代表团赴俄罗斯、土耳其访问。代表团拜会中国驻俄罗斯大使馆、驻圣彼得堡总领事馆以及驻土耳其伊斯坦布尔总领事馆的主要领导，与俄罗斯圣彼得堡及列宁格勒州内务总局、土耳其布尔萨省警察局和伊斯坦布尔市警察局进行警务交流，并与浙江省在俄、土侨团代表就中国公民海外保护工作进行座谈。访土期间，刘力伟还与布尔萨省警察局长萨布里签订《浙江省公安厅和布尔萨省警察局关于开展警务交流与合作的会谈纪要》，双方定期开展互访和执法合作会晤。

【中欧执法合作及警务培训研讨会】 9月17日至18日，由公安部和欧盟主办、浙江省公安厅和浙江警察学院承办的中欧执法合作及警务培训研讨会在杭州举行。研讨会对中欧警务培训项目进行阶段性总结，并就中欧共同关注的执法领域的工作情况和执法经验开展经验交流和学术研讨。该项目公安部其他成员单位及8所项目承办院校代表以及欧盟国家驻华警务联络官出席研讨会。厅党委委员、副厅长华乃强出席开幕式并致辞。

中欧警务培训项目是公安部首次与欧盟在华合作开展的长期、系列、多边的培训项目。

【第八期香港纪律部队国情研修班】 10月21日至31日在杭州举办，由中央人民政府驻香港特别行政区联络办公室警务联络部主办，浙江警察学院承办，26名香港纪律部队官员参加培训。培训班官员还实地考察杭州市公安局上城区分局、杭州市公安局余杭区分局。

【省公安厅代表团访问澳大利亚和越南】 11月16日至23日，厅党委副书记、常务副厅长洪巨平率政治部、刑侦总队、警务保障部负责人赴澳大利亚西澳州、越南庆和省进行交流访问。其间，走访澳大利亚西澳州警察学院、珀斯市公安局乔旦路普派出所、西澳州警察乐队以及越南庆和省公安厅等部门，分别与澳大利亚西澳州警察厅及越南庆和省公安厅相关负责人会谈，并与越南庆和省公安厅签署《关于开展警务交流与合作的会谈纪要》。

【韩国全南地方警察厅代表团访问浙江】 11月17日至21日，以厅长白升昊为团长的韩国全南地方警察厅代表团一行6人访问浙江。17日，省委常委、公安厅厅长刘力伟会见代表团一行。厅办公室、指挥中心、刑侦总队、交管局负责人陪同会见。

在浙期间，代表团一行先后到杭州、宁波、温州三市参观考察。在宁波鄞州公安分局，参观了分局警史陈列室、信息指挥中心指挥大厅，双方就相关工作进行了交流。

（赵　菁）

省司法厅

【涉外工作概况】 2014年，浙江省司法厅（简称省司法厅）执行中央对外工作方针政策和省委出台的各项外事管理规定，建章立制，进一步规范新形势下因公出国（境）工作。

应国（境）外相关部门、机构和组织的邀请，厅机关和直属单位全年选派7批16人次赴巴西、阿根廷、美国、新加坡、澳大利亚以及香港等国家和地区，开展培训、业务和学术交流活动。接待来自纳米比亚、香港的代表团2批10人。

【浙江省司法代表团访问巴西和阿根廷】 1月18日至26日，副厅长吕昭华率司法代表团访问巴西和阿根廷，交流司法行政业务。代表团走访政府部门，与有关官员、部门代表和专业人员进行实务交流，了解两国的司法体制、执法制度设置、监狱刑罚执行、社区矫正和打击毒品犯罪等情况。

【香港律师会代表团访问浙江】 3月26日，香港律师会会长林新强、香港中联办法律部副部长李光祥一行5人访浙交流。厅党委书记、厅长赵光君，厅党委委员、副厅长俞世裕等接待林新强一行并座谈。双方检视根据中央政府和香港特区政府签署的CEPA，省司法厅与香港律政司签署《法律服务合作协议书》后协议实施情况，回顾十年来双边合作成果与成功经验，并就进一步完善两地律师界合作交流机制达成共识。

【纳米比亚司法部代表团访问浙江】 7月10日至13日，纳米比亚司法部副部长汤米·南巴胡一行6人，在司法部副部长张彦珍陪同下到浙江省考察访问。省政府秘书长李卫宁会见代表团并交流。省司法厅厅长赵光君向纳米比亚司法部代表团一行介绍浙江省司法行政工作情况，双方探讨两国在民主与法制建设、司法体制改革、司法部门的职能和作用等方面的情况，并就加强浙江省司法行政部门与纳米比亚司法部门在法律和司法领域的沟通与合作、推动双方司法交流提出设想。

汤米·南巴胡一行参观考察浙江省女子监狱；在宁波市鄞州区司法行政法律服务中心等单位，实地察看法律服务窗口、人民调解室，详细了解中心业务建设、经费保障、工作流程等方面情况。

（戎晓梅）

◎省司法厅厅长赵光君等与香港律师会代表团一行座谈

省人力社保厅

【土耳其中东行政学院代表团访问浙江】 3月5日至8日，土耳其中东行政学院副院长桑古尔·阿尔提尼斯克一行10人访问浙江，考察了解浙江省公务员管理情况。副厅长、省公务员局局长龚和艳会见代表团。

【浙江—香港现代服务业高端人才招聘会】 3月30日，省人力社保厅会同省委组织部、省港澳办在香港举办“2014浙江—香港现代服务业高端人才招聘会”。全省79家现代服务业机构推出500余个高层次岗位，招聘2500余人，项目最高投资额近30亿元。吸引1000余人应聘，其中博士100余人，达成初步意向83人，65人与浙江高校达成意向。

【浙江海外高层次人才洽谈会】 5月10日至11日，省委组织部、省人力社保厅和省外办联合在法国巴黎、英国伦敦举办欧洲海外高层次人才洽谈会，850多名海外人才和外国专家参加两地洽谈活动，现场达成人才项目合作意向390余项，签订人才引进协议17项。

11月6日至15日，省委组织部、省人力社保厅在美国纽约、硅谷和澳大利亚悉尼举办三场大型高层次人才洽谈会，共有1200多名海外人才和外国专家参加洽谈，现场达成人才项目合作意向965项，当场确定人才引进协议131人，确认项目合作协议99项。

【北京外籍人才招聘会】 5月30日、10月25日，省人力社保厅在北京举办2次外籍人才招聘会。组织全省48家单位推出海外业务总经理、营销主管、高级研发工程师等人才岗位需求275个，吸引35个国家和地区的376名外籍人才前来应聘，其中173人与浙江省用人单位达成初步合作意向。

【第16届“浙洽会”海外高层次人才智力合作洽谈会】 6月8日至12日在宁波举行。邀请美国、法国、意大利等15个国家18个专家组织和人才中介机构的20位负责人参会。浙江省推出国外专家引进项目537项，经洽谈对接，达成合作意向460余人次。

【外国专家“西湖友谊奖”颁奖大会】 11月14日在省人民大会堂举行。副省长熊建平出席并为获奖专家颁发奖章和证书，省委组织部副部长、省人力社保厅厅长吴顺江主持大会，省发改委、省经信委、省公安厅、省外侨办等有关厅局负责人参加。共有35名外国专家获“西湖友谊奖”。

（朱　丹　沈燕飞）

◎北京外籍人才招聘会现场

省国土资源厅

【涉外工作概况】 2014年，浙江省国土资源厅（简称省国土资源厅）完成因公出国（境）任务6批26人次。其中参团2批2人次，组团4批24人次。接待来华考察外国人3批16人次。

【随省委组织部团组赴法国培训】 10月9日至26日，省国土资源厅总规划师盛乐山随省委组织部举办的"创新驱动与产业升级"专题研究班赴法国巴黎政治学院培训。学习知识产权保护、研究和创新领域的公共政策、能源和核能政策、产业发展案例等课程，考察访问法国参议院、工商署、巴黎萨克雷高科技园区、苏伊士环境与能源集团、施耐德集团、罗兰贝格咨询集团、巴黎地下管道博物馆以及拉德芳斯新城等，并与海外侨胞座谈交流。

【省国土资源交流团访问英国、西班牙和芬兰】 10月20日至29日，副巡视员王功逸率省国土资源交流团组一行6人，赴英国、西班牙、芬兰学习交流和合作洽谈。考察三国世界地质公园代表性的地质遗迹、博物馆、地质科考线路、当地独有的地质特征以及地质公园解说系统等，与公园管理人员交流世界地质公园的管理体制、管理现状、管理方法及科学研究成果，同时向国外同行介绍浙江雁荡山世界地质公园地质遗迹保护和建设情况，中国雁荡山世界地质公园与芬兰洛夸世界地质公园签署建立合作关系合作协议，建立浙江省与出访国地质公园之间的合作交流机制。

【省国土资源交流团访问巴西和秘鲁】 11月21日至29日，副厅长张金根率省国土资源交流团一行6人，赴巴西、秘鲁学习交流。交流团先后访问巴西黑金城、里约矿业技术中心和秘鲁马拉市政府、Milpo Group矿业集团，全面了解两国矿产资源管理的法律、法规，了解矿山生态保护和粉尘治理的具体做法，学习废弃矿山生态治理恢复方面的相关经验。浙江省地质调查院与里约矿业技术中心签订《矿业技术合作交流备忘录》。

【省国土资源交流团访问芬兰、瑞典和丹麦】 11月27日至12月6日，副厅长夏晓鸿率省国土资源交流团一行6人，赴芬兰、瑞典和丹麦学习交流。代表团访问赫尔辛基市政府、芬兰资源勘测局等7个政府部门和公司企业，在赫尔辛基、乌普萨拉、特雷勒堡、哥本哈根等地举行7场公务活动，与政府官员、企业代表等座谈交流，学习了解三国在国土资源管理方面的先进经验和适用技术。

【匈牙利专家访问省国土资源厅】 12月10日，匈牙利测绘与遥感研究院院长特洛伊·本采一行4人访问省国土资源厅，就先进的遥感技术在土地管理中的应用进行调研，并召开座谈交流会。副厅长张国斌到会致欢迎辞。会上，浙江省土地勘测规划院与匈牙利测绘与遥感研究院就遥感技术在土地管理中的应用、土地资源管理信息系统建设等方面进行交流，并就继续加强业务合作与技术交流达成共识。此次访问是在中国国土资源部与匈牙利农业和地方发展部《合作谅解备忘录》框架下的一次交流活动。

（周　展）

省交通运输厅

【涉外工作概况】 2014年，浙江省交通运输厅（简称省交通运输厅）围绕推进"大港口、大路网、大航空、大水运、大物流"五大建设和构建"通达、快捷、经济、安全"的现代交通运输体系，开展多种形式的对外合作和交流。

【省交通运输代表团访问法国、德国和英国】 3月11日至20日，副厅长兼省公路管理局局长李良福率团一行6人访问法国、德国和英国，学习三国公路交通建设规划及管理经验，并实地参观交通规划设计、公路基础设施与公路建设中生态环境保护等。

【省交通运输代表团访问瑞典、英国和丹麦】 5月5日至14日，省交通运输厅机场管理局组织"机场综合交通规划建设"访问团赴英国、瑞典和丹麦，学习借鉴三国先进机场的建设与管理经验，与访问国民用航空领域开展合作交流，寻求建立友好合作关系。

【省交通运输代表团访问西班牙、瑞士和希腊】 6月18日至27日，厅总工程师任忠率团一行6人访问西班牙、瑞士和希腊。代表团与三国相关单位管理人员及专家就综合交通体系规划、公路建设投融资体制机制、公路交通应急保障指挥系统的建设理念与先进经验、在公路建设过程中生态与环境的保护措施、交通公路先进的信息化管理系统和相关评估技术等进行交流与研讨。

【省交通运输代表团访问俄罗斯、捷克和英国】 7月2日至11日，厅党组成员、人事处处长于万春率团一行6人访问俄罗斯、捷克和英国。向俄罗斯圣彼得堡交通大学学习交通运输领域的人才培养模式，学习捷克在综合交通运输规划方面的经验，与英国智能交通系统集团就智能交通在交通运输系统的规划、应用过程中的作用以及英国智能交通的发展进行交流、讨论和合作洽谈。

【参加第五届中日韩运输及物流部长会议和东北亚物流信息服务网络第三届理事会】 8月25日，厅长郭剑彪率团一行4人参加在日本举行的"第五届中日韩运输及物流部长会议""中日韩国际物流论坛"和东北亚物流信息服务网络第三次理事会暨联合指导委员会会议及有关活动。

【东北亚物流信息服务网络第13次技术会议】 11月5日至7日在杭州召开，中日韩三国政府官员、技术专家和港口代表40余人与会。会议对东北亚物流信息服务网络推送服务、未来工作方向机秘书处工作机制进行探讨研究。

【浙江交通职业技术学院代表团访问美国和加拿大】 12月1日至8日，代表团一行赴美国和加拿大，学习航校筹建与航空人才培养的经验。在加拿大，代表团与蒙顿飞行培训管理学院洽谈合作办学事宜。

【浙江交通走出国门】 2014年，浙江省交通规划设计研究院继续与上海建工集团等央企合作，完成柬埔寨58号公路和金边市第二环线西段公路、斯里兰卡科伦坡外环高速公路和北部高速公路三期、瓦努阿图桑托岛卢甘维尔码头工程等海外设计项目；成功开拓印度尼西亚市场。签订多个海外项目的勘察设计合同。

（杨肖君）

省农业厅

【涉外工作概况】 2014年，浙江省农业厅(简称省农业厅)组派各类出访团组16批82人次;参加农业部和省有关部门组团5批7人次。接待来自日本、韩国、澳大利亚、荷兰、加拿大和FAO等国家和国际组织外宾10批76人次。

【浙江省农业代表团访问澳大利亚和印尼】 4月8日至13日，省农业厅党组副书记、副厅长赵兴泉率浙江省农业、商务代表团一行6人访问澳大利亚和印尼。在澳大利亚，代表团出席在珀斯举办的“西澳大利亚—中国农业商务合作论坛”，并就贯彻落实2013年浙江省政府和西澳大利亚州政府签署的关于开展活牛供应链与牛肉加工联合研究的谅解备忘录，开展两地商品活牛贸易合作进行探讨，浙江华统肉制品股份有限公司等浙江农业企业与西澳州活牛出口联盟及其成员签署商品活牛贸易合作备忘录。在印尼，代表团拜会印度尼西亚水果进口商会，与浙江省衢州椪柑进口商商谈深化椪柑贸易合作。

【浙江省农业代表团访问韩国和日本】 5月24日至31日，省农业厅副厅长刘嫔珺率浙江省农业代表团一行6人访问韩国和日本。在韩国，代表团拜访全罗南道农业技术院，举行2014年厅院技术合作交流会，对亲环境农业技术教育示范基地和瓜果蔬菜栽培基地进行实地考察。在日本，代表团与静冈县经济产业部共同出席浙·静第19次农业交流促进委员会会议，刘嫔珺与静冈县经济产业部土屋优行共同签署《浙江省·静冈县农业交流促进委员会第19次会议协议》。

【澳大利亚西澳州农业与食品部代表团访问省农业厅】 9月1日，副厅长叶新才会见澳大利亚西澳州农业与食品部长罗伯迪·莱恩一行。叶新才肯定浙江省农业厅与西澳州农业与食品部建立厅部友好关系24年来，双方在人员往来、农业技术等方面交流取得较好成果，并提出今后双方应积极开展合作推动更多互惠互利的项目落地。

【日本静冈县经济产业部长访问省农业厅】 9月2日，厅长史济锡会见日本静冈县经济产业部部长、浙静机构静冈县委员会副主席代表土屋优行一行。双方在5

◎省政府副秘书长陈龙率浙江省农业代表团参加2014美国东部天然食品展

月两厅部签订的新一轮交流协议基础上，明确今后两年内两省县将把确保农产品质量安全、促进双方人员互访、畅通农业技术咨询、加强优势农产品交流等方面作为交流重点。

【浙江省农业代表团访问日本和美国】 9月16日至23日，省政府副秘书长陈龙率浙江省农业代表团一行6人访问日本和美国。在日本，代表团拜访日冷株式会社。在美国，代表团参加2014美国东部天然食品展，拜访浙江名特优新农产品（美国）展示展销中心、银河（美国）食品有限公司。代表团通过实地走访、召开座谈会、个别交流等，与浙江企业就境外参展困难和诉求、境外产品展示展销中心运行情况、经验教训、产品代理商对浙江省农产品生产、质量监控、包装等方面的要求等进行探讨和交流。

【荷兰弗里福兰省副省长访问省农业厅】 9月23日，副厅长叶新才会见荷兰弗里福兰省副省长阿普曼一行。叶新才向客人介绍浙江农业情况以及近年浙江省发展现代农业的主要举措。阿普曼表示，希望加强与浙江省在农业技术培训和职业教育等方面的合作。荷兰专家向中方人员推介了饲料加工技术和创新研究。

【浙江省农业代表团访问荷兰和法国】 10月14日至22日，省农业厅副巡视员吴金良率浙江省农业代表团一行6人访问荷兰和法国。在荷兰，代表团访问荷兰荷润集团、荷兰农业发展及贸易公司，学习荷兰农产品质量安全监管的先进经验。在法国，代表团拜访普罗旺斯一阿尔卑斯一蔚蓝海岸大区农业局，向企业经营管理人员和当地官员了解、交流农产品质量安全立法、监管情况，参加了2014法国SIAL国际食品与饮料展。

【青田农民赴泰国参加世界“模范农民”授奖仪式】 10月15日，亚太地区“世界粮食日”纪念活动在泰国曼谷举行，会上宣布和表彰获得2014年世界“模范农民”称号的亚太地区5位农民。浙江省青田方源田鱼养殖专业合作社的金岳品是唯一一位获奖的中国农民。泰国公主诗琳通向模范农民颁发奖状，FAO亚太地区总干事颁发奖杯。

【韩国全罗南道农业技术院院长访问省农业厅】 11月17日，厅长史济锡会见韩国全罗南道农业技术院院长崔景柱一行。史济锡表示，希望两厅院能继承友好传统，未来在保持人员互访、创新农产品产销模式、强化种业等科技支撑、保障农产品质量和安全等方面深化合作，使两厅院交流内容更丰富，成效更显著。

崔景柱邀请浙江省农业厅和浙江省农业企业参加全罗南道农业技术院举办的2015国际农业博览会。

【组织农产品出口企业赴国外参展】 2014年，省农业厅组织农产品出口企业分别参加日本东京、德国科隆、美国、韩国、马来西亚、澳大利亚、比利时、英国、俄罗斯、南非、阿联酋等12个国际食品博览会，参展企业248家（次）、参展人员405人，共设摊位392个。

（单红玲）

◎泰国公主诗琳通向中国浙江青田农民金岳品颁发2014年世界“模范农民”奖状

省 林 业 厅

【涉外工作概况】 2014年，浙江省林业厅(简称省林业厅)组织出访团组3批11人次。

【省林业代表团访问英国和印度】 6月1日至8日，省林业厅巡视员叶胜荣率浙江省林业代表团访问英国和印度。代表团走访英国伦敦湿地中心、世界自然基金会印度站，实地考察两国湿地公园的保护与建设、湿地公园规划与管理、野生动物保护管理等方面的先进经验，并洽谈林业合作意向。

【省林业代表团访问澳大利亚和新西兰】 8月12日至19日，省林业厅纪检组长陈亚敏率浙江省林业代表团访问澳大利亚和新西兰。代表团走访澳大利亚新南威尔士州国家森林公园委员会、新西兰怀卡托大区议会，实地考察两国的沿海防护林建设、城市森林建设、天然林保护、人工林经营及森林可持续发展等方面的先进经验，并洽谈林业合作意向。

【第七届中国义乌国际森林产品博览会】 11月1日至4日在义乌举行。国家林业局党组副书记、副局长张建龙和浙江省副省长黄旭明共同启动开幕水晶球，国家林业局农村林业改革发展司司长刘拓、发展规划与资金管理司副司长孙建，省政府副秘书长陈龙、省政协农业和农村工作委员会主任楼国华、省林业厅厅长林云举、金华市市长暨军民，山西省林业厅、江苏省林业局、新疆维吾尔自治区林业厅的厅长和局长，以及金华市委常委、义乌市委书记李一飞，国家林业局驻上海专员办专员王希玲、巴勒斯坦希伯伦市市长达乌德·扎塔里等出席开幕式。开幕式由金华市副市长、义乌市代市长盛秋平主持。

本届森博会共有1322家企业参展，设展位3240个，展览面积7万平方米。来自境外29个国家和地区的234家企业参展，占总数17.7%。64个国家和地区的采购商、参观者41.22万人次到会参观采购。累计实现成交额46.83亿元，其中外贸成交额14.43亿元，占总成交额30.8%。

【省林业代表团访问美国和加拿大】 12月11日至18日，省林业厅副厅长吴鸿率浙江省林业代表团访问美国和加拿大，走访美国农业部农业研究中心、加拿大邦德教育集团邦德领导与管理培训中心，考察两国的天然林保护、木材加工、薄壳山核桃品种选育、优良品种示范推广和规模化栽培管理等方面的先进经验，并洽谈林业合作意向。 (谢　力)

◎第七届森博会林产品展区某展位店主与外国顾客亲切交谈

省商务厅

【涉外工作概况】 2014年，浙江省商务厅（简称省商务厅）接待国（境）外来宾68批1000余人次。全年建立全球经贸联系点约450家。举办活力澳门推广周·浙江杭州、投资与合作——浙江（北京）恳谈会、走进德国暨投资北威州推介会等经贸投资促进活动。配合省主要领导出访，完成浙江—新加坡经济贸易理事会第十次会议等活动的承办工作。组织参加第16届中国浙江投资贸易洽谈会、加拿大—中国（浙江）经贸合作论坛、2014中国全球投资峰会、投资美国说明会、勃兰登堡州—浙江工商企业对接会、内地企业利用香港服务业平台投资海外研讨会等活动。

【日本贸易振兴机构上海代表处首席代表访问省商务厅】 1月15日，副厅长韩杰会见日本贸易振兴机构上海代表处首席代表三根伸太郎一行。双方就搭建信息交流和互动平台，促进企业合作等议题交换意见。

【玫琳凯公司大中国区总裁访问省商务厅】 1月22日，厅长周日星会见玫琳凯公司大中国区总裁麦予甫一行。周日星向客人介绍浙江省推进转型升级、优化投资环境的计划和举措，并表示欢迎就政府部门提高办事质量、完善服务提出意见和建议。

【捷克皮尔森州副州长访问省商务厅】 2月17日，副厅长韩杰会见捷克皮尔森州副州长伊沃·格律能一行。双方就皮尔森州在浙江开设办事处，推进双向经贸交流等进行初步商洽。

【美国安博公司全球高级副总裁访问浙江】 2月19日，副省长黄旭明会见美国安博公司全球高级副总裁康斌一行，听取公司在华及浙江省有关发展情况。省商务厅、省外办和省国土资源厅相关领导参加会见。

【文莱财政部副部长访问浙江】 2月25日，副省长梁黎明会见文莱财政部副部长拿督·阿旺·哈吉·巴赫林·本·阿卜杜拉一行6人。梁黎明希望双方进一步拓展经贸合作空间，探索利用新的企业合作模式，为深化中文友好关系和两国人民友谊发挥更大作用。省商务厅副厅长韩杰、省外办副主任虞希华等参加会见。

代表团一行在杭出席恒逸—文莱炼化一体化项目协议签约仪式，签约双方为恒逸石化股份有限公司与达迈控股有限公司（文莱政府附属信托基金旗下全资子公司），韩杰签约。

【美国印第安纳州商务厅厅长访问省商务厅】 3月5日，厅长周日星会见美国印第安纳州商务厅厅长兼印州经济发展公司总裁维克多·史密斯一行。双方就落实经贸共识，发挥政府部门的桥梁作用、在友好省州框架下促进企业交流互动等议题交换意见。

【上海美国商会会长访问省商务厅】 3月13日，副厅长韩杰会见上海美国商会会长季瑞达一行。双方就密切联系、加强信息共享、推动经贸务实合作等议题进行交流。

【南非驻沪总领事访问省商务厅】 3月17日，厅长周日星会见南非驻沪总领事陶博闻一行。双方就开展务实合作，不断拓展双边经贸投资关系等议题交换意见。

【新加坡政府代表团访问省商务厅】 3月18日，副厅长胡潍康会见新加坡公共事务对外合作局培训署署长李志强、新加坡驻沪商务副领事杨富杰一行。双方就人才培训等方面开展合作进行交流。

【"投资美国"说明会】 3月25日在杭州举办，副厅长韩杰出席会议并致辞。美国驻沪总领事葛瑞風携首席商务领事、签证领事等官员在会上推介，并就企业关注的对美投资敏感问题与中方对接。厅有关处室及70多名浙江企业代表参会。

【外国驻华商协会代表团访问浙江】 4月9日，省委副书记王辉忠会见英中贸易协会中国区总裁狄思杰、中国美国商会副会长王晓平、中国欧盟商会总经理琼安娜、中国法国商会副总经理韦嘉玲、美国州政府驻华协会会长邹自枢等外国驻华商协会代表团一行16人。王辉忠介绍浙江省经济社会发展情况及省委、省政府重点工作，希望各商协会率团来浙江投资考察。省商务厅厅长周日星、副厅长马洪涛参加会见。

会见前，双方举行交流座谈会。在王辉忠、周日星等见证下，省商务厅分别与5家外国驻华商协会签订战略合作协议书。

【美国前商务部长、奥尔布赖特石桥集团董事长访问浙江】 4月9日，副省长黄旭明会见美国前商务部长、奥尔布赖特石桥集团董事长卡洛斯·古铁雷斯一行，希望奥尔布赖特石桥集团把握机遇，为进一步促进浙江与美国之间的经贸合作发挥更大作用。省政府办公厅副秘书长陈宗尧，省商务厅副厅长、巡视员陈如昉，省外办副主任顾建新和商务部驻杭州特派员办事处副特派员李可参加会见。巡视员鞠雅莲与古铁雷斯一行共进早餐并交流。

【"活力澳门推广周·浙江杭州"活动】 4月11日至13日，省商务厅与澳门会议展览业协会共同举办。活动期间，有50余家省内商超企业与澳门中小企业达成初步合作意向，80余名浙江旅行社代表与澳门旅游界代表商洽旅游合作事宜，150余名浙商企业代表参加投资营商环境推介会。接待买家和观众7.53万余人次。

【美亚基金会美国国会助手代表团访问省商务厅】 4月21日，副厅长马洪涛会见美亚基金会美国国会助手代表团一行。马洪涛就浙江的投资环境作推介和说明，希望代表团建言献策，为进一步促进浙江与美国之间的经贸合作发挥积极作用。

【内地企业利用香港服务业平台投资海外研讨会】 5月22日在杭州举行，商务部相关部门领导和香港贸发局助理总裁叶泽恩分别在研讨会上致辞。香港有关银行、会计及律师事务所专家就内地企业赴海外投资并购所关心的内容作介绍和案例分析，并与到会企业代表交流。副厅长韩杰、省港澳办和省工商联有关负责人出席会议，省内各地企业代表近200人参会。

【香港驻沪经贸办主任访问省商务厅】 5月26日，副巡视员宋东舢会见香港特区政府驻沪经济

◎省委副书记王辉忠、省商务厅厅长周日星等见证省商务厅与5家外国驻华商协会签约

贸易办事处主任谭惠仪一行。双方就更好为企业提供服务等进行交流。

【芬兰驻沪总领事访问省商务厅】 5月27日，厅长周日星、副厅长马洪涛会见芬兰驻沪总领事龙玛丽及芬兰政府企业代表团一行。双方就互补优势、助推经济升级及企业合作等议题进行交流。

【第16届中国浙江投资贸易洽谈会】 6月8日至11日在宁波举行。第三届中国海洋经济投资洽谈会、第13届中国国际日用消费品博览会、2014中东欧国家特色产品展、中国—中东欧国家经贸促进部长级会议同期举办。来自境内外的4.5万余名嘉宾、客商（其中来自65个国家和地区的境外客商1.5万余名）参加投资洽谈、展览交易、会议论坛、经贸交流等系列活动。其间，在省商务厅牵头举办的“对话：跨国投资与合作”重大投资项目签约仪式上，共签约重大投资项目37个，总投资1669亿元人民币。

【大韩贸易投资振兴公社杭州代表处馆长访问省商务厅】 6月19日，副厅长韩杰会见大韩贸易投资振兴公社杭州代表处馆长李洪均、前任馆长李在翎，以及韩国多仁牙科医院负责人一行。双方就加强浙江与韩国在医疗等产业领域合作交换意见。

【“食尚新加坡食品中心”开幕】 7月9日，副省长梁黎明与新加坡贸工部部长林勋强共同出席在义乌国家商贸城举行的开幕仪式。该项目由新加坡国际企业发展局和新加坡食品厂商联合会共同设立，20家新加坡食品商参与。浙新经贸理事会浙方秘书长韩杰出席开幕活动。

【美国特斯拉公司代表访问省商务厅】 7月10日，副厅长马洪涛会见美国特斯拉公司代表。双方就特斯拉在浙江发展情况及计划工作等进行交流。

【美国州政府驻华协会代表访问省商务厅】 7月23日，副厅长马洪涛会见美国州政府驻华协会、美国麻省驻中国首席代表丁志宁。双方就推进在杭设立美资国际高中事宜交换意见。

【浙江省驻外商务机构服务中心揭牌】 8月1日，浙江省驻外商务机构服务中心揭牌仪式在商务厅举行，厅长周日星、副厅长韩杰为中心成立揭牌。该服务中心主要承担浙江省驻外商务代表协调联络和服务保障工作。

【“善用香港优势、开拓海外市场”研讨会】 8月12日在杭州举行。研讨会由香港投资推广署和省商务厅共同举办，副厅长韩杰、香港投资推广署署长贾沛年分别在研讨会上致辞，有关专家介绍如何利用香港税务和证券投融资优势开拓海外市场等相关情况。省内信息技术、传媒、进出口、投融资管理、轻纺、机械等行业的120余位企业代表参会，并与专家交流。

【日本静冈县经济产业部部长访问省商务厅】 9月3日，副厅长徐高春会见浙江省·静冈县经济交流促进机构静冈县委员会副主席代表、静冈县经济产业部部长土屋优行一行。双方就巩固友谊，推动企业交流迈上新台阶等议题交换意见。

【走进德国暨投资北威州推介会】 9月9日在杭州举行。推介会由省商务厅与北威州投资促进署上海代表处共同举办，副厅长韩杰、上海代表处执行首席代表黄怀贞分别在会上致辞，德国银行、律所代表介绍北威州投资环境与法律、税务等有关政策。全省30多家企业代表参会。

【美国明尼苏达州就业与经济发展部贸易办公室海外投资总监访问省商务厅】 9月19日，副厅长韩杰会见美国明尼苏达州就业与经济发展部贸易办公室海外投资总监劳伦斯·瑞兹塔尔一行。双方就促进浙江与明尼苏达州经贸投资往来与合作等议题进行交流。

【荷兰弗里福兰省副省长访问省

商务厅】 9月22日，副厅长马洪涛会见荷兰弗里福兰省副省长阿普曼一行，双方回顾浙江与荷兰经贸交流互动情况，并就未来合作进行展望。

【参加德国工商会季度总裁圆桌会议】 9月23日，副厅长马洪涛赴上海出席德国工商会季度总裁圆桌会议。马洪涛在会上介绍浙江省经济社会发展情况，并回答有关问题。与会德国总领事和公司总裁表示将赴浙江开展进一步合作考察。

【投资与合作—浙江(北京)恳谈会】 9月25日，省商务厅在北京举办“投资与合作—浙江(北京)恳谈会”，卡特彼勒、戴尔、阿尔斯通、法液空、家乐福、威立雅、强生、大都会人寿保险等世界500强及跨国公司高管，中国美国商会、英中贸易协会、法国工商会、德国工商会、美国驻华各州协会等外国机构负责人共40余位代表出席恳谈会，省内10个市的商务部门、经济开发区等近50位代表参加洽谈交流。

【新加坡驻中国大使馆商务参赞访问浙江】 10月15日，副省长梁黎明会见新加坡驻中国大使馆商务参赞、新加坡国际企业发展局副局长尤善钡一行，听取浙新经贸理事会第十次会议筹备工作及有关项目情况汇报，并指导下一步工作开展。省政府副秘书长陈宗尧、省外侨办主任金永辉、省商务厅副厅长韩杰等参加会见。

【2014中国全球投资峰会】 10月16日至17日在杭州举行。峰会由省政府与欧洲货币集团主办，杭州市、省商务厅承办，主要就中国经济最新发展、中国市场热点和产业投资机会进行研讨交流。

爱尔兰共和国前总理、爱尔兰国际金融服务中心主席约翰·布鲁顿，浙江省副省长梁黎明、杭州市市长张鸿铭出席开幕式并致辞。美国前贸易代表、美国运通和雅诗兰黛及英特尔等公司董事会成员查琳·巴尔舍夫斯基，摩根大通中国投资信托主席威廉·姆怀特，国际货币基金组织亚太部中国处处长史蒂夫·巴奈特等约300余名全球商业领袖、著名经济学家、海外投资者参加会议。全省120余家企业和100余名商务部门招商人员参会。

【匈牙利亚洲中心总裁访问省商务厅】 10月20日，副厅长韩杰会见匈牙利亚洲中心总裁鲁道夫·瑞德。韩杰对匈牙利亚洲中心在浙江企业进入欧洲市场过程中发挥的积极作用、对中国浙江品牌(匈牙利)中心工作的大力支持给予肯定。

【马来西亚沙捞越州工业发展部副部长访问省商务厅】 10月22日，副厅长韩杰会见马来西亚沙捞越州工业发展部副部长彼得南祥一行，马来西亚驻沪商务领事曼苏等陪同。双方就加强互访，以现有项目和企业成功带动更多项目与企业互动及合作等议题进行交流。

【浙江省驻德国商务代表处揭牌仪式】 10月29日在德国法兰克福市举行。副厅长韩杰、中国驻法兰克福总领馆经商室参赞王卫东共同为代表处揭牌。德国黑森州经济部、法兰克福市经济促进局、法兰克福莱美两河地区国际投资促进会等德方官员，商务部投促局、德国中资企业协会、中国贸促会驻德国代表处、上海外国投资促进中心驻法兰克福办事处等中方机构代表，毕马威中国业务总监，及在德浙江籍商人和侨领等40多位官员与嘉宾应邀出席。

【德国新任驻华大使访问浙江】 10月31日，省长李强、副省长梁黎明会见德国新任驻华大使柯慕贤夫妇及德国驻沪总领事罗腾一行，厅长周日星、副厅长马洪涛参加会见。随后，柯慕贤大使一行听取嘉兴、舟山等关于中德工业园的推介。

【日本三井住友银行杭州分行行长访问省商务厅】 11月3日，副厅长马洪涛会见日本三井住友银行(中国)有限公司杭州分行行长川本喜幸，并听取三井住友银行(中国)有限公司在中国发展情况的介绍。

【印第安纳州投资环境及项目推介会】 11月5日在杭州举行，推介会由省商务厅与美国印第安纳州共同举办。印第安纳州经济发展部部长维克多·史密斯率代表团与会，省商务厅邀请生命科学、医疗器械、汽车零部件生产领域等约30位企业代表参会。厅长周日星、副厅长韩杰会见维克多·史密斯一行。

【白俄罗斯驻沪总领事访问省商务厅】 11月7日，副厅长韩杰会见白俄罗斯驻沪总领事瓦列里·马采利，双方就加强联系、推动有关项目合作等议题进行交流。

【浙江—新加坡经贸理事会第十次会议】 11月24日在新加坡举行。省委书记、省人大常委会主任夏宝龙，新加坡总理公署部长傅海燕出席并致辞。夏宝龙指出，近年来，在浙江与新加坡双方共同努力下，通过理事会秘书处等机构大力推动，浙新两地在经贸、科技、文化、旅游等领域的合作交流得到全面推进，双边贸易规模持续扩大，双向投资交流日趋紧密，双方合作领域不断拓展。我们鼓励浙江企业充分借助新加坡的优势，实现更高水平的合作共赢。会上共签署15个项目，金额42.7亿美元。厅长周日星、副厅长韩杰参加会议。

【参加"创意英伦"推介会】 11月25日，副巡视员马建国出席由英国驻沪总领事馆在杭州举办的"创意英伦"推介会，并与英国驻沪副总领事傅伯诗、科技创新领事施搏荣等就提高"创意英伦"盛典活动实效等话题交流意见。省商务厅邀请100家有关行业企业参会。双方还就"创意英伦"文化节有关筹备工作进行对接和商洽。

【捷克皮尔森州副州长访问省商务厅】 11月26日，副巡视员马建国会见捷克皮尔森州副州长伊沃·格律能一行。双方就建立浙江与皮尔森州全方位合作机制等交换意见。

【德中商会中方主席访问省商务厅】 11月27日，副厅长马洪涛会见德中商会中方主席、德国爱森国际集团总裁沈晓武及德中商会青年理事、德国中小企业代表、德国CD GMBH公司总裁费舍尔。双方就加强项目对接、互补产业优势、推动浙江省与德国经贸投资合作等议题进行交流。

【勃兰登堡州—浙江工商企业对接会】 12月1日在杭州举行。对接会由省商务厅、省工商联与德国勃兰登堡州经济发展局共同举办。副厅长韩杰、省工商联主席南存辉在会上致辞，勃兰登堡州经济发展局局长斯玛特、法兰克福(奥德)市市长威尔克分别对勃兰登堡州、法兰克福(奥德)市的基本情况及投资环境作介绍。省商务厅还与勃兰登堡州经济发展局有关负责人进行工作对接。

【德国巴登符腾堡州议会经济委员会主席访问省商务厅】 12月10日，厅长周日星、副厅长马洪涛会见来杭参加首届中国(杭州)国际钟表珠宝商业大会的德国巴登符腾堡州议会经济委员会主席杰克姆·斯坦姆、瑞士钟表公司代表戴维·坎道斯一行，双方就加强手表制造业合作进行交流。周日星还介绍中德工业园发展情况。

【2014浙江省商务答谢晚宴】 12月11日，由浙江省政府主办、省商务厅承办的"2014浙江省商务答谢晚宴"在上海举行。来自25个国家和地区的近80位各国政府机构、商会和跨国公司驻沪代表应邀参加。副省长梁黎明出席活动并致辞，厅长周日星作商务发展情况介绍，省政府副秘书长陈宗尧主持活动。副厅长韩杰、马洪涛，厅机关有关处室、各市地商务局、相关开发区负责人及部分浙商代表参加。

【美国思科公司首席运营官访问省商务厅】 12月16日，厅长周日星会见美国思科公司大中华区高级副总裁兼首席运营官邵岩鸣一行，听取思科在浙江的发展情况介绍，并就加强产业合作提出意见和建议。

(李　琳)

省文化厅

【涉外工作概况】 2014年，浙江省文化厅(简称省文化厅)实施对外、对港澳文化交流项目1239起9174人次。其中引进项目1106起7060人次，派出项目133起2114人次。省文化厅获驻外使领馆表扬9项。

【2014美国·浙江文化节】 1月18日至26日，省文化厅与中国驻洛杉矶总领馆合作在美国洛杉矶大区举办"2014美国·中国浙江文化节"(该项目同时作为文化部"欢乐春节"活动执行)，组织厅直属单位浙江歌舞剧院、省非遗保护中心，并联合省广播电视集团、浙江在线多家文化机构共同举办，推出"美好的相逢——歌舞音乐专场""非遗走进美国过大年""浙江专题片展播"和"美丽浙江——摄影图片展"4个主题项目和活动，分别在美国洛杉矶橙县、帕萨迪纳市、圣马力诺市、洛杉矶市的亚太博物馆、好莱坞环球影城、南海岸广场、亨廷顿图书馆等地展开。本次活动共举办18场文艺专场演出、8场非遗和图片展览展示，并在ICN国际卫视展播浙江专题片。当地近万名各界人士参加现场活动，其中有联邦议员、州长、市长、州议会要员50余名，商界、文化界、体育界以及其他社会名人等近百名。

【第六届中国国际声乐比赛】 10月20日至31日在宁波举行，由文化部主办，宁波市人民政府承办。来自美国、英国、意大利、韩国及中国香港、澳门等40个国家和地区的431名选手参加。

【第九届国际绞缬染织研讨会】 10月31日至11月3日在中国丝绸博物馆举办。来自五大洲22个国家300余位专家参加研讨会，其中境外人士200余人、中国代表近90人。会议分成4天7场，分别就民族学与非物质文化、服饰与时尚、传统工艺、草木染与文物修复、技术与设计、艺术等主题展开报告与交流。研讨会还开展天然染色、印花等相关领域的工作坊、工艺演示和文物保护报告及工艺跳蚤市场等活动。

【2014泰国·美丽浙江文化节】 11月8日至25日，省文化厅组织浙江歌舞剧院、浙江曲艺杂技总团、中国丝绸博物馆、北京尼太格时装有限公司一行57人赴泰国曼谷和罗勇举办"2014泰国·美丽浙江文化节"。泰国前代理总理切猜·挽那沙提、文化部副部长查薇拉·葛萨孙汤，中国驻泰国大使馆临时代办吴志武、省文化厅副厅长褚子育，以及泰国社会各界代表、知名华裔等400余人出席开幕活动。罗勇府副府尹乃塔沙那、检察厅长王春禧、教育局长乃通才等罗勇府政要及光华学校师生、当地民众1500余人参加活动。浙江省首次在东南亚地区举办文化节活动，活动集丝绸文化、表演艺术、摄影图片等内容，

【天工遗风·浙江非物质文化遗产展】 11月21日至25日在印度新德里举行，副厅长杨越光、副巡视员李莎率团赴新德里。此次展览展出浙江青瓷、乐清细纹刻纸、杭绣、都锦生织锦、王星记扇等31个省级以上非遗项目、200余件代表作品，以活态演示和静态展陈方式相结合，展示富有浙江特色的绝技、绝活。

省委书记、省人大常委会主任夏宝龙与印度文化关系委员会主席昌德拉、主任米赫塔等中印贵宾参观展览，体验浙江非遗技

◎印度观众认真学习非遗技艺，夏宝龙和昌德拉共同印制木版水印《唐玄奘西行图》。夏宝龙表示：这次浙江非遗展内容丰富、布展精致，这样的文化交流非常好，展览很成功。昌德拉评价：浙江非遗展太美了！真没想到有这么精致、这么精彩。

【服务外交大局】 4月10日至19日，为庆祝中国和巴林建交25周年，结合“中阿丝绸之路文化之旅”活动，省文化厅组派中国丝绸博物馆“丝国之路——中国丝绸艺术的历史和时尚”展参加“2014中巴‘中国文化周’”活动。

6月6日至14日，为配合哥本哈根中国文化中心揭牌活动，省文化厅组派杭州市“‘融’工艺·设计·生活”创意设计展赴丹麦展出。中共中央政治局常委、中央书记处书记刘云山，文化部副部长丁伟，中国驻丹麦大使刘碧伟，丹麦第一副议长贝尔特·哈德、文化大臣玛丽安娜·耶维德等出席揭牌仪式，并参观浙江的创意设计展。

6月18日至23日，省文化厅组派浙江歌舞剧院“彩蝶女乐”一行8人赴葡萄牙参加中国、葡萄牙建交35周年“中国文化周”开幕式演出活动，中共中央政治局常委、中央书记处书记刘云山在葡萄牙波尔图出席庆祝活动并观摩演出。

7月14日至21日，应中国驻巴西大使馆邀请，由文化部和外交部派遣，省文化厅厅长金兴盛率浙江交响乐团一行80人赴巴西参加庆祝中国和巴西建交40周年庆典系列活动，并配合国家主席习近平对巴西进行国事访问开展文化交流活动。浙江交响乐团在巴西首都巴西利亚、塞阿拉州福塔莱萨市举办两场主题音乐会。18日，习近平接见浙江交响乐团时说：“你们昨天晚上的演出很精彩，乐团很整齐、演奏水平很高。我跟罗塞夫总统讲，通过看这场庆祝40周年的音乐会，使我的访问画上了圆满的句号。”

12月12日至18日，省文化厅组派杭州歌舞剧院一行21人赴缅甸参加中国—东盟文化交流年闭幕活动。

【海外“欢乐春节”活动】 2014年春节期间，浙江省组织8批团组233人次赴欧洲、美洲、亚洲及

◎浙江交响乐团在巴西首都巴西利亚举办主题音乐会

大洋洲的10个国家和地区，参与海外“欢乐春节”活动。其中：1月21日至2月8日，浙江歌舞剧院民族乐团一行89人赴德国、瑞士、奥地利、匈牙利、荷兰进行“欢乐春节”欧洲巡演；1月26日至2月3日，由浙江京剧团、浙江曲艺杂技总团、浙江歌舞剧院组成的艺术团一行18人赴美国演出并参加“亲情中华”2014新春晚会美国巡演；2月12日至25日，浙江歌舞剧院民乐小组一行7人赴新西兰参加元宵灯会活动。

【部省合作加强对非文化交流与合作】 根据文化部工作部署，落实“2014年对非文化工作部省对口合作计划”，浙江省与驻莫桑比克、马拉维、马达加斯加使馆开展对口合作。5月15日至23日，省文化厅党组成员（副厅长级）赵和平率浙江省对非工作小组一行5人赴马拉维和莫桑比克访问，与马拉维大学、马拉维国家图书馆、莫桑比克国家图书馆和莫桑比克高等艺术文化学院分别签订加强合作的谅解备忘录。8月14日至23日，省文化厅副厅长杨越光率浙江艺术团一行27人赴莫桑比克和马达加斯加执行“欢聚非洲”访演任务，参加莫桑比克第八届全国艺术节，并分别在两国首都演出。其间，省文化厅与马达加斯加公众阅读服务与文化活动发展中心、文化遗产与手工业部国家艺术文化局签订备忘录。

为兑现中非合作论坛第五届部长级会议《北京行动计划2013—2015》对非文化承诺，加大对非洲人力资源培训力度，并作为首届“中非文化产业圆桌会议”后续行动，省文化厅委托省文化馆于5月13日至6月26日举办“非洲学员竹编培训班”；9月15日至11月1日举办“中非文化人士互访计划——非洲客座画家来华创作”活动。9月18日至22日，省文化厅接待“2014非洲文化聚焦”——南非文化季项目之一的南非传统萨科音乐合奏团一行14人来杭访演。省文化馆因积极参与对非文化领域人力资源培训，并创新工作，被文化部授予“对非培训基地”。

【组织参加国际文化节庆活动】 2014年，浙江省继续推介并组织多个省优秀剧（节）目参加国际文化节庆活动。

1月14日至19日，浙江歌舞剧院女子民乐团一行36人赴科威特参加第20届“古林文化艺术节”。

4月13日至18日，浙江京剧团一行8人携实验京剧《王者俄狄》赴土库曼斯坦参加“国际实验戏剧节”。

5月31日至6月4日，浙江歌舞剧院合唱团一行51人赴日本参加2014静合唱艺术节。

6月13日至15日，杭州市文广新局一行7人赴法国参加普罗万中世纪节并举办宣传活动。

6月20日至7月8日，金华浙江婺剧艺术研究院一行20人赴美国、巴哈马和牙买加参加2014史密森尼民俗节中国主题活动及“华艺新颜”中国文化展示活动。

6月26日至7月3日，绍兴柯桥区文化发展中心赴德国、法国参加“中国曲艺展演周”及“第三届巴黎中国曲艺节”演出活动。

7月13日至24日，湖州安吉同行残疾人艺术团一行30人赴法国参加第42届和平艺术节。

7月14日至28日，湖州长兴百叶龙一行67人赴瑞士参加第九届巴塞尔军乐节。

7月26日至8月5日，杭州建德婺剧团一行17人赴韩国参加2014浦项国际表演艺术节，并于9月17日至24日组团一行21人再次赴韩参加2014原州国际动态艺术节。

7月28日至8月14日，杭州爱乐乐团一行107人赴意大利参加威尼斯双年展音乐节活动，并赴西西里等地演出。

9月15日至23日，杭州西泠印社文化艺术发展有限公司参加芝加哥博览会国际现当代艺术展。

10月13日至21日，浙江曲艺杂技总团节目《头顶》《转毯》参加第16届拉蒂那国际马戏节。

【推进文化交流与互鉴】 演艺方面：2月23日至3月9日，杭州越剧传习一行28人应美国纽约大学斯科伯尔艺术表演中学、加利福尼亚大学洛杉矶分校孔子学院邀请赴美演出。

5月7日至13日，由浙江曲艺杂技团和浙江歌舞剧院组成的演出小组一行4人赴美国参加印第安纳波利斯儿童博物馆“带我去中国”展览开幕演出。

9月20日至10月4日，应美国瓦尔普莱索大学孔子学院邀请，杭州艺术学校实验艺术团一行25人参加第七届大湖音乐节孔子学院盛典演出。

9月20日至10月5日，天台山民乐团一行25人应泰国道教天灵宫邀请，在泰国进行天台山道教音乐演出交流。

10月7日至16日，应美国爱荷华州格林内尔大学、宾夕法尼亚州州立大学邀请，宁波市演艺集团赴美国演出甬剧《安娣》。

10月27日至11月10日，浙江艺术职业学院应日本静冈县日中友好协会邀请，组织浙江省青少年民族艺术团一行15人赴日本静冈交流演出。

展览方面：5月，浙江省博物馆赴日本举办“十里红妆——中国浙东地区婚俗文化展”。

7月，省美术家协会应保加利亚艺术家协会联盟邀请，赴保举办“艺术的纬度——中国保加利亚油画交流展”，并于11月至12月引进举办该交流展。

9月，杭州恒庐文化有限公司应加拿大魁北克孔子学院邀请，赴加举办“枫·墨缘——中国美术学院国画系、书法系师生优秀作品展”。

10月，嘉兴市赴友城保加利亚加布罗沃市举办“嘉兴之子——丰子恺张乐平米谷漫画展”。

11月，浙江美术馆赴保加利亚在瓦尔纳城市美术馆、索菲亚城市美术馆举办“湖山之约——浙江现代版画作品展”。

此外，2014年，浙江美术馆引进美国多媒体艺术家柯利夫·罗斯“飓风海浪”摄影展、中匈建交65周年匈牙利艺术家拉加斯·萨雷作品展，浙江自然博物馆引进“日渐缩小的世界风貌——澳大利亚摄影家休·布朗摄影展”，浙江图书馆引进德国斯蒂凡·科佩堪姆摄影作品展和德国新漫画艺术海报展，中国美术学院举办中国国际当代玻璃艺术展和杭州国际当代陶艺双年展，等等。

【加强人文学术交流】 2014年，浙江音乐学院与奥地利萨尔茨堡莫扎特音乐学院就音乐教育合作签订谅解备忘录；浙江自然博物馆接受环球健康及教育基金会主席贝林100多件珍贵动物标本并签署捐赠协议；中国丝绸博物馆、浙江省文物考古研究所等文博机构与美国、日本、俄罗斯、斯洛文尼亚、意大利、韩国、德国、以色列、丹麦、瑞典、英国、瑞士、澳大利亚、加拿大等国学术机构开展交流与合作。

【多个国外文化团组访问浙江】 2014年，省文化厅接待美国中西部艺术联盟代表团、美国中西部演出推出人团、乌克兰摄制组等多个国外文化团组来浙考察文化机构，观摩相关演展产品，挑选适合赴其所在国家进行交流性演展的项目，推动浙江省艺术机构与国外建立直接合作。

【对外文化贸易】 积极推动文化产品和服务“走出去”，在国(境)外市场扩大浙江省文化产品和服务份额。2014年，浙江昆剧团两度赴香港商演，浙江曲艺杂技总团赴美国商演481场，观众90余万人次。宁波市《十里红妆·女儿梦》赴美国纽约商演，成为继《牡丹亭》《丝路花雨》之后登上林肯艺术中心舞台的第三部中国舞台剧作品。此外，浙江小百花越剧团赴新加坡、长兴百叶龙赴瑞士、杭州剧院赴韩国、建德婺剧团赴韩国、永嘉昆剧团赴香港，通过商业演出形式献演《江南好人》《简爱》《张协状元》《宝弓奇缘》以及民间艺术。开展文化系统文化产品和服务对外贸易发展调研。

【对外对港澳文化事务管理】 2014年，省文化厅审核、审批1062项涉外涉港澳营业性演出项目，核准演艺人员6772人次。为进一步规范省级文化系统因公出国(境)管理工作，促进对外对港澳等地文化活动有序开展，根据省委、省政府相关规定，制定《浙江省文化厅因公临时出国(境)管理规定》，4月28日印发实施。

(杨　惠)

省卫生和计划生育委员会

【外事工作概况】 2014年1月15日，浙江省卫生和计划生育委员会（简称省卫生计生委）正式挂牌，撤销原省卫生厅、省人口和计划生育委员会。省卫生计生委组建，拓宽了对外交流与合作的领域。在原有基础上，省卫生计生委继续加强外事管理、创新合作项目、拓宽合作渠道，全年审核和组织出国（境）团组168批669人次，接待国（境）外来访团组35批209人次，承办第16届“浙洽会”医疗卫生对外合作项目洽谈会。

【加拿大艾伯塔省创新与高教部代表团访问浙江】 1月8日，省卫生计生委副主任马伟杭会见加拿大艾伯塔省创新与高等教育部助理副部长黄艺峰一行，双方经过洽谈，提出如下重点合作领域：1. 建立糖尿病联合研究中心；2. 建立肿瘤联诊疗中心；3. 加强公共卫生领域合作；4. 医疗器械的研发和高新技术的引进；5. 共同举办医疗器械研讨会。

3月19日，该部创新科技处处长大卫·皮斯率团再次访问浙江，艾伯塔省科技产业协会人员随行，与省卫生计生委巡视员叶真等中方领导深入探讨近期可开展的合作项目。来访期间，代表团参观了第27届浙江省国际科研、医疗仪器设备技术交流展览会，接受了关于参加“浙洽会”卫生专场的正式邀请。

【英国大型卫生代表团访问浙江】

1月15日至17日，英国内阁大臣兼首相医疗贸易特使肯尼斯·克拉克率团访问浙江，随同来访的还有60多人组成的英国企业代表团。16日，省长李强、副省长梁黎明会见肯尼斯·克拉克，双方就加强贸易、教育特别是医疗卫生领域的合作进行探讨。李强希望开展更全面的医疗卫生合作，鼓励英国企业和机构进入浙江市场。克拉克表示愿通过共同努力，推动医疗领域合作迈向更宽领域、更高层次。当天上午，省卫生计生委、英国驻沪总领馆、英中贸易协会联合举办“英国—浙江医疗卫生合作论坛”，中英双方近200人参加会议。会上，省卫生信息中心与英国医疗局签署关于智慧医疗的合作文件、省疾控中心与英国TPP公司签署《关于公共卫生信息化的合作备忘录》。

浙江与英国在医疗卫生领域保持着长期稳定的合作关系，继2013年12月原省卫生厅与英国医疗局签署《关于医疗卫生合作谅解备忘录》，为落实跟进各合作项目的具体执行，双方交流更加频繁。3月3日和8月21日，英国贸易与投资总署华东区总监孔立夫一行、英国医疗局局长李华德一行分别就此访问省卫生计生委。

【以色列驻华大使一行访问浙江】

2月13日，以色列驻华大使马腾一行来访，省卫生计生委主任杨敬出席会谈，回顾了浙江与以色列在医疗卫生领域的友好交往，重点介绍了2014年希望与以色列共同开展的合作项目及活动。马腾表示，双方合作范围非常广泛，在社区卫生、姊妹医院、人员进修等方面都可以进行深入交流。

【配合国家埃博拉防控任务】 3月开始，西非爆发历史上最严重的埃博拉疫情，国家卫生计生委相关司局结合工作情况组织数批埃博拉防控专家组或救援队前往疫区，省卫生计生委根据指示积极配合，累计派遣公共卫生、感染等专业人员14名，其中1人赴塞拉利昂、3人赴马里、10人赴利比里亚。

【香港全科医师进修项目惠及基层】 3月、6月和10月，省卫生计生委陆续选派来自杭州、宁波、嘉兴、绍兴、舟山等社区卫生服务中心一线工作人员共96人赴香港参加全科医师进修班。该项目系省卫生计生委与香港中文大学合作开展。

10月22日至24日，国家卫生计生委港澳台办公室和香港医院管理局等单位在杭州举办“社区医疗新世界一社区卫生及基层管理培训计划总结会”，成为首届西湖国际全科医学学术交流会的重要专业活动。

【澳大利亚维多利亚州卫生部代表团访问浙江】 4月14日，澳大利亚维多利亚州卫生部卫生战略处处长、卫生创新与改革办公室主任琼·埃文斯代表维州卫生部造访省卫生计生委，与省卫生计生委副巡视员朱耀传洽谈。双方初步达成在慢性病、精神卫生、全科医学教育、居家养老以及中医药人员交流等方面的合作意向。此外，澳方接受关于参加第16届“浙洽会”卫生专场的正式邀请。

【派遣2批医生赴美国进修】 4月和10月，省卫生计生委派遣2批共13名临床骨干医生赴美国克利夫兰医疗集团进修学习，主要涉及消化内科、泌尿外科、肝胆胰外科、介入放射等学科。

【组建第16批援中非医疗队】 5月，省卫生计生委启动中国第16批援中非医疗队组建工作，除翻译外，15名队员均由宁波地区选派。全队集中在杭州进行出国前培训。

【派遣3批医生赴英国进修】 5月、6月和9月，省卫生计生委分3批派出37名医生、16名护士赴英国伦敦或西南地区进修，涉及内、外、妇、儿等多个临床科室。

【派遣3批医生赴美国进修】 5月、8月和10月，省卫生计生委派遣3批16名医生赴美国迈阿密大学米勒医学院进修，涉及专业包括血液科、妇产科、皮肤与性病科、神经外科、心内科、妇科肿瘤、内分泌科、心脏电生理、呼吸内科、肿瘤科、新生儿科。

【援纳米比亚医疗队顺利轮换】 5月28日和6月20日，由省卫生计生委承派的中国第10批援纳米比亚医疗队分两批出国执行医疗援外任务，4名队员分别来自省中医院、浙江中医药大学附属第三医院和浙江大学医学院附属邵逸夫医院。截至2014年12月底，医疗队累计诊治4092人次(不包括急诊、出诊及高层保健任务)，赴纳北部义诊一次，在驻纳使馆安排下举办健康讲座一次。

6月5日，第9批援纳米比亚医疗队4名队员完成医疗援外任务回到国内。该队于2012年5月底出国，两年来累计实现门诊13000余人次，赢得了纳高层、普通民众、中国大使馆和经商处、华人团体等各方的赞誉，离开纳米比亚之际受到纳卫生部的嘉奖、中国驻纳使馆的表彰。

【“浙洽会”首次举行卫生专场】 6月9日，第16届“浙洽会”医疗卫生对外合作项目洽谈会首次作为“浙洽会”六大专业对接活动之一在宁波举办，副省长郑继伟、省卫生计生委主任杨敬等出席会议并讲话。

会议围绕“深化改革开放、扩大国际合作”主题，邀请到来自美国、英国、法国、德国、加拿大、澳大利亚、荷兰、丹麦、匈牙利、韩国、马里等12个国家和地区的政府官员、行业先驱和客商精英组成的境外代表团21个，共计210人，境内参会代表432人。

会前，省卫生计生委汇总形成100多个重点推介项目，总投资金额约200亿元，覆盖全省11个地市。会上，20个中外合作重大医疗项目正式签约，内容涉及全科医学、卫生信息化、公共卫生、卫生健康产业、合作办医办学等方面；设置自由对接环节，反响热烈；安排卫生改革发展研讨会、英国信息技术展示中心参观等专项活动。

围绕“浙洽会”，省卫生计生

委还于8日、10日、13日组织了3场重要学术活动——全科医学研讨会、中韩健康服务业高峰论坛、卫生改革与发展研讨会，1300余人次参会。

【中韩健康服务业高峰论坛】 6月10日，中韩健康服务业高峰论坛在杭州召开，由省发改委、省卫生计生委和韩国保健福祉部主办。会上，中韩嘉宾就“中国健康服务业政策解读”、“新医改视野下的健康管理”等主题展开讨论，并共同见证国内首家中韩合作的高端健康管理体检机构(韩诺健康)诞生。

3月26日，韩诺医学基金会理事长李炅律一行曾访问省卫生计生委，与省卫生计生委副主任马伟杭、副巡视员朱耀传会谈。双方就健康服务业的发展、预防医学与治疗医学的均衡关系、韩国健康服务业机构在华作用等交流看法。韩方对即将举办的“浙洽会”卫生专场非常感兴趣，表示将回国邀请相关人员参加，并在“浙洽会”上签约。

12月17日至18日，韩国保健福祉部产业政策局局长裴秉俊率团再次访问浙江，参加由省发改委、省经信委和省卫生计生委联合主办的浙江省健康服务业项目推介会暨健康产业论坛。省卫生计生委主任杨敬会见代表团，双方一致同意在健康服务业领域开展合作，并决定互派研修生，加强高层次医学人才培养方面的交流与合作。

【中德临床医疗交流项目】 6月、9月和12月，省卫生计生委共派遣3批25名医生前往德国进行为期3个月的临床培训，其中省、市级医院副主任医师资质以上12人，专业涵盖消化内科、心内科、呼吸内科、神经外科、血管外科、泌尿外科、眼科、骨科、重症医学等。培训期间，医生参与外科手术等实际操作，提升业务能力。该项目由德国政府、德国科协及德中科技交流协会共同资助，获得德国医学会支持，自2009年启动，已选拔派遣150余名临床骨干医生。

【浙江省中医代表团访问墨西哥和古巴】 8月3日至12日，省卫生计生委组织中医代表团一行6人访问墨西哥和古巴。应墨西哥卢卡谷州大学中医系邀请，代表团首先抵达该校洽谈合作，与副校长等教职人员进行学术交流，参观学校及其附属医院，出席学术讲座，向师生介绍浙江中医发展、中医教育、接收外国留学生等情况。

8月6日，代表团到达古巴哈瓦那，次日赶赴马坦萨斯省，配合省委副书记王辉忠的访问，参加“浙江一马省中医周”活动，在当地一家医院举行义诊，不到两天内诊疗近20名患者，并现场带教，受到古巴友人的赞誉。

【加强与日本静冈县友好省县交流】 9月1日至4日，日本静冈县副知事大须贺淑郎一行11人访问浙江。3日，副省长郑继伟会见代表团，省政府副秘书长李云林和省外侨办、省卫生计生委、省民政厅主要领导参加会见。主宾双方共同出席“浙江省—静冈县健康服务业发展论坛”并致辞。大会同时见证了浙江省健康服务促进会的诞生。日方在杭期间参

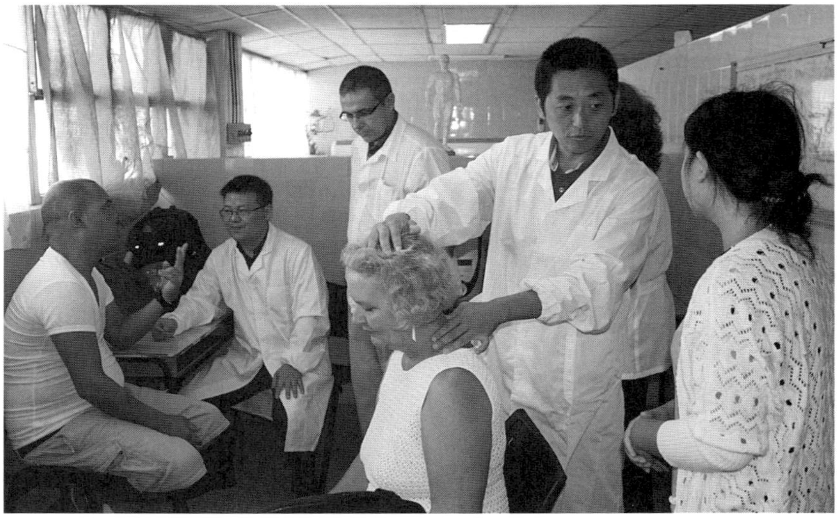

◎浙江省中医代表团在古巴哈瓦那举行义诊

观了第11届浙江国际医疗展、省人民医院等。

12月29日，静冈县健康福祉部部长宫城岛好史专程组团访问省卫生计生委，与主任杨敬及相关处室负责人就三方面进行会谈：1. 扩大临床人员交流进修项目；2. 老年医学和养老服务；3. 静冈县希望借鉴浙江省医保一卡通的成功经验。代表团还参加了省人民医院成立三十周年仪式。

7月至9月，省卫生计生委国际合作处接收静冈县政府地域外交课进修公务员一名。

【浙江省健康服务促进会成立】 9月3日，由省卫生计生委主办的浙江省健康服务促进会首届会员大会暨浙江省—静冈县健康服务业发展论坛在杭州召开，浙江省副省长郑继伟、日本静冈县副知事大须贺淑郎出席并致辞。健促会首届会员大会审议并通过章程(草案)等内容，选举产生第一届理事会会长、副会长、秘书长、常务理事、理事，原省卫生计生委副巡视员朱耀传担任会长。

首届会员大会前，全省各地市278家单位团体和310名个人代表报名参加健促会，包括公立和民营医疗卫生机构、医学院校、医药企业等。

【荷兰弗里福兰省政府代表团访问浙江】 9月21日至24日，荷兰弗里福兰省副省长杨·阿普曼率代表团12人访问浙江，推介其政府投资项目，寻求合作可能。22日，省卫生计生委副主任姜建鸿会见弗省代表团，听取该省在医药卫生领域的最新发展情况，并与代表团一起出席两省卫生合作研讨会议。参加会议的还有省疾控中心及浙江本土多家知名药企，省疾控中心微生物所副所长张严峻介绍了双方在传染病合作研究方面的进展与经验，并希望在人兽共患病研究、病源学等方面实现进一步交流。

【省卫生计生委代表团访问纳米比亚】 10月11日至14日，省卫生计生委副主任张平一行6人访问纳米比亚，洽谈中纳医疗卫生合作、调研援外医疗队工作、慰问援纳医疗队，并代表浙江正式向纳卫生部移交省人民政府捐赠的3辆医疗救护车。这3辆救护车系2013年10月黄旭明副省长率团出访时，应纳方要求决定捐赠的，由浙江省财政拨付专项资金，在纳当地采购、改装，交由中国援建的欧姆西亚医院使用。

【省卫生计生委代表团访问加拿大艾伯塔省】 10月14日至19日，省卫生计生委副主任张平率卫生管理代表团一行6人访问加拿大艾伯塔省，向加方介绍浙江医疗卫生改革的重要举措和领域，特别是健康服务业的重点发展领域，邀请对方推荐、组织有关机构来浙合作或投资。艾省健康福祉部高级医疗顾问等重要官员出席会谈，双方一致同意在临床医学、全科医学、学术交流、政策制订、科研等七大领域开展交流合作，加方对中医药在防病治病中的独特作用表现出浓厚兴趣。

【第五届同德学术周】 11月1日至7日，省立同德医院举办第五届同德学术周，邀请来自美国、英国、澳大利亚、韩国的专家学者14位。院领导在闭幕式上强调

◎浙江省向纳米比亚捐赠医疗救护车

把建设特色化、品质化、信息化、国际化一流的研究型中西医结合医院作为医院发展的长期战略目标。

【英国医生代表团访问浙江】 11月10日至17日，英国布里斯托大学附属医院医生伊丽莎白·泰勒率团7人来浙江工作访问。代表团与省卫生计生委就临床进修项目进行回顾与展望；重点参观了省人民医院、浙医一院、丽水市人民医院等医疗卫生机构，比较中英医疗卫生服务体系的差异，更有针对性地安排未来的进修计划。

【派遣全科医生赴英国进修】 11月15日至12月5日，来自省卫生计生委、省级医院和除衢州外10个地市的全科医生及全科医学管理人员共20人赴英国参加英国皇家全科医师学会的培训学习，其中各级医院全科医学管理人员5人、省级医院全科医师3人、社区卫生服务中心（乡镇卫生院）管理人员10人。培训采用授课、现场参观、座谈交流等形式，学员充分接触英国全科体系的各个环节。

【新西兰驻沪总领事一行访问浙江】 11月16日，新西兰驻沪总领事戴迈雄一行10人来访，省卫生计生委主任杨敬会见代表团。戴迈雄综述了新西兰医疗卫生情况，表达希望在医疗服务、老年保健、食品安全监测、卫生信息化等领域开展合作的意愿。杨敬特别介绍了浙江新医改中的四项重点工作。会上，双方达成初步共识，为医疗卫生机构和企业搭建顺畅的合作平台。

【马里医院院长访问浙江】 12月6日至22日，马里医院院长马马杜·噶内访问浙江，与省人民医院商讨落实两家医院对口合作项目方案的实施细则。该项目由国家卫生计生委国际司推动并资助，省卫生计生委负责具体实施，6月“浙洽会”上省人民医院与马里医院签署了对口合作协议。

此行噶内还在省人民医院接受了前列腺癌根治手术。住院期间，省卫生计生委主任杨敬，副主任马伟杭、姜建鸿等均前往探望慰问。

【与国家卫生计生委人才交流中心合作派遣医务人员赴外进修】 2014年，省卫生计生委通过与国家卫生计生委人才交流中心合作，共派出43名医生，分别来自浙江省23家医院，涉及24个专业。其中33人派往意大利锡耶纳大学医院及佛罗伦萨大区卫生署所属多家医院，10人派往奥地利维也纳医管局所属多家医院。

【省级医疗单位临床技术国际交流项目】 2014年，省级医疗单位临床技术国际交流项目共资助省级医疗单位出国（境）学习进修项目122个，邀请国（境）外专家项目22个，总金额499.6万元。

【第23批援马里医疗队实现多项创举】 2014年，浙江第23批援马里医疗队实现门诊29823人次、手术1031台次、抢救危重病人79人次；开展多项新技术，如喉癌根治术、腮腺癌根治术及修复术等，数次刷新马里医疗史。1月20日，援马医疗队受邀参加马里国家级学术交流会议并契合“小儿腐蚀性食管炎处理”的主题作学术报告；3月25日起开设肿瘤外科、不孕不育、疼痛等专家门诊；4月3日，帮助马里医院放疗中心成功开诊，截至12月底行CT定位187次、治疗计划制定150次、档铅制作414次、病人野数6286野，同时通过化疗操作规范化，在马里实现放化疗同步进行的可能，填补了马里乃至西非地区的空白；4月17日成立马里医院腔镜中心，并于6月举办腔镜基础及临床应用培训。此外，医疗队跨出马里，2月赴塞内加尔与当地中国医疗队联合义诊，在中国医疗援非历史上属于首次。

10月23日，马里卫生部长证实该国出现首例埃博拉病毒感染确诊病例，面对疫情，全体医疗队员坚守岗位，省卫生计生委紧急组织运输一批防护物资，帮助医疗队渡过难关。12月30日，援马医疗队乔迁新居，中国驻马里大使、经商参赞等到新驻地祝贺。

（张　菁）

省 环 保 厅

【涉外工作概况】 2014年，浙江省环境保护厅(简称省环保厅)组织20批42人次赴国(境)外执行技术合作洽谈、项目合作谈判、技术服务、培训、参加国际会议等任务，其中参加浙江省和环保部组团3批4人次。对外交流渠道进一步扩展，与日本静冈县生活·环境部建立了隔年互派技术人员短期研修的交流新模式。

【参加大气环境辐射监测项目活动】 3月，省辐射环境监测站(环境保护部辐射环境监测技术中心)派员参加澳门地球物理暨气象局组织的"澳门大气环境辐射本底调查"项目和"2014年常规澳门大气环境辐射监测"项目的询标且中标。7月14日至18日，副总工程师倪士英等2人赴澳门参加"澳门大气环境辐射本底调查"项目成果发布会，同时商讨了"2014年常规澳门大气环境辐射监测"项目合同签订和实施事宜。

省辐射环境监测站负责全国辐射环境监测技术工作，为全国核与辐射环境安全监管提供技术支持。

【与日本静冈生活·环境部建立互派技术人员研修新模式】 3月21日，日本静冈生活·环境部部长伊熊元則一行10人来省环保厅，双方就浙江省环境保护及环保产业发展等进行交流，分析展望并就隔年互派技术人员短期研修达成协议。根据协议，省环境监测中心接收了一名静冈县技术人员，10月8日至14日该技术人员就水污染监测和分析进行了研修。

【省环保厅代表团访问希腊和南非】 6月6日至14日，副厅长卢春中率省环保厅代表团一行5人访问希腊和南非，执行生态环境保护和水污染防治技术交流任务。

在希腊，代表团分别拜访EMVIS安姆维斯污水处理公司和希腊KYBOS环境咨询与发展公司，就水污染防治技术进行交流，与KYBOS签订开展水污染防治技术合作协议。

在南非，代表团拜访南非环境事务部，双方就生态环境保护、水污染治理等问题进行交流和讨论。

【省环保厅代表团访问俄罗斯、波兰和捷克】 9月12日至21日，厅长徐震率省环保厅代表团一行5人访问俄罗斯、波兰和捷克，进行环境管理和污染治理交流。

在俄罗斯，代表团拜访圣彼得堡亚太经济合作中心，了解该市汽车尾气治理、大气灰霾防治、饮用水供应和保护、生态环境保护等。考察威立雅水务公司和圣彼得堡佛多卡耐尔水务公司，与圣彼得堡佛多卡耐尔水务公司签署合作协议。

在波兰，代表团与华沙中西区市政府和华沙水务局就波兰的环境管理机构、环保法律法规、污水处理设施建设情况以及污泥处理、绿色循环发展方面的技术等进行座谈，实地考察了波兰最大的现代化污水处理公司Czajka污水处理公司。

在捷克，代表团与皮尔森州政府委员和AECONS垃圾焚烧处理公司负责人进行交流，了解该州大气治理、垃圾处理、污水处理、生态环境保护、大气污染防治及欧洲较为先进的垃圾焚烧处理系统等，与AECONS垃圾焚烧处理公司签署合作协议。考察捷克威立雅水务公司，了解污泥处理、

◎省环科院技术人员与德国 SAB 公司进行水处理技术合作洽谈(一)

绿色循环发展方面的技术并签署合作协议。

【省环科院技术人员赴德国交流考察】 9月14日至18日,省环科院副院长韦彦斐带领技术人员一行5人赴德国开展技术合作交流和商务洽谈活动。拜访石荷州经济技术促进中心,考察 SAB 水处理过滤设备公司、Candias 电化学氧化水处理设备公司、PLANTON 生物检测实验室和 Galab 第三方检测实验室,双方就水处理设备的应用领域、技术优势和合作模式等进行了交流,与 Galab 第三方检测实验室就检测业务合作、检测实验室布局规划咨询和人员培训等达成合作意向。

【省环科院代表参加首尔国际论坛】 9月24日至26日,2014大气质量改善首尔国际论坛在韩国举办,省环科院工程师周洋毅参加论坛。论坛针对"东北亚主要城市环境空气质量改善实施经验""大气污染管理与社会影响""大气污染防治策略及效果分析""东北亚环境空气质量研究及发展合作"等议题开展交流和讨论,参会代表分别介绍了所在城市大气污染现状及治理经验,最终形成代表城市环境空气质量改善联合声明。

【省辐射站派员赴香港参加工作坊】 10月12日至15日,应香港天文台邀请,省辐射环境监测站质信室主任王蕾等一行4人赴香港参加核事故后果评价工作坊。本次工作坊邀请世界知名专家介绍了核事故应急最新监测、分析技术,核事故后果评估及应对等研究领域中的前沿动态和研究成果。培训人员还参观了香港天文台观测站及实验室,双方就采样、监测的设备和技术方法等进行交流。

【省环保厅代表团访问巴西和智利】 10月23日至31日,副厅长

◎省环科院技术人员与德国 SAB 公司进行水处理技术合作洽谈(二)

张培国率省环保厅代表团一行6人访问巴西和智利，执行环境管理和污染治理技术交流任务。

在巴西，代表团拜访圣保罗州马力波拉市环保局，与该市环保局长座谈，了解该局在垃圾收集、饮用水保护、环境教育宣传、自然资源保护和环境信访调处以及工业企业监管方面的业务，双方签署合作协议。代表团还考察了里约市保洁与回收公司，实地考察里约州政府下属的垃圾清洁回收专业处理中心。

在智利，代表团拜访智利环保部，了解智利在大气灰霾治理方面的法律法规、政府部门执法、城市雾霾治理的具体措施等。考察智利最大的电子废弃物回收、拆解企业——RECYCLA公司，了解该企业电子废弃物的回收渠道、处理方式及公司运营情况，双方签署合作协议。

【省环科院技术人员赴德国执行审核】 10月27日至31日，省环科环境认证中心高级工程师胡仙佳根据国家认证规范要求，对博世华环保科技(德国)有限公司进行年度现场监督审核。博世华环保科技(德国)有限公司是浙江博世华环保科技有限公司子公司，主要从事废塑料、金属和合金废料等再生资源国际贸易以及环保技术引进，其ISO9001质量管理体系证书由省环科环境认证中心颁发。此次审核内容包括该公司近一年的质量管理体系运行情况，是否符合ISO9001:2008标准要求、相关法律法规要求和该公司建立的质量管理体系文件等要求。经现场审核，确定该公司体系运行基本有效，推荐其继续保持质量管理体系的认证注册证书。

【省环保厅代表团访问法国和德国】 12月1日至8日，省政府办公厅副主任傅晓风率省环保厅代表团一行6人访问法国和德国，考察水污染防治。

在法国，代表团参观第26届法国国际水处理、环保展览会(POLLUTEC 2014)，与威立雅、苏伊士、E+H、德国科隆等参展公司就环保设备、净水装备技术、城市供水系统建设、运营管理经验等进行交流。法国国际水处理、环保展览会自1986年创办以来，已成为欧洲环保行业最大的专业博览会之一，展示国际最前沿的产品、技术、环保服务及行业发展趋势。代表团与法国科马普公司举行了塞纳河等法国河流流域治理专题交流，并进行现场踏勘。

在德国，代表团拜访石荷州环境部，就德国污水治理领域的法律法规和管理模式、环保工程政府采购建设及长效运行管理等内容进行交流。参观基尔污水处理厂，了解该企业运作与管理模式。

【中挪合作持久性有机污染物(POPs)地方履约能力建设项目二期进展顺利】 2014年，由环境保护部环境保护对外合作中心和挪威水研究所根据中国和挪威政府间协议共同承担项目实施、浙江作为试点省之一的中挪合作持久性有机污染物地方履约能力建设项目二期进展顺利。浙江省项目于2012年10月19日在杭州启动；2013年11月，挪威发展援助署、挪威第三方独立机构和中方独立专家对浙江省项目实施情况进行评估并予以肯定。2014年，浙江项目主要编定水、土壤、生物等样品中有关POPs监测分析实验室标准操作流程并在省内外大力推广，联合中外有关项目成员单位在台州市、杭州市开展环境样品中多溴联苯醚示范监测工作，参与多溴联苯醚标准样品研制定值，监测技术人员参加项目组织的国内外技术培训，借助多种媒体加大持久性有机污染物的科普知识宣贯工作。

(邱中云)

省新广局

【涉外工作概况】 2014年，浙江省新闻出版广电局（简称省新广局）因公出国（境）11批23人次。与省人力社保厅主办第二期现代服务业影视高端人才赴美培训。接待英国驻沪领事馆、独立制片人协会来宾。

【派员访问巴西和秘鲁】 1月8日至16日，省新广局2人参加出版发行交流访问团访问巴西和秘鲁，开展出版发行交流合作，与巴西图书联合会、里约出版行业公会、秘鲁《新世界时报》、秘鲁出版社等进行交流探讨，与巴西里约出版行业公会达成参加里约双年书展初步意向。

【派员赴德国、捷克和匈牙利调研】 5月21日至30日，省新广局2人赴德国、捷克和匈牙利进行安全传输、安全播出以及影视、视听新媒体监管等调研，洽谈浙产精品出版物、影视作品及网络剧、微电影参展等相关合作事宜。

【派员赴南非参展】 6月10日至17日，省新广局1人随国家新闻出版广电总局团组，赴南非参加2014年南非开普敦国际书展。

【派员赴新加坡和南非活动】 6月10日至18日，省版权局与省外宣办一行13人赴新加坡和南非开展版权贸易和图书展览活动，省新广局3人参团。代表团开展“浙江精品图书展”等系列活动，参加2014年新加坡和南非有关国际书展，分别在两国举行浙版图书海外“百柜工程——阅读浙江”启动仪式。

【参加浙江影视代表团访问英国和爱尔兰】 9月9日至16日，由省新广局局长寿剑刚带队的浙江影视代表团一行6人，赴英国和爱尔兰两国考察影视文化交流合作。代表团先后访问英国和爱尔兰相关影视媒体机构，与环球时代传媒有限公司、英国电影和电视剧制作公司联盟、7家英国顶级独立电视节目制作公司、爱尔兰阿德莫尔制片厂、爱尔兰电影局等进行交流，分析展望浙江与英国、爱尔兰影视文化合作交流现状及前景等。

【组织影视单位人才赴美培训】 10月9日至12月9日，省新广局与省人力社保厅主办第二期现代服务业影视高端人才赴美国培训，来自省内广电、影视机构的20名人员参加中长期培训。

【派员参加戛纳影视节】 10月11日至18日，省新广局2人参加由省商务厅组织的法国戛纳影视节。

【派员访问印度和阿联酋】 10月15日至22日，省新广局2人随国家新闻出版广电总局团组赴印度和阿联酋，参观印度国际电视展，学习考察高清电视传输与服务。

【省新广局代表团赴美国和加拿大洽谈】 10月16日至23日，省新广局副局长华宣飞率团赴美国和加拿大洽谈广电新媒体监管及监控平台应用等项目。

【英国驻沪领事馆、独立制片人协会访问省新广局】 11月18日至21日，英国驻沪领事馆、独立制片人协会来宾访问省新闻出版广电局，双方就人才培训、影视产品交易平台建设等进行洽谈，达成共识。

（徐舒雯）

省 体 育 局

【涉外工作概况】 2014年，浙江省体育局派遣113批414人次，赴韩国仁川等43个国家和地区参加仁川亚运会、2014年射击世锦赛、温布尔登网球锦标赛、第53届国际象棋世界青年锦标赛等体育比赛、训练、科研及交流访问等；接待来自美国、俄罗斯、德国、新西兰、埃塞俄比亚等30多个国家和地区23批781人次来浙江进行体育比赛、训练和访问交流活动。

【温布尔登网球锦标赛获冠】 7月6日，温布尔登网球锦标赛最后一个比赛日，浙江体育职业技术学院16岁的叶秋语与其双打搭档、来自印度尼西亚的格伦德一起，以6比2、7比6(5)击败对手，获得青少年女子双打冠军，成为中国历史上首个获得温网青少年冠军的选手。

【2014中国五人制足球国际锦标赛】 7月22日至24日在杭州举行。参赛球队包括缅甸、伊朗、越南和中国队。伊朗、中国、越南分获冠亚季军，缅甸获第四名。本次锦标赛的谢幕赛由中国队对阵越南队，最终中国队7比3获胜。

【浙籍运动员2014年射击世锦赛获佳绩】 9月13日，2014年射击世锦赛在西班牙格拉纳达举行。浙江籍奥运会冠军朱启南以资格赛1180环、决赛阶段457.2环的成绩，最终在男子50米步枪三姿比赛中获得冠军。这是朱启南获得的首个世锦赛个人冠军，他也为中国获得参加里约奥运会该项目的入场券。

【浙籍运动员亚运会获17枚金牌】 9月19日至10月4日，第17届亚运会在韩国仁川举行。在中国队获得的149枚金牌中，浙江运动员获17枚，总成绩为17金12银6铜。浙江优势项目游泳共获10枚金牌，其中孙杨获400米自由泳、1500米自由泳和4×100米自由泳接力冠军；叶诗文获200米个人混合泳、400米个人混合泳和4×100米自由泳接力冠军；傅园慧获50米、100米仰泳冠军；毕易榕获800米自由泳冠军；徐嘉余获4×100米混合泳接力冠军；毛飞廉获4×100米混合泳接力冠军；李朱濠获4×100米混合泳接力冠军。其他项目上，谢震业在4×100米接力赛中打破亚洲纪录，李玲在撑杆跳项目上平亚运会纪录。

【浙江选手获第53届国际象棋世界青年锦标赛冠军】 10月4日至21日，在印度浦那举行第53届国际象棋世界青年锦标赛，浙江体育职业技术学院国际象棋队特级大师卢尚磊以7胜6和积10分获得冠军。全场表现分高达2726分，即时等级分上升33.2分，达到2566分。这是中国棋手第二次在世界青年锦标赛上获冠军。

【韩国釜山社会体育中心交流团访问浙江】 10月31日至11月4日，韩国釜山社会体育中心金宗文率交流团一行6人来浙江访问交流，并参加2014杭州国际马拉松比赛。省体育局局长孙光明会见交流团一行。交流期间，团员们赴浙江体育职业技术学院交流，参观训练场馆、院史馆，并观摩运动员训练。

【2014杭州国际马拉松】 11月2日在杭州黄龙体育中心鸣枪开跑，来自奥地利、澳大利亚、阿塞拜疆、美国、法国、中国香港等35个国家和地区的3万名路跑爱好者参加6个项目的比赛，参赛人

数创历史新高。比赛设全程马拉松(42.195公里)5000人、半程马拉松(21.0975公里)5000人、短程马拉松(12.8公里)3600人、小马拉松(7公里)14000人、情侣跑(4.5公里)1500人、家庭跑(1.2公里)900人。其中,有42名国内外专业运动员参加全程马拉松比赛。最终,肯尼亚选手科莫伊以2小时12分11秒获得男子组全程马拉松冠军,并打破2小时12分44秒的赛会纪录;埃塞俄比亚选手梅丽斯获得女子组冠军,成绩为2小时32分45秒。

【杭州获2018年世界短池游泳锦标赛及世界游泳大会承办权】
12月2日,在卡塔尔多哈举行的2018年世界短池游泳锦标赛申请大会上,杭州获得国际泳联2018年世界短池游泳锦标赛及世界游泳大会的承办权。来自五大洲的24位评委投票结束后,经过审议投票,国际泳联主席胡里奥.C.马格里奥代表主委会宣布计票结果,杭州获胜。

（张　焱）

表2　2014年来访省体育局国(境)外团组情况汇总表

序号	团组名称	来访时间	团组负责人	来访目的	来访人数	来访国家或地区
1	亚洲室内田径赛	2月13～17日	达兰·艾哈迈德	比赛	257	日本、韩国、巴基斯坦等28国
2	德国石荷州乒乓球队	4月21～29日	盖塔纳	交流	16	德国
3	新加坡乒乓球队	5月10日	史少晨	交流	17	新加坡
4	塞尔维亚KK康斯坦丁男子职业篮球队 宾夕法尼亚飞人男子职业篮球队 肯塔基大学野猫啦啦队	5月20日～6月8日	弗莱德米尔·波斯尼夹克 泰勒·加特林 沃特斯	比赛	34	塞尔维亚 美国 美国
5	美国网球教练	5月26日～7月25日	查尔斯·冈比尔	执教	1	美国
6	美国少林武术中心交流团	6月24～28日	胡坚强	交流	18	美国
7	俄罗斯艺体专家	7月1日～8月31日	泽诺夫卡·伊琳娜	教学	1	俄罗斯
8	加拿大蹦床队	8月5～10日	史蒂芬·杜切斯内	训练	16	加拿大
9	韩国武术队	8月12～31日	李河星	交流	9	韩国
10	西班牙教练	8月15日～11月14日	丹尼尔	执教	1	西班牙
11	釜山社会体育中心访问团	10月31日～11月4日	金宗文	访问	6	韩国
12	参加杭州国际马拉松国(境)外选手	11月2日		比赛	264	埃塞俄比亚、坦桑尼亚等31个国家和地区
13	千叶县市立习志野高等学校男排	12月17～24日	饭塚彦一	交流	18	日本

省海洋与渔业局

【涉外工作概况】 2014年，浙江省海洋与渔业局（简称省海洋与渔业局）组织出国团组3批16人次，参加双跨团组3批3人次。出访意大利、加拿大、日本、阿根廷、捷克、匈牙利、法国等国家，进行海洋生态科技合作项目交流、水产养殖科研合作交流、渔业捕捞突发性事件协调洽谈等活动。接待外宾11批63人次，来自澳大利亚、加拿大、肯尼亚、南非、日本、泰国、以色列等国家。实施引进外国专家项目3个，邀请法国、挪威、澳大利亚、以色列、泰国和美国等国家的渔业专家来访10人次。

【美国农业部专家访问省海洋水产研究所】 1月7日，美国农业部专家尼维尼夫·帕尔提到省海洋水产研究所（简称海研所）访问交流，作《美国水产养殖概况及虹鳟育种进展》学术报告，省海研所和浙江海洋学院等单位的30多名科研人员与维尼夫·帕尔提进行交流互动。

【美国密歇根州立大学专家访问省淡水所】 3月4日，美国密歇根州立大学湖沼学与生态系统合作研究所副所长托马斯·H·乔亨根和张鸿雁博士访问省淡水水产研究所（简称淡水所），就开展水环境治理、生态修复合作研究与科技人员进行交流探讨。两位学者还分别就“外来入侵斑马贝对五大湖生态环境的影响”和“用多种模型评价斑马贝对浮游生物及水质影响的研究”等主题作学术讲座。

【中泰海洋技术联合实验室2014年度工作会议】 4月11日在省养殖所召开，双方就中泰海洋技术联合实验室近年来在合作研究、人员培训、学生培养等方面开展的工作进行回顾和总结，对进一步合作交流事宜进行讨论并达成共识。中泰双方分别作关于海洋环境保护、鱼类生物多样性调查、水产增养殖等学术报告。

【加拿大纽芬兰省创新贸易部代表团访问省海研所】 6月9日，加拿大纽芬兰省创新贸易部代表团在加拿大驻沪领事戴慕杰陪同下访问省海洋水产研究所。双方表示，在水产养殖、鱼类资源评估、海洋生物资源开发、水质及环境监测、卫星跟踪及远程遥感研究等方面可进一步交流，寻求可行的合作项目。

【省淡水所科技人员访问加拿大】

◎美国农业部专家在省海洋水产研究所作学术报告

6月14日至22日，省海洋水产研究所研究员楼宝、省淡水水产研究所副教授刘莉和工程师原居林随中国海洋渔业科技代表团访问加拿大，对新斯科舍省、新不伦瑞克省、纽芬兰和拉布拉多省以及爱德华王子岛省进行访问交流。其间，交流团实地参观访问达尔豪斯大学、圣安德鲁斯生物试验站、三文鱼网箱养殖基地、爱德华王子岛水产养殖研究所、大西洋省兽医学院以及纽芬兰和拉布拉多省纪念大学的水产海洋发展中心和海洋科学中心，双方就可持续发展水产养殖的生态学模型建立、多营养层次水产养殖、海洋生物资源和水环境变化的遥感监测技术、水产养殖动物基因组研究、循环水养殖和养殖废水处理等进行交流。

【非洲英语国家水产养殖管理研修班学员来浙学习考察】 7月2日至6日，由13个非洲国家25名学员组成的“2014年非洲英语国家水产养殖管理研修班”来浙江省学习考察。在浙期间，研修班学员拜访省海洋与渔业局，双方就渔业、渔船和水产品质量管理等情况进行交流；参观考察省淡水水产研究所、湖州荻港渔庄、杭州大洋水产养殖有限公司、龚老汉水产养殖股份有限公司、象山县鱼得水水产有限公司等单位。

【泰国驻沪农业领事访问省淡水所】 8月4日至5日，泰国驻沪农业领事春提萨·曹白楠一行5人到省淡水所访问交流。双方就开展合作的研究领域及合作途径进行交流。春提萨·曹白楠一行参观省淡水所实验室、淡水鱼博物馆及湖州荻港渔庄、长兴洪桥河蟹养殖基地。

【挪威农业与环境研究所代表团访问省养殖所】 8月10日至13日，挪威农业与环境研究所所长尼尔斯·瓦格斯特德一行4人访问省养殖所。其间，挪威代表团与省海养所科研人员就各自大型藻类研究情况进行交流，认为双方在海陆互动、渔业研究、环境保护研究以及海洋生物可持续利用等领域存在合作空间。挪威代表团还参观省海养所洞头基地，实地考察大型藻类研究现状。

【肯尼亚议会农业畜牧业渔业委员会代表团访问省海洋与渔业局】 8月20日，肯尼亚参议院农牧渔业委员会委员长基拉伊图·穆伦吉参议员一行9人访问省海洋与渔业局。双方就渔业发展现状、渔场修复、生态渔业、渔业生产设施设备、渔业捕捞技术、养殖技术、水产加工技术等方面进行交流，双方都希望在水产养殖技术、水产技术培训等方面加强合作。

【泰国农业部渔业专家访问省淡水所】 8月23日，泰国农业部渔业专家一行5人在泰国驻沪农业领事春提萨·曹白楠陪同下到省淡水水产研究所访问交流。双方围绕罗氏沼虾育苗、幼体病害防治等问题进行讨论，并约定通过联合申报国际交流合作项目等方式进行合作。泰国专家参观省淡水所标本室、病害实验室和浙江南太湖水产种业有限公司罗氏

◎非洲英语国家水产养殖管理研修班学员在浙江省淡水水产研究所参观考察

沼虾育苗基地。

【韩国水产业考察团访问省淡水所】 9月25日，韩国水产业考察团一行22人在韩国海洋水产部水产政策课课长全在佑率领下访问省淡水水产研究所。双方就淡水养殖品种与规模、鱼虾类病害防控、低鱼粉渔用饲料研发、水产品质量安全控制、渔业技术培训等内容进行交流探讨。

【浙江与日本长崎县签订渔业交流备忘录】 11月4日至6日，以长崎县水产部部长下山满宽为团长的日本长崎县渔业代表团水产考察团一行6人对浙江省进行友好访问。4日，省海洋与渔业局和代表团就近期渔业产业发展情况、渔场修复振兴和海洋渔业资源管理中双方关心的问题进行探讨交流。副局长林东勇与下山满宽签订2015年两省县渔业交流备忘录。5日，在巡视员俞永跃陪同下，下山满宽一行赴舟山考察舟山国际水产城、省海洋水产研究所，并与有关专家就渔业增殖放流技术、灯光围网技术、海洋捕捞网最小网目管理等进行交流。

【省海研所专家参加水产研究者协议会】 11月9日至15日，省海研所高级工程师王伟定随中国水产科学研究院代表团赴韩国釜山参加第25届中日韩水产研究者协议会，并作《浙江省中街山列岛生态修复型海洋牧场建设与示范》学术报告。

【美国渔业专家访问省海研所】 11月12日，美国渔业资源增殖放流专家李·布兰肯西普访问省海研所，就海洋增殖放流管理、效果评估、鱼类标记等与来自省海研所等单位的30多名人员进行交流互动。

【匈牙利渔业专家访问省淡水所】 12月8日至10日，匈牙利国家农业研究与创新中心水产与渔业研究所所长丹尼斯·盖尔和马赫思·库玛博士到省淡水水产研究所进行工作访问。马赫思·库玛介绍匈牙利国家农业研究与创新中心对全国13个农业类研究所的整合重组及水产与渔业研究所调整变化情况。双方就联合培养博士研究生，拓展渔业环境信息数据库建设、鱼类育种、鱼类营养、水处理等领域合作及争取中欧政府间合作项目等进行探讨交流，并签署合作意向备忘录。其间，匈牙利专家参观湖州市长兴洪桥湖港渔业专业合作社河蟹科技示范基地、河蟹水上交易市场等。

【省渔业代表团访问日本和韩国】 12月8日至15日，省海洋与渔业执法总队总队长朱家立率代表团一行6人赴日本长崎和韩国全罗南道，就调解浙江省涉日、涉韩海上渔事纠纷问题进行访问。代表团与日本长崎水产部、韩国全罗南道水产厅以及西海渔业管理团进行深入探讨和交流，双方建立信息互通渠道，并初步确立互访、互信机制。其间，代表团还拜访中国驻长崎领事馆、驻福冈领事馆、驻光州领事馆，并与各领馆明确建立信息通报制度，以确保浙江省涉外渔业生产安全平稳有序地进行。 （叶　丹）

◎匈牙利国家农业研究与创新中心水产与渔业研究所丹尼斯·盖尔和马赫思·库玛博士在省淡水水产研究所交流

亚太地区小水电研究培训中心

【涉外工作概况】 2014年，亚太地区小水电研究培训中心（简称小水电中心）承办3期商务部援外培训（研修）和中国—东盟合作基金项目、联合国开发计划署佩罗基金项目。来自38个国家的79名学员参加培训（研修）。接待外宾12批32人次，分别来自贝宁、尼泊尔、古巴、意大利、巴基斯坦、肯尼亚、土耳其、乌干达、墨西哥、印度等国，达成多个项目合作意向；派遣出国团组7批18人次，分赴土耳其、马其顿、埃塞俄比亚、肯尼亚、菲律宾、印度尼西亚等国开展设备安装、技术咨询、合同洽谈、援外培训等任务。

【小水电中心代表团访问埃塞俄比亚和肯尼亚】 3月11日至21日，农村电气化研究所副所长徐锦才率成套公司总经理董大富等访问埃塞俄比亚和肯尼亚。代表团拜访埃塞俄比亚副总理级协调员兼通信信息技术部长、水利灌溉与能源部长、科技部长和国家电力公司总裁等，双方就开展可再生能源规划编制、技术转移和人才培养等合作进行交流；与埃塞能源发展管理局签署《典型流域水资源综合开发和区域电网规划备忘录》，并与非盟能源专员就建立可再生能源非洲培训中心进行探讨。代表团拜会肯尼亚能源与石油部副部长，回访肯尼亚能源与石油部和水利与环境部学员，了解肯尼亚水电、光伏和风能等开发情况。

【贝宁宋海中心主任访问小水电中心】 4月10日至11日，贝宁宋海中心主任戈弗雷访问小水电中心，双方就非洲国家可再生能源开发、分布式供电系统示范深入交流，希望加强农村分布式能源开发合作并在贝宁及其他西非国家推广。

【承办非洲法语国家农村电气化研修班】 5月16日至6月12日，小水电中心承办由商务部委托的非洲法语国家农村电气化研修班。来自贝宁、科摩罗、科特迪瓦、吉布提、加蓬、几内亚、几内亚比绍、马里、尼日尔、刚果（布）、塞内加尔、乍得、多哥等13个国家23名官员参加研修。

【古巴能源进口公司总经理一行访问小水电中心】 6月1日至15日，古巴能源进口公司总经理一行7人访问小水电中心，双方就执行中的古巴玛雅里水电站项目的技术方案进行探讨确认，客户参观该电站机电设备生产厂家。

【参加第二届“国际离网可再生能源”会议】 6月16日至17日，小水电中心派员参加在菲律宾首都马尼拉召开的第二届“国际离网可再生能源”会议。参会代表作为“离网可再生能源政策与法规组”专家，介绍了中国小水电对农村电气化和解决无电人口所发挥的重要作用，阐述了不同历史时期的政策、措施，以及小水电电网运行管理模式和特点等。

【承办中国—东盟小水电及太阳能系统农村电气化研讨班】 7月13日至19日，小水电中心承办由中国外交部和东盟秘书处委托的中国—东盟小水电及太阳能系统农村电气化研讨班。来自柬埔寨、印度尼西亚、老挝、马来西亚、菲律宾、新加坡和泰国等7个东盟国家共9名小水电及太阳能行业官员参加研讨。

【承办亚洲国家农村电气化研修班】 8月22日至9月18日，小水电中心承办由商务部委托的亚洲国家农村电气化研修班。来自印度尼西亚、约旦、老挝、缅甸、尼泊尔、巴基斯坦、巴勒斯坦、斯里兰卡等8个国家的15名学员参加研修。

【承办非洲英语国家小水电技术培训班】 10月15日至11月25日，小水电中心承办由商务部委托的非洲英语国家小水电技术培训班，来自埃塞俄比亚、加纳、津巴布韦、喀麦隆、马拉维、毛里求斯、纳米比亚、南非、坦桑尼亚、肯尼亚10个国家的18名学员参加培训。

【小水电中心派员赴土耳其和马其顿洽谈合作】 10月23日至11月4日，小水电中心项目洽谈团赴土耳其和马其顿开展机电设备出口项目合同洽谈，就土耳其两个水电站机电设备成套供货达成意向，划定供货范围并签订初步合作意向书。

【乌干达部长代表团访问小水电中心】 11月5日，乌干达环境国务部长弗拉维雅、贸易工业和合作国务部长安冬尼以及财政投资和经济发展国务部长卡德森等一行6人访问小水电中心。中心主任程夏蕾等参加接待。来宾赞赏中方小水电技术实力，建议签署合作备忘录并尽快启动项目合作。

【墨西哥电力委员会总裁一行访问小水电中心】 11月9日至14日，墨西哥电力委员会总裁何塞和墨西哥水电技术公司总经理阿尔曼多访问小水电中心。来访客人介绍了国内水电情况和项目开发程序，表示将尽快整理项目信息以开展具体合作，并希望派人来华参加培训，并邀请中方专家赴墨开展水电技术培训。

【举办水利部2014年外事联络员会议】 11月23日至25日，受水利部国际合作与科技司委托，小水电中心在杭州举办“水利部2014年外事联络员会议”。来自水利部机关司局及直属单位、地方水利厅以及国际组织在华秘书处等机构的领导、专家和学者共83人参加会议。

【印度卢吉大学教授访问小水电中心】 11月28日，印度卢吉大学教授库玛访问小水电中心。库玛曾于1986年参加中心举办的国际小水电技术培训班，已成为该校小水电及电气化领域的知名教授。中心主任程夏蕾等接待库玛，双方就小水电技术培训、科学研究、国际合作进行交流。

【赴印尼举办东盟国家小水电技术研讨班】 12月4日至14日，小水电中心组团赴印度尼西亚执行联合国开发计划署佩罗基金项目——东盟国家小水电技术研讨班。来自印尼、越南、缅甸、老挝等8个东盟国家共14位小水电及其他可再生能源领域的官员和专家参加研讨。

【小水电技术和设备出口】 2014年，小水电中心执行土耳其赛纳、伊可乐和希望水电站设备供货、安装和调试，完成马其顿托普拉切微水电站设备供货和安装，完成肯尼亚吉凯拉小水电站全套机电设备供货安装，完成安哥拉刚德吉拉斯水电站项目全套设备安装和调试，完成秘鲁阿曼塔尼岛8套太阳能扬水泵设备供货、安装和调试，承接古巴玛雅里大坝左右岸水电项目，中标巴新迪乌乐水电站，签订尼泊尔泰瑞科拉箱式机组合同等。此外，与意大利沃吉动力有限公司签订合作协议，双方将在意大利等欧洲国家推广中方研发的箱式机组及其他微水电设备；执行越南、巴新、肯尼亚、印尼、马来西亚等国多个水电站项目的规划、设计和咨询。

【政府间科技合作】 2014年，小水电中心继续执行科技部对发展中国家科技援助“中国巴基斯坦小型水电联合研究中心”项目；继续执行中越政府间科技合作长期交流“气候变化引起的灾害条件下农村水电应急保障技术”研究项目；申报并执行亚太经合组织合作基金项目——“基于清洁能源的农村电气化模式研究与共享”；执行水利部948计划引进项目——“流速发电设备引进与开发关键技术”等。

（潘大庆）

省总工会

【涉外工作概况】 2014年，省总工会接待来自6个国家和地区的工会代表团10批58人次；应邀组织4个代表团24人次，访问日本、土耳其、希腊、葡萄牙、波兰、俄罗斯等国。

【省总工会代表团访问日本】 3月27日至31日，以省总工会常委、保障部部长张卫华为团长的浙江省总工会代表团一行6人，应日本枥木县劳动者福祉协议会邀请访问日本。代表团与枥木县劳动者福祉协议会进行工作交流，拜会全劳济枥木县本部并交流，拜访中央劳动金库枥木县本部，考察日产汽车上三川工厂并交流，参观考察残疾职工服务设施和劳动会馆内其他单位。代表团还拜会枥木县知事福田。

【韩国劳总庆尚南道本部代表团访问浙江】 4月14日至17日，以议长郑轸容为团长的韩国劳总庆尚南道本部第十次友好访华代表团一行6人访问浙江。代表团与省总工会进行座谈交流，参观杭州市总工会职工服务中心。省总工会党组书记、常务副主席戴震华宴请客人，党组副书记、巡视员、副主席曹国旗，副主席张卫华参加活动。

【埃及全国铁路工会代表团访问浙江】 8月2日至4日，埃及全国铁路工会第六次访华团一行5人访问浙江。代表团与省总工会座谈交流，参观杭州东站、地铁一号线，与上海铁路局杭州办事处工会、杭州地铁集团公司工会交流。省总工会党组书记、常务副主席戴震华宴请客人，副主席李锦平参加活动。

【省总工会代表团访问波兰和俄罗斯】 8月20日至27日，以省总工会党组副书记、巡视员、副主席曹国旗为团长的浙江省总工会代表团一行6人访问波兰和俄罗斯。代表团与全波工会协议会、俄罗斯伏尔加格勒州总工会等进行工作交流，参观考察华沙轮胎厂、伏尔加格勒州人民糖果厂、伏尔加格勒州总工会疗养院，并与相关负责人进行交流。

【省总工会代表团访问葡萄牙、土耳其和希腊】 9月22日至10月1日，以省总工会党组书记、常务副主席戴震华为团长的浙江省总工会代表团一行6人，访问葡萄牙、土耳其和希腊。代表团与葡萄牙赛杜瓦尔总工会、波尔图渔业工会、土耳其联合工会、伊兹密

◎韩国劳总庆尚南道本部代表团参观杭州市总工会职工服务中心

◎省总工会代表团参观葡萄牙赛杜瓦尔自来水厂

尔港港口码头工人工会、希腊公共行政部门职工工会总联合会、马拉松政府等进行工作交流，参观考察相关工会的职工服务点和设施、浙商在土耳其投资企业。

【日本枥木县劳动者福祉协议会访问浙江】 9月25日至27日，以印南幸裕副会长为团长的日本枥木县劳动者福祉协议会第九次访华代表团一行6人访问浙江。代表团与省总工会座谈交流，省总工会党组副书记、巡视员、副主席曹国旗向客人介绍浙江省经济社会发展和工会工作情况，副主席张卫华参加活动。

【日本联合静冈·静冈县劳福协代表团访问浙江】 10月27日至30日，日本联合静冈·静冈县劳福协第十次友好访华代表团一行6人访问浙江。代表团与省总工会座谈交流，访问杭州市总工会职工服务中心、杭州松下电器有限公司，与公司工会进行交流。省总工会党组书记、常务副主席戴震华向客人介绍浙江省经济社会发展和工会工作情况，党组副书记、巡视员、副主席曹国旗，副主席张卫华参加活动。

【省总工会代表团访问日本】 11月17日至21日，以金华市总工会党组书记、常务副主席蒋永根为团长的浙江省总工会代表团一行6人，应日本劳动组合总联合会福井县联合会(简称联合福井)邀请，对日本进行友好访问。代表团与联合福井、联合大阪进行工作交流，拜访全劳济福井县本部和中央劳动金库福井县本部，考察松下公司的森田工厂并与其交流，参观考察职工福利机构和劳动福祉设施。

（陈玮玮　吕飞龙）

表3　2014年省总工会接待的其他访浙团组

序号	团组名称	人数	来访时间	访问目的	团长	接待领导
1	意大利纺织、能源与化学劳工联盟代表团	6	1月21～25日	参观访问	帕罗·皮拉尼	曹国旗
2	比利时总工会访华代表团	6	7月4日	参观访问	安妮·戴莫琳娜	曹国旗
3	日本荣电株式会社、荣电劳组第26次友好访华团	3	7月6～7日	参观访问	猪岛正和	周小兵
4	日本工会总联合会大阪府联合会访华代表团	6	9月17～18日	参观访问	山崎弦一	
5	意大利米兰总工会访华团	5	9月21～23日	参观访问	科拉达·曼德雷奥利	

团 省 委

【涉外工作概况】 2014年，共青团浙江省委员会(简称团省委)应邀组织6批34人次，赴波兰、捷克、葡萄牙、日本、越南、马来西亚等国家(地区)交流访问。接待来自波兰、日本、韩国等国家(地区)的青年代表团8批111人次。

【日本福井县青年会议所代表团访问浙江】 2月17日，以日本JC日中友好会会长扬原安麿为团长的福井县青年会议所代表团一行3人访问团省委，与省青联进行交流座谈，团省委副书记、省青联主席苗伟伦出席并宴请代表团。

【随中国青年代表团访问越南】 3月24日至4月2日，团省委派员参加团中央组织的中国青年代表团访问越南。

【香港青年精英代表团访问浙江】 4月10日至12日，以香港青年联会主席霍启刚为团长的香港青年精英代表团一行14人访问浙江。10日，省委副书记王辉忠会见并宴请代表团。省委副秘书长张才方，团省委书记周艳，省政府港澳办副主任虞希华，团省委副书记、省青联主席苗伟伦，省能源集团有限公司副总经理、省青联副主席柯吉欣，中国移动浙江有限公司副总经理、省青联副主席楼向平等出席。访浙期间，代表团与浙江青年企业家进行座谈交流，实地考察舟山市城市规划、生态建设以及经济社会发展情况，并参加舟山市政府举办的招商项目推介会。

【浙江省青年代表团访问波兰、捷克和葡萄牙】 5月25日至6月3日，以团省委书记周艳为团长的浙江省青年代表团一行9人赴波兰、捷克和葡萄牙进行友好访问。

在波兰，总统府国务秘书捷孔斯基接见代表团，举行“以创业与创新”为主题的浙江—波兰青年论坛，周艳代表省青联和中波青年合作协会签署战略合作框架。代表团参加了省政府2014年中国浙江—波兰产业对接洽谈会，并与留学生代表进行交流。

在捷克，代表团召开多个侨团侨领座谈会，举行浙江—皮尔森青年创业创新交流会，参加浙江—皮尔森友好合作交流会暨产业对接洽谈会、“美丽浙江”图片展，考察斯柯达交通公司、皮尔森啤酒厂。

在葡萄牙，代表团拜访中国驻葡萄牙大使馆，黄松甫大使会见代表团。参加浙江—葡萄牙经贸合作交流会，葡萄牙副总理波尔塔斯出席。周艳代表省青联与葡萄牙青年企业家协会签订合作框架协议。

【日本静冈县青年访浙先遣团访问浙江】 6月23日，以日本静冈县教育委员会松浦真一郎为团长的日本静冈县青年访浙先遣团一行2人访问浙江。代表团与省青联进行交流座谈，团省委副书记、省青联主席苗伟伦出席并宴请代表团。

【“2014香港大学生暑期内地实习计划”活动】 6月29日至7月28日在浙江举办。来自香港大学、香港中文大学、香港城市大学、香港浸会大学等10所香港高校的44名大学生来浙江实习。中国移动通信集团浙江有限公司、中国电信实业中通传媒有限公司、话机世界数码连锁集团股份有限公司、浙江大学创新技术研究院有限公司、浙江华商发展有限公司、杭州宋都房地产集团有限公司、杭州绿盛集团有限公司、杭州萧山国际机场浙旅大酒店有限公司等16家知名企业，为香港实习大学生提供了专业对口的实习岗位。在浙期间，团省委副书记、省青联主席苗伟伦走访了解部分香港大学生实习情况。

【日本福井青年会议所代表团访问浙江】 7月4日至6日，以日本福井青年会议所理事长今村善信为团长的福井青年会议所代表团一行6人访问浙江。代表团分别拜访省青联和杭州市青联，并与省市青联进行座谈交流，参观考察杭州市青少年活动中心。团省委副书记、省青联主席苗伟伦出席并宴请代表团。

【韩国SCOUT全南联盟代表团访问浙江】 7月9日至11日，以韩国SCOUT全南联盟联盟长李福仪为团长的SCOUT全南联盟代表团一行5人访问浙江。代表团参观考察省团校、杭州市青少年活动中心、余杭第一小学等，并进行座谈交流。

【派员随中国青年代表团访问日本】 7月29日至8月5日，团省委派员参加团中央组织的中国青年代表团访问日本。

【日本静冈青年代表团访问浙江】

8月15日至20日，以日本静冈县日中友好协会理事长栗原绩为团长的静冈县青年代表团一行27人访问浙江。代表团参观中国茶叶博物馆，考察中国移动通信集团浙江有限公司手机阅读基地、阿里巴巴(中国)有限公司、浙江传化集团有限公司，与青年员工进行交流座谈。还分成3个小组，跟随青年时报社记者分别体验采访了杭州求是和家园小学、万象城购物中心、西子奥的斯电梯有限公司，与来自杭州、绍兴、嘉兴、湖州四地的青年结对交流，体验市民生活。17日，举行“浙江—静冈青年联欢晚宴”，团省委副书记、省青联主席苗伟伦，省外侨办副主任虞希华出席。

【浙江省青联代表团访问香港】

9月2日至4日，应香港青年联会邀请，以团省委书记周艳为团长的浙江省青联代表团一行2人，赴香港进行交流访问。代表团拜访香港青年联会、香港浙江同乡会青年委员会，拜访中华全国青联副主席、浙江省政协常委、香港青联原主席陈仲尼。出席香港各界青年庆祝中华人民共和国成立六十五周年暨香港青年联会第二十二届会董会就职典礼系列活动，香港特别行政区行政长官梁振英、中央驻港联络办公室主任张晓明、香港特区立法会主席曾钰成、全国人大常委会香港基本法委员会副主任梁爱诗、外交部驻港特派员公署副特派员姜瑜、解放军驻港部队副政治委员储茂华等出席。代表团还赴中联办参加了内地赴港青年组织负责人餐叙座谈会，中央驻港联络办副主任王志民、中央驻港联络办青年工作部部长陈林参加。

【波兰青年代表团访问浙江】 9月17日至19日，以波中合作协会主席巴尔托什·米哈拉克为团长的波兰青年代表团一行10人访问浙江。代表团与浙江青年企业家进行浙江—波兰青年座谈会，考察萧山航民村，参观胡雪岩故居。团省委书记周艳宴请代表团。

【浙江青年友好代表团访问日本】

11月28日至12月5日，以省青联副主席、中国移动通信集团浙江有限公司副总经理楼向平为团长的浙江青年友好代表团一行20人，赴日本进行友好访问。代表团拜访静冈县知事川胜平太，静冈县教育委员会教育长安倍徹和日中青年代表交流执行委员会会长栗原绩参加会见。拜访中国驻日使馆教育处，参赞及教育处相关人员与代表团成员进行交流座谈。参观考察龙南小学，并到日本青年家里体验民宿，还举行中日青年论坛，中日双方青年分别围绕四个主题进行分组讨论交流。

【派员随中国青年代表团访问马来西亚】 12月6日至12日，团省委派员参加团中央组织的中国青年代表团访问马来西亚。

（景丽敏）

省 妇 联

【涉外工作概况】 2014年，浙江省妇女联合会(简称省妇联)组织出访团组1批6人次，接待港澳等地区来宾百余人次。

【浙江省妇女代表团访问瑞士和意大利】 6月24日至7月1日，以省妇联党组成员陈美云为团长的浙江省妇女代表团一行6人访问瑞士和意大利。通过与瑞士男女性别平等办公室、苏黎世瑞士妇女组织联合会、意大利国际妇女之家、米兰华侨华人妇女会等组织座谈交流，了解两国妇女参与政治、经济、社会乃至妇女就业、妇女健康、妇女教育，特别是妇女权益保障以及反家暴情况和妇女组织的发展态势、工作目标、活动内容及主要的做法和经验。

【全国妇联系统港澳执委、特邀代表来浙江考察】 10月14日至18日，全国妇联系统港澳执委、特邀代表考察团一行80余人来浙江考察，全国妇联党组副书记、副主席孟晓驷参加考察，中央人民政府驻香港特别行政区联络办协调部副部长廖勋，中央人民政府驻澳门特别行政区联络办协调部副部长张深居等随团来访。全国妇联书记处书记、副主席宋秀岩与代表座谈。15日，召开全国妇联系统港澳执委、特邀代表浙江考察活动座谈会。省委副书记王辉忠致欢迎辞，省妇联主席劳红武介绍浙江省妇联工作情况，香港考察团团长王杨志红、澳门考察团团长贺定一分别介绍考察团情况，孟晓驷在会上讲话，省政协副主席、省委统战部部长孙文友出席座谈会。

考察团成员赴杭州市西湖区外桐坞村、舟山定海新建社区等地参观考察，了解浙江社会发展、经济建设、妇女创业等情况；还考察杭州西溪国家湿地公园、舟山普陀山、宁波帮博物馆等，了解浙江社会和风土人情，促进与浙江妇女的联系沟通。

【多批外事访问团考察省妇联】 2月12日，日本静冈县政府生活环境部部长代理斋藤和裕一行6人来省妇联交流，副主席童丽君主持座谈交流会并介绍省妇联工作开展情况。2月24日，省妇联接待美国驻上海领事馆经济领事魏宝思一行3人，就妇女劳动力问题进行座谈交流。5月24日至28日，省妇联承办“2014年非洲英语国家女官员参与社会管理能力建设研修班”现场教学活动，并召开妇女工作交流会。9月17日至20日，省妇联承办全国妇联拉美、加勒比及南太地区女官员领导能力建设研修班，19名学员参加在浙江的现场教学活动。

（徐　慧）

◎2014年非洲英语国家女官员参与社会管理能力建设研修班学员现场考察浦江新光村的来料加工点

省 科 协

【涉外工作概况】 2014 年，浙江省科学技术协会（简称省科协）着重开展海外智力为国服务行动计划、国际人才培养项目、国际医学交流项目、国际科普示范项目等重点国际科技学术交流合作项目，邀请 3 名诺贝尔奖获得者到浙开展高层学术交流，引入战略性产业创新团队 1 个（已被破格提升为省级重点企业研究院），举办国际及双边学术活动十余场，当年获得中国科协“地方科协外事工作先进单位”“海智工作先进单位”等荣誉。

【邀请俄罗斯高层专家团开展技术对接】 7 月 3 日至 5 日，省科协邀请由俄罗斯克雷洛夫造船业科技协会主席、圣彼得堡国立技术大学海洋工程学院主任、俄罗斯联邦英雄、国家奖获得者亚历山德罗夫·弗拉基米尔·列昂尼德维奇为团长的俄罗斯科学与工业协会联合会 26 人专家团，赴舟山开展海洋工程及智能装备技术对接活动，团员除 3 位院士外，还包括海洋技术、船舶设计、通信技术、可再生能源、复合材料、航空设备等多个工程技术领域的专家，以及部分俄罗斯科工联官员。专家团分两组分别考察扬帆集团股份有限公司、省重点企业研究院浙江欣海船舶设计研究院、浙江金鹰塑料机械有限公司、龙文机械有限公司、舟山市 7412 工厂等，并与省造船工程学、浙江海洋学院、舟山市经信委及十余家船舶设计单位重点就船舶制造和设计开展专业交流座谈，探讨双方在科技、教育、经贸等领域的交流与合作。

【与俄罗斯造船专业协会签署合作意向书】 7 月 21 日，在中国科协与俄罗斯科工联支持下，省科协与俄罗斯克雷洛夫造船业科技协会（俄罗斯联邦造船业科技协会）签署合作意向书，进一步落实舟山调研成果，促进合作规范化、制度化，达成主要意向有：一是双方指定专人，构建直接交流渠道，不定期开展信息互通与双边磋商，每年组织开展一次学术交流活动；二是搭建双边合作平台，为双方相关科研机构和企业开展设计、技术、工程、商贸等方面的具体合作创造条件、提供帮助；三是双方各自建立意向单位目录并开展具体合作需求调查，并对对方提出的合作需求给予充分调研和及时反馈；四是协调和指导意向单位开展具体合作项目。

◎俄罗斯专家考察扬帆集团

【第四届中日水环境技术交流大会】 10月14日至16日在杭州举办，日本ICC株式会社、栗田工业株式会社、株式会社岛津制作所、株式会社3A、三菱综合材料株式会社、伸荣化学产业株式会社、前泽工业株式会社、内藤环境管理株式会社等日本企业，以及来自省内外250余名科技人员参会。会议分别以“日本水环境保护历史与现状”“农村生活排水对应及环保技术实例”“日本下水污泥处理的现状及对策”“杭州市水环境现状及水环境保护政策”“企业排水处理技术”等主题，从实用技术层面为污水治理提供技术方案。交流会期间，10余家中日企业开展技术和项目对接；日方专家还赴杭州七格污水处理厂和萧山水务集团考察调研。

【诺奖得主访问省科协】 2014年，省科协围绕重点基础学科建设，持续开展不同类型的高层次国际学术交流活动，邀请2004年诺贝尔化学奖得主阿龙·切哈诺沃(4月11日至13日)、2004年诺贝尔物理学奖得主弗朗克·韦尔切克(10月23日至24日)、2013年生理和医学奖得主托马斯·聚德霍夫(10月22日至24日)等3位诺贝尔奖获得者来访并开展专业学术交流。

【国际医学交流项目】 2014年，省科协继续开展国际医学交流项目，开展高层互访、人员互派进修、国际会议、临床科研合作等多项工作。1月，省科协对合作单位美国纽约上州医科大学进行工作访问；4月，美国纽约上州医科大学附属医院院长麦克博，德国切瑞特医学中心医务副校长、附属医院院长弗雷，比利时西弗兰德省圣简医院急诊中心主任缪勒等代表相关合作机构对省科协进行工作访问。4月18日至20日，省科协分别举办第七届中美急救急诊学术交流会暨院前急救流程和操作技能规范化培训、第四届西湖灾难与创伤救治国际论坛。

【海外智力为国服务行动计划】 2014年，省科协海智工作继续依托中国科协海智计划、省科协海外科技合作团体和海外科技人才资源优势，以原有3家中国科协海智计划浙江工作基地(杭州、宁波、绍兴)为基础，通过海外人才智力引进、国际学术交流、技术引进和创新、项目合作、决策咨询、培训等多种方式，搭建海外人才引进、学术交流、项目合作、决策咨询平台，服务地方科技、经济社会发展。年内新设立中国科协海智计划浙江工作基地2家，分别为台州椒江工作基地和嘉兴·长三角工作基地；共举办“中国科协2014年海外智力为国服务联席会议”“首届中国科协海智计划创新创业论坛”“2014中国·台州国际人才合作洽谈大会暨首届海智项目接洽会”“第九届海外英才杭州项目对接会”等重要引智会议4次，同时开展“海智浙江行”活动2次，嘉兴秀洲区光伏高新区重点企业技术需求专项调研1次，欧洲微电子海智专家浙江交流活动1次，活动共吸引近300人次海外高层次科技人才到浙江省洽谈合作或交流考察。推荐近200项高科技项目，已签约20项，其中有1项被评为中国科协海智计划示范项目，有1项被破格提升为“浙江省汽车电子重点企业研究院”，有4项入选宁波、台州等市级重点人才项目，有3项入选县(市、区)级重点人才项目，有1项获“中国科技创业大赛”二等奖。

【国际人才培养项目】 2014年，省科协进一步构建国际科技人才交流网络，继续为省内科技工作者出国深造或攻读学位提供机会、为全省科技型企业拓展国际交流和合作提供资源、为国外大学生认识中国了解中国发展提供渠道。通过省科协国际医学人才交流项目、比利时西弗兰德省人才进修项目、英国大学生实习项目、美国自由科学中心科普人才培养项目等为重点的人才交流项目，建立省科协国际青年科技交流队伍，通过线上线下各类活动产生智力聚合效应，提升专业水平，开展正面国际宣传。全年有7家国外合作机构和14家省内合作单位参与其中。5月12日，省科协联合澳大利亚驻华使领馆共同举办澳大利亚奋进奖学金推介会,为浙江省高校、科研院所科技工作者赴澳大利亚开展学位攻读、科学研究或学术交流提供经费的申请渠道。8月至9月,对接英国政府“中国学习计划”项目,接收16名英国大学生和研究生到杭氧集团等5家合作单位开展为期两个月的专业实习。10月,比利时西弗兰德省政府及教育代表团专程拜访省科协,双方初步计划于2015/2016年将人才交流项目逐步扩展至电子及机械工程、海外商贸、医学、财会经济、中小学教育、社会组织研究等众多领域。2014年,省科协全年选派10名科技骨干赴美国、德国等国家开展短期进修或攻读博士,接收38名来自美国、德国、英国、比利时等国相关大学的博士、硕士或大学生到省内合作单位进修或实习,接待国外10批次政府或大学代表团100余人次到省内合作单位参观交流。

◎省科技馆现场实验演示

【国际科普示范项目】 2014年,省科协进一步引进优秀的国际科普载体和科普手段,围绕智慧浙江、核能、工业设计、医学健康等省委、省政府重点科普领域,邀请国际知名科学家,继续开展国际科普示范项目,全年举办7场中外科普连线及科普现场直播活动、5场涉外新科学脱口秀活动,与浙江省人民医院共同开发达芬奇机器人手术科普现场直播项目。借鉴国际第四代科技馆以及STEM教育模式,设立科技馆科学院,联合国内外相关科研机构(第一批有浙江大学生命科学学院、同济大学生命科学与技术学院、浙江大学现代光学仪器国家重点实验室、浙江大学能源清洁利用国家重点实验室、国际应用能源技术创新研究院、浙江加州国际纳米技术研究院、美国哥伦比亚大学基因空间开放实验室、美国大脑黑客神经科学开放实验室、美国自由科学中心、英国曼彻斯特大学博物馆中心等)或人员开展面向公众的前沿科学研究,开展科技馆专业相关博士生实践项目,同时开发针对不同年龄段青少年的一线科研科普化资源(如科技展教项目、实验室课程、工作坊、科学表演秀等),并予以规范化实施。 (陈炯炯)

省 文 联

【涉外工作概况】 2014年，浙江省文学艺术界联合会（简称省文联）组团出访3批13人次，参团出访3批3人次。前往法国、瑞士、意大利、罗马尼亚、匈牙利、奥地利、澳大利亚和新西兰等国家，分别举办浙江电影周，进行文艺人才培养交流，开展音乐、杂技、曲艺等方面的对外文化交流。

【第二届“中国浙江电影周”在罗马尼亚举办】 6月13日至22日，省文联党组书记、副主席、书记处常务书记田宇原率浙江省电影代表团一行3人，携《一九四二》《幸福卡片》《星空》《爱》《跑出一片天》《搞定岳父大人》等6部浙产电影，在罗马尼亚首都布加勒斯特举办第二届“中国浙江电影周”并在开幕式上放映了其中的获奖影片《一九四二》。开幕式上，罗马尼亚电影推介会向浙江省电影代表团颁发了电影展映荣誉证书。

浙江省电影代表团访问匈牙利广播电视台，与该台副台长博格纳·帝博乐和国际文化交流部主任进行座谈，着重研讨了《关于广播和电视媒体新法案》。

代表团还访问奥地利欧中文化科技交流协会，双方达成在奥地利举办浙江电影展映活动的合作意向，签订《中欧电影发行推广合作协议》。根据协议，今后“浙产电影”在欧盟地区进行拍摄、发行时将获得更优质的合作资源，奥地利欧中文化科技交流协会将在欧盟区域内积极推广“浙产电影”。

【浙江省评论家代表团访问法国、瑞士和意大利】 11月20日至29日，应法国非物质文化遗产中心、瑞士瑞中之桥协会和意大利中世纪文化协会邀请，以浙江省文艺评论家协会理事、浙江省文联创研处处长郑晓林为团长的浙江省评论家代表团一行5人，赴法国、瑞士和意大利开展以艺术传播、文化遗产保护和展览策划为主要内容的中外文化交流。与瑞士瑞中之桥协会洽谈并签署《关于共同推进浙江—瑞士青年艺术家培养事业的合作备忘录》。双方通过备忘录约定，互相认可对方经法定程序确定的培养对象，并为被确定为培养对象的青年艺术家建立对口接待机制，为有关的培训、观摩和采风活动提供必要的人力和智力支持；建立定期交流沟通机制，通报各自区域内青年艺术家培养情况的最新资讯，以及相关专业人士合作和研讨的最新成果，交换各自的工作经验。双方将通过媒体推广、向艺术品市场重点推介等途径，为对方青年艺术家的作品或工作成果进行宣传。

【浙江省音乐家代表团访问新西兰和澳大利亚】 12月8日至15日，以省文联书记处书记张均林为团长的浙江省音乐家代表团一行5人赴新西兰和澳大利亚开展文化交流。代表团就2015年新西兰三重奏乐团与浙江省作曲家合作推出并演奏新作品音乐会的有关事宜与新西兰方面进行会谈。就举办“南太平洋的‘巴托克’——著名的作曲家和（民族）音乐学家杰克·波蒂学术研讨及交流会”相关事宜进行磋商，并交流西方作曲技法为民族音乐创作服务的经验。代表团还与梅西大学以及悉尼学院座谈，为浙江音乐学院（筹）办学取经；了解音乐学院的课程，以便对青年作曲家进行更为科学的培养与定位。

（俞臻娜）

省 工 商 联

【涉外工作概况】 2014年，浙江省工商业联合会(简称省工商联)组织经贸交流团6批167人次，分别赴印度、尼泊尔、土耳其、希腊及香港等国家和地区考察，接待来自18个国家和地区的工商界人士24批300人次。

【省工商联干部拜访外国驻沪机构】 1月16日至17日，省工商联联络处干部在上海拜访泰国、柬埔寨和越南三国驻沪总领馆，介绍省工商联举办的经贸活动，听取总领馆官员的建议意见，争取三国驻沪总领馆支持。泰国驻沪总领馆总领事芙诗功、柬埔寨驻沪总领馆总领事宾·维切瓦德那、越南驻沪总领馆领事阮氏太平等希望通过与省工商联务实合作促进经贸交流。

【省工商联副主席参加英国利兹市代表团招待会】 1月21日，英国利兹市代表团访问杭州期间，省工商联副主席尹健应邀出席由英国利兹市发展促进署与英中贸易协会在杭州联合主办的英国利兹市代表团招待会，与利兹市市长托马斯·穆雷及夫人交谈。

【省工商联副主席拜访马来西亚驻沪总领馆】 2月14日，省工商联副主席尹健赴上海拜访马来西亚驻沪总领馆总领事汉帝·哈汕，介绍省工商联筹办的经贸活动。双方就今后共同搭建平台、加强务实合作等进行商讨。

【瑞士驻华使馆商务促进中心总监访问省工商联】 3月19日，省工商联副主席尹健会见来访的瑞士驻华大使馆商务促进中心总监康赫雷一行，介绍浙江省经济社会发展以及浙江省工商联、民营企业有关情况。康赫雷希望加强与省工商联交流合作，共同推进瑞士与浙江省企业的经贸合作。双方就瑞士驻华大使馆拟于5月上旬在杭州举办“瑞士—杭州投资论坛及路演”活动有关合作事宜进行商讨。

【卢森堡驻沪总领事访问省工商联】 4月16日，省工商联副主席尹健会见卢森堡驻沪总领事吕可为一行。双方就加强合作交流、推动两地工商界的经贸往来和双向投资进行交流。

【省工商联党组书记拜访香港四大商会】 4月16日至18日，省委统战部副部长、省工商联党组书记、常务副主席李剑飞访问香港，分别拜会香港总商会、香港中华总商会、香港工业总会、香港中华出入口商会，出席香港中华厂商联合会80周年庆典活动。

【省工商联干部参加“中国企业在印度市场投资商机”研讨会】 4月22日，省工商联联络处干部在上海参加印度驻沪总领馆与中国国际投资洽谈会秘书处联合举办的“中国企业在印度市场投资商机”研讨会。

【省工商联干部参加杭州—瑞士投资论坛活动】 5月6日，省工商联联络处干部参加瑞士驻华大使馆在杭州举办的“杭州—瑞士投资论坛活动”。

【省工商联副主席拜访印度驻沪总领馆】 5月16日，省工商联副主席尹健率联络处干部赴上海拜访印度驻沪总领馆，介绍浙江省经济发展情况、浙江省民营经济及省工商联的有关情况。印度驻沪总领馆商务领事雷亮希望通过与省工商联务实合作促进双方经贸交流。

【意大利—中国浙江企业合作交流会】 5月20日，省工商联与意中商会在杭州共同举办。省工商联副主席尹健致辞，回顾中意两国友好交往历史。

省工商联组织浙江省粮油食品进出口股份有限公司、浙江省土产畜产进出口集团有限公司、杭州联华华商集团、浙江亚太机电股份有限公司、绿都控股集团有限公司、正泰太阳能科技有限公司、浙江省国际贸易集团温州有限公司、浙江省中旅、浙江光大国际旅行有限公司等近30家浙江省民营企业参加合作交流会并安排企业参加B2B对接会，与到访的意大利企业开展对接交流。

【内地企业利用香港服务业平台投资海外研讨会】 5月22日在杭州举办，省工商联与香港贸发局、浙江省港澳办、浙江省商务厅联合举办。省工商联党组副书记、副主席黄正强出席活动。省工商联组织20多家浙江民营企业参加活动，并与香港企业对接交流。

【省工商联副主席参加阿根廷国庆招待会】 5月26日，省工商联副主席尹健应邀赴上海参加阿根廷驻沪总领馆举办的阿根廷国庆招待会。

【省工商联与葡萄牙投资局签署合作协议】 5月26日至6月4日，全国政协常委、浙江省工商联主席、正泰集团股份有限公司董事长南存辉参加在葡萄牙里斯本举行的“浙江企业走进中东欧产业对接系列活动”，并在活动期间会见中东欧各国政要。6月2日，南存辉代表省工商联与葡萄牙投资局签署合作协议。

【省工商联干部参加2014浙江省泰国投资说明会】 5月27日，省工商联联络处干部在杭州参加由浙江省国际投资服务中心和泰国投资促进委员会共同主办的“2014浙江省泰国投资说明会”。

【英国马恩岛经济发展部总监访问省工商联】 6月5日，省工商联副主席尹健会见来访的英国马恩岛经济发展部国际业务执行总监麦克·查尔顿一行，介绍浙江省经济社会发展以及民营企业有关情况。麦克·查尔顿希望加强与省工商联合作交流，推动双方企业经贸往来和双向投资。

【境外工商界人士组团出席“两会两展”活动】 6月8日至11日，省工商联邀请香港中华出入口商会、西澳州中华总商会、美国伊利诺伊州中国代表处、英中贸易协会代表团等80余名客商参加第16届中国浙江投资贸易洽谈会、第三届中国海洋经济投资洽谈会、2014中东欧国家特色产品展、第13届中国国际日用消费品博览会“两会两展”活动。

其间，省工商联安排代表团参加宁波“两会两展”主体活动，省领导会见香港中华出入口商会客人等。省工商联举办午餐会，与参会的嘉宾共叙交流，共谋发展。香港中华出入口商会代表团赴嘉兴开展商务考察活动。

【省工商联商务代表团考察印度和尼泊尔】 6月18日至25日，省工商联商务代表团考察印度和尼泊尔，与印度工业联合会、尼中工商会、尼泊尔中资企业协会分别举行企业对接洽谈会；考察印度德里工业园区、印度康坦德拉科技公司，中

◎省工商联党组副书记、副主席黄正强(左)拜访尼泊尔—中国工商会

国水电投建尼泊尔上马蒂水电站项目;会晤印度纺织协会会长、尼泊尔乳业协会会长、尼泊尔 Nabil 银行高层等工商界人士;拜会中国驻尼泊尔商务参赞。在印度期间,代表团与中控、盾安等浙江在外发展企业举行座谈。

此次商务活动成果丰富:一是省工商联与尼中工商会签署友好合作协议,与印度工业联合会建立更为密切的合作;二是随行的正泰集团拟在印度扩大太阳能项目、拟参与上马蒂水电站的电气设备供应;三是浙江海天气体有限公司计划将进一步调研印度市场,拟在印投建分公司;四是省工商联了解到尼泊尔乳业生产商机,拟介绍浙江企业与尼泊尔相关企业建立合作,共同开发当地乳制品产业,尼泊尔 Nabil 银行将为此项目提供资金支持。

【省工商联干部参加中东欧国家情况介绍会】 7月10日,省工商联联络处干部出席由省外侨办在杭州主办的"中东欧国家情况介绍会",了解中东欧国家投资环境、投资项目等情况。

【省工商联副主席率团拜访印度和土耳其驻沪总领馆】 7月14日,省工商联副主席尹健率联络处干部赴上海拜访印度和土耳其驻沪总领馆,介绍浙江省经济发展情况、浙江省民营经济及省工商联的有关情况,并就省工商联筹办"携手浙商—丝绸之路行"经贸活动与总领事们进行交流。印度驻沪总领事史耐恩、土耳其驻沪总领事丹尼兹·艾柯均表示愿意为此次活动提供支持,积极推进省工商联与印度、土耳其工商界合作,促进双方经贸交流。

【韩国(财)京畿中小企业综合援助中心上海代表处首席代表访问省工商联】 7月21日,省工商联副巡视员李德林会见韩国(财)京畿中小企业综合援助中心上海代表处首席代表金起吕一行,介绍浙江省及浙江民营经济基本情况,积极引导浙江省民营企业加强与韩国企业交流合作。

【比利时驻沪商务领事访问省工商联】 7月22日,省工商联副主席尹健会见来访的比利时驻沪总领馆商务领事戴克敏一行,介绍浙江省及浙江民营经济基本情况。双方就开展比利时与浙江之间的双向投资等话题进行座谈交流。

【"助力浙商,投资英国"沙龙活动】 7月25日由省工商联与英中贸易协会在杭州共同举办。省工商联副主席尹健出席活动。

省工商联组织杭州鑫伟低碳技术研发有限公司、浙江省粮油食品进出口股份有限公司、正泰集团太阳能科技有限公司、万事利集团、浙江新湖集团股份有限公司、浙江网新恒天软件有限公司、浙江中控技术股份有限公司、浙江华策汽车有限公司等20多家浙江省企业与英国代表团探讨英国开展投资贸易业务情况。浙江省粮油食品进出口股份有限公司、正泰集团太阳能科技有限公司、浙江网新恒天软件有限公司、浙江华策汽车有限公司等企业均表示,会后将与英国相关机构进一步接洽,寻找合作机会。

【比利时西弗兰德省政府官员考察浙江】 8月1日至2日,比利时西弗兰德省政府官员访问浙江,拜访华立集团等有关企业。西弗兰德省政府欧洲与中国事务主任克莉丝汀·范达姆听取华立集团在海外进行新能源领域以及医药领域合作情况,表示愿意为比利时企业与华立集团开展投资合作创造条件。双方约定,安排比利时西弗兰德省留学生赴华立集团实习。

【省工商联组织企业参加"卢森堡:信息通讯产业走进欧洲的枢纽"研讨会】 8月5日,省工商联组织华立集团、网盛科技、浙江中控技术股份有限公司和杭州北海信息系统有限公司等企业参加由卢森堡驻沪总领馆在杭州举办的"卢森堡:信息通讯产业走进欧洲的枢纽"研讨会。到会浙江省民营企业与卢森堡代表团深入探讨赴卢森堡开展信息通讯业务及投资贸易业务等话题,卢森堡驻沪总领馆有意为省工商联企业赴卢开展业务提供便利。

【英国驻沪副总领事访问省工商联】 8月6日，省工商联副主席尹健会见来访的英国驻沪总领馆副总领事傅伯诗一行，介绍浙江省及浙江民营经济基本情况，表示省工商联将积极鼓励浙江民营企业参与英国政府主办的"创意英伦"盛典，促进两地创意产业共同发展。

【马来西亚驻沪商务领事访问省工商联】 8月7日，省工商联副主席尹健会见来访的马来西亚驻沪总领馆商务领事曼苏一行，介绍浙江省及浙江民营经济基本情况。双方就加强浙江省与马来西亚经贸合作等话题进行探讨。

【省工商联副主席拜访部分外国驻沪机构】 8月13日至14日，省工商联副主席尹健率联络处干部赴上海拜访比利时、希腊、卢森堡和印度等国驻沪总领馆，介绍浙江省经济发展情况、浙江省民营经济及省工商联有关情况，并就省工商联筹办的"携手浙商——丝绸之路行"经贸活动和全国工商联将举办的"加强国际合作交流、促进民企走出去便利化"暨外交官与民营企业家交流活动，听取总领馆官员的建议意见，并争取支持。

比利时驻沪总领馆副总领事朱丽安、希腊驻沪总领馆总领事卡尔佩里斯、卢森堡驻沪总领馆总领事吕可为和印度驻沪总领馆商务领事雷亮等均表示愿意为此次活动提供支持。比利时驻沪总领馆副总领事朱丽安表示，比利时驻沪总领馆商务签证政策开放，已为部分企业家赴比开通绿色通道业务，愿意为浙江省民营企业赴比利时投资兴业提供签证方面的便利。希腊驻沪总领馆总领事卡尔佩里斯表示，将为"携手浙商——丝绸之路行"活动和外交官与民营企业家交流活动提供大力支持，希望"携手浙商——丝绸之路行"活动能够取得丰硕成果；此外，他还谈到2015年是中希海洋年，海洋在两国的经济社会发展中都发挥着重要作用，希望与浙江省开展海洋经济和文化方面的交流合作。卢森堡驻沪总领馆总领事吕可为表示，卢森堡驻沪总领馆已为部分企业家赴卢森堡开通绿色通道业务，愿意为浙江省民营企业赴卢森堡投资兴业提供签证方面的便利。印度驻沪总领馆商务领事雷亮表示，愿意为"携手浙商——丝绸之路行"印度段活动提供多方面支持，积极推进印度工商界与省工商联合作，确保活动在印度成功举办。

【美国史带战略伙伴集团区域总监访问省工商联】 9月4日，省工商联联络处负责人、省汽摩配商会负责人会见美国史带战略伙伴集团区域总监王涛一行并进行座谈交流，共同探讨加强美国印第安纳州与浙江在汽车、生物医药等领域合作的可能性。双方就如何办好推介会进行磋商，并表达加强合作、共同推进两省州经贸交流的意愿。

【省工商联组织企业参加西班牙投资新机遇专场推介会】 9月24日，省工商联组织正泰集团、万事利集团、浙江中控技术股份有限公司、高兴控股集团有限公司、浙江寿仙谷医药股份有限公司等近30家浙江民营企业40余人，参加由西班牙驻上海经济商务处及西班牙双丽集团在杭州联合主办的"西班牙投资新机遇"专场推介会。正泰集团、万事利集团、浙江中控技术股份有限公司等企业代表分别与西班牙驻沪总领馆官员及商会代表探讨赴西班牙开展投资贸易业务等话题。

【"加强国际合作交流、促进民营企业走出去便利化"暨外交官与民营企业交流活动】 9月25日在上海举行。该活动由中华全国工商业联合会牵头，浙江省工商联与上海市工商联、江苏省工商联共同举办。

全国政协常委、浙江省工商联主席、正泰集团董事长南存辉出席活动并致辞。活动期间，浙江省工商联首次与希腊、卢森堡两国驻沪总领馆签约合作备忘录，两国将为浙江省民营企业赴境外开展经贸活动提供签证便利。浙江省正泰集团、华立集团、富通集团、万丰奥特股份有限公司等10余家涉外企业应邀参加活动并与使领馆官员交流。

【省工商联代表团访问印度】 9月28日至10月2日，省工商联代表团访问印度，开展“携手浙商——丝绸之路行(印度)”项目对接先遣工作，拜会中国驻印度大使馆，介绍“携手浙商——丝绸之路行”活动，争取大使馆支持和指导。

【斯洛伐克驻沪商务领事访问省工商联】 10月10日，省工商联副主席尹健会见斯洛伐克驻沪总领馆商务领事米查，介绍浙江省民营经济发展情况和省工商联概况。米查表示，希望加强与浙江省工商联交流合作的意愿。他指出，机械(主要是汽车和汽车配件)、电子行业是斯洛伐克的优势所在，希望双方能在这些领域加强合作、共赢发展。

【印尼东爪哇省政府代表团考察浙江】 10月11日，省工商联副主席尹健出席与印尼东爪哇省省长助理伊德鲁斯率领的省政府代表团座谈会，介绍浙江省工商联及浙江民营经济发展情况，东爪哇省来宾就促进对外投资及贸易等有关情况与浙江省进行交流。

【比利时西弗兰德省政府代表团访问省工商联】 10月13日，省工商联副主席尹健会见比利时西弗兰德省外事局局长安·塔维尼亚率领的省政府代表团一行，介绍省工商联及浙江民营企业发展情况。安·塔维尼亚表示希望浙江企业与比利时西弗兰德省高校加强合作。

【省工商联组织企业参加“土耳其投资机遇”研讨会】 10月15日，省工商联组织40余家企业50余人参加土耳其驻沪总领馆在杭州举办的“土耳其投资机遇”研讨会，听取土耳其投资贸易环境、相关法律法规以及对当地投资需要注意的有关事项介绍。

【省工商联组织企业参加爱尔兰驻沪总领馆交流晚餐会】 10月16日，省工商联组织华东医药、海康威视、安恒信息等企业5人参加爱尔兰驻沪总领馆交流晚餐会，与爱尔兰驻沪总领事等官员交流。

爱尔兰驻沪总领事高睦礼介绍了爱尔兰投资贸易环境，希望浙江企业与爱尔兰企业加强交流与合作。华东医药、海康威视等企业向高睦礼介绍在爱尔兰发展情况以及扩大投资的计划。

【英国驻沪商务领事访问省工商联】 10月23日，省工商联秘书长林建良会见英国驻沪总领馆商务领事高司徒、英国投资贸易总署清洁能源和高效节能专家保罗·卡尔弗。林建良介绍省工商联基本情况及浙江省中小企业转型升级的需求。保罗·卡尔弗介绍英国在清洁能源和高效节能领域取得的成果及企业应用清洁技术的成功案例。双方就推进浙江企业节能减排进而获得长远发展等话题进行讨论。

【省工商联组织企业参加“投资印第安纳推介会”】 11月5日，美国印第安纳州政府代表访浙期间，省工商联组织企业参加“投资印第安纳推介会”，引导浙江省企业与美国印第安纳州企业开展合作。

【省工商联组织企业参加“加拿大—浙江经贸对接洽谈会”】 11月7日，加拿大总理哈珀访浙期间，省工商联主席南存辉、省工商联副主席陈爱莲等出席高层会见活动；省工商联组织20余家有意对加拿大开展经贸合作的企业参加“加拿大——浙江经贸对接洽谈会”。

【日本中华总商会及日本浙江总商会代表团访问省工商联】 11月25日，省工商联副主席李任治会见日本中华总商会及日本浙江总商会代表团一行。李任治介绍浙江省工商联及浙江民营经济发展情况，并表示浙江省工商联希望与两会建立密切联系和友好合作，共同为浙江与日本工商界搭建合作平台。日本中华总商会会长严浩和日本浙江总商会会长林立分别介绍各自商会发展情况，表示将进一步加强与省工商联的交流与合作，共同促进日本企业与浙江合作携手共同发展。

【“携手浙商——丝绸之路行”】 11月25日至12月2日，省工商联组织正泰集团、阿里巴巴集团、海亮集团、奥康集团、万丰奥特集团、盾安集团等近百家企业150

余人赴印度、土耳其和希腊举办"携手浙商——丝绸之路行"活动,共举办16场。

11月26日,主体活动"中国浙江—印度企业交流合作大会"在印度新德里举行。省委书记、省人大常委会主任夏宝龙在会上作主旨演讲,印度商工部副部长坎特作演讲,印度工商联合会会长悉达多·比拉、中国驻印度大使馆临时代办姚敬致辞,省工商联主席、正泰集团董事长南存辉以及万丰奥特董事局主席陈爱莲、阿里巴巴董事局主席马云和印度工业园高级副总裁彼得先后发言,400余位浙印工商界人士参加大会。在交流合作大会上,省工商联与印度工商联合会签订友好合作协议,浙印企业共签订11个合作项目,签约总金额25.11亿美元。交流合作大会之后,省工商联举办"中国浙江—印度产业对接洽谈会"活动,浙江与印度企业分13个行业进行产业对接。

在印度,省工商联还举办正泰集团10kW光伏系统捐赠仪式、省领导与在印浙商及部分企业家见面合影、中国浙江—印度工商界交流午餐会、印度古吉拉特邦工业园区投资考察等活动,组织部分企业家参加印度工商联合会举办的午餐会、印度国务部外交部举办的招待晚宴、印度商工部长和财政部长与省领导会见等高层活动。结束印度活动之后,省工商联组织部分企业家赴希腊举办"中国浙江—希腊海洋经济合作发展交流会"和企业对接洽谈会等专题活动,拜访希腊外交部、希腊圣托里尼市政府和土耳其工商企业家协会等部门,与雅典工商会、希腊圣托里尼产业联合会签署友好合作协议。

◎省工商联在印度举办正泰集团10kW光伏系统捐赠仪式

【印度驻华大使访问省工商联】

12月3日,省工商联主席南存辉、副主席尹健与印度驻华大使康特、印度驻沪总领事史耐恩和印度驻沪商务领事雷亮一行举行交流午餐会。康特高度肯定省工商联举办的"携手浙商——丝绸之路行"活动,并表示在中国浙江—印度企业交流合作大会上,印浙企业签署25亿美元的合作备忘录,是两地合作的良好开端。他希望,印度驻华大使馆尤其是印度驻沪总领馆与省工商联紧密合作,进一步跟进相关合作事宜。

南存辉表示,浙江企业非常期待能参加印度的经济建设,希望双方建立长效机制,加强高层互访和民间交流,共同推进两地的经贸往来和相互投资。久利集团董事长周志江、万事利集团董事局主席屠红燕等浙商代表参加交流午餐会。

会后,省委书记、省人大常委会主任夏宝龙会见印度驻华大使康特一行,南存辉参加。

【新加坡驻沪总领事访问省工商联】 12月4日,省工商联主席南存辉、副主席尹健会见新加坡驻沪总领事王首毅、商务领事王宗翰。

南存辉表示,新加坡的政府效率、智慧城市建设、管理理念、设计理念、工业区的总体规划和治理经验都是浙江需要的,双方有很多合作机会,希望总领事多到浙江来,多关注浙江。王首毅表示,新加坡竞争力很强,有几大战略优势,希望两地能加强金融、人文等方面的互联互通,两地企业加强经贸往来和项目合作。

(蒋　怡)

省 残 联

【涉外工作概况】 2014 年，浙江省残疾人联合会(简称省残联)接待来访团组 2 批 14 人。应邀组派浙江省残疾人工作交流团组 3 批 18 人。派遣宣传文体工作者 2 人随中国残联组织的残疾人摄影家艺术交流团赴澳门进行残疾人交流活动。派遣优秀残疾人运动员、教练员 9 批 47 人随中国残联代表团参加国际残疾人体育赛事。

【美国康州医院访华团访问省残联】 3 月 10 日至 11 日，美国康涅狄格州圣·法兰西斯医院访华团一行 8 人访问浙江，参观和考察省残疾人康复指导中心、省新华医院及省中医院。双方进行座谈交流，探讨骨关节置换合作项目事宜和未来合作发展的领域及可能性。

【浙江省残疾人运动员获国际赛事佳绩】 4 月 2 日至 12 日，在阿联酋举行的 2014 年 IPC 举重世锦赛上，浙江残疾人运动员谭玉娇获得 67 公斤级冠军，刷新该级别的世界纪录。4 月 19 日至 26 日，在伊朗举行的 2014 年坐式排球亚洲残疾人运动会资格赛上，浙江残疾人运动员徐增兵获得 1 枚铜牌。

【浙江省残疾人托养工作学习交流团访问希腊和意大利】 7 月 12 日至 19 日，浙江省残疾人托养工作学习交流团一行 6 人访问希腊和意大利，着重就残疾人托安养服务和城市无障碍环境建设，政府如何为重度残疾人出行无障碍提供服务等进行考察和交流。

交流团在希腊参观了马拉松市政府与欧盟共同出资建造的残疾人托管服务中心和雅典奥运会媒体村改造成的智力精神残疾儿童暑期夏令营。在意大利参观了拉齐奥大区阿德菲残疾人康复中心和福贾残疾人康复中心，听取专题授课并与各参访机构洽谈残疾人托安养专业机构和人才合作项目。

【残疾人摄影家赴澳门艺术交流】 7 月 17 日至 24 日，由澳门特区政府、中国残疾人福利基金会及中国残疾人联合会主办的“残疾人摄影家镜头下的澳门—内地与澳门残疾人摄影家艺术交流”活动在澳门举行。省残联派遣宣传文体工作者 2 人随团出访。摄影家们参加了由澳门特别行政区政

◎省残联交流团与意大利福贾残疾人康复中心交流

府社工局主办的摄影座谈会暨摄影展开展仪式，深入澳门的大街小巷、名胜古迹和城市新貌进行摄影创作。

· 相关链接 ·

残疾人摄影家镜头下的澳门—
内地与澳门残疾人摄影家艺术交流

该活动是澳门特别行政区政府与中国残疾人联合会及中国残疾人福利基金会签署的《共同促进残疾人特殊艺术发展项目（第三期）合作协议》系列活动之一，目的是向社会各界展现内地与澳门残疾人士的特殊艺术才能，以促进双方的艺术交流。中国残联分别选定北京、辽宁、吉林、浙江及广东深圳的残疾人摄影家参加交流活动，浙江选派临安市摄影家协会主席郑龙华、台州市叶云飞、丽水市张志忠三位残疾人摄影家参加。

【浙江省残疾人艺术交流团赴澳门演出】 9月2日至9日，浙江省残疾人艺术交流团一行28人赴澳门，参加"内地与澳门残疾人展能艺术墟"活动，作为内地唯一表演团队，与澳门当地表演团队共同演绎了3场演出，来自浙江、江苏的残疾人艺术家及澳门14个残疾人社团的残障人士代表300余人出席，内容包括残疾人艺术家作品展销、手工艺品工作坊、露天茶座、大型吹气游玩设施、舞台表演等。

【浙江残疾人运动员在亚洲残疾人运动会上取得优异成绩】 10月17日至24日，2014年亚洲残疾人运动会在韩国仁川举行，浙江籍运动员23名参加游泳、举重、盲人门球等8个项目的比赛，获得20枚金牌、12枚银牌、4枚铜牌。

【浙江省残疾人就业服务合作项目团访问澳大利亚和新西兰】 11月6日至13日，浙江省残疾人就业服务合作项目团一行6人访问澳大利亚和新西兰。代表团走访了澳大利亚布里斯班劳动就业福利办公室、悉尼大学残疾人康复研究所和新西兰奥克兰市社会服务厅等，并与各参访机构商讨残疾人就业服务方面的交流意向。

【浙江省残疾人社区康复工作团访问加拿大和美国】 11月12日至19日，浙江省残疾人社区康复工作团一行6人赴加拿大和美国进行残疾人社区康复方面的交流学习。工作团在加拿大考察了多伦多市的国际残疾与康复中心，双方就社区服务和理疗康复工作方面的新课题进行交流研讨；在美国拜访旧金山市伯克利区独立生活资源中心的残疾人社区和公共服务机构，与美国纽约市布鲁克林区残疾人资源中心就残疾人社区康复及康复专业技术人员培养方面的合作签订了3年交流意向书。

【德国奥托博克亚太区总裁访问省残联】 11月25日，省残联副理事长吴一农会见德国奥托博克亚太区总裁拉尔夫·斯图赫一行，向来宾介绍浙江省残疾人工作取得的成绩，反馈浙江省残疾人小康工程"助行"项目实施以来的有关情况，希望奥托博克公司作为浙江省小康工程假肢项目中标企业之一，能严格依法依规履行好合同，加强项目执行的廉政建设，加强高科技辅助器具的研发和管理，推进残疾人假肢制作安装和售后服务网点建设，提高服务质量。双方就开展专业技术合作和专业人才培养、培训，加大高科技辅助器具支持等方面问题进行洽谈。代表团一行参观省残疾人康复指导中心滨江工地、浙江特殊教育职业学院和省残疾人体育训练指导中心。

（朱秀芳）

省 贸 促 会

【涉外工作概况】 2014年，中国国际贸易促进委员会浙江省委员会（简称省贸促会）履行“四个服务”，开展贸易与投资促进工作。新增10家签约合作机构，累计与128家国（境）外对口机构签订友好合作协议。全年接待24批146人次外国客人来访，组织14个团组375人出访。

全年组织出国展560个，参展面积81000平方米，折合标准展位9000个，参展企业6600家。共签发一般原产地证明书843387份、优惠原产地证25864份、出具证明书144162份，代办使馆认证27933份，调解涉外纠纷案件160件，提供法律咨询800余次。

【浙江—香港经贸交流会】 4月4日，省贸促会和香港美国商会共同举办浙江—香港经贸交流会。省贸促会副会长徐山在致辞中期待香港美国商会众多有实力的会员企业与浙江中小企业有深度的合作与交流。香港美国商会前主席孙晨表示，香港作为中国金融和各种专业服务的中心，是外资企业进入中国、中国企业走向国际化的最好平台；浙江民营企业可以充分利用香港这一“跳

◎省贸促会与香港美国商会签署友好合作协议

板”走向世界。会上，省贸促会与香港美国商会签署友好合作协议。

【浙江—皮尔森企业对接洽谈会】 4月29日在杭州举办。省政府秘书长李卫宁、捷克皮尔森州州长瓦茨拉夫·斯拉济斯出席会议并致辞。省贸促会会长吴桂英和捷克西南商会联合会会长米洛斯拉夫·泽曼分别作专题发言，

◎浙江—皮尔森企业对接洽谈会

皮尔森州三名副州长兹丹卡·里斯柯瓦、伊沃·格律能、瓦茨拉夫·斯玛奈克等出席会议。浙江和皮尔森两省州的40家企业出席会议,进行对接洽谈活动。

【"2014浙江企业走进中东欧"产业对接系列活动】 5月26日至6月4日,省贸促会组织63家企业组成大型经贸代表团前往波兰、捷克和俄罗斯,举办"2014浙江企业走进中东欧"产业对接系列活动。省长李强率浙江省政府代表团出席波兰和捷克的活动;中国驻三国的大使、经济商务参赞,波兰总统府国务秘书、捷克工贸部部长及内务部部长等官员出席当地的对接系列活动。省贸促会分别与波兰信息与外国投资局、捷克西南商会、莫斯科工商会签署《双边友好合作协议》。其间,浙江企业与捷克、波兰和俄罗斯当地的300多家企业进行一对一洽谈,现场达成合作意向58项,意向金额超过2600万美元。

【智利驻沪总领事访问浙江】 6月30日至7月1日,智利新任驻沪总领事安明远一行访问浙江。省贸促会副会长黄小杭会见客人,向安明远介绍省贸促会8月率企业家代表团访问智利等南美四国活动的详细安排,希望总领事为浙江企业访问智利提供必要的协助。安明远欢迎浙江企业代表团访问智利并表示将协助省贸促会代表团访问智利。

【第二届浙江机电产品出口(厄瓜多尔)展览会】 8月6日至9日在厄瓜多尔瓜亚基尔市举办,省委副书记王辉忠率省政府代表团出席展会及一系列外事活动。中国驻厄瓜多尔大使,厄瓜多尔商务部、工业部、外交部、旅游部的主要官员,省贸促会会长吴桂英、厄中商会会长皮森特·王参加展会相关活动。68家浙企115人参展,展位117个。展会期间接待客商20000多人次,洽谈合作项目307个,现场成交和意向成交额超过1500万美元。

【智利驻华大使访问省贸促会】 8月20日,智利驻华大使贺乔治、智利驻沪总领事安明远一行拜访省贸促会。省贸促会会长吴桂英会见客人一行,副会长黄小杭、张青山参加会见。吴桂英表示,省贸促会一直致力于推动浙江和智利的经贸交往与合作,期待以大使此次来访为契机,加强与智利驻华大使馆、驻沪总领馆合作,为双边企业交流搭建良好平台,服务双边贸易和投资。贺乔治指出,智利重视与中国,特别是与浙江的经贸关系,希望今后能加强双边企业交流,推动双边经贸关系不断发展。黄小杭向客人简要介绍不久前组织6家浙江企业访问智利、拜访智利国家贸易委员会等贸促机构的有关情况。

【泰国外交部东亚事务司副司长访问省贸促会】 9月3日,泰国外交部东亚事务司副司长罗曼妮·卡纳努拉、泰国驻沪总领事芙诗功等一行10人拜访省贸促会,副会长黄小杭、张青山会见客人。黄小杭回顾浙江企业"走进中东欧"经贸对接洽谈活动、厄瓜多尔第二届浙江机电产品出口展览会等情况,介绍省贸促会明年重大经贸活动的初步设想。张青山说,近年来浙江省贸促会和泰国驻上海总领馆合作良好,希望今后进一步加强双边经贸合作。罗曼妮向省贸促会介绍泰国的最新经济发展形势,以及新政府出台的一系列经济优惠政策,希望借助省贸促会这一平台,促进双方企业之间的经贸合作与交流。芙诗功表示,将进一步加强与省贸促会的合作,协助浙江省组织前往泰国的大型经贸洽谈和展览活动。

【国际商会世界商会联合会秘书长访问省贸促会】 9月4日,国际商会世界商会联合会秘书长安东尼·帕克斯在中国国际商会秘书长林舜杰陪同下拜访省贸促会。安东尼·帕克斯了解浙江省贸促会、浙江省国际商会开展的原产地证及ATA单证服务、国际贸易调解仲裁服务等贸促工作。他认为,国际商会制定的规则和业务能在浙江外向型经济中发挥积极作用,希望今后有更多的规则适合浙江,也希望浙江积极参加国际商会的规则制定和世界商会联合会的重大活动。

(朱晓冬)

省 农 科 院

【涉外工作概况】 2014年，浙江省农业科学院(简称省农科院)派遣科技人员65人次出国考察，参加项目合作、国际学术会议以及技术进修。接待国外专家学者来访65批159人次。与韩国农渔村公社农渔村研究院签署合作谅解备忘录，建立战略合作伙伴关系。

【中日政府间合作项目学术研讨会】 3月27日，科技部中日政府间国际合作项目"不同植稻年限序列水稻土的稳定性及增碳技术研究"学术研讨会在杭州召开。来自日本名古屋大学和山形大学的专家，以及中国科学院、省农科院和慈溪、上虞、余姚等地的科技工作者共50余人参加会议。

会上，中日双方科研人员分别就0～2000年不同年代序列稻田土壤碳库的稳定性、杭州湾南岸不同年代序列水稻土耕层土壤腐殖质组分的变化、不同栽培条件下稻田土壤化学性质垂直分布模式等研究内容作详细汇报与讨论，并对项目下一步工作作了安排。

【举办园艺作物学术研讨会】 10月16日，省农科院与韩国农业振兴厅园艺特作科学院在杭州举办2014年度中韩园艺作物学术研讨会。院长助理孙国昌主持会议，双方科技专家分别作各自研究领域的学术报告。双方还就继续开展国际合作项目达成共识。会后，韩国农业振兴厅课长崔根镇一行4人还参观了省农科院杨渡科研创新基地与绿城农业基地。

【出席发展中国家科学院第25届院士大会】 10月26日至29日，省农科院院长、发展中国家科学院院士陈剑平应邀赴阿曼，参加发展中国家科学院第25届院士大会。大会探讨了发展中国家科学院新一轮核心使命，就农业科学、生物技术、基础医学等科技发展和青年科技人才培养开展专项研讨。会上新增选11名中国科学家为院士。

发展中国家科学院成立于1983年，致力于支持和促进发展中国家的科学研究。已有来自全球94个国家和地区的1000多名科学家当选为院士，其中中国科学家193名。

【与韩国农渔村公社农渔村研究院签订合作谅解备忘录】 11月27日，省农科院与韩国农渔村公社农渔村研究院签订学术交流与合作谅解备忘录，合作内容包括：人员互访，讲学与学术交流，交换学术资料与信息，对双方共同感兴趣的项目开展合作研究。签约仪式由院长助理孙国昌主持，院长陈剑平向韩国农渔村公社农渔村研究院院长朴正焕一行介绍了省农科院发展情况，表达了与韩方合作的意向。朴正焕介绍了该院的建设历史以及在韩国农业发展中的地位，希望与省农科院建立长期、务实的合作，共同发展与进步。签约仪式后，中韩双方6位专家围绕农业环境整治与保护等领域开展学术交流。

韩国农渔村公社农渔村研究院是韩国的国家级研究机构。

（陈晓雯）

高校外事

Foreign Affairs in Higher Education Institutions

浙 江 大 学

【涉外工作概况】 2014年，浙江大学(简称浙大)师生因公临时出国(境)6651人次，其中访问考察127人次、合作研究及学术交流2000人次、参加国际会议2463人次、技术培训及进修学习1379人次、讲学24人次、参展参赛114人次、其他任务215人次。派出校级代表团12批次。2014年新签、续签校际合作协议17个，学生交流协议7个，校际联合研究中心合作备忘录2个。新缔约合作伙伴主要包括美国哥伦比亚大学、佐治亚理工大学、德国慕尼黑大学、法国中央理工大学校集团等世界一流大学。全年接待海外及港澳等地区访问团组207批1768人次。

聘请外国文教专家589人，其中长期专家152人、短期专家437人。其中："与大师对话——诺贝尔奖获得者中国校园行"项目3项3人，国家"111"引智计划5项151人，"高端外国专家项目"以及"东欧独联体项目"15项15人，外专"千人计划项目"新增1项1人，国家"引进海外高层次文教专家重点支持计划"3项3人，重点外专引智项目"海洋学科重点引智平台"29人，教育部"海外名师项目"5项5人，教育部"学校特色项目"3项31人，学校"海外院士专项"15人，"海外名师大讲堂"项目20人，富布莱特项目专家1人，学校各类冠名讲座教授70多人。此外，全校聘请名誉、客座教授38人，各学部、院、系自主聘请短期专家近800人次。2014年，浙大两位外国专家阿尔方斯·乔治·比安肯斯(比利时)、苏珊·米勒·布里格斯(美国)因在教书育人、科研合作方面的杰出贡献，获得浙江省外国专家"西湖友谊奖"。

举办国际会议76项，其中科技类会议37项、人文社科类会议39项。重大国际学术年会1项，诺贝尔奖得主出席会议2项，国际学会年会10项，国际学科年会3项，双边会议8项。浙江大学组织的学科年会12项。出席会议代表10276人次，其中外方代表2292人次。录用会议论文3203篇，其中外方论文1023篇。

策划和实施"海外名师大讲堂"系列讲座，2014年度举办20场，邀请海外杰出学者、文化名人、大学校长、政府和国际(大学)组织高官等到浙大演讲，其中包括诺贝尔奖、普利策奖、图灵奖得主7人，知名大学校长6人。

国际校区建设取得实质性进展。3月，学校正式成立国际联合学院(海宁国际校区)(筹)，相关审批工作已经完成，进入全面施工阶段，首批新生计划2016年9月入驻。与英国帝国理工学院共建"应用数据科学联合实验室"签约并正式揭牌成立，全国政协副主席、科技部部长万钢出席签约仪式。浙大—帝国理工学院联合培养研究生项目被国家留学基金委确定为首批创新型人才国际合作培养资助项目，浙大12名联合培养研究生、3名教师派往帝国理工学院学习或参与合作研究；浙江大学—伊利诺伊大学厄巴纳香槟校区联合学院、浙江大学—爱丁堡大学联合学院建设进入申报实施阶段；浙江大学中国学中心正式成立，2014年招收留学生59名。

全年接待来自港澳等地区的参访团队95批1192人次，其中香港44批745人次、澳门2批11人次。党委书记金德水、校长林建华、常务副校长宋永华先后率团访问香港、澳门等地区。聘请港澳等地区高校4位学者担任浙大名誉或客座教授，邀请港澳等地区高校16位学者在浙大作专题讲座或短期授课，邀请港澳等地区代表参加国际会议3项等。执行学生交换学习等12个“2014年香港与内地高等学校师生交流计划项目”，邀请166名香港师生到浙大交流，建立浙江大学与香港中文大学崇基书院学生互访计划、浙江大学与香港科技大学机器人技术工作坊等品牌项目。与香港地区2所高校新签或续签合作协议，其中与香港大学签署高级管理人员工商管理硕士学位教育合作项目协议、与香港科技大学续签学术合作协议。

【举办德国柏林工大日】 3月17日，浙江大学与德国柏林工业大学两校建立校际合作关系三十周年庆典活动在浙大举行。活动期间，浙江大学校长林建华与率团来访的柏林大学校长施泰因巴赫代表两校续签校际合作协议。施泰因巴赫应邀做客启真海外名师大讲堂，介绍并分析德国高等教育现状。施泰因巴赫曾于2003年至2007年期间担任浙江大学外国语言文化与国际交流学院院长，是浙江大学聘请的第一位洋院长，也是中国高校的第一位洋院长。

【浙大校长出席“中日大学论坛”】 3月19日，校长林建华应日本科学技术振兴机构邀请，出席在北京举行的“中日大学论坛”。该论坛“以产学研合作推动国际创新”为主题，汇聚中日政府部门领导、著名高校校长、研究机构、知名企业高管等，围绕中日双方的产学研合作政策、现状、未来等议题开展4场研讨会。林建华主持以“通过产学研合作实现创新以及国际产学研合作”为主题的讨论会，并介绍浙江大学产学研合作理念、模式、实例，特别介绍了浙江大学与日本滨松光子学株式会社、富士电机等企业的合作项目。

论坛期间，林建华与日本科学技术振兴机构理事长中村道治会晤。林建华介绍了浙大产学研的优势和特色，希望通过双方的交流建立起“中国企业—中国大学—日本大学—日本企业”的合作模式，从而促进两国高校、企业的合作、技术转移以及人才培养。中村道治表达了相同的愿望。

【香港城市大学校长及佛光山开山星云大师做客海外名师大讲堂】 5月19日及9月18日，香港城市大学校长郭位和佛光山开山宗长、国际佛光会世界总会会长星云大师分别做客浙江大学“启真海外名师大讲堂”，作“大学教研之道”与“禅是一朵花”演讲，与全校1000多名师生分享大学教研相长之道和为人处事心得。

【浙大校长出席APRU校长年会】 6月23日至25日，校长林建华应邀赴澳大利亚首都堪培拉出席第18届环太平洋大学联盟校长年会。本次年会由澳大利亚国立大学承办，来自11个国家和地区的成员大学校长及国际事务高管近百人，共商APRU合作平台建设，以共同探讨和解决包括人口老龄化、气候变暖、可持续发展等人类面临的重大问题。在“校长论坛”环节，林建华以中国高等教育发展与需求的矛盾、浙江省经济增长与高等教育发展为背景，介绍了浙江大学筹建海宁国际校区（国际联合学院）的目的、愿景和规划。

【浙江大学帝国理工日】 7月18日至19日举办，英国帝国理工学院校长基斯·奥尼恩斯率团参加“浙江大学帝国理工日”活动。浙大党委书记金德水、校长林建华、常务副校长宋永华，英国驻沪总领馆教育领事马特·伯尼等出席活动。金德水与凯斯·奥尼尔共同为两校共建的“应用数据科学联合实验室”揭牌。来自两校的20多位专家学者以“大数据：医疗保健，智慧城市”为主题举行学术研讨会，围绕如何利用大数据打造智慧城市、健康居民问题在研讨会上作专题演讲。凯基·奥尼恩斯为启真海外名师大讲堂作“全球化与21世纪的大学”主题演讲。

英国帝国理工学院是全球十大高等学府之一。浙江大学将在英国帝国理工学院西校区设立海外校区。

（潘孟秋）

中国美术学院

【涉外工作概况】 2014年,中国美术学院(简称中国美院)派出短期出国(境)人员91人次。其中:教职工公派出访10批24人次,获国家留学基金委资助公派出国留学2人,教师和学生自费出国(境)考察、进修学习65人次。

全年接待来访外宾360余人次,接收国(境)外文教专家讲学40余人次,国(境)外校际交流生13人。与澳大利亚国立大学、英国伦敦大学戈德史密斯学院、韩国弘益大学等艺术院校新签对外交流协议6项。

全年赴港澳等地区参加学术交流活动25人次,来访人员83人次。中国美院23位港澳等地区学生获教育部颁发的奖学金。

2014年度留学生学历学生272人,占在校学生总人数3.4%;长、短期留学生786人,占在校学生总人数9.8%;生源国79个,港澳等地区学生101名。

举办大型涉外展览2个,即杭州国际当代玻璃艺术展、杭州国际陶艺双年展;举办"树石论坛——乡土建筑资源保护与乡村城市化"国际研讨会。

【透器·透气——2014杭州国际当代玻璃艺术展】 1月13日至3月5日在中国美术学院美术馆举办,由中国美术学院主办,公共艺术学院陶瓷与工艺美术系、美术馆承办。澳大利亚驻上海领事馆副总领事梅根·琼斯,中国美术学院党委书记钱晓芳、院长许江,浙江省文联书记处书记高克明,浙江省佛教协会副会长、杭州市佛教协会会长、灵隐寺方丈光泉,中国美术学院副院长王赞,浙江省美术家协会秘书长骆献跃,国内外各大美术学院玻璃艺术专业负责人,来自澳大利亚、美国、德国、法国、英国等国30位参展艺术家代表以及媒体朋友出席开幕式,开幕式由公共艺术学院副院长周武主持。

本次展览共展出国内外近30位著名艺术家的100件不同种类的优秀玻璃艺术作品。与此同时,为其2天的"透器·透气——2014杭州国际当代玻璃艺术展"研讨会在象山校区举行,来自中外的艺术家和评论家围绕"透器·透气""当代玻璃艺术学院教学""中国玻璃艺术与国际融合""玻璃艺术未来发展""玻璃艺术的传承"等主题进行了研讨。

【2014中国美术学院"新青年、新势力"国际青年电影工作坊举行】 4月10日至14日,由中国美术学院传媒动画学院主办的2014中国美术学院"新青年、新势力"国际青年电影工作坊在象山校区举行,本期工作坊邀请法国新浪潮大师埃里克·侯麦御用剪辑师雪美莲出任导师。4天的工作坊以讲座与现场剪辑组成,雪美莲题为"剪辑理想"的讲座主要讲述她与埃里克·侯麦的电影合作过程以及对侯麦电影的理解;其次以案例分析对电影剪辑提出自我理解与思维重构。现场剪辑部分"电影的可能性"以师生作品为案例,与导演一对一研究作品结构的另一种可能,再现场为作品进行剪辑提升。

【联合国副秘书长、联合国人居署署长访问中国美院】 4月20日,联合国副秘书长、联合国人居署署长约翰·克劳斯一行5人来访。约翰·克劳斯一行由王澍教授、陆文宇副教授陪同,参观象山校园和中山路南宋御街。双方围绕未来中国城市模式,以及中国当代城市发展中存在的深刻环境危机和社会危机进行讨论。

【中国美术学院设计艺术学院服装设计毕业展演在京获最佳发布奖】 4月23日，中国美术学院设计艺术学院服装设计毕业作品以"无限"为主题在北京"宏华数码·2014中国国际大学生时装周"完成首演发布。

28日晚，"宏华数码·2014中国国际大学生时装周"颁奖典礼举行。中国美术学院设计艺术学院获得"2014中国国际大学生时装周最佳发布奖""2014中国国际大学生时装周人才培养成果奖""2014年度中国时装设计育人奖"，指导教师陶音获"2014年度中国时装设计优秀指导教师奖"、学生佘望瑶作品获"九牧王杯第19届中国时装设计新人奖"。同时，澳大利亚莱福士学院从最佳发布院校中专门选择中国美术学院为合作院校，为服装设计专业学生提供1个全额奖学金和4个半额奖学金。来自海内外24所高等艺术院校的730余位应届毕业生参与此次展览的40多项系列专业活动。

【2014第二届中国国际大学生动画双年展暨国际动漫教育高峰论坛】 4月28日至5月3日在中国美术学院美术馆举行。院党委书记钱晓芳，党委委员、传媒动画学院院长刘正，院长助理杭间，日本东京宝冢大学动画部月冈贞夫教授，老动画艺术家、上海美术电影制片厂前厂长严定宪、林文肖夫妇，北京电影学院中国动画研究院副院长曹小卉，中国美术学院外事处处长、国际教育学院副院长金志林及传媒动画学院教师、法国驻上海领事馆工作人员和法国动画艺术家代表出席开幕式。

本次活动由中国国际动漫节执委会、中国美术学院主办，中国国际动漫节节展办公室、中国美术学院传媒动画学院、中国美术学院美术馆、英国驻沪总领事馆文化教育处承办，由上海美术电影制片厂、法国CULTUREVE文享法中文化交流协会协办。

【中国美术学院外事教育工作会议】 5月15日在中国美术学院象山校区举行。浙江省教育国际交流协会会长蒋胜祥，国家留学基金委规划部副主任李昕，中国美术学院党委书记钱晓芳和副院长宋建明、王赞，外事处全体工作人员以及各系、各部门主管外事工作的负责人和工作人员参加会议。

【亚信成员国艺术家代表团访问中国美院】 5月21日，亚洲相互协作与信任措施会议(简称亚信会议)成员国艺术家代表团一行60多人来中国美院南山校区访问。副院长王赞代表学院向代表团详细介绍了学院情况，并陪同参观校史馆、国画系、书法系和雕塑系。艺术家们向中国美院赠送《和谐亚洲——国际和平艺术家绘画作品展》画册。

【中国美院自主品牌"敦品"在美国参展】 6月18日，美国拉斯维加斯国际品牌授权展览会开幕，中国美术学院副院长宋建明参与开幕式剪彩。

展览会汇聚2万多名来自90

◎联合国副秘书长、联合国人居署署长约翰·克劳斯参观中国美院象山校区。

个国家和地区的世界顶尖零售商、经销商、制造商、代理商和品牌商等专业买家。中国美院“敦品”品牌秉承“艺术生活化·生活艺术化”理念,定期推出“敦品十二季”主题设计产品。此次参展展品是“敦品十二季”第一季首场展示会,由中国色彩学者宋建明教授作为学术主持和创意概念发起人,建筑设计师俞坚博士为第一季策展人,以“水·中国新文人生活”为主题展开话题,围绕中国的“水”“色”意象与当代中国文人生活方式的关系,与服装设计、家具设计、工业设计、陶瓷艺术、玻璃艺术、公共雕塑、首饰设计等16位设计师艺术家展开实验性设计对话,向世界展示中国新生的品牌形象以及中国新文人的生活方式和生活理念。

【第六届“四海艺同”留学生作品双年展】 6月25日至29日在中国美院美术馆举行。此次展览题为“欢乐在杭州”,共展出来自50多个国家68位留学生的112幅作品。展览涉及国画、书法、油画、版画、雕塑、跨媒体、动画、平面设计、工业设计、建筑设计、公共艺术等艺术形式。

【传媒动画学院师生动画作品在“中英创意动漫节”获奖】 7月14日至19日,英国文化协会、中国国际动漫节展办联合举办的文化核心活动——“中英创意动漫节”在英国艾之西尔大学举行。此次活动分为动画专家讲堂、动画专业工作坊和中英创意动画短片大赛三个部分,中国美术学院作为参与单位,由动画系于瑾和李佳佳两位老师带队,带领两位学生出席、参与此次活动。于瑾、李佳佳老师分别在活动中进行“中国美术学院动画专业教学背景”“中国传统艺术和文化对动画造型观念的影响”两场讲座。

此次活动,于瑾作品《梅花三弄》获得中英创意动漫节“最佳动画短片奖”;学生刘子佳作品《True Me》获得中英创意动漫节“最佳中国动画短片奖”,学生李诗云作品《孟姜女》获入围奖。

【苏夏导演作品《轨》入围蒙特利尔国际电影节】 8月21日至9月1日,蒙特利尔国际电影节颁奖典礼举行,传媒动画学院苏夏教授赴加拿大参加活动。苏夏执导的短片电影《轨》入围蒙特利尔国际电影节“世界竞赛”单元。

蒙特利尔电影节是国际电影制片人协会官网公认的国际A类电影节之一,其与戛纳、柏林、威尼斯、卡罗维发利电影节被国际电影联合会确定为国际五大电影节。

【作为启蒙的设计——中国国际设计博物馆包豪斯藏品展】 9月28日至11月8日在中国国家博物馆举行,清华大学美术学院教授奚静之、美国著名设计理论家维克多马格林、杭州市副市长陈红英、中国美术学院院长许江出席开幕式并先后致辞。开幕式由中国美术学院院长助理兼美术馆馆长、包豪斯研究院院长杭间主持。

“作为启蒙的设计——中国国际设计博物馆包豪斯藏品展”由杭州市政府、中国美术学院主办。展出作品约300件,展出内

◎“四海艺同”留学生作品双年展开幕式现场

容包括从包豪斯的先声——新艺术运动、德意志制造同盟到包豪斯的国际影响等，囊括了最杰出的现代主义设计大师作品。

【外籍博士生导师司徒立获2014年中国政府“友谊奖”】 9月29日，2014年度中国政府“友谊奖”颁奖大会在北京人民大会堂举行。国务院副总理马凯向获奖外国专家颁奖并讲话。中国美术学院博士生导师司徒立获2014年中国政府“友谊奖”。本年度共有来自25个国家的100名外国专家获得“友谊奖”。

【加拿大艾米丽·卡尔艺术设计大学校长一行访问中国美院】 9月30日，加拿大艾米丽·卡尔艺术设计大学校长罗纳德·布奈特一行在加拿大驻上海领事馆工作人员陪同下访问中国美院。

副院长宋建明会见加拿大客人，详细介绍中国美院的总体情况，包括院系设置、专业方向、教学特色、科研层次、国际交流等。罗纳德·布奈特介绍艾米丽·卡尔艺术设计大学情况，该校成立于1925年，是加拿大最具代表性的公立艺术院校之一，位于温哥华。宋建明和罗纳德·布奈特一致认为，中国美术学院和艾米丽·卡尔艺术设计大学具有极大的合作潜力和可能性，并表达立即展开合作与交流的愿望。

【法国达索集团副总裁一行访问中国美院】 10月9日，法国达索集团副总裁罗朗·达索一行4人在杭州市政协副主席赵光育陪同下到中国美院南山校区参观访问。副院长宋建明会见客人并陪同客人参观在美术馆展出的国美之路油画展。院长助理、美术馆馆长杭间，院办及美术馆负责人等陪同会见。

在座谈会上，宋建明介绍中国美院历史和发展现状，指出中国美院在历史上与法国艺术有着源远流长的联系。罗朗·达索对中国美术学院拥有优秀教师团队、充满创意表示赞赏，希望达索集团与中国美院开展更加深入的合作。

【英国伦敦大学金史密斯学院院长一行访问中国美院】 10月16日，英国伦敦大学金史密斯学院院长派崔克以及金史密斯学院艺术和舞蹈孔子学院主任郭爱萍访问中国美院。院长许江在白马湖文化创意园会见派崔克一行，陪同在“最设计·中国美术学院馆”的各个展区参观并亲自为客人当导览。随后，许江陪同派崔克一行参观象山校区。在座谈会中，双方就两校间的进一步学术交流合作如师生交换、联合课程等进行讨论。会后，双方签订合作谅解备忘录并互换礼物。

【举办“探索交互视野下的历史，中美现代美术研讨班”】 10月27日至31日，由特拉美国艺术基金会、加州大学圣巴巴拉分校和中国美术学院联合举办的“探索交互视野下的历史，中美现代美术研讨班”在中国美术学院南山校区图书馆举行。研讨班由中国美术学院图书馆馆长张坚和美国加州大学圣巴巴拉分校大学艺术博物馆馆长、艺术史和考古系教授布鲁斯·罗伯特森策划和组织，罗伯特森和来自加州大学圣巴巴拉分校艺术史与考古系中国美术史教授石曼担任主讲。参加研讨班的20位青年学者分别来自北京大学、南京大学、浙江大学、广州美术学院、中国美术学院、中央美术学院、清华大学美术学院等国内高校。研讨班主题为美国50年代以来现当代美术和体制语境，以及当下美国的中国美术研究的前沿问题。

【中国美院侨联主席王雪青获“侨界十大杰出人物”】 10月30日，2014年杭州海外之友联谊大会暨海外华商杭州投资洽谈会开幕，会上表彰了第三届杭州市“侨界十大杰出人物”，中国美术学院侨联主席、设计艺术学院教授王雪青获杭州市“侨界十大杰出人物”称号，侨联副主席、跨媒体艺术学院副院长管怀宾获杭州市“侨界十大优秀人物”称号。国侨办副主任谭天星、杭州市市长张鸿铭在会上讲话，院党委副书记胡钟华出席会议并颁奖。

【举办“树石论坛——乡土建筑资

源保护与乡村城市化”国际研讨会】 11月14日至17日，建筑艺术学院举办“树石论坛——乡土建筑资源保护与乡村城市化”国际研讨会。本次研讨会由中国美术学院与东南大学建筑学院、美国宾夕法尼亚大学设计学院联合主办，研讨会的主题是“水：回归生活——一个建筑与景观”。来自国内外的400多名知名学者和建筑师参加研讨会。

【第九届中国当代青年陶艺家作品双年展暨2014杭州国际当代陶艺双年展开幕】 11月20日至12月7日，“泥之祭”第九届中国当代青年陶艺家作品双年展暨“泥土与呼吸”2014杭州国际当代陶艺双年展在中国美院美术馆举行。中国美术家协会陶艺委员会主任韩美林，中国美术学院副院长宋建明、传媒动画学院院长刘正，联合国教科文组织陶艺协会主席雅克·考夫曼，英国皇家艺术学院马丁·史密斯教授在开幕式上致辞，学院党委书记钱晓芳宣布此次展览开幕。开幕式由中国美术学院公共艺术学院副院长周武主持。

69位艺术家参加当代青年陶艺家作品双年展，国内外30位艺术家参加杭州国际当代陶艺双年展，参展的国际艺术家来自法国、美国、德国、澳大利亚、日本、阿根廷、英国和瑞士等国家。

双年展由中国美术学院、中国美术家协会陶瓷艺术委员会主办，浙江省美术家协会、中国美术学院美术馆、中国美术学院公共艺术学院陶瓷与工艺美术系联合承办。

【2014中国湿版摄影首届学术邀请展暨论坛】 11月25日至12月5日举办，由中国美术学院传媒动画学院摄影系、同路人摄影网（同路人湿版摄影工作室）联合主办，是2014中国美术学院第三届“万象”系列摄影学术活动的一部分。本次学术活动是中国摄影学术界与影像艺术家首次集中针对湿版摄影术进行学术探讨与交流的活动，旨在推动湿版摄影术在中国的理论与实践活动及中国当代影像艺术范畴的学术研究。

11月29日，湿版摄影术学术研讨会由摄影系系主任矫健主持。欧美湿版教父奎因·雅各布森主讲“湿版摄影术”，国内著名策展人、摄影出版人毛卫东主讲“摄影可替代工艺”。

【英国诺丁汉特伦特大学艺术与设计学院院长一行访问中国美院】 12月3日，英国诺丁汉特伦特大学艺术与设计学院院长马约林·布鲁萨德及国际发展处处长安卓·普兰特访问中国美院。副院长王赞代表学院接待来访。外事处处长金志林及其他工作人员陪同会见。

在座谈会上，王赞简要介绍了中国美术学院的历史、学生规模及专业设置。布鲁萨德介绍了诺丁汉特伦特大学艺术与设计学院的情况。诺丁汉特伦特大学艺术与设计学院是英国最古老的艺术设计学院之一，成立于1843年。双方均表示合作的意愿，并探讨可能进行的合作方式。会谈后，王赞陪同布鲁萨德一行参观杭州国际陶瓷双年展。

【王澍获颁香港中文大学荣誉社会科学博士学位】 12月4日，香港中文大学第77届大会（颁授学位典礼）在香港中文大学邵逸夫堂举行。中国美术学院建筑艺术学院院长王澍获颁该校荣誉社会科学博士学位。香港中文大学校长沈祖尧主持，校董会主席郑海泉主礼并颁授博士学位。

【图书馆举办馆藏社科人文类摄影图书主题展】 12月25日至26日在象山校区举办。展出馆藏摄影大师贝伦尼斯·阿博特、亨利·卡蒂埃—布列、荒木经惟等相关作品集，提供多种优秀版本的比较阅读，并对一些新购相关图书进行集中展示。

（张　蕾）

浙江工业大学

【涉外工作概况】 2014年，浙江工业大学(简称浙工大)派出短期因公出国(境)人员153批269人次，其中出席国际学术会议、研讨会、年会67批95人次，学术访问24批52人次，短期合作研究25批52人次，培训1批1人次，其他16批34人次。

全年接待国(境)外来访团组15批70人次。分别与美国加州大学欧文分校、波兰玛丽亚居里夫人大学、土耳其棉花堡大学、比利时鲁汶大学、美国佐治亚州立大学等签订国际合作备忘录。拓展与匈牙利高校和科研院所学术交流与合作。

全年邀请各级引智项目相关外国专家61人次来校进行合作研究；聘用30余名外籍教师来校从事教学和科研工作。2014年首次成功申报科技部“亚非国家杰出青年科学家来华工作计划项目”，聘用1名印尼籍青年科学家来校工作。1位外籍专家获批成为“国家外专千人计划”专家，3位外籍专家获国家“高端外国专家项目”资助，1项引进国外技术、管理人才项目获国家资助，2人被浙江省政府授予2014年“西湖友谊奖”，2位专家获邀赴北京参加中国政府国庆招待会，1位专家受邀出席在北京人民大会堂举行的外国专家座谈会。

主办(承办)“第九届IEEE国际工业电子与应用会议”“第四届产品研发与可靠性国际学术会议”“2014航空飞行器噪声振动测量与控制创新技术国际研讨会”“2014中国—西班牙废气生物净化国际学术研讨会”“引力与宇宙学国际研讨会”等8次高水平国际性学术会议和研讨会，近200名专家来校参加会议。

全年组织学生赴国(境)外短期交流项目30批616人次，112名硕士及博士生研究生赴国(境)外参加学术会议、学科竞赛和文化交流等活动。推进“优秀本科生出国交流学习项目”，鼓励学生赴国外高水平大学进行课程学习或研究。15名学生通过“个人访学”形式赴美国哥伦比亚大学、加州大学圣地亚哥分校和加州大学河滨分校等海外名校进行学习和研修。获批4项“浙江省优秀本科生出国交流项目”，共有7名学生通过该项目资助赴国外合作院校学习交流。全年实施各类交换学生项目和联合培养项目14项，共有78名学生通过校际合作项目赴海外合作院校学习。

学校各类来华留学生2283人，其中学历留学生807人，新招学历生384人。继续与非洲加纳大学执行该校中文专业学生“逆向3＋1”合作模式，接受第三批23位加纳大学中文专业学生来校进行为期一年的汉语课程学习。接受来自印尼的高中汉语教师28人来校进行汉语培训。

学校已合建孔子学院2所，孔子课堂3个，全年推荐3名汉语教师、6名汉语教师志愿者赴海外孔子学院及孔子课堂任教；完成3批100余人次美国瓦尔普莱索大学孔子学院访华团组交流活动；举办加纳大学孔子学院成立周年庆祝活动。

全年浙工大教职工因公短期赴港澳交流访问26批68人次，其中参加各类学术会议10批21人次，学术访问及合作研究4批4人次，合作研究3批26人次。接待港澳地区来访团组2批10余人。组织小和山片区高校第四期校际干部联合培训班学员47人赴香港培训；选派175名学生赴香港大学、香港浸会大学、香港理工大学等开展短期交流活动。

【英国利兹都会大学副校长一行考察浙工大】 1月6日至8日，英国利兹都会大学副校长(兼健康与社会科学学院院长)叶延·埃利斯、利兹商法学院副院长西蒙·琼斯一行7人来浙工大，对两校合作培养的“中英国际贸易与金融硕士学位教育项目”进行正式考察与评估。

【匈牙利驻沪总领事访问浙工大】 1月8日，匈牙利驻沪总领事帕尔·彼得·施密斯、文化教育领事李雅娟和匈牙利摩根之星集团董事长郭国雄访问浙工大。校长张立彬会见来访客人。宾主双方就浙江工业大学与匈牙利文化教育领域的合作与交流交换意见。

【芬兰萨塔昆塔应用科技大学校长访问浙工大】 1月14日，芬兰萨塔昆塔应用科技大学校长兼首席执行官尤哈·卡马里和国际交流合作负责人玛丽娜·维克曼访问浙工大。校党委书记梅新林会见来访客人，介绍学校在各领域取得的成就。尤哈·卡马里介绍芬兰萨塔昆塔应用科技大学办学改革和发展重点。双方探讨下一年度两校计划开展的合作项目，包括双方互派交换生、互派教师和教学管理人员、在共同感兴趣的领域举办研讨会和进行科技合作等。

【中美孤独症研究高峰论坛】 4月4日在浙工大举行。本活动是2014年中国科协重要学术系列活动之一，由浙江工业大学、浙江大学、杭州市科协联合举办。世界卫生组织高级顾问、世界精神医学会教育部长、美国路易斯维尔大学精神医学与行为科学系主任塔斯曼，国际著名孤独症研究专家、路易斯维尔大学精神医学与行为科学系副主任卡萨诺娃，美国认知疗法协会主席、路易斯维尔大学抑郁症研究中心主任瑞特，路易斯维尔大学认知神经科学实验室主任素哈达应邀参会。

【大学生自杀预防“屏峰”国际论坛】 4月10日在浙工大屏峰校区召开，由浙江工业大学、浙江大学、杭州市科协联合举办。来自世界卫生组织、自杀预防国际组织、美国、加拿大和香港的著名心理学、自杀预防研究专家以及来自中国科学院、北京大学、复旦大学、浙江大学、武汉大学等近20个高校与研究机构专业人员近200人出席论坛。

【意大利工业设计大师访问浙工大】 4月22日，意大利工业设计大师斯蒂凡诺·乔凡诺尼访问浙工大。校长张立彬会见客人，介绍浙江省制造业在转型升级过程中对高质量设计的巨大需求以及浙工大所做的工作，希望学校与乔凡诺尼及其工作团队展开进一步的实质性合作，联合浙江省工业设计平台，为推动浙江省制造业发展做出贡献。乔凡诺尼表示，会尽快考虑合作具体方式和细节。

斯蒂凡诺·乔凡诺尼此次受浙江省工业设计技术创新服务平台邀请访问浙工大并为浙工大师生作题为“基于社会文化背景的设计创新方法和成功案例”讲座。

【克罗地亚执政联盟干部考察团访问浙工大】 4月25日，克罗地亚议会议员、社民党中央委员会委员戈尔达娜·索伯尔率克罗地亚执政联盟干部考察团一行9人访问浙工大。校长张立彬会见客人，介绍学校基本情况和办学特色，希望克罗地亚的高等院校能够与浙工大开展广泛深入的交流合作。戈尔达娜·索伯尔充分肯定克罗地亚相关省州和浙江省在经济、文化等领域取得的合作成果，希望双方在教育领域尽快展开合作，希望两国学生能够参与到正在实施的中国与中东欧国家学生交流项目，增进相互了解。她还表示，将为浙工大与克罗地亚大学之间的合作牵线搭桥，提供帮助。会谈期间，双方就高等教育和经济发展等交换意见。

【浙工大加纳大学孔子学院成立一周年纪念日活动】 5月17日在加纳大学孔子学院举行，来自中国驻加纳使馆、加纳教育界、新闻媒体的各位嘉宾，社会各界汉语及汉文化爱好者和青年学子参加此次活动。在周年庆典上，中国驻加纳大使孙保红出席活动并发表讲话。

【乌克兰国家科学院院士受聘为名誉教授】 5月27日，乌克兰国家科学院院士彼得罗夫受聘为浙工大名誉教授，副校长肖刚向彼得罗夫颁发聘书并为其佩戴浙江工业大学校徽。聘任仪式结束后，彼得罗夫为浙工大师生作题为“非医学干预的儿童斜视矫正技术”专题学术报告。

【浙工大代表团访问美国和加拿大高校】 6月1日至7日，校党委书记梅新林率团访问美国加州大学欧文分校、加州大学圣地亚哥分校和加拿大韦仕敦大学，与加州大学欧文分校签订两校合作友好协议，与加州大学圣地亚哥分校和韦仕敦大学探讨在师生交换、合作办学和科研合作等方面的合作。

【浙工大代表团访问波兰高校】 6月6日，校长张立彬应邀访问波兰卢布林市的玛丽亚居里夫人大学，并为该校师生作题为“中国高等教育国际化”报告。访问期间，张立彬与玛丽亚居里夫人大学校长米哈洛夫斯基，副校长德彼克斯基、乌拉等会面并交流。双方介绍各自学校最新办学情况，探讨两校合作的重点领域和项目。

【浙工大与国际经济合作发展组织(OECD)开展合作研究】 6月10日，浙工大正式接受国际经济合作发展组织(OECD)创业、中小企业和区域发展司委托，作为中国区代表开展合作研究。以浙工大中国中小企业研究院为主的研究团队接受OECD的课题委托并已开展相关合作研究。研究主要包括三方面内容：一是OECD创业、中小企业和区域发展司委托浙工大中国中小企业研究院作为中国区代表，从2014年起，完成《中小企业与创业融资：OECD比较记分卡》的年度报告；二是OECD方邀请浙工大承担“包容性创业”项目研究或组织相关研讨会；三是推动双方在人员互访、项目委托方面开展合作交流，与全球相关研究团队建立合作等。

【加拿大纽芬兰省代表团访问浙工大】 6月11日，加拿大纽芬兰省城市及政府间事务部社会经济政策处处长丹·麦肯基和纽芬兰省创新、企业和乡村发展部贸易和出口发展处凯莉·戴伊访问浙工大，副校长李小年会见客人。李小年向来访客人介绍浙工大总体办学情况，特别是科学研究和国际交流方面的办学特色以及学校与加拿大纽芬兰纪念大学前期已经开展的交流情况。丹·麦肯基对浙工大与加拿大纽芬兰纪念大学进一步合作寄予高度希望，并表示将尽力促成两校在师生交流方面的合作，特别是两校在海洋科学相关领域的科学研究。

【法国普瓦提埃大区教育代表团访问浙工大】 6月12日，法国普瓦提埃大区教育局局长雅克斯·莫瑞特携普瓦提埃大区教育代表团一行5人访问浙工大。校党委副书记肖瑞峰会见客人，介绍浙工大的基本情况、办学特色和国际交流现状，希望与该地区的普瓦提埃大学和拉罗谢尔大学开展师生交流和科研合作。雅克斯·莫瑞特介绍普瓦提埃大区高等教育概况，回顾该区与浙江省高校的交流合作，希望促成普瓦提埃大学和拉罗谢尔大学与浙工大在共同感兴趣的领域开展合作交流。

【2014中马甘油基化学品和生物材料国际学术交流会】 6月12日在浙工大召开。来自中国和马来西亚的50余名专家和学生参加会议。会议期间，马来亚大学颜醒农教授受聘为浙工大客座教授，并作特邀报告。

【澳门科技大学协理副校长主讲浙工大教学论坛】 6月13日，澳门科技大学协理副校长、国际学院院长孙建荣应邀在浙工大主讲第25期教学论坛，作“理解教与学：高校教学策略与教学评价”主题报告。近70位教师聆听报告。

【匈牙利驻沪总领事受聘为名誉教授】 6月20日，浙江工业大学授予匈牙利驻上海总领事帕尔·彼得·施密特为名誉教授，校长张立彬向施密特颁发浙江工业大学名誉教授聘书。施密特表示,将作为浙江工业大学的大使向匈牙利各界宣传和介绍浙工大,并为浙工大与匈牙利各界的交流提供广阔渠道,促进实质性的双边合作。

【浙工大与英国利兹都会大学合作办学十周年庆祝活动】 7月1日至5日在英国利兹举行。活动期间,两校续签合作办学新一轮协议,召开项目双边年会,举行两校合作办学十周年庆祝会议,并参加由中英商会组织的企业论坛等活动。浙工大校长张立彬发去贺信,对双方合作办学十周年表示衷心祝贺。英国利兹都会大学校长苏珊·普赖斯、英方商法学院代院长达米安·沃德、英方项目负责人玛丽·莱昂先后在庆典仪式上致辞。

【2014中国—西班牙废气生物净化国际学术研讨会】 7月8日至9日在浙工大召开。来自西班牙拉科鲁尼亚大学、清华大学、浙江大学、天津大学、同济大学、湖南大学和浙工大等单位的专家、学者及研究生共60余人参加会议。会上,废气生物净化领域国际知名专家、拉科鲁尼亚大学克里斯汀·凯恩斯教授作特邀报告。拉科鲁尼亚大学玛丽亚·韦加教授和国内有关高校专家教授分别作主题报告。

【"国际声学与振动系列学术讲座与专题研讨会"第三届会议】 7月18日至22日在浙工大朝晖校区举行。副校长肖刚在开幕式上致辞,浙工大外籍专家卢奂采教授和美国伊利诺伊大学劳伦斯·伯格曼教授担任会议主席。本次会议组织单位"声学与振动创新技术"国际合作研究中心,由浙江工业大学、美国伊利诺伊大学、美国韦恩州立大学、美国新墨西哥州立大学、中国商用飞机集团等单位于2012年发起成立。中心的宗旨是:将来自世界声学和振动领域学术界和工业界专家聚集在一起,探讨已有的或新兴研究领域中的创新方法和技术,促进国际合作与交流。

【浙工大孔子学院学生在"汉语桥"比赛中获一等奖】 在8月份结束的第13届"汉语桥"世界大学生中文比赛中,浙工大加纳大学孔子学院推荐的参赛选手一休获一等奖。本次比赛共有87个国家的126名选手参加,最终决出总冠军1名、洲冠军5名、一等奖5名、二等奖5名、三等奖15名及单项奖3名。

【2014年引力与宇宙学国际研讨会】 9月3日在杭州召开。此次研讨会由浙工大、中科院理论物理所联合主办,浙工大理学院天体物理研究所承办。会议邀请国内外引力和宇宙学研究领域的知名专家30多人,对该领域最新研究进展和发展方向进行交流和研讨。研讨会上,英国、俄罗斯、日本、中国等国内外十多位学者作学术特邀报告。

【乌克兰彼得罗夫院士为浙工大师生作学术报告】 10月11日,乌克兰国家科学院院士彼得罗夫为浙工大师生作"蓝宝石光碟:长周期数据存储新技术"学术报告。应彼得罗夫院士邀请,浙工大激光加工技术工程研究中心科瓦连科院士及夫人也参加本次报告。本次学术报告为彼得罗夫院士作为国家高端外国专家的既定工作任务之一,同时也是光学工程前沿系列讲座之一。

【"浙江工业大学维尔切克量子中心"揭牌成立】 10月17日,以"美国最杰出的理论物理学家之一"、2004年诺贝尔物理学奖获得者弗兰克·维尔切克命名的"浙江工业大学维尔切克量子中心"揭牌成立。校长张立彬、诺贝尔物理学奖获得者弗兰克·维尔切克教授、美国驻上海总领事史墨客和浙江省外侨办副主任陆国灏共同为中心揭牌,仪式由副校长肖刚主持。

【诺贝尔物理学奖获得者大型报告会】 10月18日,诺贝尔物理学奖获得者、美国麻省理工学院物理系教授弗兰克·维尔切克大型报告会暨名誉教授聘任仪式在浙工大屏峰校区举行。校长张立彬,维尔切克教授及夫人伊丽莎白·迪瓦恩,瑞典皇家科学院院士、芬兰科学院院士安蒂·涅米,美国匹茨堡大学教授刘文胜,北京大学国际量子材料科学中心副主任吴飙出席报告会,报告会和聘任仪式由副校长肖刚主持。聘任仪式后,弗兰克·维尔切克作题为"宇宙是一个稀奇古怪的地方"报告。

【德国吕贝克应用科技大学副校长访问浙工大】 10月20日,德国吕贝克应用科技大学副校长乔基姆·利兹访问浙工大。校长张立彬会见客人。双方介绍各自学校的最新发展,回顾总结两校在建筑学领域师生交流的相关合作项目以及其他领域的学术交流。会谈中,利兹还专门介绍该校近几年在远程教育方面取得的新突破,并希望与浙工大在该领域进行合作,为学生提供更为丰富的教育机会。双方还特别强调,两校所在的杭州和吕贝克均为世界文化遗产所在城市,两校可以在古建筑保护、建筑规划等领域展开深度合作。

【第三届中国研究生东盟论坛】 10月27日在浙工大屏峰校区开幕,来自越南河内和北京、广州等地近20所高校的硕士研究生和博士研究生积极投稿参加论坛,共同研讨中国与东盟国家政治、经济、文化、教育、旅游等方面问题。中国原驻越南大使齐建国、中国东南亚研究会副会长兼秘书长李一平等出席论坛。浙工大副校长华尔天在开幕式上致辞,浙工大党委委员、经贸学院院长虞晓芬主持仪式。中国研究生东盟论坛是培育中国东盟研究后备人才的平台。

【塔林理工大学副校长访问浙工大】 10月30日,爱沙尼亚塔林理工大学副校长蒂亚·瓦拉克一行4人访问浙工大。副校长肖刚会见客人,介绍学校最新概况,回顾两校自建立合作关系以来开展的交流。蒂亚·瓦拉克着重介绍塔林理工大学在科研创新领域的发展。会谈期间,双方就下一步两校合作进行商讨。

【东南亚高等教育代表团访问浙工大】 11月7日,来自老挝、柬埔寨、印度尼西亚、马来西亚、缅甸、菲律宾、泰国、越南等8个国家教育部及高校代表组成的东南亚高等教育代表团访问浙工大。校长张立彬会见客人。张立彬表示,东南亚国家是中国的近邻,浙江工业大学欢迎东盟国家的学生和教师来校留学、参与科学研究。代表团团长、老挝教育体育部高教司副司长坎抛·沾翩赛代表全体成员表示,希望通过访问了解浙江工业大学的基本情况,以便各方在各自感兴趣的领域进行交流。

【浙工大两位外国专家获"西湖友谊奖"】 11月14日,浙江省人民政府在省人民大会堂举行2014年外国专家"西湖友谊奖"颁奖大会,副省长熊建平出席大会并为获奖专家颁发奖章和证书,浙工大外国专家劳伦斯·伯格曼和阿里亚肯·麦克勒获奖。

【第16届西湖中小企业研讨会暨创新驱动与国际化论坛】 11月15日至16日在浙工大朝晖校区举办,由浙工大联合北京理工大学、清华大学、中国科学院科技政策与管理科学研究所、《科学、技术和社会》杂志、世界工业技术研究院协会、丹麦奥尔堡大学、英国曼彻斯特大学、美国阿克伦大学、北京科学学研究中心共同主办。浙工大副校长肖刚在开幕式上致欢迎词。本届研讨会以"创新驱动与国际化"为主题,通过主题报告与分论坛研讨的形式,共同探讨在世界经济疲软、全球产业链转移等新形势下中小企业面临的更深层次的转型升级困境,以及如何在政策扶持、技术创新、知识管理、国际合作等方面促进中小企业"二次创业"与内生性成长。

【参加"新背景下中越经贸关系国际研讨会"】 12月4日,校长张立彬率团出席在越南首都河内举行的"新背景下中越经贸关系国际研讨会"并作主旨演讲。代表团还访问越南海防市、越南航海大学,并受邀访问印尼8·17大学,与相关各方就校府合作、校校合作等事宜进行会谈和交流。

(祝 安)

浙江师范大学

【涉外工作概况】 2014年，浙江师范大学(简称浙师大)派出长短期因公赴国(境)外出访团108批319人次，比上年增长32.4%。其中：交流访问34批207人次，参加培训4批5人次，参加会议45批82人次，合作研究25批25人次。通过各类项目派出留学、访学、进修以及汉语志愿者共46人次。出访地涉及美国、英国、德国、白俄罗斯、匈牙利、南非以及香港、澳门等40余个国家和地区。

全年接待国(境)外来访人员909人次，其中交流访问403人次、参加国际会议61人次、参加培训344人次、合作研究28人次，讲学73人次。

全年聘请长、短期外籍专家教师57人次，其中具有博士学位或高级职称的外籍专家22人。

全年向国(境)外派出各种长、短期交流生448名，比上年增长28.3%。接收来自国(境)外的交换生17人次。

全年招收留学生1519人次，其中学历生379人次、非学历的普通进修生1140人次，生源涉及105个国家。中国政府奖学金、孔子学院奖学金和省政府奖学金生共233人。

新增英国、美国、意大利、爱尔兰、澳大利亚、韩国、南非等国家和地区的合作院校15所，签署合作协议和备忘录33份。

学校有共建孔子学院5所，其中新成立孔子学院1所。举办国际会议2个。

【马里巴马科人文与社会科学大学校长访问浙师大】 1月9日，校长吴锋民会见马里巴马科人文与社会科学大学校长麦基·萨马基，双方就合作共建孔子学院、协助开设汉语专业等事宜展开商讨，并签订两校合作协议书。

【浙师大代表团参加匈牙利书画展】 1月16日，由中欧文化教育基金会、匈中文化交流中心、欧亚多元文化交流协会与匈牙利美术大学共同主办的“澄怀·状态——匈牙利2014中国艺术家作品邀请展”在布达佩斯举行。包括浙师大教师邱兴雄、侯吉明、黄镇南、宋永进、杨尔、王琴、潘勤、卢新颜等在内的14名浙江书画艺术家携作品参展。匈中文化交流中心主席晓峰、欧洲多元文化交流协会会长张伟和匈牙利美术大学校长、艺术家哈贝尔在开幕式上分别致辞。多名中国艺术家、书法家为来宾展示书法表演。

【浙师大王滢在美国举办个人版画展】 1月16日至2月15日，浙师大美术学院王滢在美国杨百翰大学举办名为“传承与发展”的个人版画展。这是中国画家第一次在杨百翰大学举办个人画展。作品通过版画的艺术表达形式反映自秦汉以来中国历代女性的优秀品质，向世界展现中国文化元素。

【达累斯萨拉姆大学孔子学院首场文化讲座】 1月31日，坦桑尼亚达累斯萨拉姆大学举办2014年孔子学院首场文化讲座，孔子学院中方院长张笑贞主讲关于中国新年的文化。达累斯萨拉姆大学副校长马加雅出席，达大相关部门负责人、各学院院长、师生及学生家长共300余人参加活动。

【邢献红出席“中国在非洲的声音”会议】 2月19日至20日，由挪威克里斯蒂安米凯尔森研究所、莫桑比克经济和社会研究所联合举办的“中国在非洲的声音之媒体、文化和电信”会议在莫桑比克马普托召开，莫桑比克孔子学院中方院长邢献红出席会议并作主旨发言。中国驻莫桑比克大使李春华、挪威驻莫桑比克大使迈特马斯特、北京大学国际关系学院非洲研究中心主任李安山、中国社会科学院姜飞教授、南非国际关系研究所吴御瑄和安娜·阿尔夫博士等出席会议。

【商务部2014年援外培训业务研讨暨工作总结会】 2月24日至25日在浙师大召开，由商务部国际商务官员研修院主办、浙师大承办。商务部援外司副司长俞子荣、商务部国际商务官员研修院副院长邹传明、省商务厅副厅长韩杰、浙师大校长吴锋民出席会议，商务部和51家援外培训单位的130多名代表参加会议。俞子荣介绍2013年援外培训工作成效，分析工作面临问题，阐释援外培训工作改革的思路，提出四个方面的改革建议。韩杰、吴锋民分别致辞。

【浙师大首个境外合作办学项目获批】 3月3日，浙师大与新加坡智源教育学院在新加坡合作举办“学前教育专业教育硕士学位项目”获教育部批准，这是浙师大首个境外办学项目。根据合作协议，双方在智源教育学院开设以境外非中国籍公民为主要招生对象的学前教育专业教育硕士学位教育项目，联合培养3届学生，每届学生学制3年。浙师大负责制定人才培养方案，提供课程教学大纲及教材样本，派专业教师赴新加坡教授核心课程，并开展毕业论文指导工作，全程保障教学质量。学生在智源教育学院完成全程学业，修满规定学分，成绩合格，汉语水平考试达到毕业要求，并通过论文答辩者，授予浙师大教育硕士学位。

【美国天普大学副校长访问浙师大】 3月8日，校长吴锋民会见美国天普大学副校长维姬·麦加维一行。双方回忆两校自签署合作协议以来，在教师访学、管理干部培训、学生交流、合作举办本硕双学位项目等领域的合作成果，均表示期望两校能尽早启动中外合作办学项目和共建孔子学院。

【浙师大与澳大利亚合作办学项目】 3月24日，浙师大与澳大利亚伊迪斯·科文大学延期合作举办教育管理硕士学位教育项目获教育部批准，项目有效期至2018年12月31日。9月3日，浙师大与澳大利亚伊迪斯·科文大学合作举办广告学专业本科教育项目获教育部批准，项目有效期至2023年12月31日。

【第九届国际文化月活动】 4月16日，浙师大第九届国际文化月开幕，校党委书记陈德喜宣布校庆日游园会暨校第27届科技文化艺术节同时进行，校党委副书记蒋国俊致开幕词。

国际文化月活动围绕“放飞风筝，飞扬梦想”主题，举办首届中外学生英语大赛、第二届留学生气排球比赛、第七届留学生汉语大赛、“我的梦想与中国”征文大赛、第一届硬笔字大赛等；开展中华菜肴烹饪培训及端午民俗体验、中华经典诗文诵读、“足行浙江，揽景中华”主题联欢会等文化体验活动；还举行由印度尼西亚驻中国大使馆教育文化参赞、新加坡南洋理工大学陈六使讲席教授周敏、美国加州大学洛杉矶分校教授张敬珏和四川大学博士生导师雷汉卿分别主讲国际论坛系列讲座。

【浙师大获国家级、省级留学生管理先进荣誉】 6月20日，浙师大被浙江省高等教育学会、外国留学生教育管理专业委员会评为“2013年度浙江省留学生管理工作先进单位”。7月23日，浙师大又被中国高等教育学会、外国留学生教育管理分会授予“来华留学生教育先进集体”。党委办公室、校长办公室林斌获“来华留学教育优秀青年工作者”。

【非洲孔子学院联席会议】 6月24日至25日在坦桑尼亚首都达累斯萨拉姆召开。会议由浙师大与坦桑尼亚达累斯萨拉姆大学共建的孔子学院承办，旨在交流办学经验，研究非洲孔子学院未来发展战略。

国家副主席李源潮、坦桑尼亚副总统穆罕默德·加里卜·比拉勒、达累斯萨拉姆大学校长瑞卡扎·穆堪达拉、浙师大校长吴锋民出席开幕式并致辞。开幕式上，来自达累斯萨拉姆大学孔子学院、多多马大学孔子学院的学员表演中国相声、功夫、合唱等节目。国家汉办主任、孔子学院总部总干事许琳和吴锋民陪同李源潮、穆罕默德·加里卜·比拉勒参观汉语教材展。

共青团中央书记处第一书记秦宜智、中联部副部长于洪君、商务部副部长李金早、外交部部长助理钱洪山、中国驻坦桑尼亚大使吕友清，坦桑尼亚教育部副部长杰尼斯塔·马加玛、国务部长乔治·姆库奇卡、坦桑尼亚驻中国大使阿卜杜拉曼·辛博，以及来自非洲28个国家39所孔子学院（课堂）代表、驻外使领馆代表及当地社会组织和中资机构代表出席会议。

【浙师大代表团访问毛里求斯】 6月27日至29日，浙师大校长吴锋民一行5人访问毛里求斯高等教育、科学、研究与技术部和毛里求斯大学、毛里求斯教育学院、毛里求斯开放大学，与毛里求斯大学、毛里求斯教育学院签署合作备忘录。中国驻毛里求斯大使李立陪同吴锋民一行访问毛里求斯高等教育、科学、研究与技术部和毛里求斯大学并参加座谈。

【"赵溅球中国画欧洲巡回展"及学术研讨会】 7月8日至13日，中法建交50周年庆祝活动项目"赵溅球中国画欧洲巡回展"首展及学术研讨会在法国巴黎卢浮宫卡鲁塞尔厅举行。中国驻法大使馆文化参赞李少平、中法建交50周年庆典委员会副总专员克里斯汀娜·罗吉利、欧盟中国经济文化委员会秘书长谢建忠、浙师大教授赵溅球等出席开幕式。来自中法两国及其他国家的文化艺术界、收藏界、新闻界人士300余人参加展览。

本次展览由欧盟中国经济文化委员会主办，共展出赵溅球教授创作的93件中国画作品。展览期间，中国著名美术理论家王鲁湘主持"赵溅球中国画欧洲巡展学术研讨会"，中法两国及其他国家文化艺术界、收藏界、新闻界的专家学者和艺术家60多人参加研讨会。

【浙师大交流团赴港交流】 7月22日至29日，浙师大教师教育学院师生交流团一行24人赴香港交流访问。交流团参观香港教育学院图书馆和教育历史博物馆、香港科学馆、香港历史博物馆、工联康龄服务社（翠屏长者中心）、香港宏施慈善基金下属的深水埗社区服务处和香港岭南大学；走访基慈小学，考察香港地区大学服务研习工作的组织开展情况；访问防止虐待儿童会和心理卫生会，了解儿童保护方面的义工组织情况和特殊人员的心理防护与救助情况。

【蒋风获儿童文学国际交流贡献奖】 8月8日，第12届亚洲儿童文学大会暨第三届世界儿童文学大会在韩国昌原召开，来自世界各国的儿童文学家、儿童文学理论家等400余人参加会议。浙师大原校长、著名儿童文学研究者蒋风教授获儿童文学国际交流贡献奖，大会组委会授予他一块功劳牌。

【"澳门与海上丝绸之路"国际学术研讨会】 9月21日至24日在澳门理工学院举行，浙师大环东海海疆与海洋文化研究所与澳门特区历史文化研究会、澳门大学和澳门理工学院合作举办。中国及日本、葡萄牙、俄罗斯等国家近50名专家学者参加研讨会。

研讨会收到中外学者提交的专题论文45篇。浙师大环东海海疆与海洋文化研究所所长、特聘教授于逢春，常务副所长陈国灿，副研究员姚建根发言。陈国灿对本次研讨会作总结。

【浙师大艺术团赴加拿大巡演】 9月21日至10月1日，受国家汉办、孔子学院总部委派，浙师大艺术团赴加拿大参加"孔子学院日暨孔子学院十周年庆"文化巡演活动，举办9场以"激扬梦想　炫动金秋"为主题的文艺演出。

加拿大总理史蒂芬·哈珀、中国驻加拿大大使罗照辉、加拿大国会议员劳里·霍恩、阿尔伯达省省长吉姆·普伦蒂斯、埃德蒙顿市市长艾夫森分别发来贺信;萨斯喀彻温省立法会议员罗布·诺里斯、萨斯卡通市市长唐纳德·J·艾奇逊、阿尔伯达省卫生厅厅长史蒂芬曼德尔、阿尔伯达省亚太关系厅副厅长特里萨·波、埃德蒙顿公立教育局理事会主席莎拉·霍夫曼等当地政府要员及政府部门代表,当地学校领导、教师、学生和家长、各界民众共8500多人次观看演出。

【坦桑尼亚前总统访问浙师大】 9月22日,浙师大校党委书记陈德喜会见坦桑尼亚联合共和国前总统本杰明·威廉·姆卡帕一行10人,向客人介绍浙师大办学历史与发展概况、人才培养特色以及在对非研究、对非教育合作、人才培养、经贸服务等方面取得的成绩。姆卡帕一行参观浙师大非洲研究中心和非洲博物馆并进行座谈,做客"尖峰论坛",在图文信息中心作题为"在新千年实现非洲的自主发展"的演讲。

【美国印第安纳卫斯理大学副校长访问浙师大】 10月16日,美国印第安纳卫斯理大学执行副校长基思·纽曼一行访问浙师大,副校长楼世洲会见基思·纽曼一行,向客人介绍浙师大办学概况和国际化发展战略,双方签署两校合作谅解备忘录。

【中非教育发展与能力建设国际研讨会暨NNC与非洲教育丛书发布会】 10月23日至24日在浙师大图文信息中心举行。会议由浙师大非洲研究院、国际与比较教育研究院联合举办。

中国教育学会名誉会长、北京师范大学资深教授、浙师大双聘教授顾明远,中国教育发展战略学会副会长、浙师大原校长、国际与比较教育研究院名誉院长徐辉,中国教育学会比较教育分会副会长、原上海师范大学校长张民选,联合国教科文组织国际教育规划研究所管理委员会主席、前世界银行驻非洲地区负责人伯格·弗里德里克森,前英国皇家非洲研究协会副会长、爱丁堡大学前非洲研究中心主任肯尼斯·金,美国斯坦福大学非洲研究中心主任约耳书·萨莫夫,日本名古屋大学国际开发研究科山田肖子博士,博茨瓦纳大学教育学院院长理查德·塔布拉瓦等国内外知名学者参加会议。浙师大校长蒋国俊致开幕词,埃及高教部高教司司长哈特姆致辞,副校长楼世洲、非洲研究院院长刘鸿武分别主持开、闭幕式。徐辉主持中文版《国际教育政策研究与合作通讯》与非洲教育系列丛书发布会,并向顾明远、张民选分别赠送丛书。

浙师大万秀兰教授介绍"非洲高等教育研究丛书"和"非洲教育译丛"的编写、翻译和出版情况,肯尼斯·金介绍《国际教育政策研究与合作通讯》的基本情况,国际教育政策与合作通讯网主任、瑞士国际发展与合作研究学院米歇尔·卡顿教授介绍该网络的情况,万秀兰与卡顿签订NNC合作协议。

来自英国、瑞典、瑞士、美国、日本、南非、喀麦隆等国家,爱丁堡大学、斯坦福大学、联合国教育规划研究所等大学和研究机构,北京师范大学、上海师范大学、浙江大学、东北师范大学及浙江师范大学学者、专家参加研讨会。

【2014"中国南非年"活动】 11月26日至12月2日在浙师大举行。本次活动是对中南两国加强人文交流、互办"南非年"与"中国年"的响应,通过举办讲座、"印象南非"摄影展、南非电影周以及"印象南非"英语演讲赛等四项活动,传播南非文化,促进中南文化交流。南非驻上海总领馆政务参赞莫恩·马克思,中国驻南非前大使、中非国际商学院院长刘贵今,南非金山大学留学生丽贝卡出席开幕式并分别演讲,以三种身份、三个视角,呈现不同的南非印象。

【第八届"梦行浙江"外国留学生中华才艺展演】 12月5日在浙师大举行,由省教育厅、省政府新闻办、省政府外事侨务办、浙江广电集团主办,浙师大与浙江电视台教育科技频道承办。省教育厅副厅长于永明、省外事侨务办副主任顾建新、省政府新闻办副主任杨荣耀、浙江广电集团副总编辑顾顺坤、省外国专家局副局长奚灵平、浙师大校长蒋国俊以及十多所高校的领导等出席活动。来自浙师大、浙江大学、宁波大学、中国美术学院等13所高校共200余名留学生参加表演，以舞蹈、歌曲、书画、舞台剧等形式展示中华才艺，表达对中国文化、对浙江大地的热爱。浙师大留学生表演的《红灯笼》受到好评。

【浙师大校长出席第九届全球孔子学院大会】 12月7日至8日，第九届孔子学院大会在厦门举行。国务院副总理、孔子学院总部理事会主席刘延东出席开幕式并作主旨演讲。浙师大校长蒋国俊应邀出席大会，拜会国家汉办主任、孔子学院总部总干事许琳，双方就浙师大建设示范孔子学院交换意见。蒋国俊还分别会见浙师大合作共建孔子学院的外方大学校长、孔子学院中外方院长。

【浙师大校长会见伦敦大学学院教育研究院校长】 12月8日，浙师大校长蒋国俊在厦门国际会议中心会见英国伦敦大学学院教育研究院校长克里斯·赫斯本兹一行，向代表团介绍浙师大办学情况，教育技术、教育学方面的研究成果以及学校国际化战略成效。双方签署《浙江师范大学与伦敦大学学院教育研究院合作详解备忘录》。

【马里驻华大使访问浙师大】 12月9日，马里驻华大使拉西纳·科内一行2人访问浙师大非洲研究院，副校长楼世洲会见拉西纳·科内一行并举行座谈。双方均表示希望建立浙师大与马里高校的良好合作关系，浙师大愿意帮助马里建立中国艺术博物馆，建立人文交流平台。拉西纳·科内代表马里大使馆向浙师大非洲博物馆赠送精美木雕藏品。

【援外培训】 2014年，浙师大承办13期教育援外培训项目，培训来自亚非50多个国家的政府官员、大中小学校长及教师251人。培训主题涉及高等教育、基础教育、学前教育以及特殊教育管理。

【出国留学及海外夏令营】 2014年，浙师大办理自费出国留学50人次，因公签证教师21人，交换生签证180人。浙师大组织海外夏令营3批75人次，其中英国大学生团1批40人次、美国学生团1批31人次、韩国学生团1批4人次。承办浙江师范大学外教英语夏令营，600人次参加。

【与港澳地区交流】 2014年，浙师大赴香港地区交流访问、参加学术会议、培训、访学等共6批7人次，赴澳门5批6人次。全年接待来自香港、澳门地区的交流访问学者43人次。招收第一届来自港澳地区的本科生5名。

7月3日至7日，香港教育学院研究生院与浙江师范大学、南京师范大学、华南师范大学、上海大学、香港大学、韩国京仁教育大学、日本广岛大学等在香港共同组织“2014年研究生暑期学校及会议”。浙师大派出18名研究生，由1名教师带队赴港参加活动。

（马松霞）

宁 波 大 学

【涉外工作概况】 2014年，宁波大学因公出国(境)71批160人次，其中：校领导出访团3批10人次，参加国际学术会议或进行合作科学研究58批132人次，参加教育交流与短期进修9批17人次，随双跨团组出访1批1人次。全年接待来自国(境)外来访、交流、讲学和合作研究的专家、学者、友好人士178批458人次。聘请外籍教师234人(其中186人为短期专家)，分别来自美国、加拿大、英国、德国、法国、瑞典、澳大利亚、日本、韩国等国全球排名前100院校或专业排名前100的专家。招收来华留学学历生1325人，其中硕士研究生235人、博士研究生5人、长期汉语进修生366人。派出交换生485人。

【校领导参团访问法国、希腊和土耳其】 4月16日至25日，省教育厅教育友好交流团一行6人前往法国、希腊和土耳其访问，副校长邵千钧参团出访。

【校领导访问俄罗斯和法国】 5月11日至17日，校长聂秋华、信息科学与工程学院院长夏银水、高等技术研究院院长王让定、国际合作处副处长吴锡存、人文与传媒学院副院长沈世伟一行应邀访问俄罗斯苏里科夫美术学院和法国昂热大学。

在俄罗斯莫斯科，苏里科夫美术学院院长柳巴汶陪同聂秋华一行参观教授工作室、学生优秀作品和学院图书资料室，观摩古代名画修复工作坊和版画制作工作坊。聂秋华与柳巴汶签署两校交流与合作备忘录。

在法国昂热大学，聂秋华与昂热大学校长签署《宁波大学中欧旅游、酒店与文化学院合作协议》。聂秋华一行参观了设在索米尔市的昂热大学旅游学院分校。

【宁波大学与澳大利亚阿德莱德大学签约】 5月28日，澳大利亚阿德莱德大学代表团访问宁波大学，宁波大学与阿德莱德大学签订合作备忘录。根据合作备忘录内容，阿德莱德大学将与宁波大学在教师交换、科研信息交流、互派学者授课和参会、合作研究等领域展开合作。

【宁波大学与中东欧高校签署教育合作备忘录】 6月9日，宁波大学应邀出席由宁波市人民政府主办，市教育局和市外办承办的“中国宁波—中东欧国家教育合作交流会”。会议期间，宁波市副市长张明华授予宁波大学“中国宁波—中东欧国家中国文化传播体验基地”的铜牌。同时，宁波大学分别与保加利亚瓦尔纳自由大学和波兰克拉科夫理工大学签署教育合作备忘录。

【以色列驻沪总领事访问宁波大学】 7月10日，新任以色列驻沪总领事柏安伦一行访问宁波大学并参加宁波大学国际论坛，为宁波大学师生作题为“以色列高新产业”的演讲。

【校领导访问马达加斯加】 10月8日至13日，校长沈满洪、国际合作处处长陈玉涓、人文与传媒学院副院长严建雯和沈世伟访问马达加斯加塔马塔夫大学。此次访问旨在签订宁波大学与塔马塔夫大学设立孔子学院的执行协议，以进一步细化并落实建设孔子学院的具体步骤和措施。

(杨美美)

表4　2014年宁波大学接待的国外来访团组

时间	来访人员	来访内容
1月14日	美国奥特本大学保罗·艾森斯坦教授	合作交流
1月15日	美国特拉华州立大学常务副校长阿迈尔·穆罕默迪，校长助理刘凤山	合作交流
2月13日	澳大利亚阿德莱德大学外事处处长桑迪·诺埃尔	合作交流
2月26日	俄罗斯苏里科夫美术学院院长柳巴汶纳，油画系教授杜博维克，院长助理瓦莲金娜	合作交流
3月4日	波兰欧亚基金会会长卡利克·格雷戈里，助理米勒	合作交流
3月8日	澳大利亚西悉尼大学校长巴尼·格罗佛，校长助理蓝易振，国际处处长克莱夫·斯摩曼，商学院院长彼得·赫金斯	合作交流、续签协议
3月17日	美国加州州立大学北岭分校商学院院长罗格瓦尔·梅特兰，商学院教师利文斯通	交流合作
3月18日	英国西苏格兰大学曹薇博士	合作交流
3月20日	瑞典克里斯蒂安大学外事处处长洛塔，机械学院教授弗雷德里克·弗里斯克，信息工程学院教授米凯尔·汉德格瑞	交流合作
3月26日	爱丁堡大学生物科学学院教授莫里斯·加拉格尔、安·哈雷	交流合作、2＋2项目学生面试
3月27日	瑞典西部大学瑞典科技园主任托雷·赫尔默松，西部大学教授安娜卡琳·克里斯汀桑，瑞典科技园彼得·布瑞特森	合作交流
3月28日	英国西苏格兰大学教育系教授菲利普·莫里斯	合作交流、学生面试
4月8日	英国安格利亚鲁斯金大学外事处区域总监丁兰，理工学院国际项目主任杰奎琳·麦卡蒂	合作交流、孔子学院
4月28日	瑞典舍夫德大学国际处处长伊丽莎白·佩尔森，国际处联络员安德里亚·卡斯特利亚德·卡瓦略·迪奥	合作交流
5月10日	美国南方州立大学外事处琳达	合作交流
5月12～15日	美国威斯康星大学外事处处长珍娜·格拉夫	合作交流
5月18～21日	美国普渡大学外事处处长戴安娜	学生团组交流
5月20日	美国中田纳西州立大学校长西德·尼麦克菲，副校长安德鲁·欧普曼，校董事会委员保罗·马丁，教务长特别助理彼得·坎宁安	合作交流
5月25～27日	英国安格利亚鲁斯金大学副校长克丽丝·常、鲁斯·杰克逊，医学院院长奥利弗·吴	合作交流
5月28日	澳大利亚阿德莱德大学校长沃伦·贝宾，副校长戴安娜·戴维森、凯瑟琳·布兰森、肯特·安德逊	合作交流

续表

时间	来访人员	来访内容
6月6日	加纳霍城理工学院校长杰克帕苏·科菲,教育咨询中心主任科菲·弗兰斯吉尔	合作交流
6月6日	波兰彼得哥什生命科技大学校长维奥莱塔·多波斯尔维次·布卡鲁克夫人	合作交流
6月8日	瓦尔纳自由大学副校长博季诺夫·斯托伊洛夫、彼得·斯托扬诺夫	合作交流
6月9日	夸美纽斯大学耶森纽斯医学院副院长艾丽·卡哈拉索维尔	合作交流
6月9日	亚克隆尼安大学医学院教授卡塔日娜·斯托拉尔兹	合作交流
6月9日	斯洛文尼亚马里博尔市市长顾问马尔克·科瓦奇奇	合作交流
6月9日	哈姆斯塔德国际处处长斯蒂格·佩尔图	合作交流
6月10日	匈牙利森美威斯大学医疗科学学院院长佐尔坦索尔特·纳吉,国际关系部主任马塞尔·波普,匈牙利驻沪总领事李亚娟	合作交流
6月11日	克拉科夫音乐学院副校长达留什·白维瀚·科伊斯,器乐学院副院长达留什·西里斯克,国际部卡罗丽娜·牙罗什	合作交流
6月17日	西班牙巴利阿里群岛大学校长罗雷·乌格特·罗特杰,国际处处长里卡多·萨格雷拉,旅游管理博士点主任米盖尔·赛吉·利纳斯	合作交流
6月23日	特拉华州立大学校长哈利·威廉姆斯,校董德芙娜·威廉姆斯,商学院院长杨·夸克	合作交流
6月29日～7月9日	澳大利亚西悉尼大学国际项目教师尔伯·特雪莉、鲍尔·安妮玛格丽特	学生短期交流
7月9日	以色列驻沪总领事阿尔农·柏安伦,经济领事艾兰德·加夫尼,政府与经济事务部主任亨利·孙	合作交流
9月3日	澳大利亚阿德莱德大学校长沃伦·贝宾,常务副校长帕斯卡·尔奎斯特	合作交流
9月5～13日	土耳其棉花堡大学数学系教授缪拉·莎丽,经济系副教授艾登·纱丽,管理系教授苏莱曼·布鲁斯	合作交流
10月21日	法国鲁昂市代表团法国鲁昂市议员、前副市长马修·查莱尼特等一行5人	合作交流
10月28日	澳大利亚西悉尼大学副校长琳达·泰勒,校长助理蓝易振等3人	合作交流
11月5日	瑞典克里斯蒂安斯塔德大学副校长莉娜·佩尔森,外事处处长、国际部主任洛塔等5人	合作交流
11月14日	加纳阿克拉理工学院校长西尔维斯特·阿奇奥等4人	合作交流
12月10～12日	马达加斯加塔马塔夫大学校长杰罗姆·贝洛	合作交流(孔子学院)

浙江理工大学

【涉外工作概况】 2014年，浙江理工大学(简称理工大学)派出教职工出国(境)团组12批17人次，其中考察访问6批20人次，参加国际学术会议3批5人次，学术交流27批37人次，学习进修59批59人次。全年有1072名国(境)外专家学者、学生来校学习、访问、作学术报告或参加学术会议。其中：长、短期留学生706人，港澳及华侨学生39名；来校工作的外籍专家、教师63人次，进行短期交流以及考察访问人员88批235人次；举办国际学术会议2次，参加国际会议29人次。2014年，学校与12所国外院校签署校际交流协议，其中美国5所，英国、法国、丹麦、韩国、日本、印度尼西亚、新加坡各1所。赴国外高校学习交流学生375人次。

【日本文化学园理事一行访问理工大学】 3月26日，日本文化学园理事、文化学园大学副校长滨田胜宏和学生课课长宫本朱访问理工大学。副校长陈建勇会见滨田胜宏一行，会谈中，双方介绍各自学校基本情况、专业特色以及本科、研究生招生培养情况，针对在服装学科领域开展硕士联合培养项目进行商讨，形成方案。

会谈结束后，校长裘松良与滨田胜宏一行进行交流。

【与德国巴登符腾堡双元制应用技术大学分校签署合作协议】 4月3日，德国巴登符腾堡双元制应用技术大学勒拉赫分校校长西奥多·斯普劳尔、商学院教授约根·瓦格曼访问理工大学。校长裘松良、副校长陈建勇会见斯普劳尔一行。裘松良向代表团介绍学校办学情况，希望双方相互学习，朝着互惠互利、共同发展的目标迈进。斯普劳尔介绍巴登符腾堡双元制应用技术大学勒拉赫分校基本情况，欢迎理工大学学生前往交流学习。双方签署校际合作备忘录。

【印尼工业部教育与培训中心代表团访问理工大学】 10月28日，印度尼西亚工业部教育与培训中心代表团19人在中心副主任诺诺·沙利奥诺·沙利尔率领下访问理工大学，副校长郜正荣会见代表团一行。郜正荣介绍学校基本情况。诺诺·沙利奥诺·沙利尔介绍印度尼西亚工业部教育与培训中心及其下属院校情况以及印尼的职业教育体系等。双方就学生联合培养、合作研究等交换意见。

【英国籍文教专家获“西湖友谊奖”】 11月14日，理工大学英国籍文教专家翁家然获2014年度浙江省外国专家“西湖友谊奖”。翁家然是英国谢菲尔德大学终身教授，国际著名的高分子物理学家。

【理工大学代表团访问澳大利亚和印尼友好院校】 11月15日至22日，副校长陈建勇率团访问澳大利亚皇家墨尔本理工大学和印尼工业部工业教育与培训中心及其下属的纺织科技学院、工业管理学院和化学分析学院。代表团与4所大学、学院交流教育和科研成果，就学生互换、教师互派、合作研究、学生短期交流项目等合作项目进行商讨。

【捷克利贝雷茨技术大学代表团访问理工大学】 11月25日，捷克利贝雷茨技术大学副校长索娜·詹多瓦、国际部主任贾罗斯拉娃·米利卡、材料工程系主任基里·米利克等5人访问理工大学。副校长郜正荣会见詹多瓦一行，双方分别介绍各自学校办学历史、学科特色以及国际交流合作等，随后就师生交流、科研合作、学术交流等方面的合作意向进行探讨。詹多瓦表示，利贝雷茨技术大学希望能与浙江理工大学开展多种形式的交流与合作。郜正荣希望双方通过实质性合作促进两校相关学科发展。

【波兰女钢琴家举办钢琴独奏音乐会】 12月22日，波兰音乐家乔安娜·瓦乌丽诺维茨的"浪漫肖邦"之旅新年钢琴独奏音乐会在理工大学国际会展中心举行。独奏会上，乔安娜·瓦乌丽诺维茨演奏世界名曲以及《我的祖国》《月亮代表我的心》等中国师生耳熟能详的旋律，现场气氛热烈。理工大学大学生艺术团和外国留学生代表也参与演出。独奏会前，副校长郜正荣与波兰驻华使馆官员一同看望了乔安娜·瓦乌丽诺维茨。

【浙江理工大学留学生、港澳及华侨学生获得多项奖励】 2014年，浙江理工大学留学生中有45人享受中国政府奖学金，25人获得浙江省政府来华留学生奖学金；刚果（金）籍留学生威廉获得浙江省第八届"梦行浙江"外国留学生中华才艺展示系列活动之《舌尖上的浙江》外国留学生中华厨艺比赛第三名；8名港澳及华侨生获得2014年度教育部港澳及华侨学生奖学金。

（郭　斐）

表5　2014年浙江理工大学对外合作交流情况

学院、部门名称	教师出国（境）交流（人次）	学生出国（境）交流（人次）	聘请长短期国（境）外专家（人次）
理学院	27	15	4（长期3、短期1）
材料与纺织学院	24	28	4（长期1、短期3）
服装学院	17	149	22（长期2、短期20）
信息电学院	11	3	
机械与自动控制学院	20	22	1（长期1）
建筑工程学院	8	7	
生命科学学院	10	7	3（长期2、短期1）
经济管理学院	10	48	6（长期5、短期1）
艺术与设计学院	5	31	2（长期、短期各1）
法政学院	3		
外国语学院	8	28	20（长期19、短期1）
文化传播学院	2	6	
马克思主义学院	2		
启新学院	4	28	
科技与艺术学院		3	1（长期1）
行政部门	24		
总计	175	375	63

杭州电子科技大学

【涉外工作概况】 2014年，杭州电子科技大学(简称杭电)共派出因公出国(境)团组129批187人次。其中学术交流99人次、国际会议38人次、科研合作27人次、双跨和大学生团组领队23人次。全年接待来访国(境)外友好交流团组105个，聘请长短期外国文教专家155人。与16个国家的大院名校洽谈72个联合培养、跨文化之旅、交流生长短期学习与交流项目。共派出长短期本硕生赴国(境)外学习交流538人，遍布13个国家和地区。与欧美、亚洲和澳洲名校、重点专业新签署16个国际合作项目协议。全年招收各类长短期留学生语言生、本科生、硕士研究生175人，覆盖37个国家。邀请外国文教专家为学生举办15期“新视野——跨文化交际”系列学术专题讲座。

【获“2013年度涉外规范化管理优胜单位”】 1月13日，杭州市公安局杭州经济技术开发区分局召开“2013年度外管工作先进单位及个人表彰大会”，杭电被授予“2013年度涉外规范化管理优胜单位”。

【获国家留学基金委“优秀本科生国际交流项目”资助】 2月19日，国家留学基金管理委员会公布2014年优秀本科生国际交流项目评审结果，杭电申报的“与英国贝尔法斯特女王大学电子信息工程专业本科生交流项目”获批。该项目选派本科三年级学生，符合选派条件的同学，将获得由国家留学基金委、浙江省教育厅和杭州电子科技大学的联合全额资助。

【美国加州浸会大学代表团访问杭电】 3月10日，校党委书记费君清、副校长郑宁会见美国加州浸会大学副校长林莱瑞、国际学生招生官员布莱恩特·孔一行，国际交流合作处、管理学院负责人参加会见及合作项目会谈。林莱瑞一行实地考察管理学院及其实验室，了解学院的国际化特色、国际化专业和课程群及师资国际化建设等情况，对拟开展的学院对学院交流合作项目模式等进行探讨。

【研讨布置国际化发展工作】 3月11日，副校长郑宁主持召开国际化发展、国际化教学工作推进会及国际化考核指标讨论会，相关部处负责人、各学院外事工作及国际化工作负责人等参加。

省外办领事处干部应邀作题为“外事交际与礼仪”培训讲座；国际交流合作处负责人对省教育厅“国际化考核指标”和《浙江省本科教学业绩考核指标》中国际化相关指标内涵、要求和分值进行解读；管理学院和通信工程学院负责人分别就杭电与德国斯图加特大学合作举办中德联合培养工业工程专业、英国东伦敦大学合作举办通信工程专业等与大家分享经验。

【杭电与德国CGS ORIS公司签约共建“CGS ORIS杭州色彩管理示范中心”】 3月13日，杭电数字媒体与艺术设计学院与德国CGS ORIS公司共建“CGS ORIS杭州色彩管理示范中心”举行签约仪式。院长王强与德方总经理陈孝贤签署产学研合作协议。数字媒体与艺术设计学院党政负责人，德国CGS ORIS公司华东区销售经理崔潇剑等出席签约仪式。根据协议，德国CGS ORIS公司将为“CGS ORIS杭州色彩管理示范中心”提供公司全部软件和项目经费支持，双方将通过优势互补、深入开展新技术研发，CGS ORIS技术应用、评测、推广和专业人员培养，共同推动中国色彩复制智能科技的发展。

德国CGS ORIS公司总部位于德国法兰克福，专注于图形艺术领域颜色管理、数码打样和印刷生产工作流程。

【德国欧洲联合大学留学生在杭电学习交流】 3月21日，德国欧洲联合大学媒体艺术专业师生代表团一行9人抵达杭电，开始2014年春季访学和企业考察学习。副校长郑宁会见代表团一行，数字媒体与艺术设计学院、国际交流合作处负责人等参加会见。代表团在校期间，参观科技馆，与数字媒体与艺术设计学院师生进行座谈交流。

【法国巴黎高等商学院教授访问杭电】 3月28日，法国巴黎高等商学院人力资源与智慧城市决策管理专家麦克·塞格拉教授访问杭电。校长薛安克、副校长郑宁分别会见麦克·塞格拉，双方就两校在智慧城市建设与管理领域可开展的合作项目、合作模式、合作意向书的拟定进行讨论，确定合作的切入点和意向书拟定的主要内容和启动时间。国际交流合作处、自动化学院相关教授等参加会谈。

【美国伍斯特理工学院代表团访问杭电】 4月14日，副校长郑宁会见美国伍斯特理工学院副校长赖斯一行，国际交流合作处、管理学院相关负责人等陪同会见。双方就成立项目中心、开展研究合作、师生交流达成共识，并签署框架合作备忘录。随后，代表团赴管理学院访问考察、座谈交流，对拟开展的学院对学院交流合作项目模式等进行探讨。

【校领导率团访问巴西和墨西哥高校】 4月14日至22日，校党委书记费君清率代表团一行访问巴西圣保罗大学、圣保罗科技交流中心、巴西里约联邦大学，墨西哥国立自治大学、墨西哥国立理工大学。

在圣保罗大学，代表团与国际部官员罗莉、工学院院长希尔莉、圣保罗国家电气电子实验室主任马蒂诺等就两校在理工科优势专业开展研究生项目交流合作、共同参加同类学科国际会议和高层次人才引进、访学进修等事项进行商谈并达成共识；在里约联邦大学，代表团访问建筑与艺术设计学院和哲学学院，组织举行“留学杭电”说明会，并与该校师生座谈交流。

在墨西哥国立自治大学，代表团与国际事务总长（国际长）罗迪奇安尼、国际处处长萨拉扎、国际处亚太与非洲区域合作负责人罗莎丽丝和国际项目官员马拉等进行会谈，并举行两校“特别合作协议”换签仪式。访墨期间，代表团还与墨西哥国立理工大学青年专家吉纳博士就高层次人才引进进行恳谈。

【爱尔兰都柏林城市大学博士访问杭电】 4月21日，副校长孙玲玲、郑宁会见爱尔兰都柏林城市大学王小军博士，国际交流合作处、发展规划处负责人陪同会见。在校期间，王小军与电子信息学院负责人就深入开展科研合作和人才培养、学术交流、举办国际会议等事宜进行讨论，并举行学术报告会。

【俄罗斯圣彼得堡国立信息技术、机械与光学研究大学代表团访问杭电】 4月21日，副校长郑宁会见俄罗斯圣彼得堡国立信息技术、机械与光学研究大学计算机技术与控制系常务副主任比斯莫提和切宾斯基博士一行，并代表学校签署两校间框架合作备忘录。国际交流合作处、自动化学院负责人及有关教授参加会见。比斯莫提和切宾斯基与自动化学院负责人就深入开展科研合作和人才联合培养、学术交流等事宜进行磋商，并举行学术报告会。

【诺基亚通信公司官员考察杭电】 4月25日，诺基亚通信杭州、上海、苏州分公司总经理卧沙率中国大区人力资源部、研发中心等部门负责人和技术人员，考察杭电并洽谈。副校长胡华接待来访客人，教务处、学生处、招就处、电子信息学院、通信工程学院、计算机学院、软件工程学院负责人参加座谈。双方围绕校企合作项目展开讨论，对校企合作框架协议和开展诺基亚通信校园活动日项目进行商谈。

会后，来宾一行参观电子、通信和计算机学院实验室，希望双方能开展合作，互利共赢。

【校领导率团访问印度和巴基斯坦高校】 4月26日至5月3日，校党委副书记金一斌率团访问印度德里大学、印度理工学院、印度马哈拉斯特理工大学和巴基斯坦国家科技大学、伊斯兰堡巴哈尔大学等。

在印度，代表团考察印度德里大学环境学院和法律学院。访问印度理工学院并与该校副校长斯塔瓦会谈，就两校建立友好合作关系、签署框架合作协议、教学和科研人员间开展学术交流互访以及共同参加相同、相近研究领域的国际学术会议达成合作共识。

在巴基斯坦，巴基斯坦国家科技大学校长阿斯加阿尔、副校长纳什、国际处处长伊斯梅尔、科技处处长艾哈迈德和工学院师生等接待代表团，并就两校开拓合作区域和建立合作关系进行会谈。在伊斯兰堡巴哈尔大学，代表团与该校副校长穆奇及14个部门和院系主任座谈。双方就建立友好合作关系、开展校际学生交流等进行探讨，并达成合作共识。

【美国道富信息科技有限公司一行访问杭电】 5月6日，美国道富信息科技有限公司全球执行副总裁兼全球战略和新创企业主管柯林科、全球执行副总裁兼道富杭州董事长克里斯托弗率道富(杭州)行政部、全球服务业务部、人力资源部等部门负责人来杭电访问交流。副校长朱泽飞会见来宾，国际交流合作处、招生就业处、学生处、经济学院相关负责人等陪同会见，双方就国际化人才联合培养、继续深化校企合作等进行讨论。会谈后，代表团考察经济学院，与经济学院教师、历届“道富奖学金”获得者和优秀学生代表面对面交流，并参观“与美国道富合作回顾展”。

【加拿大麦科文大学留学生代表团来杭电交流】 5月11日，加拿大麦科文大学亚太管理系及亚太研究中心主任魏小军率麦科文大学留学生代表团访问杭电，开展2014年春季访学和江浙沪地区知名企业文化交流与考察。学校举行麦科文大学留学生座谈会，国际交流合作处负责人代表学校在座谈会上致辞，介绍学校历史和办学特色。座谈交流期间，麦科文大学师生对留学杭电表现出浓厚兴趣，纷纷询问申请留学的程序、专业等方面问题，多名同学表示打算来杭电学习交流。

【英国利物浦大学代表团访问杭电】 5月12日，副校长郑宁会见来访的英国利物浦大学电气电子与计算机学院院长斯潘赛一行，期待双方在科学研究、师生互访方面开展广泛、多层次交流合作。国际交流合作处负责人参加会见，正在杭电授课的英国东伦敦大学教师阿里什参加座谈。斯潘赛一行走访电子信息学院、自动化学院和计算机学院，听取各学院的发展情况介绍，参观相关实验室，并举行利物浦大学硕士项目专场说明会。

【校领导率团访问英国和法国高校】 5月14日至21日，应英国东伦敦大学、英国考文垂大学、法国巴黎笛卡尔大学、法国国家实验中心、法国瓦朗西纳大学等邀请，副校长胡华率代表团访问上述大学和单位。

在英国，东伦敦大学副校长克尔顿、工学院副院长哈桑及7个学院的院长和专业课程负责人等一同会见杭电代表团，双方表示要继续拓展两校在经济学院、管理学院和会计学院的项目合作；在英国考文垂大学，副校长皮尔斯伯里会见代表团，双方就两校即将开展的学生交流项目进行洽谈，并拟定项目专业、项目模式和项目启动时间。

在法国，代表团与法国瓦朗西纳大学副校长吉扎德、工程师学院院长丹尼尔、理工学院院长弗莉特和院长助理买哈吉、创新团队负责人达尤比等进行会谈，就两校在工程专业领域开展“工程师人才培养”项目校际合作进行探讨，并参观考察该校工程师学院、理工学院实验室、工程师训练中心和创新中心；在巴黎笛卡尔大学，该校国家医学实验室中心主任巴鲁奇，生物医学工程学院院长马萨德，生物医学工程学院教务主任伯纳德，神经生理学实验室、网络感觉运动中心高级研究员王丹萍等会见代表团一行，双方就两校拟开展的中外合作办学项目申报等一系列问题进行洽谈。

【杭电大学生交流团赴新加坡文化交流】 5月21日至27日，“杭电大学生走进新加坡”文化交流团在新加坡国立大学交流学习。交流团在系统科学学院进行全英文课程研修学习，参观校园，感受国际化校园的文化氛围，并与海外学子交流。其间，交流团还到新加坡国立大学海外课堂实践基地参观，了解当地IT企业的运营情况；走访新生水厂，了解其先进的生产技术和流程，以及新加坡如何在水资源极其匮乏的情况下寻找新的出路。

【美国加州浸会大学合唱团来杭电访问演出】 5月29日，美国加州浸会大学副校长林莱瑞、音乐学院院长贾德邦纳率该校希望合唱团访问杭电，这是两校间落实的具体交流合作项目。校党委书记费君清会见来宾，党委办公室、国际交流合作处负责人参加会见。

当晚，在校工会活动中心，加州浸会大学希望合唱团的学生们在钢琴、架子鼓、小提琴等乐器伴奏下，为师生奉献一首首英文歌曲。校党委副书记金一斌和林莱瑞及数百名师生一道观看演出。

【海洋与船港机械技术国际研讨会】 6月6日至7日在杭州召开，由杭电与“船港机械装备技术”浙江省重点实验室共同主办。来自芬兰、比利时、美国、波兰等国家以及中国部分高校的60余位海洋技术领域专家学者参加会议，副校长朱泽飞代表学校欢迎中外学者与会并对会议召开表示祝贺。

会上，波兰科学院苏里兹博士、美国迈阿密大学杨庆大教授以及芬兰水利学专家特瑞瓦博士和厄温提博士分别作报告，来自杭电与北京航空航天大学、浙江大学、南京理工大学等部分高校的专家学者也在会上演讲。会议期间，与会专家学者就海洋工程与装备领域的技术发展、科技合作、学术研究平台构建等方面进行探讨和交流。

【美国北卡罗来纳大学夏洛特分校代表团访问杭电】 6月17日，副校长郑宁会见美国北卡罗来纳大学夏洛特分校计算机学院院长邓毅和范建平教授一行，双方就开展研究合作、师生交流达成共识，并就3+2硕士研究生项目进行探讨。国际交流合作处、生命信息与仪器工程学院、计算机学院和软件工程学院负责人陪同会见。当天，范建平在生仪学院作专题学术讲座，邓毅为学生作北卡罗来纳大学夏洛特分校计算机学院硕士项目专场说明会。

【校领导率团访问澳大利亚和新西兰高校】 6月26日至7月3日，校纪委书记冯浩率团访问澳大利亚墨尔本大学、迪肯大学、中昆士兰大学和新西兰奥克兰大学、怀卡托大学。

在澳大利亚，代表团与迪肯大学就两校在理工科专业学院即将开展的师资交流项目和“2+2”“3+1”项目合作模式以及项目启动时间、具体合作学院和专业、专业培养方案交换、专业课程对接的工作流程等进行商谈；在墨尔本大学，代表团专题调研中澳大学教师聘任、科研项目资金管理和财务审计流程的差异，详细考察墨尔本大学的“学生会综合咨询中心”。

在新西兰，代表团与奥克兰大学部分院系主任就高层次人才引进与合作进行洽谈，双方就进一步拓展两校在学院层面、教授间开展合作交流的渠道、空间达成共识，并明确在两校两个学院具体开展本科生项目合作的模式。

【挪威斯塔万格大学教授来杭电作学术报告】 7月9日，国际知名云计算专家、挪威斯塔万格大学容淳铭教授来校，作题为“云计算、大数据以及未来服务安全”学术报告。

容淳铭讲解云计算安全和云审计的概念，介绍同态加解密在云计算安全中的发展趋势，阐述软件定义网络(SDN)改进云平台网络服务架构的方法，并通过实例详细说明云服务安全问题解决方案。

【土耳其比尔肯特大学研究中心主任访问杭电】 9月9日，副校长郑宁会见土耳其比尔肯特大学国家磁共振研究中心主任埃尔金·阿塔拉，双方就两校签署合作协议、开展合作交流的学科和学生交流模式进行沟通和交流。国际交流合作处，计算机学院负责人和相关教授参加会见。

【日本山梨大学师生代表团访问杭电】 9月9日，日本山梨大学国际交流处处长茅晓阳率该校研究生院学生代表团访问杭电，副校长朱泽飞会见茅晓阳一行，希望两校国际处和计算机学科、团队加强合作，实现互利共赢。国际交流合作处、计算机学院负责人和相关师生参加会见。

【印度理工学院教授访问杭电】 9月13日至25日，印度理工学院坎普尔分校电气工程系主任贝赫拉访问杭电并讲学。校党委副书记金一斌、副校长郑宁先后会见贝赫拉和夫人，希望能与印度理工学院及贝赫拉教授开展广泛深入的交流与合作。23日，学校举行聘任仪式，聘请贝赫拉为客座教授。

访问期间，贝赫拉就开展教学、科研和研究生培养等方面的合作与自动化学院负责人进行探讨，并达成共识。

【举行留学生新生见面会】 9月16日，国际教育学院举行2014级留学生新生见面会。副校长郑宁出席并致辞。国际教育学院、国际交流合作处全体人员，学院教师代表和2014级留学生新生参加。郑宁介绍学校办学历史、学科优势及人才培养体系等。他希望同学们努力学好专业知识，抓紧时间学习汉语，体验中国文化风俗，感受杭州独特魅力，并祝愿留学生在杭电学习生活愉快。国际教育学院负责人介绍学校的国际化概况、国际交流与合作情况以及留学生管理的相关规定和纪律要求。保卫处负责人为留学生作安全知识专题讲座。

【新西兰皇家科学院院士访问杭电】 9月22日，新西兰皇家科学院院士、新西兰奥克兰大学高唯教授应邀访问杭电，并受奥克兰大学委托与杭电相关部门就两校开展学生交流项目模式进行洽谈。副校长郑宁会见高唯，并主持聘任仪式，聘请高唯为杭电兼职教授。国际交流合作处、材料与环境工程学院负责人等参加会见。

【杭电与美国富达集团签订合作协议】 10月15日，杭电举行与美国富达工业集团公司合作协议签订暨兼职教授聘任仪式。校党委副书记金一斌，校学工部、机械工程学院、地方合作处、校友工作办公室负责人及相关学院教师代表和富达集团董事会主席、校友丁建峰，富达集团副总裁泰德及OEM产品部、滁州制冰出冰事业部、滁州电机线束事业部、全椒成品事业部等部门负责人参加仪式。金一斌向丁建峰颁发兼职教授聘书，并与丁建峰代表各方在合作协议上签字。

在校期间，丁建峰参观部分教学科研实验室，并为2014级工程类本科生作题为“发展之路”的学科导论课讲座。副校长孙玲玲看望丁建峰校友。

【杭电代表团访问俄罗斯、捷克和希腊高校】 10月15日至24日，校长薛安克率学校代表团访问俄罗斯、捷克和希腊高校。

在俄罗斯，代表团与圣彼得堡国立信息技术、机械与光学研究大学副校长科勒斯尼科夫，国际部亚洲合作中心主任吉姆，计算机技术与控制系主任波波索夫等就两校拟开展师资交流、团队学术合作、科技合作模式进行洽谈;与莫斯科鲍曼国立技术大学副校长阿列克谢维奇、科尔舒诺夫教授以及国际合作处处长瓦林金诺维奇、数学系主任格鲁比夫等进行会谈,双方就两校在非线性专业方向开展研究生项目和课程合作进行讨论,就合作项目和课程启动时间进行商定。薛安克和阿列克谢维奇还就与俄罗斯和独联体国家开展国际科技合作等双方感兴趣的话题进行沟通和交流。

在捷克,代表团与布拉格技术大学校长科恩韦林科、副校长维尔希克、国际部主任麦洛斯基、校长办公室综合管理与服务负责人西利等进行洽谈,双方在互为新的国际合作伙伴、起草合作备忘录、开展两校交流生项目等方面达成共识。

在希腊,代表团与爱琴大学校区长官麦龙、副校长萨诺普鲁、商学院管理系负责人和相关教师等就"绿色海洋环保""区域化和全球化绿色物流管理""会计金融国际化人才培养"等问题进行座谈,并就在两校管理学院开展"绿色物流管理"专业课程交流与项目合作的可能性进行讨论。

【第12届IEEE信号处理国际会议】 10月20日在杭州召开。副校长朱泽飞出席开幕式并致辞,简要介绍学校办学历史、学科专业和国际交流情况,预祝大会圆满成功。

本次大会旨在展示与研讨信号处理领域的最新科研成果及前沿发展趋势。5位来自美国、新加坡、日本和中国的教授作主题报告。

经过国内外同行专家严格评审,会议从来自17个国家和地区的1013篇学术论文中选取478篇录用出版。

【法国巴黎第五大学代表团访问杭电】 10月20日至21日,法国巴黎第五大学(勒内·笛卡尔大学)神经生理学实验室(法国国家科学院实验室)、网络感觉运动中心主任维达尔和高级研究员王丹萍一行应邀访问杭电,副校长郑宁会见来宾。代表团与国际交流合作处、自动化学院、机械工程学院、生命信息与仪器工程学院就开展研究生交流项目、国际科技项目大平台和中外合作办学项目培育的合作进展及下一步合作意向进行讨论,并为学校学生举行法国巴黎五大硕士项目说明会。

【杭电学生在ACM国际大学生程序设计竞赛亚洲区比赛中获2枚金牌】 10月26日,第39届ACM国际大学生程序设计竞赛亚洲区西安赛区比赛落幕。本次比赛共有来自内地以及香港的260余支队伍参加。杭电派出3支参赛队,获得2金1银,其中由计算机学院郑向升、周贤杰以及管理学院王自牧组成的HDU—D—Ark参赛队获得金牌;由计算机学院杨池良、诸佳林、任逸组成的HDU—DOU参赛队同获金牌。此外,由卓越学院刘紫贤、陈钦况以及理学院陈鹏组成的HDU—Zhazha队获得银牌。

ACM国际大学生程序设计竞赛,由ACM学会(美国计算机协会)主办,是举世公认的规模最大、水平最高的国际大学生程序设计竞赛。该项竞赛从1970年举办至今,已历39届。

【巴西圣保罗大学教授访问杭电】 10月26日至28日,巴西圣保罗大学电气电子实验室主任马蒂诺访问杭电,副校长孙玲玲会见马蒂诺并举行仪式,聘任马蒂诺为杭电兼职教授。仪式结束后,马蒂诺为电子信息学院师生作题为"(电子)场效应晶体管"学术报告,并与部分师生进行交流座谈。

【英国东伦敦大学常务副校长一行访问杭电】 10月31日,副校长胡华会见英国东伦敦大学常务副校长阿姆罗利瓦拉,建筑、计算与工程学院院长阿卜杜拉一行。双方就两校在其专业学院开展师资交流、国际科技合作和学生项目交流进行商谈,两校项目所在学院负责人就教学过程管理问题进行交流。阿卜杜拉还为通信工程学院"中英班"学生作题为"学业能力与发展"专题讲座。

【瑞典克里斯蒂安斯塔德大学副校长一行访问杭电】 11月4

日，瑞典克里斯蒂安斯塔德大学副校长佩尔松、国际部主任尼尔森、计算机学院院长福瑞斯特一行5人访问杭电，副校长朱泽飞会见来宾。佩尔松与学校软件工程学院党政负责人、辅导员和近百名学生交流。福瑞斯特为软件工程学院学生作“克里斯蒂安斯塔德大学学习”的留学说明会。

【浙江省高校“当代非裔美国文学研究讲习班”】 11月8日在杭电举行。来自浙江大学、宁波大学、浙江工业大学、浙江工商大学、浙江师范大学、杭州师范大学、温州大学、浙江海洋学院、湖州师范学院、绍兴文理学院和嘉兴学院等省内高校的50余名专家学者和博士生、硕士生参加讲习班。

讲习班邀请两位非裔美国文学研究领域的中外专家主讲。学员们与专家就非裔美国文学研究领域中的理论问题和教学中的方法运用进行互动。

【马来西亚沙巴大学副校长访问杭电】 11月10日至14日，马来西亚沙巴大学副校长卡西姆·曼森及夫人、马来亚大学境外办公室（中国）主任刘蓉一行访问杭电。副校长郑宁会见来宾，表示愿意推进两校留学生交流项目的开展。卡西姆·曼森欢迎杭电金融、管理、IT有关专业的学生到沙巴大学学习交流。代表团还访问管理学院，考察校园文化设施、教学实验设施和学生清真餐厅。

【杭电学子获2014年美国道富奖学金】 11月12日，2014年美国道富奖学金颁奖典礼暨经济·外国语学院迎新晚会在下沙校区举行。美国道富全球执行副总裁、道富杭州首席执行官柯杰瑞，道富公司高级副总裁、道富杭州公司首席运营官博纳黛特，道富杭州公司基金会计服务部门副总裁巴博鲁、史蒂文，道富杭州副总裁徐进，道富杭州人力资源部门副总裁黄玮，学校国家交流合作处、宣传部、学工部、招生就业处、校团委负责人，经济学院、外国语学院负责人以及部分教师和全体新生参加。

颁奖典礼上，校党委委员、宣传部部长吴小英和美国道富全球执行副总裁柯杰瑞先后致辞，到场嘉宾为15名2014年道富奖学金获得者颁发奖杯和证书。

道富奖学金的设立是杭电与道富公司探索校企合作的开端。颁奖典礼前，美国道富公司柯杰瑞、巴博鲁及研究主管任森一行专门就科研合作和奖学金等事宜，与经济学院负责人和教师座谈。双方就如何合作研发“基于可视化技术的基金集智投资”这一互联网金融研究的前沿性课题进行讨论，并达成合作协议。

【学生项目入选谷歌大学生创新训练项目】 11月14日，杭电软件工程学院教师邢白夕指导，计算机学院王雯静和软件工程学院唐一巧、韩泽鹏申报的“EyeChat基于瞳孔特征的情感交互应用”项目，入选2014年教育部与谷歌公司合作开展的校企合作专业综合改革——“大学生创新训练项目”。

“大学生创新训练项目”是教育部高等教育司与谷歌公司合作开展的校企合作专业综合改革项目，面向全国本科生公开申报，旨在贯彻落实创新高校人才培养机制要求，推进校企合作育人。

【日本新能源开发机构北京事务所所长访问杭电】 11月18日，校领导冯浩会见事务所所长田中英治、事务所代表长谷川浩之和梁骁等一行，希望与日本新能源产业技术综合开发机构及日本大学和相关研究机构进一步加强合作，推进浙江省节能减排、智慧能源系统建设。田中英治等与自动化学院项目团队座谈，听取光伏发电微电网系统在工程示范、技术推广、人才培养、科学研究等方面的成果介绍，现场考察光伏发电微电网的运行与管理情况等。

（田　野）

浙江工商大学

【涉外工作概况】 2014年，浙江工商大学(简称工商大学)接待国(境)外来访客人百余批近500人次。与美国、德国等国家的13所知名高校签署新的交流合作协议，与英国、新西兰等国家的10所高校续签交流合作协议，同时有6个学院和部门与国(境)外高校签署教育合作协议。派送101批149人次出国(境)交流、进修、访学、参加学术会议，其中通过各类公派留学项目和学校“蓝天计划”项目资助赴国(境)外进修学习63人次，学校组团4批42人次。

全年聘请长短期外国文教专家72名。新西兰籍外国专家雷兰嫣获2014年度浙江省“西湖友谊奖”。学校全外语学术讲坛——“五洲讲坛”聘请38位专家学者来校讲学。

2014年，学校组织的各类学生出国(境)数量超过500人；招收来自95个国家的长短期外国留学生1216人，其中学历留学生478人，创历史新高。

【法国法语联盟新任驻华总代表访问工商大学】 2月21日，副校长戴文战会见法国法语联盟新任驻华总代表让-吕克·提西厄和浙江工商大学法语联盟法方主任马拉尔·克里斯汀。戴文战介绍了基本校情和国际化战略目标，特别是浙江工商大学法语联盟五年来的办学情况，期待在总代表支持下得以更好发展。让-吕克·提西厄考察在华法语联盟的第一站就是浙江工商大学法语联盟，对浙江工商大学法语联盟高度重视。让-吕克·提西厄还特别感谢浙江工商大学长期以来对法语联盟的支持。

【日本国立大学协会代表团访问工商大学】 3月21日，校长张仁寿会见日本国立大学协会专务理事一井真比古一行4人。张仁寿简要介绍了学校概况和发展规划，回顾过去几年与日本特别是香川大学在学术交流、学生互派等领域友好交流与合作情况，希望今后日本国立大学协会能够一如既往地支持学生交流项目，并在此基础上进一步扩大交流领域，加强合作。一井真比古对将来的交流与合作寄予希望和祝愿。

【工商大学代表团访问澳大利亚和新西兰】 5月13日至20日，副校长戴文战率团访问澳大利亚和新西兰高校。

在澳大利亚南澳大学，双方回顾了两校既有的合作交流，深入探讨今后两校多学科合作交流的可能性。代表团还先后访问澳大利亚詹姆斯库克大学和阿德莱德大学，考察两所大学校园及教学设施，探讨与两校建立校际合作关系、开展师生及学科间实质合作的可能性。

在新西兰坎特伯雷大学，双方联合启动两校由国家留学基金委资助的交换生项目，商讨落实选派方案及交换生名额，续签合作协议，并就加强研究生合作培养和开展教师交换项目进行交流与探讨。代表团还看望在坎特伯雷大学就读的两名工商大学交换生。

【组建国际学生社团】 6月6日，成立由来自不同国家15位国际学生组成的首届“国际学生社团”执委会，以增强国际学生在日常管理和文体活动中的主动性。举办“出境入境”中外学生文艺晚会暨国际学生社团成立仪式，筹划“商大一家亲”图片展等一系列文体活动。

【首次派送艺术团到国外交流】 7月17日至25日，应德国卡尔斯鲁厄大学邀请，工商大学艺术团一行38人赴德国进行访问演出。艺术团分别在巴登符腾堡州卡尔斯鲁厄大学和北莱茵威斯特法伦州维腾大学举行浙江工商大学专场音乐会，还赴卡尔夫市参加一年一度的巴登符腾堡音乐节，演出两场室外广场节目，在闭幕式演出专场节目。

【举办"孔子学院日"活动】 9月18日至22日，工商大学响应全球"孔子学院日"，纪念全球孔子学院成立十周年，举办"孔子学院日"系列活动，为在校的留学生开展多种中国传统文化体验活动，包括练武术、摹书法、描脸谱、绘风筝、剪窗花、编中国结等，使外国留学生进一步了解中国文化，激励学校师生传播汉语与中国文化的动力。

【工商大学代表团访问比利时和土耳其】 9月20日至27日，校长张仁寿率团出访比利时和土耳其高校。

在比利时，代表团出席西弗兰德大学孔子学院理事会，进一步明确孔子学院的学术型和文化传播型办学定位，达成孔子学院作为开放公共平台服务当地经济社会需求的共识。

在土耳其，代表团访问伊斯坦布尔文化大学，双方就交换生项目、教师互派项目、科研合作交流等进行协商，建立校际合作关系并达成初步合作意向。访问卡迪尔哈斯大学，在两校签订协议的基础上，就开展学生交流、教师培训与科研合作等工作进行交流与探讨。

【工商大学代表团访问美国和加拿大】 10月1日至8日，纪委书记顾玮率团访问美国和加拿大高校。

在美国，代表团访问纽约州立大学奥斯威戈分校，双方就两校续签合作协议，进一步推动两校师生互派、科研合作、学生联合培养等事宜进行探讨，并看望在该校就读的两名工商大学交换生。访问圣泽维尔大学，了解该校国际交流项目的具体实施办法，双方就建立校际合作关系进行了洽谈。

在加拿大，代表团访问魁北克大学席库提米分校，双方回顾两校十年来的合作历程与办学成绩，并就如何进一步推进两校合作与交流、拓展学术领域的合作关系进行探讨。

【比利时西弗兰德大学代表团访问工商大学】 10月12日，校长张仁寿、副校长戴文战会见比利时西弗兰德大学国际交流处负责人伊萨贝尔一行。张仁寿高度评价两校近年来的合作以及孔子学院成立两年多来取得的成绩，并对孔子学院的建设和发展提出新的要求和殷切期望。戴文战表示浙江省和西弗兰德省是友好省份，浙江工商大学和西弗兰德大学更应在此基础上加强友好合作。

伊萨贝尔已是第四次访问工商大学，对两校近几年的合作交流作出了积极贡献。在访问工商大学期间，伊萨贝尔一行分别与管理学院、旅游学院、信息学院、艺术学院相关负责人进行合作项

◎工商大学艺术团赴德国进行访问演出

目洽谈，达成在几个学科开展具体合作的意向。

【外国专家获浙江省“西湖友谊奖”】 11月14日，工商大学聘请的新西兰籍外国专家雷兰嫣获2014年度浙江省“西湖友谊奖”。

雷兰嫣是工商大学聘请的唯一一位讲授英语和法语专业课程的双语外教，具有丰富教学经验，热心教育，关爱学生，积极参加公益事业，自2008年以来先后到浙江天台县、嵊泗县、景宁县、安吉县等偏远山区支教，为当地中学教师讲授英语。雷兰嫣还是一位独具特色的艺术家，积极推进中法文化交流。2014年2月，雷兰嫣带着绘画系列作品《时光之舞——瞬息之美》参展纪念中法建交50周年艺术博览会(杭州)，并在学校法语联盟开办个人画展。她展出的21件油画作品有一半与杭州有关。

【加拿大皇道大学校长访问工商大学】 11月26日，副校长戴文战会见加拿大皇道大学校长艾伦·卡洪。戴文战介绍了学校基本情况，希望两校在现有合作的基础上，根据各自优势特色在学生交流、教师互访、学术合作等领域开展更加深入广泛的合作。艾伦·卡洪表示，希望双方加强师生交流、拓宽合作领域，为两校师生创造更多学习和交流机会。双方签署合作框架协议。

皇道大学已与工商大学外语学院开展研究生短期修学项目。2014年10月，外语学院11名学生赴皇道大学进行为期3周的跨文化学习与交流活动。11月，皇道大学40多名学生来工商大学进行3周的学习交流。该项目包括课堂学习、社会调研、结对互动等内容。

【学生出国(境)数量实现新突破】

2014年，工商大学新开拓与美国加州大学河滨分校的国际英语教学资格证书项目，与泰国暹罗大学、智利基督教北方大学等外国高校的“万里路”短期交流项目等多个新学生交流项目，获批3个国家留学基金委全额资助的优秀本科生项目，促成3个学院学生团组，209名学生获得首届出国(境)留学奖学金，学校出国(境)学生突破500人。

【日本语言文化学院国际化成绩斐然】 2014年，工商大学日本语言文化学院(简称日语学院)重视人才培养国际化、学术研究国际化和师资队伍国际化，在国际交流项目、学生互派、教师互访、海外基金申报、科研国际合作、国际学术会议等方面均取得了成绩。学院百分之九十五以上的教师曾在国外著名学府留学或任教，近几年每年有近百名学生赴日本长短期留学。会同东亚研究院，日语学院学术研究国际化成果显著，在中日两国出版专著20余部，承担国家级、省部级及日本国际交流基金等课题40余项，4月获批为浙江省哲学社会科学重点研究基地。

工商大学日语学院是浙江省第一所研究与教学并重的日语专业学院，已与日本、韩国、美国以及中国香港等地区的20余所大学和研究机构建立了交流合作关系。

(王宇欢)

◎庆祝全球孔子学院成立十周年——留学生文化体验活动

中国计量学院

【涉外工作概况】 2014年，中国计量学院(简称计量学院)接待国(境)外来访人员42批112人次；出访177人次，其中：参加国际会议40人次，校际交流20人次，学术交流、合作研究、参团出访及进修培训等117人次。聘请长期普通外籍专业人员12人次，长期外国专家2人次；短期来校讲学、合作课题研究以及学术交流的短期外国专家70人次。招收留学生23人，其中语言生10人、学历生8人、进修生5人。学生赴海外留学、实习100人次。新增合作院校6所，分布在英国、芬兰、加拿大、德国等国家和地区。举办国际会议2次。

【英国斯旺西大学代表团访问计量学院】 3月6日，英国斯旺西大学副校长伊恩·克拉奇一行4人访问计量学院，双方就合作开展国际标准化管理硕士培养、教师访学进修、建立联合研究机构等事宜进行洽谈，并签署合作框架协议。

【尼日利亚计量管理研修班一行访问计量学院】 3月21日，尼日利亚计量管理研修班一行30人参观访问计量学院，与国际交流与合作处、计量测试工程学院、经济与管理学院的相关负责人会谈。该研修班由商务部国际商务官员研修学院主办，旨在扩大中国与尼日利亚在计量领域的交流与合作。

【计量学院获得中德合作研究项目】 4月10日，计量学院于明州副研究员与德国卡尔斯鲁厄理工大学马丁·赛彭布胥博士共同申报的“氧化物表面纳米尺度金属粒子和团簇迁移特性”经国家自然科学基金委中德科学中心评审，获批为中德合作研究项目。

【加拿大湖首大学教授访问计量学院】 5月9日，加拿大湖首大学生物工程专业秦文胜教授应邀访问计量学院，并作题为“生物质转化炼制生物燃料和生物基产品的微生物技术研究”报告。副校长俞晓平会见客人，陪同参观浙江省生物计量及检验检疫技术重点实验室，双方就学生培养与合作研究进行交流。

【德国基尔大学教授访问计量学院】 5月13日至16日，德国基尔大学彼特·富兰克教授应邀访问计量学院，为经管学院15周年院庆举行系列学术讲座。

【计量学院首次获批国家高端外国文教专家项目】 5月14日，计量学院申报的两项引进国外技术、管理人才项目计划，被国家外国专家局批准为国家级引智项目计划，这是计量学院首次获批“高端外国专家项目(文教类)”计划。

【新型光电子材料国际论坛】 5月15日至18日，第七届中国功能玻璃学术会议暨新型光电子材料国际论坛在计量学院举办，来自美国、德国、日本、法国、丹麦、新加坡等国家和地区以及中国的250余名功能玻璃和光电子材料领域专家、学者及企业界代表与会。

【美国代顿大学教授举办展览】 5月21日，美国代顿大学素克伊·科沃教授的“LOST OR FOUND(丢失或发现)”主题展览在计量学院开幕。其间，素克伊·科沃作题为“关于传统韩国手工艺拼布”的讲座，并与计量学院艺术与传播学院就本科生培养、教师互访、远程协作教学等方面合作达成一致意见。

【德国阿伦大学前校长访问计量学院】 5月23日，德国阿伦大学前校长埃克伯特·海润一行3人访问计量学院，校长林建忠会见客人。双方共同回顾几年来两校友好往来所走过的历程，并对未来两校在科研、师生交流等方面合作和交流进行展望。

【计量学院代表团访问澳大利亚和新西兰】 6月10日至17日，计量学院党委书记胡建成率代表团一行4人访问澳大利亚和新西兰高校。代表团访问澳大利亚西悉尼大学、邦德大学和新西兰奥克兰理工大学，双方就合作办学、师生交流、教学科研合作等事项进行探讨。

【计量学院代表团访问加拿大和美国】 7月6日至13日，计量学院副校长俞晓平率团访问加拿大和美国友好学校。代表团与加拿大湖首大学、百年理工学院以及美国佛蒙特大学交流教育和科研成果，探讨学生交流、教师交流、科研合作的途径和意向。

【2014香港理工大学校企协作教育项目结业典礼】 7月9日在外国语学院举行。这是2009年以来外国语学院与香港理工大学合作举办的第六届“校企协作教育”项目，并被列入2014年教育部港澳办“万人计划”项目。

【第四届先进设计与制造工程国际学术会议】 7月26日至27日在杭州举办，计量学院等主办。计量学院校长林建忠担任会议主席。会议邀请国内外知名专家作主题报告，来自国内及澳大利亚、奥地利、韩国、泰国等国家和地区近200名国内外学者参加会议。

【计量学院学生事务管理培训团赴港培训】 8月24日至30日，以计量学院党委副书记陶伟华为团长、各二级学院学生工作书记及学生处、团委相关负责人共22人组成的学生事务管理培训团在香港金融管理学院参加培训学习。香港科技大学、香港中文大学、香港城市大学、香港岭南大学等高校教授、专家为培训团举办专题讲授和座谈活动，培训团还考察香港多所高校。

【光电学院代表团访问北美三校】 9月3日至10日，光电学院院长金尚忠率代表团一行4人访问美国代顿大学、阿拉巴马大学和加拿大卡尔顿大学，与各大学就共同培养硕士研究生、“2+2”模式联合培养本科生以及互派访问学者等方面的合作达成初步意向。

【计量学院再获批一个中外合作办学项目】 9月23日，计量学院与英国安格利亚鲁斯金大学合作举办的金融工程专业本科教育项目获得教育部批准。这是计量学院第二个中外合作办学项目，从2015年开始招生，达到项目培养计划要求的学生将获得计量学院和英国安格利亚鲁斯金大学的文凭。

【加拿大麦吉尔大学教授访问计量学院】 9月23日至24日，加拿大麦吉尔大学教授、国际著名干燥技术专家阿伦·S·姆居姆达访问计量学院，并作题为《学术研究和工业之间的合作以及研究生培养》专题报告，并与物理系教师就学术和工业的合作、论文发表以及研究生培养等事宜进行交流和探讨。

【瑞典教授受聘计量学院客座教授】 9月26日，计量学院党委副书记陶伟华为瑞典布莱京厄理工大学托比亚斯·C·拉松颁发客座教授聘书。此前，托比亚斯·C·拉松已在计量学院开展系列讲座。

【计量学院教师在澳门获奖】 10月8日，两年一度的澳门特别行政区科学技术奖励颁奖典礼在澳门文化中心举行，计量学院光电学院徐贲老师获本届澳门科学技术奖励中的研究生科技研发奖。徐贲2010年进入澳门科技大学攻读博士学位，在学期间学术成果颇丰，故获奖。

【德国哈尔博格学院代表团访问

计量学院】 10月13日，德国哈尔博格学院院长王缜一行3人访问计量学院，校长林建忠会见客人，并与哈尔博格学院签署校际合作协议。哈尔博格学院是中国科技部国际合作示范基地和中美欧全球变化与可持续发展研究院理事单位。

【新西兰奥克兰理工大学代表团访问计量学院】 10月16日，新西兰奥克兰理工大学外办主任雷斯特·蔻和中国项目经理玛勒妮·吕访问计量学院，正院级巡视员吕进会见代表团一行，双方拟在原有计算机专业合作办学项目的基础上深化两校间合作，拓宽双方合作领域。

【德国德累斯顿市市长访问计量学院】 10月20日，德国德累斯顿市市长海尔玛·奥洛兹一行6人在杭州市外办工作人员陪同下访问计量学院，校长林建忠会见代表团一行。会谈结束后，海尔玛·奥洛兹一行参加计量学院杭州—德累斯顿联络办公室成立揭牌仪式，并参观材料学院实验室、校史馆和计量史馆。

【计量学院代表团访问芬兰和瑞典】 10月22日至29日，校长林建忠率代表团一行5人访问芬兰拉彭兰塔理工大学、赫尔辛基大学以及瑞典皇家理工学院，就校际之间开展学生联合培养、教师交流及科研合作进行探讨，并与芬兰拉彭兰塔理工大学签订合作协议。

【澳大利亚西悉尼大学代表团访问计量学院】 10月23日，西悉尼大学助理副校长兼国际处处长蓝易振一行3人访问计量学院。正校级巡视员吕进，国际处、信息学院、生命学院和材料学院负责人会见代表团一行，就开展联合办学、学生交流、人才培养、科技研究等方面合作进行洽谈。

【计量学院与奥克兰理工大学续签本科合作办学项目】 10月30日，校长林建忠和新西兰奥克兰理工大学副校长菲利普·萨里斯分别代表两校签署新一轮合作办学项目协议书。

【香港金融管理学院代表团访问计量学院】 10月31日，香港金融管理学院执行院长、香港现场管理学会会长张奕敏一行6人访问计量学院，正院级巡视员吕进会见代表团一行，双方对合作开展的境外培训项目情况进行总结和展望。

【德国德累斯顿市议员访问计量学院】 11月3日，德国德累斯顿市议员安得黑亚斯·瑙曼访问计量学院，瑙曼主管德累斯顿市的环保、社会和经济政策，是德累斯顿市政府指定的杭州—德累斯顿联络办公室顾问。校长林建忠会见客人，双方都表示将大力支持杭州—德累斯顿联络办公室开展工作，首先在科研合作、学生交流、推动中国学生赴德国创业、推动中国企业走向德国等方面开展工作。

【比利时教授访问计量学院】 11月6日，比利时布鲁塞尔圣路易斯大学富雷柯斯教授访问人文社科学院，开展系列学术交流活动，并作题为“欧盟的公共事业管理体制”学术讲座。

【计量学院获批国家级国际科技合作基地】 11月14日，计量学院获批国家级功能材料计量检测标准示范型国际科技合作基地。

【法国雷恩大学教授作学术报告】 11月17日，国际著名红外玻璃材料专家、雷恩大学教授章向华访问计量学院材料学院，并作学术报告，介绍硫系玻璃及硫系玻璃陶瓷材料在红外成像、超长红外波长材料、天体物理及新型介电材料等领域的最新研究进展。

【计量学院代表团访问新加坡和泰国】 11月30日至12月7日，计量学院副校长蒋家新一行6人访问新加坡和泰国，与新加坡南洋理工大学、泰国斯巴顿大学以及泰中华文教育基金会建立联系，为推进计量学院与东南亚地区高校在人才培养、师生交流等方面的进一步合作奠定基础。

（周静伟）

浙江中医药大学

【涉外工作概况】 2014年，浙江中医药大学(简称中医药大学)派出60批110人次赴美国、加拿大、英国、瑞典、芬兰、丹麦、荷兰、奥地利、纳米比亚、古巴、墨西哥、澳大利亚、新加坡、马来西亚、日本以及香港、澳门等19个国家和地区，参加国际学术会议、讲学、培训、援外医疗、洽谈项目等，出访人数为历年之最；接待15个国家和地区来校考察、访问、洽谈项目、讲学的各类人员26批143人次。与美国加州大学富勒敦分校、美国罗德岛大学、美国韩研究所股份有限公司、美国印第安纳大学医学院全科医学系、德国汉堡大学附属埃彭多夫医院、香港港安医院等建立合作关系，签订合作协议。聘请4名国(境)外专家为长期外籍教师。

全年在校学习的各类留学生包括进修生、本科生、硕士及博士研究生共608人，其中学历留学生251人、进修生357人，来自30余个国家和地区。

【美国加州州立大学北岭分校代表团访问中医药大学】 3月3日，美国加州州立大学北岭分校国际学院院长帕特克·科拉不奇一行3人来访，学校相关负责人与来访客人就师生交流、相关专业的学术合作事宜进行探讨，并就两校的学科特点、专业设置以及各自办学优势等相关情况进行交流。

【美国康州圣法兰西斯医院代表团访问中医药大学附属一院】 3月11日，美国康州圣·法兰西斯医院代表团一行8人访问中医药大学附属一院。原浙江中医药大学校长肖鲁伟参加会见。双方各自介绍自己医院骨伤科的学术、临床和技术特点，并就两院以后的交流合作进行探讨。代表团还参观中医药大学附属一院的骨伤骨科病房。

【香港中医学会浙江访问团访问中医药大学】 4月21日，香港中医学会会长汪慧敏率香港中医学会浙江访问团一行22人来访，中央政府驻港联络办协调部副部长张方、香港中医药发展委员会中医组主席冯玖、香港医院管理局中医药事务部总监谢达之随团访问。副校长方剑乔会见访问团成员，并就中医药继承、创新与发展及中医药大学香港学生的招收和培养等内容与访问团进行探讨。

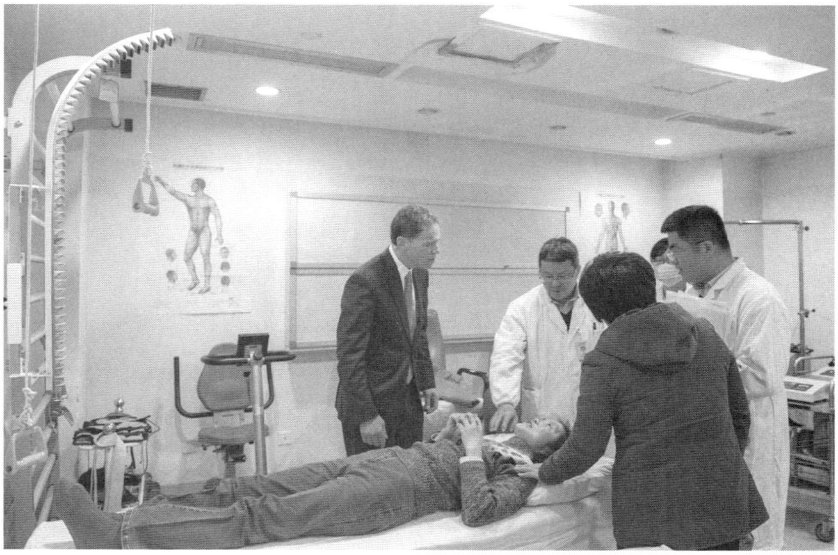

◎美国康州圣法兰西斯医院代表团参观浙江中医药大学附属一院

访问团还参观中医药博物馆和临床医学技能培训中心。

【香港东华三院专业交流考察团访问中医药大学】 4月25日，香港东华三院专业交流考察团一行30人访问中医药大学。考察团成员包括香港东华三院教育科学部主任张业崇以及东华三院下属15所中学的校长及教师。学校相关负责人会见考察团一行，介绍学校总体情况、特色学科、开展免试招收香港学生工作情况等。在校的香港免试学生也向考察团介绍在中医药大学的学习、生活情况，并就来访老师们提出的问题逐一答复。考察团一行参观中医药博物馆、晨曦针推医院、生命科学学院、食堂、图书馆、体育馆、文苑住宿楼等。

【美国印第安纳大学医学院教授访问中医药大学】 5月22日，副校长李俊伟会见美国印第安纳大学医学院亨利·毛教授，并就双方师生交流互访、全科医学学科共建、合作研究、全科医师培训及中医药教育合作等事宜与客人进行探讨。学校聘请亨利·毛为中医药大学讲座教授。

【澳大利亚足病理事会和理疗协会代表访问中医药大学附属三院】 6月10日，澳大利亚足病理事会首席执行官达米安·米奇、澳大利亚理疗协会首席执行官克丽丝·马萨访问中医药大学附属三院。学院相关负责人会见客人，介绍医院基本情况、中医药特色和科研教学工作等情况。双方就学生教育、临床医师进修以及实验室研究合作等事宜进行友好洽谈。来访客人还参观针灸、推拿科门诊和病区，椎间盘诊疗中心、名中医馆分馆和中医文化长廊。

【美国夏威夷大学希洛分校代表团访问中医药大学】 6月11日，校长范永升会见美国夏威夷大学希洛分校代表团一行，双方就两校药学院合作领域进行探讨。中医药大学药学院相关负责人与来访代表团就两校药学院的总体情况、办学特色、课程设置、科学研究等议题进行交流。代表团还参观中医药博物馆及药学院实验室。

【美国华盛顿大学牙学院副院长在中医药大学讲学】 6月14日，美国华盛顿大学牙学院副院长丹尼尔·陈应邀到中医药大学口腔医学院讲学，为师生作题为“华盛顿大学牙学院教育体系和特色”讲座。副校长李俊伟会见丹尼尔·陈，双方就口腔医学院牙科学生和教师赴华盛顿大学研修学习事宜进行会谈。

【美国加州大学教授应邀参加医学技术学院科研交流会】 6月30日，美国加州大学生物工程学院纳米和微系统制造中心潘挺睿教授应中医药大学医学技术学院

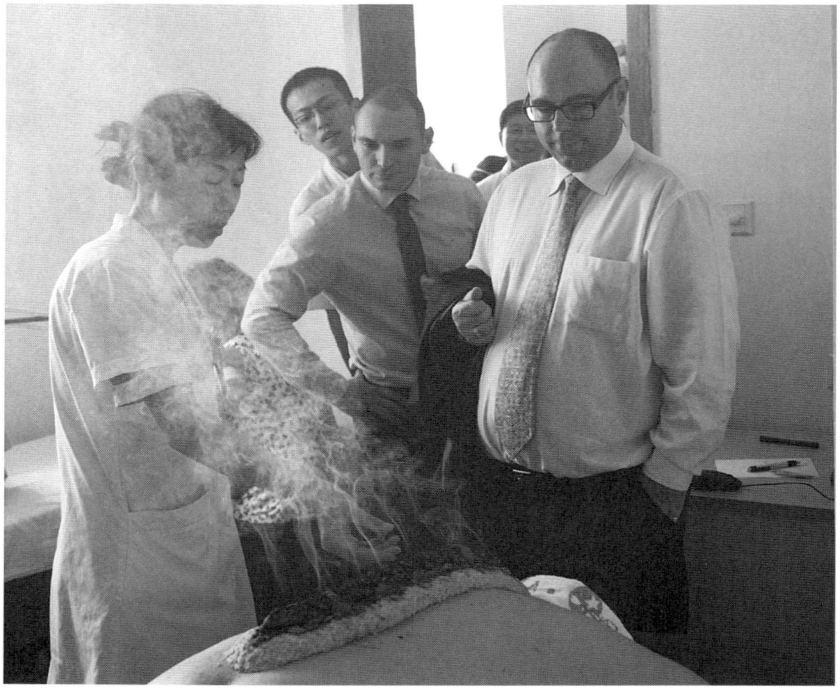

◎澳大利亚足病理事会和理疗协会代表参观浙江中医药大学附属三院中医治疗

邀请参加学院首次科研交流会。交流会上，潘挺睿就如何将中医与现代科学融合、如何利用力学传感技术将中医技术更好地传承、如何将听力学及语言治疗学学科的交叉等问题体现在科研设计方面进行讲解，并与参会的教师、科研人员和研究生进行学术沟通和交流。

【医学生参加香港医疗公益体验项目】 7月13日至18日，中医药大学首批36名医学生和2名教师赴香港参加医疗公益体验项目。其间，除参观香港港安医院、荃湾港安医院和将军澳医院外，医学生还参加香港“新起点”健康促进专题讲座，并参观香港大学和香港科技大学。

【新加坡国立大学代表团访问中医药大学】 8月7日，副校长方剑乔会见新加坡国立大学医学院前院长陈安庆一行。双方就如何将传统中医（针灸）与医学影像互相参考和结合等问题，以及正在开展的两校医学影像专业学生短期进修项目的合作细节进行探讨。

【美国加州中医药大学教授做客中医药大学“远志大讲堂”】 9月11日，美国加州中医药大学吴奇教授应邀做客中医药大学“远志大讲堂”，作题为“法天则地养生长寿——西方科学与中医养生文化对话”的专题学术报告。副校长方剑乔主持并聆听整个报告会。

【印度麦克斯医疗中心代表团访问中医药大学】 10月10日，印度大型医疗连锁机构麦克斯医疗中心副主席托尼·辛格一行访问中医药大学。学校相关负责人会见客人。双方就派遣印度医师、护士在中医药大学学习中医药知识及相关临床实践技能进行探讨。托尼·辛格一行参观校博物馆、附属第一医院和方回春堂中医门诊部。

【比利时弗维斯大学代表访问中医药大学】 10月13日，副校长李俊伟会见比利时西弗兰德省弗维斯大学生物技术和医疗辅助学系负责人伊莎贝尔·范斯蕾布克、国际交流办公室负责人塞吉·斯克罗。双方就两校交换学生项目、教师进修项目进行探讨，并对两校医药卫生专业如听力学、职业理疗学、营养学、医学实验室技术、护理学等领域开展交流合作达成一致共识。

【英国南威尔士大学“3+2本硕培养项目”宣讲会】 10月15日举行。英国南威尔士大学中国招生代表山姆·黄为中医药大学人文社会科学学院、医学技术学院相关本科生讲解两校开展的“3+2本硕培养项目”，介绍南威尔士大学的专业设置、在英国的学习生活、入学条件、奖学金申请以及中医药大学学子在南威尔士的学习和毕业就业情况。中医药大学已派出30名学生赴英国南威尔士大学求学。

【马来西亚拉曼大学代表团访问中医药大学】 10月16日，马来西亚拉曼大学医学与保健科学学院院长张顺景一行3人来访，学校相关负责人会见代表团成员。双方就两校的专业设置、学科发展以及今后可开展的师生交流、合作研究等交换意见。

【香港思源基金会代表团访问中医药大学】 10月19日至20日，香港思源基金会顾问黎应锦及夫人黎梁淑芷和基金会执行董事李浩文一行访问中医药大学。校党委书记孙秋华会见代表团一行，感谢近十年来思源基金会对学校家庭经济困难学生的支持和帮扶。黎应锦夫妇和李浩文转达思源基金会主席陈曾焘会继续赞助学校教育事业的意愿。访问期间，来访客人参加思源基金会思源社2015年度周年大会筹备会议、思源奖助学金评审工作会议和思源社联谊会。

【美国印第安纳大学医学院教授访问中医药大学】 10月20日至23日，美国印第安纳大学医学院全科医学系研究部副主任迪安娜·威利斯访问中医药大学。21日，副校长李俊伟会见迪安娜·威利斯，双方就两校之间开展教师交流、科研合作、全科医师培训及中医药教育合作等交换意见，达成一致共识。在迪安娜·威利斯推动下，27日，李俊伟与印第安纳大学医学院全科医学系主任凯文·

盖博科签署关于两校开展全科医学领域学术交流的合作意向书。

【波兰哥白尼大学和华沙社会科学与人文大学代表访问中医药大学】 10月21日，副校长李俊伟会见波兰哥白尼大学和波兰华沙社会科学与人文大学代表一行4人。双方就波兰学生短期来华培训、中医药大学学生赴波兰交流学习、教师进修以及双学位课程等合作项目进行探讨。国际教育学院负责人向客人介绍中医药大学国际教育办学特色以及短期留学生培养模式。代表团参观中医药博物馆、国际教育学院教学中心、留学生宿舍楼等教学、生活场所。

【韩国全罗南道交换公务员到中医药大学交流学习】 10月22日，韩国全罗南道交换公务员崔炳録到中医药大学，在学校科研处进行为期一个月的交流学习。学校相关负责人会见崔炳録，肯定交换公务员到高校交流学习的积极意义，期待交流公务员发挥桥梁作用，积极推动中医药大学与韩国全罗南道医疗、教育、科研机构之间开展交流与合作。崔炳録原任职于韩国全罗南道政府保健韩方课、社会福祉课，作为交换公务员到浙江省进行交流学习。

【意大利留学生获外国留学生中华厨艺比赛三等奖】 10月25日，中医药大学意大利留学生马西莫·邦迪参加“舌尖上的浙江”外国留学生中华厨艺比赛，获得三等奖。本次比赛由省教育厅、省委外宣办、省政府外侨办和浙江广播电视集团主办，浙江电视台教育科技频道和浙江旅游职业学院共同承办。来自15所高校近30名外国留学生参加比赛。

【香港两位教授受聘中医药大学客座教授】 10月27日，学校举行聘请香港公开大学李国麟教授、香港中文大学李子芬教授为客座教授聘任仪式，校党委书记孙秋华、校长范永升为两位教授颁发客座教授聘书，佩戴校徽。访问期间，李国麟和李子芬分别为师生作“中西医结合社区护理与护理人力资源策划”“循证护理在社区护理的应用与挑战”专题学术讲座。

【香港兴业国际集团医疗投资发展总裁访问中医药大学】 10月28日，副校长李俊伟会见香港兴业国际集团医疗投资发展总裁孙遥一行。双方探讨合作建立面向未来、老龄化社区需求及具备高级综合技能培养模式的“国际护理学院”可行性，就“共同培养以市场需求为导向的护理人才”达成初步共识。

【与香港港安医院、国际健康促进协会签署合作备忘录】 11月4日，副校长李俊伟会见香港港安医院副院长胡子辉、国际健康促进协会首席执行官林封苗。三方就中医药大学学生赴香港等地参加医疗研修项目、医护、行政管理人员交流、合作研究等事项进行探讨，并达成共识，三方签署合作备忘录。

【美国耶鲁大学教授来中医药大学附属一院讲学】 11月4日，美国耶鲁大学医学中心病理学蔡国平教授出席中医药大学附属一院“仁和学术月”活动并作“关于非小细胞肺癌”的学术讲座。讲座展示非小细胞癌病理诊断的科研前端技术，为听众带来新的信息和理念。

【举行中日学生交流会】 11月4日，学校第一临床医学院、基础医学院、人文社科学院等20余名本科生，日本东洋医疗专门学校的17名来华研修生，学校国际教育学院的全体日本留学生参加中日学生交流会。交流会在和睦友好氛围中进行，通过互动游戏增进彼此之间的友谊，最后中日学生互赠礼品并合影留念。

【葡萄牙中部大区卫生组代表团访问中医药大学】 11月5日，校长范永升、副校长李俊伟会见葡萄牙中部大区协调发展委员会主席安娜·安布恩荷塞一行9人。代表团成员涵盖葡萄牙中部大区大学、医院、医药公司、研究所及医疗器械公司等诸多单位。双方就师生交流以及中西医结合医疗、干细胞移植、康复医院的合作交流等交换意见。代表团参观中医药博物馆和附属第一医院，观摩学校的武术教学现场。

【美国威斯康星大学师生代表团访问中医药大学附属三院】 11月11日，美国威斯康星大学"体验中国"项目师生代表团一行9人访问学校附属三院。学校和医院相关负责人接待代表团一行。代表团师生观看推拿特色疗法视频后实地走访推拿治疗室和针灸门诊，并向医务人员了解针灸、推拿治疗的功效、作用机理、适应症及其在疾病预防中的作用。其中，6位成员还现场跟医生预约全程体验式的针灸、推拿诊疗服务。

【英国南威尔士大学教学示范课】

11月30日，英国南威尔士大学国际部协调官员克莉丝汀·豪威登和商业与社会学院迈克·蒲奇教授应邀来中医药大学人文社会科学学院进行教学示范课。迈克以《金融学》为例，为师生进行教学演示。 （汪静娜）

表6　2014年浙江中医药大学与国(境)外高校签订合作协议情况

序号	时间	国家和地区	机构名称	合作内容
1	4月15日	美国	加州州立大学富勒敦分校	学术交流、学生交流
2	7月9日	美国	罗德岛大学	本硕连读项目
3	10月18日	美国	美国韩研究所股份有限公司	临床研究、外教派遣、来华研修
4	10月28日	德国	德国汉堡大学附属埃彭多夫医院	学术交流、师生交流
5	11月4日	香港	香港港安医院	学术研究、师生交流

表7　2014年浙江中医药大学接待的其他来访团组

序号	来访时间	来访人员
1	3月24日～4月11日	美洲中医学院研修团12人
2	6月9日	美国韩研究所代表安杰莉卡
3	7月24日	巴基斯坦R.S.J国际服务有限公司代表1人
4	8月24日～9月12日	荷兰莱顿大学医学院研修团16人
5	9月15～28日	美洲中医学院研修团8人
6	10月13日	比利时西弗兰德省弗维斯大学生物技术和医疗辅助学系负责人伊莎贝尔·范斯蕾布克等2人
7	10月13日	东京医科齿科大学系统生物医学系教授浅源弘嗣
8	10月13～20日	韩国社会教育院宇阳健康教育中心院长玄姬善等26人
9	10月15日	英国南威尔士大学中国招生代表山姆·黄
10	10月28～29日	荷兰阿姆斯特丹牙科学术中心克莱恩教授
11	10月30日	美国加州大学伯克利分校中国代表1人
12	10月30日	日本早稻田大学中国代表1人
13	11月3～5日	日本东洋医疗专门学校针灸学科枝广尚子一行18人
14	11月7日	美国罗切斯特大学医学中心外科病理学系主任布兰登

浙江海洋学院

【涉外工作概况】 2014年，浙江海洋学院(简称海洋学院)派出教师赴美国、俄罗斯、加拿大、英国、日本、法国、瑞士、新加坡、意大利、韩国和香港等国家、地区，参加学术会议、开展学术研究及考察访问等51批86人次。其中，出国、赴港澳地区进行三个月以上访学的教师21人次，参加学术会议10人次。接待来自韩国、俄罗斯、日本、加拿大、美国、新加坡、英国、挪威、塞内加尔、南非、坦桑尼亚、意大利和香港等国家、地区的宾客60批151人次。其中，来校参加学术会议的外宾57人，来校讲学或为师生开设讲座的专家13人。

聘请来自美国、英国、俄罗斯、日本、瑞典、印度、韩国等国家的专家、教授28人，其中来校工作半年以上外国专家13人。招收来自俄罗斯、哈萨克斯坦、韩国、密克罗尼西亚、加拿大、塞内加尔、法国、加蓬、刚果、埃及等国学生93人，其中来校攻读硕士学位留学生15人、进行高级访问研究者1人。派出学生赴日本、俄罗斯、加拿大、韩国等国高校进行为期一个学期及以上交流学习的76人。

与俄罗斯圣彼得堡国立海洋技术大学合作举办船舶与海洋工程本科项目获得教育部批准，2014年秋季正式招收第一批学生38人。

11月14日，浙江海洋学院成为中国政府奖学金生委托培养单位之一。

全年与韩国、意大利、塞内加尔、南非等国家的大学院校签署8份教育或科研合作协议(备忘录)。

【塞内加尔驻华大使访问海洋学院】 3月13日至14日，塞内加尔驻华大使阿卜杜拉耶·法勒访问浙江海洋学院。学校党委书记周克非，院长吴常文，副书记、副院长朱世强分别会见阿卜杜拉耶·法勒一行，双方进行友好交谈。阿卜杜拉耶·法勒大使首次访问中国的高校。

周克非、吴常文分别向阿卜杜拉耶·法勒介绍学校基本情况，希望今后进一步加强与塞内加尔在高等教育方面的合作，并邀请其出席2014年秋季在浙江海洋学院举办的“中非海洋教育论坛”。

阿卜杜拉耶·法勒充分肯定浙江海洋学院在中非合作方面做出的成绩，表示非常支持塞—中两国在学生互换、学术交流、师生互访等层面开展的合作，并将积极协助推进浙江海洋学院与塞内加尔高校的交流和合作，增进塞—中之间的了解与友谊。

阿卜杜拉耶·法勒一行参观校园，看望14名塞内加尔留学生。

【海洋学院院长率团访问韩国】 4月13日至19日，应韩国国立海洋开发研究院、韩国国立群山大学、韩国国立木浦大学、韩国国立釜庆大学、韩国国立水产振兴院等5家高校、科研院所邀请，院长吴常文率团赴韩国进行文化教育交流与访问。访问期间，吴常文一行与到访的高校、科研院所进行交流洽谈，双方就教师互访、本科生和研究生交流、科研合作、联合培养博士生等项目达成协议，并签署合作备忘录。

【香港太平绅士杨詠曼向海洋学院捐赠】 4月17日，浙江海洋学院杨詠曼图书馆、杨詠曼奖助学金捐资协议签约仪式在海洋学院图书馆举行。党委书记周克非与香港合孚行有限公司董事长杨詠曼签订《浙江海洋学院杨詠曼楼捐资协议书》《浙江海洋学院杨詠曼奖助学金捐资协议书》。全国妇联组织联络部长张黎明、香港中联办协调部副部长廖勋、原舟山市委书记于辉达、舟山市副市长徐燕峰、香港舟山同乡会名誉会长许志勤、杨詠曼夫君邓秉钧等出席典礼。香港中联办原副主任郭莉，舟山市委常委、宣传部、统战部长忻海平分别讲话。仪式由学院党委副书记吴中平主持。

杨詠曼向海洋学院捐资500万元人民币，其中400万元用于助推浙江海洋学院的发展与建设，100万元用于浙江海洋学院设立“杨詠曼奖助学金”，奖励在德、智、体、美等方面全面发展而家庭经济困难的大学生。为感谢杨詠曼对学校的关爱与支持，传承杨女士捐资助教、造福桑梓的崇高精神，浙江海洋学院将新城校区图书馆永久命名为“杨詠曼图书馆”。

【塞内加尔达喀尔波尔多管理学院院长访问海洋学院】 6月16日，塞内加尔达喀尔波尔多管理学院院长马迪凯·迪奥普一行访问海洋学院，院长吴常文会见来宾。双方就塞内加尔学生来校攻读硕士学位及双方本科生相互交流等进行洽谈并达成共识。

【韩国国立群山大学校长访问海洋学院】 6月23日至25日，韩国国立群山大学校长罗义筠一行4人访问海洋学院，院长吴常文会见客人并主持洽谈，副院长张元龙和学校相关部门、二级学院负责人参加洽谈。两校通过友好协商，决定将推进多层次、多形式的交流和合作办学，开展学分互认、课程交叉的学士与硕士以及双学位合作项目；积极开发适合对方留学生的辅修模块，探索建立汉语或韩语培训、专业学位教育和短期专业培训并举的留学生培养模式。

【2014中国浙江国际企业管理论坛】 10月10日在海洋学院召开，由海洋学院与韩国国际企业管理协会联合举办。中国浙江大学、温州大学等5所高校的5名专家，以及韩国国立群山大学、中央大学等13所高校的26名专家参加论坛。浙江海洋学院20多位教师和100多位经济、管理、人文专业的学生参加会议。此次学术会议分设使用韩国语、汉语和英语语种报告的几个会场，21位专家围绕浙江商会、中国加工贸易中的中小企业集成供应链管理、电子商务创新和政策涵义等内容作报告。

【中、非、欧海洋类专家汇聚海洋学院】 10月16日至19日，坦桑尼亚达累斯萨拉姆大学常务副校长尤纳斯、学术副校长玛珂恩雅等4人，南非罗德斯大学养殖系主任沃维科和海洋生物学专家彼得，意大利比萨大学水生生物学博士伊萨贝拉等7名专家来浙江海洋学院访问交流。院长吴常文，副院长张元龙等会见来宾。17日，5名专家为学校师生发表学术演讲，涉及海洋生物多样性、海洋环境开发与保护、渔业资源与渔业养殖等领域。18日，浙江海洋学院分别与坦桑尼亚达累斯萨拉姆大学、南非罗德斯大学、意大利比萨大学举行合作洽谈会。会上，吴常文介绍学校办学历史、院系发展、国际化成果及今后发展战略，希望在海洋科学与技术领域方面与来访各位专家进行深入交流。最后，浙江海洋学院分别与几所非欧高校就学分互认、本科生交换、硕士和博士层次的联合培养达成共识。

【汤加王国商务代表访问海洋学院】 10月19日，汤加王国商务代表伊萨贝拉等一行4人访问海洋学院。院长吴常文、副院长张元龙会见汤加客人，学校相关部门负责人出席。

吴常文向宾客介绍学校教学、科研和国际化发展的概况，希望与汤加王国的高校开展科研与留学生教育等方面的合作。伊萨贝拉对浙江海洋学院取得的成就表示赞赏，表示会不断寻找与浙江海洋学院的教育科研合作机会，促进汤—中两国的友谊和文化交流。伊萨贝拉一行还参观海洋学院的校园环境和设施。

【韩国国立木浦大学校长访问海洋学院】 10月22日至23日，韩国国立木浦大学校长崔壹等一行5人访问海洋学院。院长吴常文、副院长张元龙会见代表团成员，学校相关部门负责人参加会谈。

会谈中，吴常文指出，学校十分重视与韩国高校的交流合作，希望两校开展学术交流、学生交换、访问学者互派，在海洋、人文等领域深入合作，实现两校共赢发展。崔壹对浙江海洋学院取得的成就表示赞赏，希望两校保持密切往来，探索合作领域，共谋发展。

【俄罗斯圣彼得堡国立海洋技术大学副校长访问海洋学院】 12月2日，俄罗斯圣彼得堡国立海洋技术大学副校长克里尔·罗宇杰茨、国际交流学院副院长弗拉基米尔·戈鲁别夫到海洋学院访问交流。院长吴常文与学校相关部门负责人出席会议。吴常文对两校联合办学项目的实施给予肯定，希望在引进俄方学校师资、教学计划、教学理念的基础上，双方在船舶与海洋工程方面进行深层次的科研合作。双方就联合办学项目的相关费用问题进行了协商。

【海洋学院学生获韩国开普斯通设计大赛入场券】 12月8日，海洋学院学生获得“2015国际可再生能源技术国际顶级设计大赛”决赛资格。项目负责人将于2015年1月参加在韩国木浦举行的决赛。学生设计的入选项目，分别是船舶与海洋工程学院的自适应悬挂潮汐涡轮、风力驱动下低能量消耗的近海平台的动态定位装置、海上多能源利用装置和章鱼启发下的波浪发电。这些项目得到韩方的资助。

可再生能源技术国际顶级设计大赛由韩国国立木浦大学2012年创办，旨在鼓励世界上年轻的大学生开展创造性、创新性和创意性设计。

【举办中日韩研究生国际学术交流会】 12月13日至14日，中日韩研究生国际学术交流会在海洋学院举行，副院长张元龙、日本东京海洋大学岡崎惠美子教授分别在交流会上致辞。来自日本东京海洋大学、韩国国立群山大学、中国海洋大学、上海海洋大学、浙江海洋学院的教师和研究生100余人参加交流会。大会收到来自中日韩三国5所高校的研究生论文及摘要24篇，会上14位研究生作全英文论文报告。会议评审专家最后评审出优秀报告者。

【海洋学院外籍师生共迎新年】 12月19日，以“留居海院，明天更美好”为主题的外籍师生圣诞晚会在海洋学院举行。来自俄罗斯、塞内加尔、哈萨克斯坦、韩国、加拿大、法国、加蓬、刚果和埃及等国家的外籍教师和留学生参加晚会，欢聚一堂，表演各类文艺节目。（钟伟良）

表8　2014年浙江海洋学院接待部分外国代表团情况

序号	日期	来访人员	来访内容
1	3月8～9日	塞内加尔驻华大使阿卜杜拉耶·法勒	访问，慰问留学生
2	6月18日	英国斯特灵大学林德塞博士等2人	生物学讲学
3	6月21日	俄罗斯圣彼得堡国立海洋技术大学副校长克里尔·罗宇杰茨等2人	合作洽谈
4	8月12～14日	俄罗斯南乌拉尔国立大学副校长维克多等2人	合作洽谈
5	10月28日	日本财团秋山昌廣理事长等10人	中日海洋论坛
6	11月26～30日	西班牙海洋水产研究所安吉尔博士	合作研究
7	12月2～4日	韩国海洋水产开发院院长等5人	合作商谈

浙江农林大学

【涉外工作概况】 2014年,浙江农林大学(简称农林大学)派出因公考察团组4批15人次,教师出国(境)交流84人次。6名教师获得"国家公派出国留学项目"资助,23名教师获得"浙江省高校优秀中青年骨干教师出国研修项目"资助。全年接待国(境)外来访客人150人次。

举办国外院校合作项目洽谈会20场次,新签项目协议10个。实施本科生和研究生的学分互认、交换生、带薪实习以及短期海外游学等项目,全年派出学生335人。首次获得国家留学基金管理委员会学生资助项目并派出首批学生。与加拿大不列颠哥伦比亚大学林学本科专业合作办学项目获批,首批招生30人。聘请23名外国文教专家配合学校教学和科研工作。338名来自赞比亚、赤道几内亚和乌克兰等国的海外留学生在校攻读学位、进修培训和短期游学。塞尔维亚诺维萨德大学孔子学院揭牌运作,农林大学派出学生志愿者6名和公派教师志愿者5名赴塞尔维亚。国家汉办汉语国际推广茶文化传播基地落户浙江农林大学。

【获国家留学基金委优秀本科生国际交流项目资助】 2月12日,"浙江农林大学与美国加州大学戴维斯分校农学学科本科生交流项目"获国家留学基金管理委员会审核通过。该项目每年资助农林大学5名林学专业学生赴美国加州大学戴维斯分校进行为期3个月的学习。

【农林大学代表团访问塞尔维亚和英国】 5月26日至6月1日,校长周国模率代表团一行3人,访问塞尔维亚诺维萨德大学、英国考文垂大学和苏格兰乡村学院。出席诺维萨德大学孔子学院成立仪式,与考文垂大学在合作交流方面达成共识,与苏格兰乡村学院签署合作谅解备忘录。

【德国热带农业专家访问农林大学】 5月29日,德国波恩大学经济作物与资源保护研究所马克·詹森斯教授、于尔根·波朗博士、德国科隆应用科技大学胡安·卡洛斯·托里科博士等4位热带农业专家应邀访问农林大学非洲农林研究院并进行学术交流。4位专家在"非洲农林研究系列学术讲座:非洲和拉丁美洲现代农业生产系统的现状、合作及发展"研讨会上作专题报告。

【澳大利亚昆士兰国际商业学院全球学术交流中心(中国站)揭牌仪式】 6月25日在农林大学举行。昆士兰国际商业学院校长阿思夫·伊可巴、校长助理郑晓云,农林大学国际教育学院院长邱亦维等参加仪式。

【2014级林学(中加合作办学项目)开班典礼】 9月11日在农林大学举行。加拿大不列颠哥伦比亚大学林学院亚洲事务部主任王光玉,农林大学学工部、教务处、计财处、国际处、国际学院及林业与生物技术学院负责人,林学(中加合作办学项目)班全体新生、家长代表与辅导员、班主任参加开班典礼。

【参加"第二届中国—中东欧国家教育政策对话"】 9月22日至24日,农林大学作为浙江省唯一应邀高校,派副校长王自勇、国际合作与交流处处长方丽青为代表参加在天津举行的此次会议。教育部副部长郝平、外交部副部长王超、天津市副市长曹小红等出席开幕式并致辞。来自中东欧16个国家的教育部长、大学校长及驻华使节和中方教育部门领导、大学校长等共160人出席会议。

【"孔子学院日"暨敬师奉茶八周年纪念活动】 9月26日在农林大学举行。活动以纪念孔子诞辰2565周年和全球孔子学院创办十周年,弘扬中华民族"尊师重教"传统美德为主旨。校长周国模,校党委委员、宣传部长陈永富,校国际处、团委,文化学院、国际学院、外语学院等部门和学院领导、师生代表200余人参加活动。

【比利时西弗兰德省弗维斯大学代表团访问农林大学】 10月14日,比利时弗维斯大学国际处处长赛尔格斯格罗夫、生物科学学院院长伊萨贝尔·柏斯莱布鲁克访问农林大学,双方就开展学科合作和师生交流等事宜进行交流与磋商,达成初步合作意向。

【马来西亚代表团访问农林大学】 10月22日,副校长金佩华会见马来西亚沙捞越州工业发展部副部长彼得·南祥率领的代表团一行,双方洽谈在竹产业方面的研究与合作事项。校科技处、国际处,非洲农林研究院、林业与生物技术学院、工程学院、环资学院等有关负责人参加会谈。

【文化学院代表团赴欧洲访问】 10月23日至11月7日,农林大学文化学院院长王旭烽率师生代表团一行,赴欧洲参加贝尔格莱德国际图书节活动,并在诺维萨德大学孔子学院、罗兰大学孔子学院以及格拉茨大学孔子学院开展茶文化讲学,王旭烽在"茶与酒的对话"中塞文化交流论坛上演讲。

【美国肯尼索州立大学副校长一行访问农林大学】 10月27日,校党委书记宣勇、副校长张立钦会见美国肯尼索州立大学副校长阿莱西亚·佩利·约翰森、孔子学院外方院长金克华和佐治亚州公共电视台副总裁斯提夫·卡莱一行6人,双方就合作拍摄中华茶文化纪录片以及促成在美国大学开设中华茶文化的学分课程、在肯尼索州立大学内建立中华茶馆等项目达成初步合作协议。校国际处、组织部、文化学院等负责人参加会见。

【瑞典林奈大学代表团访问农林大学】 11月7日,副校长张立钦会见瑞典林奈大学健康与生物科学学院伊恩·尼克斯教授一行5人,双方就开展食品科学和生物技术学分互认项目达成初步意向。校国际处、农学院、林生院负责人参加会见与交流。

【参加利马联合国气候大会】 12月5日,校长周国模应邀出席在秘鲁首都利马举行的联合国气候大会,作"中国林业碳汇交易促进农民增收"报告,吸引来自英国、法国等20多个国家及联合国粮农组织、绿色气候基金等国际组织代表关注。周国模率领的科研团队在竹林碳汇研究方面处于国际领先水平,研究成果在2012年获得浙江省科学技术奖一等奖。

【塞尔维亚诺维萨德大学孔子学院首届理事会】 12月10日在农林大学召开。孔子学院副理事长张立钦(农林大学副校长)、帕夫莱·思科洛斯(诺维萨德大学副校长)与其他理事会成员及两校相关人员参加会议。

【国家汉办主任视察农林大学】 12月20日,国务院参事、国家汉办主任、孔子学院总部总干事许琳一行视察农林大学汉语国际传播茶文化传播基地筹建工作。全国政协文史和学习委员会副主任委员、中国国际茶文化研究会会长、浙江省茶文化研究会会长周国富出席视察活动并讲话,强调茶文化传播对促进中外文化交流的重要意义。国家汉办党委书记、副主任、孔子学院总部副总干事马箭飞,国家汉办师资处副处长赵燕清,国家汉办文化处副处长朱丹,浙江省教育厅副厅长于永明、外事处处长舒培冬参加考察活动。校长周国模、副校长张立钦陪同考察。

(王　艳)

温州医科大学

【涉外工作概况】 2014 年,温州医科大学(简称温医大)接待外国、港澳地区友人和团组来访 325 人次,因公出访团组和个人 162 批 254 人次,与国(境)外院校签署校际合作协议 8 项,二级学院(附属医院)对外合作协议 23 项,新增日本常叶学园、波兰卢布林大学、美国生命大学、香港港安医院、卡尔蔡司光学国际有限公司等国(境)外合作院校及单位,与温医大开展稳定合作的国(境)外院校、机构增至 78 所。学生出国(境)交流学习 316 人次,新增短期交流学习 10 项、3 个月以上中长期项目 4 个、博士留学奖学金项目 2 个、国家留学基金委优秀本科生出国奖学金项目 1 个。在办的 2 个中外合作办学项目接受教育部评估。4 名外国文教专家获浙江省、温州市政府"友谊奖"。举办 2014 国际口腔生物材料与组织再生论坛等 10 次国际及双边学术会议。

【温医大校长率团访问日本】 4 月 1 日至 6 日,校长瞿佳率团访问日本,与日本宫崎大学签订校际学术交流协议。双方在未来五年内围绕教育和研究领域开展多样化的学术交流与合作,包括教学研究人员交流、行政人员交流、学生交流、合作研究项目以及科研数据和资料交流等方面。

【与澳大利亚西澳大学签署足踝医学博士培养合作协议】 6 月 9 日,副校长李校堃率国际合作交流处和 4 所附属医院负责人参加第 16 届"浙洽会"医疗卫生对外合作项目洽谈会,并与澳大利亚西澳大学代表共同签订《温州医科大学与西澳大学足踝医学博士学位项目合作备忘录》,开展足踝医学博士培养。

【温医大校长率团访问波兰、瑞典和德国】 8 月 18 日至 27 日,校长瞿佳率团访问波兰卢布林医学大学,瑞典隆德大学、林奈大学,德国卡尔蔡司集团等著名大学和高科技企业。与波兰卢布林医学大学校长安德烈·卓珀等进行合作会谈,就开展联合办学、联合科研等合作项目达成共识,并签署战略合作协议。实地考察瑞典隆德大学、林奈大学、德国卡尔蔡司公司视觉,就科研合作、产学研合作等进行探讨,并签署一系列合

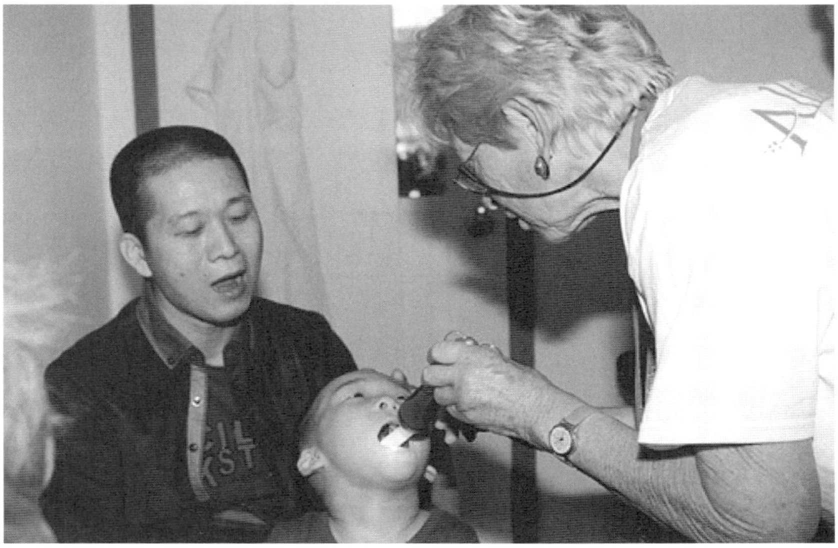

◎唇腭裂医疗慈善救助活动对温州市及周边地区唇腭裂儿童实施免费修复手术

作意向。

【外国专家、教授获省市“友谊奖”】 8月27日，温医大外国专家比约恩·杜拉博(法国依视路集团高级研究员)和约瑟佩·马拉罗(意大利米兰大学麻醉重症监护教授)获温州市第12届“雁荡友谊奖”。

11月14日，2014年度浙江省政府“西湖友谊奖”颁奖大会上，温医大外国教授莫萨·穆罕穆迪(美国纽约大学医学中心终身教授)和威廉·斯科特·梅尔文(美国埃尔伯特爱因斯坦医学院教授，美国胃肠内镜外科医师学会主席)获“西湖友谊奖”。

【温医大副校长率团赴奥地利、英国开展校际交流】 10月23日至30日，副校长李校堃率团先后赴奥地利格拉茨医科大学、英国布莱顿大学和英国帝国理工学院等著名大学及其附属医院，分别就联合培养博士、学者互访、学生交换、科研合作、海外临床培训基地等进行交流探讨，并达成一系列合作协议和意向。其中，与奥地利格拉茨医科大学续签关于互派学生和访问学者合作协议，并就拓展学者交流领域和模式等达成一致；与英国布莱顿大学签订关于联合培养博士的合作协议，并就交换生项目、硕士合作项目、暑期交流项目进行磋商；与帝国理工学院在生物技术药物和麻醉方式对肿瘤复发的影响等多个方向形成合作意向。

【2014唇腭裂医疗慈善救助活动(温州站)】 11月3日在温医大正式启动。此次以“微笑工程 善行天下”为主题的唇腭裂医疗慈善救助活动，联合美国微笑联盟等机构，对温州市及周边地区100名唇腭裂儿童实施免费修复手术。

【与瑞典隆德大学建立正式校级合作】 11月11日，瑞典隆德大学医学院副院长罗兰·安德森访问温医大，代表隆德大学校长珀尔·埃里克森与温州医科大学校长瞿佳交换两校战略合作协议，两校正式建立合作关系。根据双方签署的合作协议，两校将在本科生交流、博士生培养、附属医院交流、共建科技园等项目展开全方位、多层次合作。

【与波兰卢布林医科大学达成建立境外合作办学项目意向】 11月26日，温医大与波兰卢布林医科大学达成建立境外合作办学项目意向，双方将在国际临床医学教育和境外办学领域展开合作。国际临床医学教育面向留学生，采取课程互认的形式，双方共享医学教育资源，共同培养国际医学生。根据双方境外合作办学协议，温医大将在卢布林医科大学成立境外学院。双方确定合作时间表，完成课程对接并进入具体实施阶段。

【与韩国国立全南大学正式确立校级合作】 11月26日，温医大与韩国国立全南大学正式签订校级合作协议。两校将建立教育联合培养项目，促进教学、科研、临床合作并拓展学生、教职工交流。两校已开始博士联合培养合作。

(夏　露)

◎温州医科大学与波兰卢布林医科大学达成建立境外合作办学项目意向

浙江传媒学院

【涉外工作概况】 2014年，浙江传媒学院派遣教职工出国（境）考察、交流、培训、访学或参加国际会议48批93人次。接待国（境）外合作交流、学术交流、项目交流代表团组64批217人次。学校聘请外籍专家、教师41人次。与国（境）外合作院校开展交流和合作项目42项。在国（境）外进行短期、中长期交流学习的学生297人。浙江传媒学院首次有了成建制的留学生班级。

浙江传媒学院与英国博尔顿大学合作视觉传媒硕士学位教育项目通过教育部资格认定。成功申报播音主持艺术（双语方向）专业成为浙江省国际化专业重点建设项目。

【中外合作办学硕士项目获教育部资格认定】 2月19日，浙江传媒学院与英国博尔顿大学合作的视觉传媒硕士学位教育项目获得教育部资格认定。这是浙江传媒学院首个经教育部资格认定的中外合作办学硕士项目。

【2014中法传播与文化产业高峰论坛】 2月25日在浙江传媒学院开幕。论坛以“协同创新：传播与文化产业”为主题，围绕“创意经济与文化产业”“中法传媒人才培养模式对比”“新媒体时代电视艺术的创新和发展”等论题展开，探讨传播与文化产业的发展路径与建设。省委宣传部副部长唐中祥，省社科联主席、浙江工商大学党委书记蒋承勇，法国勃艮第大学副校长、法国传播学学会主席、勃艮第大学互补金属氧化物半导体实验室主任丹尼尔·阿伊西瓦，法国传播学学会副主席菲力普·邦菲斯，省传播与文化产业研究中心主任、浙江传媒学院校长彭少健，党委副书记王文科，副校长李军以及国内外50余位专家学者出席会议。

开幕式上，省传播与文化产业研究中心与法国传播学学会等3家学术机构签订学术合作协议。唐中祥、蒋承勇与丹尼尔·阿伊西瓦共同为“中·法传播与文化产业研究中心”揭牌。

【法国驻沪教育领事访问浙江传媒学院】 3月21日，副校长李军会见法国驻沪教育领事梅燕一行，双方希望进一步推动中法在学生交流、项目与学术交流等方面的合作。梅燕表示，将向法国高校介绍浙江传媒学院并寻找专业对口的合作院校。双方还就合作的具体模式和专业交换意见。

【2014中国话语与传播研究高峰论坛】 4月27日在浙江传媒学院举行。来自伦敦大学、清华大学、中山大学、澳门大学、浙江传媒学院等高校的30余位国内外知名话语传播专家学者，围绕“话语与传播”话题进行探讨，分享最新国内外话语研究观点，交流国际背景下中国话语与传播的发展建议。

【美国肯恩大学执行副校长访问浙江传媒学院】 5月9日，副校长李军会见美国肯恩大学副校长菲利普·康奈利一行。双方就“3＋1＋1”硕士项目框架、肯恩大学英语夏令营项目、硕士项目之间的学分转换和费用等问题交换意见并达成共识，并就两校间的对外英语教育项目进行沟通。

【第二届中国电影编剧高峰论坛】 5月10日在浙江传媒学院举行。包括澳大利亚墨尔本电影节主席、欧盟剧本创作中心主席克莱尔·多宾在内的国内外30多名知名编剧专家学者，以“故事、人物和核心价值”为主题，就中国电影的发展趋势、剧本创作的重要性以及中外合作制作电影等方面各抒己见，探讨剧本创作对繁荣中国影视作品的重要作用和方法途径。中国电影文学学会与欧盟合作设立欧盟（杭州）国际剧本创作中心，为进一步促进中国原创力量提供平台。

【第五届西湖媒介素养高峰论坛暨省媒介素养教育研究会第三次学术年会】 5月10日在浙江传媒学院举行。包括墨西哥韦拉克鲁斯大学教授杰西·瓜达卢佩和联合国教科文组织媒介素养教育顾问安卓·卡伊罗拉在内的126名中外媒介素养教育领域的专家学者出席。本次论坛的主题是“新媒介素养研究”和“媒介素养和信息素养融合研究”，17位媒介素养研究领域的专家学者分5个场次发言。

【浙江传媒学院代表团访问美国和墨西哥】 5月18日至25日，校党委书记奚建华率代表团一行访问美国和墨西哥友好院校。

在美国，代表团访问杰克逊维尔州立大学，双方就在杰克逊维尔州立大学建立浙江传媒学院的长期教学培训基地，相关教师进修培养计划协议与具体实施细则的拟定、网络课程、3+1+X学生交流项目、杰克逊维尔州立大学派音乐专业教师来浙江传媒学院交流讲学，两校学生和教师之间的交流互访等进行洽谈。代表团还访问加州大学戴维斯分校，商谈教师及学生交流项目合作细节并达成共识。

在墨西哥，代表团访问韦拉克鲁斯大学，双方签署《浙江传媒学院与墨西哥韦拉克鲁斯大学合作意向书》，参加在该校举行的“中国浙江传媒学院—墨西哥韦拉克鲁斯大学合作论坛”，并就师生交流、科研合作及国际教育项目进行讨论。

【美国杰克逊维尔州立大学副校长访问浙江传媒学院】 5月20日，副校长李军会见杰克逊维尔州立大学副校长特纳一行。李军表示，两校存在着多种合作发展模式和进一步深化合作的空间，双方就教师培养、学生交流、双校园联合培养以及联合举办音乐会等项目合作达成一致意见。

【浙江传媒学院代表团访问英国和俄罗斯】 6月10日至17日，副校长汤兆武率代表团一行访问英国和俄罗斯友好院校。

在英国，代表团拜会奥斯特大学校长理查德·巴奈特。双方就师生交流合作项目、学生留学项目合作、学分互认的可行性进行探讨，并签署新的两校合作协议。

在俄罗斯，代表团访问莫斯科国立大学。双方就师资交流、科研合作和学生留学等合作的可行性进行研讨，并达成初步合作意向与进一步合作的框架。

【坦桑尼亚教育部部长助理访问浙江传媒学院】 8月27日，副校长李军会见坦桑尼亚教育部部长助理阿卜杜拉·莫。李军表示，浙江传媒学院十分愿意借助阿卜杜拉部长助理来访，率先与坦桑尼亚高校开展合作，探索建立浙江传媒学院首个非洲地区留学生招生基地。阿卜杜拉表示，希望与浙江传媒学院以新闻传播、创意产业见长的优质高校建立更加富有特色的留学生合作项目。

【伯明翰城市大学副校长访问浙江传媒学院】 10月8日，副校长李军会见英国伯明翰城市大学副校长巴希尔·马克胡尔一行。巴希尔·马克胡尔表示，希望能进一步拓展两校合作渠道，在进行学生交流的同时，期待开展教师交流和培训项目，提供支持教师发展计划。李军对此表示赞同，并对两校未来合作充满信心。

【波兰电影协会主席访问浙江传媒学院】 11月8日，浙江省第二届青年电影节波兰导演见面会在浙江传媒学院举行，波兰电影协会主席亚采克·布罗姆斯基，浙江传媒学院校长彭少健、副校长李军参加会议。亚采克·布罗姆斯基对浙江传媒学院师生所从事的电影工作表示理解和支持，并鼓励在场学生为电影事业作出努力，实现自己的电影之梦。亚采克·布罗姆斯基还详细解答师生提出的问题。（张文婧）

宁波诺丁汉大学

【涉外工作概况】 2014 年，宁波诺丁汉大学聘请外籍教师 61 名，招收来自 60 多个国家的留学生 405 名。年内，组织举办大型国际会议及研讨会 6 次，国际学术讲座 52 次。70 名学生通过夏季短学期去英国本部交流，来自世界各地的 32 名学生参加学校举办的夏令营活动。

新增哥本哈根大学、欧洲商学院、都柏林圣三一大学、莫纳什大学等 11 所交换留学合作院校，派送 630 名大三学生去合作院校交流学习一学期或一学年，派出交换留学生数量占该年级学生总量的 55% 以上。新增学年或学期制的国际交换学生 220 人次。

2014 年是宁波诺丁汉大学建校十周年，学校举办一系列校庆活动。

【英国考察团访问宁波诺丁汉大学】 1 月 15 日，由英国 25 所顶尖中小学校长、学科带头人等 50 多人组成的考察团访问宁波诺丁汉大学，针对数学和科学学科教育与宁波诺丁汉大学师生代表展开交流和讨论，意在通过考察和交流促进和改善英国各学校数学和科学学科的教学水平。

【宁波诺丁汉大学教师作品《中国梵高》获奖】 4 月 17 日，宁波诺丁汉大学女教师余天琦制片的纪录片项目《中国梵高》，在中国成都举办的第五届亚洲阳光纪录片大会上获“最佳中国提案奖”。

《中国梵高》讲述一个关于从“中国创造”到“中国原创”的故事。

【中国首个国际游戏研究峰会】 4 月 19 日至 20 日在宁波诺丁汉大学举行。来自世界各地人文与社科领域的专家、学者和业内同仁参会，共同探讨游戏研究中面临的问题。

这是中国首次举办此类峰会，主要面向华文社会，关注中文游戏和游戏文化研究。具体包括中国游戏在国际范围内的评价和认可、网吧在游戏传播中的作用、数字游戏的相关法规和政策，以及华文社会的玩家(受众)研究。会议期间举行了中国数字游戏研究协会的首发仪式。

会议还邀请到两位主旨演讲嘉宾：《游戏研究》期刊的创始人之一，哥本哈根信息技术大学埃斯彭·阿尔赛斯博士和香港理工大学设计学院数字娱乐与游戏发展部的副教授和主席於积理博士。两位均是游戏研究领域的知名专家。

【宁波诺丁汉学生获日语短歌创作大赛优秀奖】 5 月 5 日，宁波诺丁汉大学大四学生胡薇薇在日本福井县越前市举办的第 16 届日语短歌国际创作大赛中获优秀奖，成为本次 18871 名参赛选手中唯一获奖的海外学生，获奖作品在日本结集出版并发行。

日语短歌是“和歌”(相当于汉诗)的一种形式，每首有 5 句，共 31 个音节。短歌比赛每年在日本短歌的故乡越前举办。

【宁波诺丁汉大学教师获国际设计大奖】 5 月 15 日，闻名世界的 A’设计大奖赛公布 2013—2014 年度设计大奖名单，宁波诺丁汉大学工业设计专业老师布鲁诺榜上有名。他的作品在家具、装饰、家居等多个设计领域获奖。

A’设计大奖赛是一个全球性的世界级设计比赛，旨在评选出最优秀的设计、设计理念、产品和服务。布鲁诺的获奖作品是一组富有流线感和色彩的瓶饰，可以用作花瓶，也可以充分发挥使用者的创造力作其他用途。

【第四届中国资本市场国际论坛】 5月24日至26日在宁波举行，宁波市政府主办，市金融办、宁波诺丁汉大学及北京大学国家发展研究院共同承办，《欧洲金融杂志》协办，该论坛首次在欧洲以外的国家举办。来自美国、新加坡、英国等地的全球知名经济学专家与宁波诺丁汉大学的经济学教授就金融开放、金融创新以及资本市场研究等领域展开交流与讨论。

【可持续能源国际研讨会】 6月5日在宁波诺丁汉大学举行。来自瑞典、奥地利、新加坡和香港等知名大学与研究机构百余名代表出席会议。能源专家分别就新燃料电池、先进能源系统热转换器、可持续低碳建筑、液体微型推进系统等领域进行交流与互动。

研讨会上，华东理工大学副校长涂善东、香港科技大学机械工程系首席教授赵天寿、新加坡工程学会主席S.K.周等学者作专题演讲。

【第六届三校运动会】 6月8日至13日在宁波诺丁汉大学举行。三校来自20多个国家的180多位运动员参赛，进行足球、排球、篮球、网球、乒乓球、飞盘、壁球等多个项目比赛。

2009年起，三校运动会在英国诺丁汉、诺丁汉大学马来西亚校区以及宁波诺丁汉大学三所大学之间轮流举办。2014年第六届三校运动会是第二次在宁波举办。

【生命科学中的光学国际会议】 6月10日至12日在宁波诺丁汉大学召开。来自英国牛津大学、美国华盛顿大学、新加坡国立大学、德国马克斯一谱朗克生物物理化学研究所等各国光学领域的著名专家学者，共同探讨生命科学中的光学新理论、新方法、新技术及最新应用。

此次会议是国际光学协会自1990年成立以来第一次在中国举行。

【宁波诺丁汉大学十周年庆祝活动】 6月12日晚，在中国驻英国大使馆举行宁波诺丁汉大学成立十周年招待酒会。中国驻英国大使刘晓明，英国国会议员、英国王室法律顾问肯尼思·克拉克，英国诺丁汉大学校长大卫·格林纳威，宁波市副市长张明华，中科院院士、宁波诺丁汉大学校长杨福家，以及来自中英教育、商业等领域的嘉宾和诺丁汉大学师生、校友，共庆第一所中外合作大学十岁生日。

17日，在北京举行"宁波诺丁汉大学十年成果分享会"，全国多家知名媒体参加发布会。晚6时许，宁波诺丁汉大学成立十周年庆祝招待会在英国驻华大使官邸举行。来自宁波诺丁汉大学中英合作双方代表，社会各界代表及部分诺丁汉大学校友代表应邀出席。

【执行理事长获女王册封为爵士】 6月16日，英国诺丁汉大学执行校长、宁波诺丁汉大学执行理事长大卫·格林纳威获英国女王册封为爵士。

格林纳威是诺丁汉郡副郡长、英国政府亚洲任务组成员和国际知名的经济学家及教育家，在英国享有较高的社会地位及知名度。

【英国驻华大使在宁波诺丁汉大学接受名誉法学博士学位】 7月5日，在宁波诺丁汉大学第七届本科毕业典礼上，英国驻华大使吴思田被英国诺丁汉大学授予名誉法学博士学位，并为学生们作讲座。

【宁波诺丁汉大学第七届本科毕业生毕业典礼】 7月5日至6日，宁波诺丁汉大学为第七届本科毕业生举行英式毕业典礼，1149名中外学生完成学业，取得英国诺丁汉大学的本科学位证书。2014届的毕业生有72%选择继续深造，其中16%被牛津大学、剑桥大学、帝国理工大学、伦敦大学学院等世界排名前10位的高校录取，69%进入宾夕法尼亚大学、哥伦比亚大学、爱丁堡大学、新加坡国立大学、香港大学等世界100强学校。就业的学生主要去四大会计师事务所、玛氏、欧莱雅、可口可乐、花旗银行、蓝色光标、法国阳狮、中国航天建设集团、国网供电局、安全生产质监局等。

【宁波诺丁汉大学举办“世界辩论赛”】 7月6日至11日，来自美国纽约大学、华盛顿大学、韩国又松大学、英国利物浦大学、清华大学、澳门科技大学等国内外40多所高校近100位学生在宁波诺丁汉大学，参加由宁波诺丁汉大学英文辩论社组织的“中国辩论训练营”。

该项活动由宁波诺丁汉大学英文辩论社独创，社团成员全权策划、宣传并落实，吸引世界各地近百位学生自费前来参加。训练营请来中国香港、韩国、新加坡、美国、菲律宾等国家和地区的12名世界知名培训师作为参赛学生的培训师兼裁判，并对选手进行针对性训练。

【宁波诺丁汉大学两学生设计作品获国际大奖】 7月23日，宁波诺丁汉大学工业设计4+0专业学生陈庆力和孙宇翔设计的成人儿童两用餐椅，获得美国国际设计大奖赛厨房家具类学生组设计一等奖。

美国国际设计大奖赛是一项权威的全球性设计比赛，旨在发掘在建筑、室内装饰、工业产品、时尚以及平面设计领域有创见的设计者。

【执行校长骑行英国为中国儿童脑瘤研究筹善款】 8月15日至30日，宁波诺丁汉大学执行校长尼克·迈尔斯在英国骑行2400公里穿越大不列颠全境，以脑瘤康复者魏博言的名义为儿童脑瘤研究募集善款。本次骑行历时半月，募得的善款用于儿童脑瘤的治疗研究。

每年暑假，尼克都会和英国诺丁汉大学的同事一起以骑车的方式穿越大不列颠全境。

【宁波诺丁汉大学获欧洲航天局全球卫星导航定位大奖】 9月11日，在欧洲航天局举办的测试伽利略卫星定位精度和可跟踪情况竞赛中，宁波诺丁汉大学获得全球卫星导航定位大奖，是中国唯一获此大奖的机构。

宁波诺丁汉大学拥有多台高频多模GNSS接收机和配套的科研设备，能同时跟踪包括北斗卫星、伽利略卫星在内的大约30颗在轨GNSS卫星，在国内同领域研究机构和院校中处于领先水平。

【罗素大学集团中国研讨会】 10月16日在宁波诺丁汉大学举行。来自中英两国节能减排领域的60多位专家学者，围绕“可持续发展和节能减排”这一主题，分享各自的研发经验，探讨中英两国在可持续发展领域所面临的挑战和机遇。研讨会加强中英双方在可持续发展和节能减排方面的紧密联系，为形成中英之间的整体学术网络提供条件。

【中外合作大学国际论坛】 10月18日在宁波诺丁汉大学举行。由中国教育国际交流协会、中国高等教育学会、浙江省教育厅与宁波市人民政府联办，宁波市政府与宁波诺丁汉大学承办。来自海内外130多位国际高等教育领域的专家学者，就探索“跨境高等教育”发现趋势、中外合作大学办学成功经验，以及推进中国教育国际交流的深入改革等方面进行交流。

【执行校长获“西湖友谊奖”】 11月14日，因对中英高等教育发展和合作做出杰出贡献，宁波诺丁汉大学执行校长尼克·迈尔斯被浙江省政府授予“西湖友谊奖”。

尼克·迈尔斯教授2009年来到宁波诺丁汉大学担任理工学院院长，2010年晋升为学校的执行校长，2013年开始兼任英国诺丁汉大学副校长。在此之前，他在英国诺丁汉大学担任工程学院的副院长。

【谢罗便臣被授予荣誉法学博士学位】 11月15日，宁波诺丁汉大学举行第九届硕士研究生毕业典礼，亚洲动物基金会创始人暨行政总监谢罗便臣被英国诺丁汉大学授予荣誉法学博士学位。她在中国从事动物保护和福利方面的公益事业已达29年之久。

（赵　莹）

浙江外国语学院

【涉外工作概况】 2014年，浙江外国语学院接待国（境）外来访团组36批186人次，派出教职工出国（境）考察或进修培训团组13批25人次，派出学生出国（境）交流学习团组23批140人次。与12所境外高校签订合作协议。聘请长期外国文教专家16人。招收外国留学生32人，其中5人获得“浙江省政府来华留学生奖学金”。

【墨西哥驻沪总领馆官员访问浙江外国语学院】 4月17日，墨西哥驻上海代总领事高天赐、文化领事马天佑、文化教育事务专员张伟苹访问浙江外国语学院，看望在杭交流学习的“汉语桥——墨西哥春令营团”师生，并出席浙江外国语学院第二届“中墨文化交流周”开幕式。高天赐对浙江外国语学院在培养西语专业人才、推动中墨教育交流与合作方面的努力表示感谢，代表墨方向学校捐赠西语书籍。

【美国教师代表团访问浙江外国语学院】 6月30日，由美国威斯康星大学麦迪逊分校东亚研究中心副主任理查·米勒领队的美国富布莱特项目教师代表团一行14人访问浙江外国语学院。院长洪岗会见代表团一行，中文学院、教育学院部分师生代表参加座谈。双方探讨了师生交流项目的合作可行性，并围绕基础教育、特殊教育等问题展开讨论。

【2014年度国际音乐教育研讨会】 9月17日至18日在浙江外国语学院举办。副院长赵庆荣出席开幕式并讲话，来自杭州市的专家学者以及200余名中小学教师应邀参会。研讨会采用专家主题发言、专题讲座和互动教学等多种形式。国际奥尔夫基金会主席沃夫冈·哈特曼、乌克兰专家维克多·巴达诺夫、上海音乐学院余丹红教授、俄罗斯籍专家依丽娜·布莱斯等分别围绕前苏联教育体系中的初等音乐教育、奥尔夫教学法的核心问题及其中国化可能性进行探讨，以及俄罗斯小提琴学派与持续的音乐教育等作专题发言。

【浙江外国语学院代表团访问欧洲高校】 10月5日至14日，浙江外国语学院党委书记姚成荣率

◎墨西哥驻沪代总领事向浙江外国语学院捐赠西语书籍

团访问西班牙、英国和俄罗斯五所合作大学。在西班牙，团组访问康普顿斯大学；在罗维拉·维尔吉利大学看望25名浙外西语专业的学生，并就学生联合培养项目签署校际协议。在俄罗斯，姚成荣与莫斯科国立语言大学校长哈列耶娃签署合作备忘录，双方探讨了学生联合培养和高层次校际交流合作的可行性。

【中拉合作协同创新研讨会】 10月18日，第三届拉美研究与中拉合作协同创新国际论坛“面向未来：拉丁美洲教育的改革与创新”研讨会在杭州召开，拉美研究与中拉合作协同创新中心主办，浙江外国语学院拉丁美洲研究所、教育科学学院、北京师范大学国际与比较教育研究院、美国美洲协会联合承办。中国拉丁美洲学会副会长、浙江外国语学院党委书记姚成荣致欢迎词。世界比较教育学会前财务长、英国南威尔士大学教授大卫·特纳、美国美洲协会副总裁林恩·沃克先后致辞。浙江外国语学院拉丁美洲研究所所长、中国社科院荣誉学部委员徐世澄作总结陈词。来自厄瓜多尔驻华大使馆、世界比较教育学会、美洲协会、墨西哥科利马大学和北京师范大学、西南科技大学、四川外国语大学等国内外机构和院校的专家以及浙江外国语学院师生共80余人参会。

【法国学生秋令营团来校交流】

10月21日至31日，应国家汉办邀请，汉语桥——法国学生秋令营团组一行51人在浙江外国语学院交流学习。23日，举办第一届“中法文化交流周”活动，欢迎法国学生。院长洪岗、法国巴黎学区汉语教学督学尹文英、法国汉语教学协会副会长王培文、杭州法语联盟法方院长丘纳德等出席文化周开幕式。在杭期间，法国学生参加汉语课、文化体验、中学访问等多种活动。

【中德教师教育研讨会】 10月30日在浙江外国语学院召开，主题为“教师专业化发展内驱力激发”。德国汉斯·赛德尔基金会项目专家邵贝德、德国迪林根教育学院副院长施朗泊、德国帕骚大学教授玄茨，省教育厅副厅长丁天乐，院长洪岗、副院长金运成等出席开幕式，来自全省各市、县(市、区)教师培训机构的130余位代表参会。丁天乐代表省教育厅致欢迎词。开幕式后，中德专家围绕会议主题展开学术交流。

【浙江外国语学院代表团访问德国】 11月24日至29日，应德国汉斯·赛德尔基金会邀请，副院长曹仁清率团访问德国。团组与汉斯·赛德尔基金会东北亚处处长维利·朗格就德语专业、教师培训、卓越师范生国际化培养项目、人员交流等进行交流。访问帕绍大学时，团组与该校副校长乌苏拉·罗伊特纳及相关职能部门负责人座谈。团组还访问州立安斯巴赫职校技能教师培养学院、巴伐利亚州学校质量与教育研究所，与相关人员就第九期中德合作协议中拓展职业教育、提高中小学办学质量等进行交流。

【赤道几内亚国立大学副校长访问浙江外国语学院】 12月2日，院党委书记姚成荣会见赤道几内亚国立大学副校长佩德罗·恩东格和国际部主任安东尼·恩赛一行。院长洪岗与佩德罗·恩东格签署两校《关于合作共建孔子学院的执行协议》，并就孔子学院揭牌筹备及其他校际合作等事项座谈。孔子学院中方院长候选人李执桃对孔子学院筹备工作作汇报。

【波兰驻华使领馆官员访问浙江外国语学院】 12月22日，波兰驻华大使馆文化参赞蔡梦灵，波兰驻上海总领事皮欧特·诺沃特尼亚科等一行访问浙江外国语学院，出席学校与杭州华艺文化艺术有限公司关于《浙江外国语学院肖邦国际音乐艺术中心合作共建协议》签署仪式，参加浙江外国语学院肖邦国际音乐艺术中心揭牌仪式。院长洪岗、副院长赵庆荣会见来宾。

(钟 慧)

温州大学

【涉外工作概况】 2014年，温州大学(以下简称温大)校级因公出国(境)访问团组1批10人次，教职工因公赴国(境)外开展学术交流、国际学术会议、管理干部培训、留学生招生、带学生参加暑期夏令营和冬令营等36批69人次。出访国家和地区涉及美国、英国、加拿大、法国、德国、意大利、澳大利亚、韩国、阿联酋、卡塔尔、泰国等。新增合作协议院校及机构2个，新增合作协议11份。

全年接待来访外宾及港澳侨来访团组与个人46批181人次。全年温大有313名学生参加校际交流项目，比上年增加149人。2014年，共有48名外籍专家和语言教师在温大工作，较上年新增6名。招收来自泰国、韩国、意大利、荷兰、美国等26个国家的各类留学生325人，比上年增加116人。3名留学生获孔子学院奖学金，14名留学生获浙江省政府来华留学生奖学金，44名留学生获温州大学外国留学生奖学金。全年邀请10名海外知名专家来温大开展学术讲座。

【温大学子获国际设计大赛金奖】 1月8日至9日，2014年国际可再生能源技术设计大赛在韩国木浦大学举行，经过专家书面评审和现场答辩，温州大学2011级机械工程卓越班学生钟国涛、钟宁设计制作完成的“汽车尾气余热回收发电系统”项目获得金奖。

【东亚俗文学与民俗文化比较国际学术讨论会】 2月12日至15日，东亚俗文学与民俗文化比较国际学术讨论会在温州大学人文学院举行，来自韩国、越南等国家近20位学者专家参加学术研讨会。

【韩国京仁教育大学校长一行访问温大】 4月4日，韩国京仁教育大学校长李在熙一行3人访问温大，双方续签五年期两校友好交流协议书和互派交流学生协议书。

【2014年度“高端外国专家项目”(文教类)计划】 4月20日，温大机电工程学院引进美国宾夕法尼亚州立大学安东尼奥申报的“金属纳米薄膜/纳米导线的晶粒、晶界和边界电阻的实验方法及理论研究”和生命与环境科学学院引进加拿大北英属哥伦比亚大学罗纳德·沃伦申报的“生态友好型分散式污水处理技术研究与示范”列入2014年度“高端外国专家项目”(文教类)计划。

◎第五届世界温州人研究国际学术研讨会在温州大学举行

【留学生教学实习基地成立】 4月28日，温大留学生教学实习基地在温州苍南县宜山高级中学挂牌成立，该学校成为温大留学生提高汉语交际水平和实践能力的培养基地。

【温大国际化水平提升】 7月23日，省教育厅发布《2013年度浙江省普通高校国际化水平排名》，温州大学位列"硕博授权高校国际化"第八名，比2012年上升两位。

【外籍教师获第12届"雁荡友谊奖"】 8月27日，温大外籍教师伊凡·戴维斯获温州市外国专家第12届"雁荡友谊奖"。

伊凡·戴维斯，澳大利亚籍，在温州大学瓯江学院从事英语教学工作。伊凡对中国温州环境保护满腔热忱，身体力行。过去3年，他每周抽半天时间到大罗山义务捡垃圾，感动并带动许许多多的人关注并参与大罗山的环境保护公益行动。为感谢他为温州环境保护作出的努力，当地人将大罗山上的一座凉亭命名为"伊凡亭"。2012年，伊凡被评为"温州十大感动人物"。

【印度尼西亚万丹省省长一行访问温大】 9月15日，印度尼西亚万丹省省长拉娜·卡娜·斯卡娜、劳工部及工业贸易部部长胡达雅·阿博杜·拉提夫一行访问温大，双方就印度尼西亚高中毕业生申请来温大学习专业知识事宜进行洽谈。

【第六届国际南戏学术研讨会】 10月11日至13日，第六届国际南戏学术研讨会在温大人文学院举行，来自英国、加拿大、马来西亚、韩国等国家和地区的19名专家学者参加会议。

【第五届世界温州人研究国际学术研讨会】 11月6日至7日，第五届世界温州人研究国际学术研讨会在温大举行，20多位来自美国、意大利等国家的外宾参加研讨会。

【中德双边研讨会】 11月19日，温大化学与材料工程学院举办"中德核磁共振新方法在有机化学中的应用及前沿"中德双边研讨会，来自德国的13名专家学者参加会议。

【温大成为"中国政府奖学金生委托培养院校"】 11月25日，经温大申请和省教育厅推荐，根据教育部《关于委托部分院校承担中国政府奖学金生培养任务的函》，温大正式成为"中国政府奖学金生委托培养院校"。

【韩国全南大学校长一行访问温大】 11月25日，韩国全南大学校长池秉文一行3人访问温大，双方签署继续教育合作协议书，就教师和学生交流、联合培养、创业教育、继续教育等多领域进行深入交流和商讨。

【欧华文教协会和华美教育国际交流基金成立】 12月30日，欧华文教协会和华美教育国际交流基金在温大成立。

荷兰欧华文教协会和美国华美教育文化交流中心热心于慈善教育事业，从2015年开始每年分别提供2万元人民币资助温大学生赴海外交流学习，暂定资助两年。

（陈　敏）

◎"中德核磁共振新方法在有机化学中的应用及前沿"中德双边研讨会专家学者合影

浙江树人大学

【涉外工作概况】 2014年，浙江树人大学(简称树人大学)围绕高等教育国际化办学目标，在与东亚地区和港澳地区交流的同时，加强与白俄罗斯、澳大利亚、英国等国高校的交流与合作，开展师生互派、课程合作、双学位联合教育、学术交流、科研合作等活动。

全年派出短期出国(境)人员56人次。其中：访问考察27人次，技术培训及进修学习25人次，参加国际学术会议4人次。学生出国(境)交流99人次。师生派往地有日本、韩国、澳大利亚、美国、白俄罗斯、匈牙利、捷克等国家。

接待来自10个国家和地区的来宾36批135人次，其中参加国际会议13人、讲学15人。聘请长短期外籍专家17人，其中聘请国家外专局高端外国专家项目2人。

招收来自加纳、喀麦隆、韩国等16个国家的长短期留学生40名。

新签校际交流协议院校6所，续签1所。其中，韩国、日本各2所，美国、白俄罗斯、英国各1所。

【韩国汉阳大学师范学院教授访问树人大学】 2月28日，韩国汉阳大学韩语系教授一行6人访问树人大学。校长徐绪卿会见韩国客人，双方就两校学生交流、教授交流、学术交流等事项展开交流并达成一致意见。其间，两校韩语系教师举行教学研讨会。汉阳大学赠送树人大学近百册韩语教材及韩语教学相关文献书籍。

【日本活水女子大学教授教学示范课】 3月11日至13日，日本活水女子大学教授荒木龙太郎、渡边诚治、高桥敬一、石井奈绪、岩下真澄5人来树人大学进行集中授课和学术交流活动，分别给日语专业大二和大三学生讲授日本历史文化、日语语言以及长崎地理文化等课程。其间，日本教授与树人大学日语专业的教师就教学内容、方式进行交流。

【澳门科技大学研究生院院长访问树人大学】 4月11日，澳门科技大学协理副校长、研究生院院长庞川一行5人访问树人大学，副校长叶时平会见庞川一行。双方就人才培养、学科建设、师资访学、交换生、合作办学、学术交流等方面进行商讨。其间，访问团对申报澳门科技大学2014年硕士研究生的保荐生进行面试。来自浙江树人大学、中国传媒大学、浙大城市学院等高校的40名应届毕业生参加面试。

【澳大利亚堪培拉大学人员访问树人大学】 4月18日，澳大利亚堪培拉大学教育、科技与数学学院副院长(兼管国际事务)芭芭拉·潘菲隆、职业发展中心主任贾内·史密斯、教育学研究生教育处主任大卫·派特森一行3人访问树人大学，校长徐绪卿会见芭芭拉·潘菲隆一行。访问期间，芭芭拉·潘菲隆一行与树人大学人文学院社会工作专业及社区教育研究团队进行专题交流会，就专业课程以及研究领域方面的合作进行讨论和洽谈。

【树人大学获批国家外专局高端外国专家项目】 5月4日，经国家外国专家局批准，树人大学申报的白俄罗斯国立大学物理化学问题研究院纤维素研究室主任格林斯潘、白俄罗斯国立大学化学系副主任萨维斯卡娅列入国家级引智项目计划。两位专家执行国家外专局2014年高端外籍专家引进项目，并就两校合作开展绿色化学国际化课程进行课程设计和教师培训。

【树人大学外国语学院举行中外学生文化沙龙活动】 5月16日，外国语学院主办"以乐以舞会友"中外文化互动教学实践活动，邀请城建学院、艺术学院的学生和国际教育学院的留学生参与。师生们表演了中国传统越剧、傣族舞、古筝、二胡，留学生们表演了他们本国的特色歌舞。

【树人大学代表团访问白俄罗斯国立大学】 5月21日至24日，校长徐绪卿率代表团一行5人应邀访问白俄罗斯国立大学，双方就师生交流、科技合作、师资培训等方面进行交流，并签署《技术国际合作基地协议》《中国—白俄罗斯环境友好产品研制和技术转化联合实验室协议》。白俄罗斯国家电视台就双方合作建设实验室的意义专题访问徐绪卿。

【"国际新锐设计师周"暨NEW"FORM"国际平面设计探索展】 5月23日在浙江树人大学美术馆开幕，来自19个国家近百幅专题设计作品参展。出席开幕仪式的有北京、上海、河北、江苏、浙江等国内各设计类高等院校专家和意大利、荷兰等国际新锐设计师。展览期间，意大利设计师切萨雷·蒙切利为树人大学艺术学院学生作关于创意图形艺术的讲座。

【"创意杭州"2014国际Workshop——"中茶院杯"创新设计营】 5月24日，由杭州市政府、浙江树人大学、中华全国供销合作总社杭州茶叶研究院共同主办的"创意杭州"2014国际Workshop——"中茶院杯"创新设计营在浙江树人大学举行开营仪式。日本芝浦工业大学设计工学教授釜池光夫(原三菱汽车设计部部长)、中华全国供销合作总社杭州茶叶研究院院长张士康、杭州市科技局知识产权处处长俞华以及浙江树人大学校领导和艺术学院师生出席仪式。

"中茶院杯"创新设计营为期一周，根据产品的设计要求，通过教学、讨论、设计实践等方式进行竞赛，最终提供多款设计产品。

【树人大学代表团访问日本】 6月9日至13日，副校长陈新民率代表团一行6人访问日本长崎县的活水女子大学，双方共同回顾两校的友好交流历史，就进一步加强师生交流、学术研讨及行政人员培养等方面交换意见，达成深化合作的意向。代表团还考察活水女子大学的教学生活设施。代表团访问静冈产业大学，与静冈产业大学、静冈日中友好协议会三方举行会谈，就合作事项进行洽谈，两校确定建立校际友好关系。代表团还访问国际茶道·香道丹月流，双方开展了交流。

【树人大学与英国卡迪夫城市大学签订备忘录】 6月16日，树人大学副校长叶时平应邀赴北京参加英国卡迪夫城市大学北京办公室落成典礼，并与该校校长签订两校合作备忘录，就两校开展中外合作办学项目以及师生学术交流合作项目达成一致意向。

【学生赴韩国忠北大学进行课程研习】 6月25日至7月25日，由外国语学院应用韩语专业35名学生组成的研修团在韩国忠北大学进行语言文化研修。此次研修活动内容主要包括韩国语语言文化学习、韩国文化体验和社会实践活动。

【浙江树人大学高等教育管理干部培训班】 7月3日至8日在树人大学开班，树人大学与澳大利亚堪培拉大学合作举办。学校领导、全体中层干部、民办高等教育研究所成员50余人参加。此次培训开设"全球化环境下的高等教育""高等教育的政策趋势""高等教育的创新型设计、实践与管理"等课程，由澳大利亚堪培拉大学教育、科技与数学学院教育学教授迈克尔·格夫内、副教授贾尼·史密斯担任主讲。

【韩国世翰大学校长访问树人大学】 10月11日，韩国世翰大学(原大佛大学)校长李昇勋、外事处处长孙多玉、校长秘书全爱淑一行访问树人大学。两校续签《学术交流协议书》，就深化开展师生学术文化交流达成意向。

【中韩日学术会议和中外教学交流会】 10月25日在树人大学举行。来自北京大学、中央民族大学，韩国首尔大学、汉阳大学、忠北大学等国内外高校的50余位专家学者就扩大中韩日间交流、语言文学与外国语教育研究开展研讨与交流。

【日本茶文化交流系列活动】 10月28日，日本绿茶株式会社叶桐清一郎应邀来树人大学外国语学院举办日本茶文化讲座及茶道表演。31日，日本爱知县福田寺煎茶同好会一行10人来访并举行茶文化交流活动，煎茶同好会与树人大学国贸茶艺专业学生分别进行中日茶道与茶艺表演。

【韩国青年友好使者代表团访问树人大学】 10月31日，来自韩国相关高中、高校以及企业的21位青年访问树人大学。来访人员参观图书馆和校园、参加艺术学院书画社的中国书法体验、聆听茶文化专业教师的中国茶文化课程并观赏茶文化专业学生的茶艺表演。树人大学韩语专业21名师生应邀参加省友协举办的中韩青年交流活动。

【白俄罗斯国立大学副校长访问树人大学】 11月7日，白俄罗斯国立大学副校长、白俄罗斯国家科学院院士阿列克·伊娃斯凯维奇一行4人访问树人大学并参加树人大学建校30周年庆祝活动。其间，双方就在化学、生物、制药、信息科技等领域深化师生合作交流达成一致意见。阿列克·伊娃斯凯维奇应邀作题为《白俄罗斯可持续能源生产和使用情况》的讲座，并为两校合作建设的“中国—白俄罗斯环境友好产品研制和技术转化联合实验室”揭牌。

【中外民办高等教育发展论坛暨中外大学校长论坛】 11月8日在树人大学举行。中国民办教育协会、中国高教学会、国内民办高校以及来自白俄罗斯、日本、韩国、美国等国家的代表60余人参加论坛。论坛由树人大学副校长陈新民主持，党委书记章清致辞。日本活水女子学院院长奥野政元、白俄罗斯国立大学副校长阿列克·伊娃斯凯维奇、厦门大学副校长邬大光、华中科技大学教育学院院长张应强、上海教科院民办研究所所长董圣足、树人大学校长徐绪卿等作主题报告，就全球化背景下高等教育治理、中国民办高等教育治理现状、国际高等教育治理新动向以及中国高水平民办高校评价指标等问题进行交流探讨。

【树人大学建校30周年】 11月8日是树人大学建校30周年纪念日，来自日本、韩国、美国、白俄罗斯等国家以及港澳地区的国(境)外友好院校的嘉宾30余人前来祝贺。白俄罗斯驻上海总领事瓦列里·马采利应邀参加庆祝活动。来宾参加校庆庆典大会、校庆文艺晚会、无我茶会、“第六届中外民办高等教育发展论坛暨中外校长论坛”“第四届现代服务业发展论坛”“家政人才培养论坛”等活动。

【树人大学外国专家获2014年度“西湖友谊奖”】 11月14日，由浙江省人民政府主办，浙江省人力资源和社会保障厅和浙江省外国专家局承办的浙江省外国专家“西湖友谊奖”颁奖大会在省人民大会堂举行。树人大学白俄罗斯籍高端外国专家达兹米特瑞·格林斯潘教授获2014年度“西湖友谊奖”。

格林斯潘教授是白俄罗斯国立大学物理化学问题研究院纤维素研究室主任，纤维素材料研究领域的知名专家。

【德国视觉传达设计师讲座】 11月25日，德国视觉传达设计师托马斯·马特瑟阿斯·霍夫曼应邀来树人大学作题为“拉丁字母设计的发展”讲座，艺术学院视觉传达设计专业300余名师生聆听。

（周惠丽）

浙江万里学院

【涉外工作概况】 2014年，浙江万里学院（简称万里学院）派遣短期出国（境）人员40人次，其中合作研究7人次、交流访问21人次、参加国际学术会议及学术交流10人次、参加教育展2人次。接待15个国家和地区的45批83人次专家学者、院校代表来校学习、访问、作学术报告或进行项目洽谈。学校与美国、新西兰、土耳其、西班牙、泰国、保加利亚、捷克、匈牙利、斯洛伐克、韩国、日本的16所高校签署25份校际交流协议。

全年招收长短期留学生245人，生源来自全球45个国家。15名留学生获得浙江省政府来华留学生奖学金，24名留学生获得宁波市政府来华留学生奖学金。

全年参加赴国（境）外交换生、海外学习项目的在校本科生301人，毕业生出国读研27人。

【新西兰马努卡理工学院代表两访万里学院】 3月11日，新西兰马努卡理工学院商学院课程负责人桑迪·巴奈特和中国项目经理刘扬访问万里学院，洽谈课程衔接，拓展两校合作新项目，副校长钱国英会见来宾。两校代表就工商管理、国际贸易、市场营销专业课程衔接进行讨论，并签署课程衔接方案。11月12日，马努卡理工学院中国项目经理刘扬和工程学院工程系主任徐迪华与万里学院电信学院院长就相关专业课程衔接进行磋商，为后续学生交流项目奠定基础。

【举行留学生包饺子活动】 4月16日，国际学院在留学生餐厅举行包饺子活动，来自法国、美国、泰国、西班牙、印度尼西亚、安哥拉等国家的留学生亲身体验中国传统饺子的制作过程。中国学生用流利的英语为留学生讲解包饺子的步骤并演示。留学生对中国传统饮食有了进一步的了解，加深了中外学生的友谊。

【美国纽约州立大学普拉茨堡分校副校长助理访问万里学院】 6月5日至6日，美国纽约州立大学普拉茨堡分校副校长助理兼国际招生部主任杰奎琳·福格尔访问万里学院并宣传学分转移项目，副校长钱国英会见来宾。杰奎琳·福格尔与学校国际交流合

◎举行留学生包饺子活动

作部部长贺继军、副部长张蓉共同探讨合作项目运作中存在的问题和可行性方案，为基础学院学生介绍学分转移项目，并与曾在美国纽约州立大学普拉茨堡分校就读的学生代表见面，与学生探讨如何使下一届学生更好地融入到美国的校园生活，更快地适应全英语学习和生活环境。

【万里学院与中东欧四高校建立合作关系】 6月8日至11日，匈牙利布达佩斯商学院、保加利亚瓦尔纳自由大学、捷克克拉罗夫大学、斯洛伐克泛欧洲大学4所东欧高校校长或副校长应邀参加宁波市中东欧教育展活动并访问万里学院。执行校长应敏代表学校会见外宾，介绍学校发展现状，展示教学成果、科研成果及学生发展情况，并表示学校重视教育国际化，希望双方在协议的基础上进一步加强合作、深入交流、共同提高。4所高校领导也分别介绍各自学校概况，表达今后友好合作的愿望。双方还就教师、学生交流事宜进行深入沟通和了解。经友好协商，万里学院分别与4所高校签署《校际合作框架协议》和《学生交流协议》。

10日，四所高校代表向万里学院外语学院学生介绍各自国家的高等教育概况，各自学校的学科、专业特色等情况。其中，交换生项目为万里学院学生的低成本赴这些高校学习提供了良好的平台，与会学生反响热烈。

【美国莫瑞州立大学副校长访问万里学院】 6月20日，美国莫瑞州立大学副校长唐恩·罗伯逊在国际事务学院副院长、英语语言学院主任邹光明陪同下访问万里学院，副校长钱国英会见来宾并介绍学校概况以及对外交流基本情况。唐恩·罗伯逊介绍莫瑞州立大学基本情况以及适合万里学院师生交流的项目。经过友好交流，两校将在海外学习项目的基础上，通过课程衔接开展学分转移项目，互派教师，增进相互的理解。校国际交流合作部部长贺继军、副部长张蓉与相关学院领导就学生交流项目的运作方案与来宾探讨。唐恩·罗伯逊和邹光明还参观宁波博物馆、天一阁博物馆和天一广场，邹光明分别到东钱湖、回龙两校区针对商学院、创新学院、生物技术专业学生宣传校际交流项目，从入学申请、签证申请到校园生活、学习注册等细节为学生们讲解并解答学生的提问。

【5名科研骨干赴美国宾夕法尼亚州立大学受训】 8月20日至9月20日，应美国宾州州立大学生物医学工程系邀请，钱国英教授等5人赴美国宾夕法尼亚州立大学生物医学工程系，进行内容为药源海洋生物类药物研制技术、海洋生物活性物质提取和纯化、药物表征关键技术、海洋生物制品安全性评价的项目培训和研究。听取专家教授“关于药源生物材料的研究进展，包括再生医学和药物输送重要进展”的研究报告。培训期间，项目组成员利用宾州大学研究条件，以生物组织工程为研究平台，尝试开发一种新的生物骨材料，取得初步成果。

【副校长随团访问美国和加拿大】

◎浙江万里学院与中东欧四高校校长、副校长交流

9月9日至16日，应美国密尔沃基市政府、加拿大亚岗昆学院邀请，副校长闫国庆随宁波市教育局团组访问美国和加拿大，参加美国密尔沃基"宁波周"教育交流与合作会议活动。其间，闫国庆与美国新泽西城市大学和北伊利诺伊大学领导进行会晤和探讨，并分别签署浙江万里学院与美国新泽西城市大学合作协议及与美国北伊利诺伊大学合作备忘录。

在加拿大期间，闫国庆考察合作院校亚岗昆学院，并与外方领导就"英语为第二外语(TSL/SL)的教师"培训项目进行探讨，双方均表示愿意建立长期互惠的合作与交流关系。

【美国北伊利诺伊大学副校长访问万里学院】 10月23日至24日，美国北伊利诺伊大学副校长雷蒙德·奥尔登一行5人访问万里学院，执行校长应敏、副校长闫国庆会见访问团一行，并向外宾介绍万里学院发展历程、学科分布以及国际交流与合作概况。会谈中，双方表示希望在原先框架性协议的基础上，在学生层面深入开展联合培养、在教师层面开展科研合作和学术交流。经磋商，双方签署工商管理专业的双学位学分转移项目协议。

雷蒙德·奥尔登还与生物与环境学院副院长吴月燕、尹尚军就本科生双学位项目、研究生联合培养等合作进行可行性探讨。

雷蒙德·奥尔登一行还在国际交流合作部部长贺继军的陪同下参观宁波诺丁汉大学。

◎法国东部克雷达尔大学副校长克莱尔·索汀奈尔访问浙江万里学院

【法国东部克雷达尔大学副校长访问万里学院】 12月2日，法国东部克雷达尔大学(原法国巴黎第十二大学)副校长克莱尔·索汀奈尔访问浙江万里学院，副校长钱国英、外语学院院长、创新学院副院长、国际交流合作部领导一同参加会见。两校领导商谈拟深入开展学分转移项目和暑期夏令营项目，帮助学生拓展全球意识，增强学生跨文化交流能力，以及在不同文化背景下的适应能力和协作能力。

来访期间，克莱尔·索汀奈尔还为外语学院、创新学院和商学院学生介绍法国东部克雷达尔大学概况以及两校开展的学生交流项目，考察万里学院环境和配套设施，参观宁波博物馆。

（任烨南）

义乌工商职业技术学院

【涉外工作概况】 2014年，义乌工商职业技术学院（简称义乌工商学院）派出4批次28名教师赴国（境）外培训、进修、访学，有7批14人次国（境）外专家学者、学生、院校代表来校学习、访问或进行项目洽谈。

全年招收来自64个国家的留学生938人。派出交流生17名。接收波兰克拉科夫经济学院和韩国安山大学等两校交流生共7名来校学习。

【美国州长州立大学代表团访问义乌工商学院】 3月4日，美国州长州立大学副校长兼教务长博德伦与国际服务办公室交流项目协调员贺靖到访义乌工商学院，双方就学生短期交流、语言提高、专升本等合作项目进行商谈。

【美国伊利诺伊州大学代表团访问义乌工商学院】 3月5日，美国伊利诺伊州大学代表团一行18人到访义乌工商学院，商洽国际合作事宜。伊州大学代表团由12所高校组成，涵盖公立大学、私立大学和社区学院等各类高校，希望能与义乌工商学院开展各种形式的教育合作。各校代表分别介绍各自特色和优势，表达期待合作的方式。双方将继续就有合作意愿的项目进行沟通。

【韩国新罗大学代表团访问义乌工商学院】 3月27日，韩国新罗大学国际交流处中国部主任吴起涛访问义乌工商学院，洽谈国际教育合作事宜。两校确定韩国新罗大学给予义乌工商学院交流生学费全免等优惠政策。双方还就交换生细节事宜进行深入探讨，2014年秋季迈出实质性步伐。

【韩国安山大学代表团访问义乌工商学院】 6月3日，韩国安山大学校长金周星一行访问义乌工商学院。双方回顾两校八年来的友好合作，希望双方开展教师互派和交流，并提供义乌工商学院学生赴安山大学交流学习的机会。

【美国西密歇根大学代表团访问义乌工商学院】 12月1日，美国西密歇根大学上海办公室主任林敏一行访问义乌工商学院商洽国际合作事宜。林敏表示，希望找到与义乌工商职业技术学院合作的契合点，展开特色合作。双方就可能开展的合作形式进行沟通，达成初步合作意向。双方将协商签订友好合作协议，并逐步开展学生交流、教师访学和中外合作办学等方面的合作。

（刘　青）

◎美国州长州立大学副校长博德伦一行与义乌工商学院副院长李慧玲等合影。

企业外事

Foreign Affairs in Enterprises

浙江省物产集团

【涉外工作概况】 2014年，省物产集团审核、审批因公出国(境)团组62批102人次，接待来自美国、意大利、巴基斯坦、斯里兰卡等8个国家和地区的客人32批36人次。

【省物产公司副董事长率团访问美国和加拿大】 6月26日至7月3日，省物产公司副董事长隋剑光率集团总部和成员单位相关人员赴美国和加拿大考察养生养老、特斯拉汽车和租赁等项目，并与美国西尼尔家居设计公司负责人杰弗里·狄龙就推进长乐林场养老事业发展达成初步合作意向。

【"2014美丽浙江——全球商报联盟和财经媒体连线浙江"活动】 10月28日至11月1日举行，由省委宣传部、省外宣办、省国资委主办，省物产集团与香港商报社、浙江经视共同承办。活动内容分启动仪式、"深化改革——浙江国企民企对话混合所有制经济发展"对话会和全球商报联盟财经媒体、中央和地方以及香港驻浙新闻单位记者走进浙江国企等3项活动。

【汇丰银行工商金融服务全球总经理访问省物产集团】 11月4日，省物产集团董事长王挺革、总经理周冠女在集团总部接待汇丰银行工商金融服务全球总经理约耳·范·杜沙，双方就开展金融合作等进行会谈。

【省物产集团董事长随团访问新加坡】 11月22日至25日，省物产集团董事长王挺革，党委委员、物产金属兼物产国际董事长董明生随浙江省商务代表团访问新加坡，参加由省商务厅、新加坡国际企业发展局主办的浙新经贸理事会第十次会议，并代表省物产集团分别与新加坡星展银行、莱佛金属有限公司签订战略合作协议。浙江物产集团与星展银行将深化双方在现金管理、贸易融资以及金融衍生品方面的合作，积极拓展双方的新领域，包括双方共同探索实践浙江物产集团跨境金融以及投行业务等方面开展合作。浙江物产与莱佛金属公司将在实货买卖、价格风险管理等方面进一步合作。

【省物产集团代表团访问澳大利亚】 12月5日至12日，省物产集团党委副书记宋宏炯率团访问澳大利亚澳瑞凯公司，双方探讨未来合作空间，签订关于澳瑞凯公司协助京安科技公司升级改造混装炸药技术意向协议。

（阮丹玺）

浙江省能源集团

【涉外工作概况】 2014年，浙江省能源集团公司(简称省能源集团)审核、审批因公出国(境)团组15批46人次；接待来自日本、美国、德国、波兰、加拿大等多个国家的客人。

【波兰马斯特奥斯特代表团访问省能源集团】 2月13日，波兰业主马斯特奥斯特公司一行6人访问省能源集团，接洽技术问题并参观省能源集团承建的同类电厂项目。双方就电厂环保指标、机组运行等进行讨论，交流灰渣处理方式等问题。 (周 婧)

表9 2014年省能源集团接待的其他来访团组

序号	来访时间	团组名称	来访人数	访问内容
1	2月14日	瑞士嘉能可集团	4	天然气上游资源接洽，进口LNG资源洽谈
2	4月1日	美国埃森哲咨询公司	2	技术探讨
3	4月16日	日本筑波电机株式会社(咨询公司)	3	交流汽轮机技术
4	4月21日	美国弗洛·威森公司	2	业务技术介绍，合作愿景交流
5	4月29日	英国格林奔科集团有限公司	1	洽谈选择性催化还原技术脱硝设备的合作
6	4月29日	加拿大不列颠哥伦比亚省政府亚洲代表	6	上游LNG资源接洽
7	5月7日	西克麦哈克(北京)仪器有限公司专家	2	现场技术支持和维护
8	5月14日	德国阿尔斯通公司	2	签订通流改造设备采购合同
9	5月20日	孟加拉国代表团	2	调研参观发电机组情况
10	5月21日	马耳他中国友好协会	6	工作交流
11	9月21日	日本一般社团法人能源环境国际促进会	2	探讨脱硫、脱硝、除尘等相关超低排放问题

巨化集团公司

【涉外工作概况】 2014年，巨化集团公司(简称巨化)审核、审批因公出国(境)团组22批69人次;上报省政府审批5批14人次。共有27批83人次因公出国(境)。集团公司邀请接待外国人10批18人次。

【R134a反倾销反补贴调查律师访问巨化集团公司】 1月25日，美国GDLSK律师事务所、北京金诚同达律师事务所律师代表访问巨化，为巨化集团公司代理R134a"双反"调查案的应对，就调查案相关事宜进行现场调查并交流洽谈。11月，美国国际贸易委员会发布公告，对生产于中国的R134a作出反倾销和反补贴产业损害否定性仲裁，将不对原产于中国的R134a发布反倾销和反补贴征税令。

【霍尼韦尔公司高管访问巨化集团公司】 3月7日，霍尼韦尔特性材料和技术集团副总裁兼亚太区总经理张宇峰访问巨化集团公司，就继续合作与发展进行交流。张宇峰访问期间，在巨化作"高增长地区的公司成长与变革"专题讲座。

【衢州巨化锦纶有限责任公司员工赴意大利培训】 3月18日至4月3日，衢州巨化锦纶有限责任公司夏碧波等一行14人赴意大利接受技术转让项目中的操作规程、分析规程和故障分析技巧培训。

【歌瑞公司总经理出访欧洲三国】 4月7日至22日，歌瑞公司总经理徐洪等一行3人赴德国、奥地利和法国，参加德国汉堡内饰展，拜访法国图卢兹空中客车公司、GGB公司及奥地利FAAC公司，进行技术交流与业务洽谈。

【巨化集团公司副总经理出访阿联酋】 11月8日至16日，巨化集团公司副总经理唐舟山一行4人赴阿联酋参加在阿布扎比国家展会中心举办的国际石油展会，并拜访阿尔盖斯公司和ADCO石油公司。

【俄罗斯应化院副总经理访问巨化集团公司】 11月24日，俄罗斯国家应用化学科学中心(简称

◎日本日挥株式会社最高顾问拜访巨化集团公司

应化院)副总经理克拉彼文访问巨化集团公司,双方就项目合作等事宜进行交流洽谈。

【日本日挥株式会社最高顾问拜访巨化集团公司】 11月29日,日本日挥株式会社最高顾问丹下暂拜访巨化集团公司,双方就进一步合作进行洽谈。

(朱礼波)

表10 2014年巨化集团公司主要出国(境)团组

序号	出访时间	单位(团组)	国家或地区	访问内容
1	1月13~19日	巨化锦纶有限责任公司4人	日本	设备验收
2	1月18~27日	巨化集团公司6人	美国	参加美国制冷展及走访客户
3	2月25~28日	浙江衢化医院2人	韩国	商务考察
4	3月26日~4月4日	巨化股份有限公司3人	匈牙利	商务洽谈
5	4月7~22日	歌瑞公司5人	德国、荷兰、法国	参加德国汉堡航空内饰展会及技术交流商务洽谈
6	4月23~26日	巨化股份有限公司3人	韩国	商务洽谈
7	5月5~11日	巨化股份有限公司3人	土耳其	参加土耳其制冷展
8	5月21~30日	巨化股份有限公司4人	俄罗斯	访问俄橡胶院、应化院,开展项目洽谈
9	6月10~20日	巨化集团公司3人	德国、法国	技术交流
10	7月6~18日	巨化股份有限公司特气项目3人	美国	参加半导体行业展会,了解电子化学品及相关产业的国际发展动态,拜访多位美国电子化学品行业专家,发掘公司发展电子化学品产业所需的高端国际人才
11	9月2~15日	歌瑞公司3人	日本	商务洽谈及技术交流
12	10月9~18日	营销中心3人	德国	参加制冷展及走访客户
13	10月23~30日	营销中心2人	新加坡、印尼	新加坡参展,印尼走访客户
14	10月26日~11月7日	营销中心3人	印尼、新加坡、马来西亚、泰国	印尼参展,新加坡、马来西亚、泰国走访客户
15	11月8~16日	巨化集团公司3人	阿联酋	参展及走访客户
16	11月30日~12月5日	巨化集团公司6人	韩国	商务洽谈及技术交流
17	12月14~23日	技术中心6人	俄罗斯	技术交流

浙江吉利控股集团有限公司

【涉外工作概况】 2014年，浙江吉利控股集团有限公司(简称吉利控股集团)派员出国访问与交流100余人次，接待各国客人20余批260余人次。

【沃尔沃—吉利对话与合作委员会例会】 2月18日在沃尔沃成都基地举行，沃尔沃汽车总裁兼首席执行官汉肯·塞缪尔森、全球高级副总裁杨·古兰德，吉利汽车总裁安聪慧，副总裁孙晓东、冯擎峰、陈卫德、王瑞平等出席。

【习近平主席参观沃尔沃工厂】 4月1日，国家主席习近平偕夫人彭丽媛在比利时国王菲利普及王后玛蒂尔德陪同下，访问沃尔沃汽车集团比利时根特工厂。沃尔沃汽车集团向习主席及夫人、菲利普国王及王后展示公司一系列重要车型和技术，其中包括：沃尔沃历史上第一款车型雅各布、配备全球首创行人安全气囊的沃尔沃V40 Cross Country、V60插电式混合动力车、独立研发的“E驱智能科技”动力总成等。习近平主席与菲利普国王共同为沃尔沃根特工厂生产的第550万辆车(沃尔沃汽车献给中国市场的第30万辆车)揭幕，并与沃尔沃汽车管理层及当地工会代表、员工代表亲切交流。吉利控股集团董事局主席李书福、沃尔沃汽车总裁兼首席执行官汉肯·塞缪尔森等陪同。

【牛津大学赛德商学院客人访问集团总部】 4月2日，英国牛津大学赛德商学院副教授艾里克·斯恩一行到吉利控股集团杭州总部参观考察，集团资深副总裁张爱群接待客人。

【瑞典SEB银行代表团访问集团总部】 4月4日，瑞典SEB银行代表团到吉利控股集团杭州总部考察，集团总裁安聪慧接待客人。

【法国UCAR公司总裁参观集团总部】 4月8日，法国UCAR公司总裁让·克劳德一行到吉利控股集团杭州总部参观考察，集团副总裁顾勇亭接待客人。

【沃尔沃汽车董事参观吉利汽车研究院】 4月10日，沃尔沃汽车董事麦克·奥尔森到吉利汽车临江技术中心参观考察，集团副总裁冯擎峰接待客人。

【美国密歇根州经济发展署一行考察路桥基地】 4月25日，美国密歇根州经济发展署国际业务拓展经理康为一行参观考察吉利汽车路桥基地，集团副总裁顾伟明接待客人。

【非洲英语国家引进智力官员研修班学员参观集团总部】 5月20日，非洲英语国家引进智力官员研修班学员到吉利控股集团杭州总部参观，集团副总裁魏梅接待客人。

【意中商会代表团参观考察集团总部】 5月21日，意中商会主席、斯特帕拉瓦公司执行总裁皮尔·路易吉斯特·帕拉瓦率意中商会代表团，到吉利控股集团杭州总部参观考察，集团代CFO张毅接待客人。

意中商会全称“中国意大利商会”，1991年在中国注册成立，是一家民间、自发、非盈利性组织，由意大利的法人和个人组成。

【瑞典驻华大使参观考察集团总部】 6月16日至17日，瑞典驻华大使罗睿德一行到吉利控股集团杭州总部参观考察，集团董事长李书福接待客人，副总裁陈卫德陪同。

【瑞典宜家集团前总裁访问集团总部】 6月17日，沃尔沃汽车董事、瑞典宜家集团前总裁兼CEO麦克·奥尔森应邀到吉利控股集团杭州总部进行企业文化交流，集团董事长李书福、总裁安聪慧及相关副总裁出席。

【稻盛和夫访问集团总部】 7月2日，日本"经营之圣"稻盛和夫访问吉利控股集团杭州总部，集团董事长李书福、总裁安聪慧率相关副总裁与稻盛和夫就快乐经营体建设和经营者追求进行座谈交流。

【再度登榜世界500强】 7月14日，《财富》杂志发布"2014年世界500强"排行榜，浙江吉利控股集团以2013年营业总收入257.675亿美元再次进入世界500强，排名第466位，较上年上升11位。这是吉利集团继2012年首次入围后第三次入围。

【心系奥运　健康成长——上海英伦体育器材捐赠活动】 8月14日，为了让更多的孩子感受到青奥会带来的阳光向上的体育精神，由上海英伦主办，英国驻上海总领事馆参与的"心系奥运　健康成长——上海英伦体育器材捐赠仪式"在第二届青年奥林匹克运动会举办地江苏南京举行，集团英伦帝华公司向南京社会儿童福利院捐赠体育器材。英国驻沪总领事戴伟绅等出席活动，并邀请在南京参加青奥会的英国代表队成员参与。

【全新沃尔沃XC90上市活动】 8月26日在瑞典首都斯德哥尔摩举行，吉利控股集团董事局主席李书福、沃尔沃汽车总裁汉肯·塞缪尔森、吉利汽车总裁安聪慧等出席。

【墨西哥杜兰戈州州长访问集团总部】 9月22日，墨西哥杜兰戈州州长豪尔赫·埃雷拉·卡尔德拉一行考察吉利控股集团杭州总部，集团总裁安聪慧接待客人。

【"沃尔沃——吉利对话与合作委员会"例会】 11月11日在北京召开，沃尔沃汽车总裁兼首席执行官汉肯·塞缪尔森、吉利汽车总裁安聪慧等出席。

【韩国保健福祉部保健产业政策局局长参观考察集团总部】 12月17日，韩国保健福祉部保健产业政策局局长裵秉俊一行参观考察吉利控股集团杭州总部，集团董事局副主席杨健会见裵秉俊一行。　　（叶万芳）

表11　2014年吉利集团接待的部分来访团组

序号	来访时间	团组名称	来访人数	访问内容
1	3月6日	美国印第安纳州商务厅长一行	8	参观考察
2	3月21日	马来西亚宝腾汽车公司股东	4	访问洽谈
3	4月4日	瑞典SEB银行代表团	33	访问洽谈
4	4月10日	美国德尔福公司	20	技术交流
5	6月5日	伊朗客户代表	7	参观访问
6	7月9日	伊拉克政府官员	15	参观考察
7	7月23日	韩国LG电子社长李雨宗一行	13	访问洽谈
8	11月5日	德国专家团一行	4	参观考察

浙江金轮机电实业有限公司

【涉外工作概况】 2014年，浙江金轮机电实业有限公司(简称金轮公司)接待来自日本、韩国、印度尼西亚、意大利、加拿大、格鲁吉亚等60个国家和地区的客商401人次，与印度尼西亚、越南、韩国、斯里兰卡等15个国家和地区签订出口机组合同，向土耳其、斯里兰卡、巴基斯坦、密克罗尼西亚、马来西亚等25个国家和地区派出营销和水电技术人员82批143人次。

【非洲法语国家小水电技术培训班考察金轮公司】 5月31日，由商务部主办、水利部农村电气化研究所和亚太地区小水电研究培训中心承办的"非洲法语国家小水电技术培训班"来金轮公司参观考察。来自贝宁、科特迪瓦、科摩罗、吉布提、加蓬、几内亚、塞内加尔等13个国家的23名水电及农村电气化领域的官员在金轮公司总经理汪国跃陪同下走访公司园区，并参观金华九峰水库电站。

【密克罗尼西亚联邦水电站改造完工】 6月16日，由国际小水电中心总承包，金轮公司承建的密克罗尼西亚联邦Nanpil水电站改造项目完工并投产发电。金轮公司自2013年3月进行实地勘探后，2014年2月开始派遣施工和安装队伍对Nanpil水电站进行改造施工。Nanpil水电站位于密克罗尼西亚联邦首都所在州波纳佩州，该项目是北太平洋国家可再生能源发展计划的一部分。

◎非洲法语国家小水电技术培训班学员考察金轮公司

【亚洲国家农村电气化研修班考察金轮公司】 7月4日，由商务部主办、水利部农村电气化研究所承办的"亚洲国家农村电气化研修班"来金轮公司考察学习。来自印度尼西亚、约旦、老挝、缅甸、尼泊尔、巴基斯坦等8个国家的15位学员参观金轮公司以及金华白沙驿电站，并听取金轮公司营销部部长朱勇所作关于水轮机选型技术的讲座。

【中国—东盟小水电及太阳能系统农村电气化研讨班考察金轮公司】 7月16日，中国—东盟小水电及太阳能系统农村电气化研讨班学员来金轮公司考察学习。本次研讨班由水利部农村电气化研究所和亚太地区小水电研究培训中心承办，由来自柬埔寨、马来西亚、印度尼西亚、泰国、菲律宾、新加坡等8个国家的11位能源及农村电气化领域官员组成。金轮公司总经理汪国跃向培训班学员介绍公司发展情况，金轮公司在东盟国家的典型电站，与各国学员进行探讨交流。

【金轮公司干部赴厄瓜多尔参加省机电产品出口展】 8月6日，金轮公司国际部部长倪志敬赴厄瓜多尔瓜亚基尔参加2014浙江省机电产品出口(瓜亚基尔)展览会。该展会由中国国际贸易促进委员会浙江省委员会厄瓜多尔—中国商会主办，分大机电展区和小机电展区两大展区，大机电展区集中展示了金轮公司的制造和服务能力，展览为期3天。

【非洲法语国家智库研修班考察金轮公司】 9月12日，参加由商务部主办，浙江师范大学承办的“非洲法语国家智库研修班”的来自布隆迪、喀麦隆、科莫多、科特迪瓦、吉布提、加蓬、马里、突尼斯等11个国家18位政府官员、教授来金轮公司参观考察。公司党委书记许锡光陪同培训班学员参观公司园区，并介绍金轮公司在非洲的小水电事业。

【非洲英语国家小水电技术培训班考察金轮公司】 11月5日，非洲英语国家小水电技术培训班学员来金轮公司参观考察。公司总经理汪国跃接待客人，陪同学员参观公司的生产制造车间和金华河盘桥电站。

中国商务部援外培训项目“2014年非洲英语国家小水电技术培训班”，由水利部农村电气化研究所和亚太地区小水电研究培训中心承办。本次培训班有来自喀麦隆、埃塞俄比亚、加纳、马拉维、毛里求斯、南非、肯尼亚等10个国家的18名水电领域的技术人员及官员参加。

【越南技术人员来金轮参加水电业务培训】 11月21日，来自越南VRG富安合资公司的9名水电技术人员来金轮公司，参加为期15天的水电业务培训。本次培训的课程内容主要有水轮发电技术培训、电站操作维护等。金轮公司组织学员前往浙江景宁的几个电站进行实地考察。经过考核，本次培训的学员均顺利结业。

(朱　冰)

表12　2014年金轮公司部分出访团组

序号	出访时间	团组名称(团长)	出访国家或地区	出访人数	出访内容
1	1月6日	营销部部长朱勇	土耳其	1	水电项目商务洽谈
2	2月8日	印度尼西亚安装团组	印度尼西亚	3	电站机组安装调试
3	3月1日	密克罗尼西亚施工团组	密克罗尼西亚	14	水电站施工
4	4月13日	尼泊尔安装团组	尼泊尔	2	水电机组安装调试
5	5月16日	董事长王杭伟	新加坡、斯里兰卡	3	水电项目商务洽谈
6	8月4日	国际营销部部长倪志敬	厄瓜多尔、秘鲁、智利	1	赴厄瓜多尔参加省机电产品出口展会，赴秘鲁、智利进行售后回访
7	9月9日	安哥拉安装团组	安哥拉	2	电站机组安装调试
8	10月28日	总经理汪国跃	越南	6	机组合同签订
9	10月30日	董事长王杭伟	格鲁吉亚	2	项目合作洽谈
10	11月29日	副总经理徐从孝	智利	4	项目商务谈判

杭州娃哈哈集团有限公司

【涉外工作概况】 2014年，杭州娃哈哈集团有限公司（简称娃哈哈集团）接待国（境）外访问团组28批942人次，包括美国、英国、加拿大、韩国、挪威、新加坡、澳大利亚、爱尔兰、印尼、缅甸等国的政要、教授、记者等。公司审核、审批因公出国（境）团组1批次。

全年对外出口10余项产品，销售额约460万美元。主要出口产品有：茶饮料（红茶、绿茶、白茶、乌龙茶、茉莉花茶）、乳饮料（营养快线、乳娃娃、乳酸菌饮料、AD钙奶、爽歪歪）、纯净水、矿化水、激活水、碳酸饮料（非常柠檬、非常可乐、非常甜橙）、果汁饮料（葡萄汁、水蜜桃汁、橙汁）；OEM贴牌出口产品：AMOY湿面、JELLY BROWN乳酸菌饮料及ADAGIO茶饮料等。主要出口到美国、加拿大、英国、荷兰、新西兰、俄罗斯、新加坡、马来西亚、加纳、阿联酋、南非、澳大利亚、印尼、越南、韩国、缅甸、柬埔寨等国家和地区。

【重要外事活动】 4月9日，娃哈哈集团作为SBS会员，应邀参加杭州英国签证中心新址开幕仪式。

4月15日，娃哈哈集团等企业代表应邀参加澳大利亚驻沪总领事柯未名在领事官邸为澳大利亚前贸易部长克雷格埃默森举办的午宴，双方就食品、乳品等内容进行交流。

5月27日，香港特别行政区驻沪经济贸易办事处副主任俞陈婉贞与投资推广经理马骥访问娃哈哈集团，介绍香港的投资环境、政策，并邀请娃哈哈集团到香港进行投资、合作。

【公司团队出访行程】 2月5日至14日，公司总经理宗庆后率公司研究院技术专家一行5人赴欧洲考察。在英国，拜会中国驻英国大使馆，会见英国部分奶粉企业代表和英商业巨头约翰·惠塔克，参加英国工商业联合会邀请的中国新年晚宴，考察伯明翰大学和英国医疗、环保、机器人、精密减速机及先进电机驱动器等设备或设施。在法国，会见骨骼辅助医疗技术研发团队。在意大利，考察生物燃料技术工厂。

5月8日至15日，公司总经理宗庆后率公司设备工程师一行8人赴德国杜塞尔多夫参观2014德国包装展英特帕克，随后赴芬兰考察物流机器人项目。

9月29日至10月4日，公司总经理宗庆后率集团考察团一行3人和浙江另两家企业董事长一起考察安哥拉。拜访中国驻安哥拉大使馆商务参赞以及安哥拉商业部、工业部、农业部、卫生部，考察药品包装厂、饮料市场、农业项目及在当地的中资企业。

10月5日至9日，公司总经理宗庆后率团赴马达加斯加考察。拜会中国驻马达加斯加大使、会见中资企业代表，拜会马达加斯加总理、旅游部长、工业部长等，并考察当地饮料市场。

11月1日至7日，公司总经理宗庆后率公司工程师团队一行5人考察北美。在美国，参观芝加哥国际包装和自动化装备展。在加拿大，考察光学技术研究院、LED应用技术以及空气净化设备等。

（许晓军）

市县外事

Foreign Affairs in Municipalities and Counties

杭州市

综述

【外事工作概况】 2014年，杭州市外事工作紧扣服务总体外交、服务地方经济社会发展两个中心，深化外事为民，加强外事管理，提升外事形象，外事工作取得新成效。全年接待副部级以上外宾团组12批95人次，副市长级以上友城访问团23批115人次，驻华使领馆及驻华机构官员38批287人次，知名外企高层42批280人次，港澳重要来访团组9批108人次。

全年审批因公出国(境)团组902批2960人次，分别比上年下降21.84%和27.52%，其中党政机关、参公事业单位人员904人次，比上年下降46.03%。为全市因公出国(境)团组申办护照签证(通行证、签注)911批2980人次，港澳通行证(签注)70批226人次，办理邀请外国人来华手续2472批3538人次，并为210名企业人员申办APEC商务旅行卡。全年接待友城访问团23批115人次。

举办市民"家门口看世界"活动11期，组织"走出去看世界"活动3次，邀请7个国家使领馆官员参加系列活动。全年接待各类民间友好团组12批216人次，接待境外媒体记者15批62人次。共协助处理各类涉外案(事)件19起。

【2014杭州国际友城市长论坛】 10月15日至18日在杭州举办，以"城市与交通"为主题。市长张鸿铭会见与会代表，并分别与克罗地亚斯普利特市市长、新西兰皇后镇市长、阿根廷卡拉法特议长签署缔结友好城市关系协议书，与柬埔寨暹粒省省长签署缔结友好省市关系意向书。与会城市市长或市长代表共同签署《城市绿色交通杭州宣言》，倡导大力发展公共交通，提倡绿色出行。

【首届杭州韩国文化艺术周】 10月15日至21日在杭州举办。活动包括开幕式歌剧演出、吴山广场大型综艺表演、韩国旅游推介、文化展示、风土人情、产业发展、学术研讨、韩国宫廷古装巡演、闭幕式专场演出等。

【2014中国全球投资峰会(杭州)】 10月16日至17日在杭州举办。邀请全球产业界、投资界高端人士进行论坛主题演讲和圆桌讨论，就中国经济最新发展、中国市场热点和产业投资机会进行研讨交流。其间，杭州市组织19个重大外商投资项目签约，主要集中在大数据、物联网、云计算、智慧经济等重点发展产业，总投资17.36亿美元，合同利用外资10.45亿美元。

【"中美友好·杭州故事"图片展】 10月17日，为纪念中美建交35周年，"中美友好·杭州故事"图片展活动在杭州图书馆举行。市政协主席叶明出席揭幕仪式，并与美国驻沪总领事史墨客一行5人及在杭美国友人举行座谈会。

【德国德累斯顿—杭州结好5周年暨德累斯顿城市图片展】 10月18日至20日在杭州市图书馆举行。展出期间，奥洛兹市长作关于德累斯顿的专题讲座。为期一周的"杭州—德累斯顿厨师饮食文化交流"活动同步举行。

【加拿大—中国(浙江)经贸对接洽谈会】 11月7日在杭州举

行，加拿大总理斯蒂芬·哈珀出席论坛并致辞。（参见第83页）

市领导出访

【龚正率团访问英国、爱尔兰和意大利】 6月8日至17日，省委常委、市委书记龚正率团赴英国、爱尔兰和意大利进行友好访问。在英国，代表团访问杭州友好城市利兹市，听取该市在污染物处理方面的经验介绍。拜访利兹大学和约克郡水务公司，就相关技术进行互动交流。在爱尔兰，代表团访问杭州市友好交流城市科克市，拜访科克理工学院并实地考察污水处理厂。在意大利，代表团访问费列罗公司总部；拜访菲亚特公司总部，就杭维柯项目与外方交换意见，见证依维柯传动技术有限公司与杭州萧山经济技术开发区管委会签署增资意向书。

【张鸿铭率团访问卡塔尔】 12月1日，市委副书记、市长张鸿铭代表中国泳协率团赴卡塔尔多哈，向国际泳协作杭州市申办2018年世界短池游泳锦标赛和世界游泳大会陈述，并成功获得国际泳联2018年世界短池游泳锦标赛及世界游泳大会的承办权。世界短池游泳锦标赛是世界最高级别的泳坛盛会之一，是国际游泳联合会主办、在25米长游泳池里进行的世界锦标赛，每两年举办一次。

表13　2014年杭州市部分出访团组情况

序号	出访时间	团长职务、姓名	出访地点
1	4月22～30日	市委常委佟桂莉	澳大利亚、新西兰
2	5月26日～6月4日	副市长谢双成	波兰、丹麦、俄罗斯
3	6月2～15日	市政协副主席张鸿建	多米尼克、美国、法国
4	8月19～26日	市政协副主席董建平	美国、加拿大
5	8月27日～9月5日	市政协副主席何关新	新加坡、马来西亚、泰国
6	9月10～19日	副市长戚哮虎	以色列、俄罗斯、波兰
7	10月3～12日	市人大常委会副主任郑荣胜	克罗地亚、土耳其、保加利亚
8	12月15～20日	副市长谢双成	美国

主要来访

【庞巴迪公司总裁兼首席执行官访问杭州】 2月25日，市委副书记、市长张鸿铭会见加拿大庞巴迪公司总裁兼首席执行官盖·哈契一行10人。双方就西子联合与庞巴迪宇航开展航空零部件制造等合作进行交流。

【南非驻沪总领事访问杭州】 3月17日，市委副书记、市长张鸿铭会见南非驻沪总领事陶博闻一行6人。张鸿铭简要介绍杭州经济社会发展情况。双方还就2014年举行友城市长论坛相关事宜进行对接。

【美国思科公司全球高级副总裁访问杭州】 3月18日，省委常委、市委书记龚正，市委副书记、市长张鸿铭分别会见美国思科全球高级副总裁、全球业务总裁罗卓克一行5人。思科公司是全球领先的互联网解决方案供应商，该公司选择中国总部落户杭州，并与城云等公司共同合作参与智慧城市建设。

【欧绿保集团董事长访问杭州】 3月18日，市委副书记、市长张鸿铭会见德国欧绿保集团董事长史伟浩一行4人。该集团是德国最大的废弃物处理和资源循环再生企业。

【美国旧金山湾区委员会CEO访问杭州】 3月28日，市委副书记、市长张鸿铭会见美国旧金山湾区委员会CEO兼总裁吉姆·旺德曼一行4人。双方表示，两地将进一步加强合作，建立更具体的交流机制。

【福特汽车公司CEO访问杭州】 4月15日至16日，省委副书记、省长李强，省委常委、市委书记龚正分别会见福特汽车公司总裁兼首席执行官艾伦·穆拉利一行8人。长安福特整车项目建设2012年开工奠基，按计划2015年1月投产，一期产能达到25万台。

【德国纽伦堡大区政经文化代表团访问杭州】 4月23日，市人大常委会主任、市人民对外友好协会会长王金财会见以纽伦堡市原市长彼得·勋莱博士为团长的德国纽伦堡大区政经文化代表团，双方进行了友好交流。

【惠普公司全球高级副总裁访问杭州】 5月27日，省委常委、市委书记龚正会见惠普公司(华三通信母公司)全球高级副总裁安东尼奥·奈里一行6人。惠普公司计划将部分服务器产品的研发、生产和总部设在杭州，此举不仅将填补杭州在互联网硬件设施方面的空白，也将给华三通信带来巨大市场。

【美国默沙东集团董事会主席访问杭州】 6月12日，市委副书记、市长张鸿铭会见美国默沙东集团董事会主席、总裁兼首席执行官福维泽一行9人。杭州是默沙东集团在中国起步的地方，建有集团最大的药品生产基地。

◎杭州市人大常委会主任、市友协会长王金财会见德国纽伦堡大区政经文化代表团

【万事利丝绸股份公司新任CEO访问杭州】 7月2日，市委副书记、市长张鸿铭会见万事利丝绸股份公司新任首席执行官帕特里克·伯纳凡一行6人。伯纳凡是爱马仕丝绸控股有限公司原首席执行官，此次来杭计划参加新闻发布会并宣布正式加入万事利集团。

【联合国教科文组织文化助理总干事访问杭州】 7月29日，省委常委、市委书记龚正会见联合国教科文组织文化助理总干事班德林一行3人。班德林此行向西湖风景名胜区管委会颁发《世界遗产保护管理荣誉证书》，并就未来与杭州合作举办“联合国住房和可持续发展大会”等事宜进行交流。

【日本京都市市长访问杭州】 9月5日，市委副书记、市长张鸿铭会见日本京都市市长门川大作一行14人，双方就旅游、历史文化和环境保护等合作进行交流。

【美国基辛格博士办公室主任访问杭州】 9月7日，市委副书记、市长张鸿铭会见美国基辛格博士办公室主任雷默，双方就杭州经济社会发展情况以及基辛格博士可能来杭访问一事进行交流。

【浙福机构福井县委员会主席代表访问杭州】 9月10日，省委常委、市委书记龚正会见浙福机构福井县委员会主席代表、日本福井县商工会议所联合会会长川田达男一行10人，双方就加强浙江省与福井县、杭州市与福井市的友好往来进行交流。

【韩国驻沪总领事访问杭州】 9月22日，市委副书记、市长张鸿铭会见韩国驻沪总领事具相灿一行7人。韩国临时政府杭州旧址纪念馆被国务院列为第一批国家级抗战纪念设施并列入遗址名录，杭州市将加大旧址纪念馆保护力度。

◎杭州市市长张鸿铭(右)会见韩国驻沪总领事具相灿

【爱尔兰共和国前总理访问杭州】 10月15日，省委常委、市委书记龚正，副省长梁黎明会见来杭州参加全球投资峰会的爱尔兰共和国前总理、爱尔兰国际金融服务中心主席约翰·布鲁顿一行11人。

【国际泳联代表团访问杭州】 11月3日，市委副书记、市长张鸿铭会见国际泳联执行主任科奈尔·马库勒斯库一行7人。国际泳联评估小组来杭实地考察会场及比赛场馆、下榻酒店等设施，并就双方签订城市协议条款等内容进行商谈。

【亚马逊全球副总裁访问杭州】 11月27日，省委常委、市委书记龚正会见亚马逊全球副总裁兼中国区执行董事葛道远一行7人，并就亚马逊中国支付中心总部等项目进行商讨。

表14　2014年杭州市接待的部分来访团组

序号	来访时间	团组名称及团长职务	团长姓名	人数	会见领导
1	2月17日	捷克皮尔森州副州长	伊沃·格律能	3	佟桂莉
2	3月6日	BBVA西班牙对外银行第一副行长、BBVA全球零售银行总裁	德尚	6	杨戍标
3	3月13日	荷兰海牙市副市长	汉克·库尔	10	杨戍标
4	4月28日	加拿大驻沪总领事	尚锐恺	6	谢双成
5	5月9日	香港汉基国际学校校长	方泰德	5	陈红英
6	5月14日	坦桑尼亚总统办公室副秘书长	哈桑·阿卜杜拉	18	谢双成
7	5月14日	韩国SCL集团会长、韩国医师协会常务副会长、延世大学医学院教授	李炅律	6	陈红英
8	5月18日	联合国教科文组织文化助理总干事	班德林	2	佟桂莉、张建庭
9	5月21日	美国哈佛大学医学院副院长	约翰·赫拉卡	1	陈红英

续表

序号	来访时间	团组名称及团长职务	团长姓名	人数	会见领导
10	5月21日	北京和平之旅文化交流中心副理事长、中国驻刚果前大使	崔永乾	61	陈红英
11	5月26日	芬兰新任驻沪总领事	龙玛丽	26	张鸿铭、张耕
12	5月30日	法国阿尔卑斯滨海省议会主席	埃里克·西奥迪	12	张鸿铭
13	5月30日	美国康复护理学会主席	克里斯·穆克	1	陈红英
14	6月4日	美国麦考特集团总裁	弗兰克·麦考特	4	陈红英
15	6月5日	亚马逊中国区总裁	张建贺	5	佟桂莉
16	6月16日	“中国—东盟”中心秘书长	马明强	8	谢双成
17	6月23日	澳大利亚基隆文法学校校长	斯蒂芬·米克	4	佟桂莉、陈红英
18	6月25日	旧金山委员会全球业务总裁	戴尔·克里斯滕森	8	张鸿建
19	6月26日	德国驻沪总领事	芮悟峰	2	佟桂莉
20	6月27日	西班牙驻沪总领事	冈萨罗·奥尔蒂斯	6	张建庭
21	6月29日	美国国际医疗服务协会主席	梁迈克	12	谢双成
22	7月3日	法国液化空气集团高级副总裁	达西	6	张耕
23	7月3日	法国驻沪总领馆科技领事	弗雷德里克·布雷塔	7	戚哮虎
24	7月8日	英国利兹大学副校长	斯蒂芬·斯哥特	4	龚正、张耕
25	7月15日	加拿大中华总商会会长	谢尚华	2	陈红英
26	7月16日	捷克捷信集团中国事务部部长	卢米尔·马龙	4	谢双成
27	7月16日	日本东芝株式会社高级常务执行董事、东芝CS社社长	秋叶慎一郎	9	谢双成
28	8月19日	美国铁狮门集团董事长	徐杰儒	8	谢双成
29	8月25日	波兰Amica公司副总裁	托马斯·杜德克	10	谢双成
30	8月26日	古巴经济与计划部经济研究所所长	阿尔弗雷德·希梅内斯	15	谢双成
31	9月12日	美国加州姐妹城市协会秘书长	唐纳德	4	陈红英
32	9月16日	斯洛伐克驻沪总领事	弗兰季谢克	3	杨戌标
33	9月16日	沃尔玛公司中国业务发展高级副经理	阿德里安·布雷克	4	谢双成
34	9月22日	美国旧金山湾区委员会首席全球业务拓展官	戴尔·克里斯滕森	2	张鸿铭
35	9月23日	荷兰新任驻沪总领事	艾晓安	2	张鸿铭
36	9月23日	英国WPP集团全球首席战略官	斯高特	8	谢双成
37	9月24日	新西兰中国国际贸易促进委员会怀卡托分会会长	朱玺	3	佟桂莉
38	9月30日	美国新任驻沪总领事	史墨客	5	张鸿铭

续表

序号	来访时间	团组名称及团长职务	团长姓名	人数	会见领导
39	10月9日	法国马塞尔—达索工业集团副总裁	罗郎・达索	8	谢双成
40	10月14日	多米尼克罗索市市长	艾琳・强尼	2	张鸿建
41	10月16日	摩根大通中国投资信托主席 和黄中国医药科技有限公司董事 ChinaBio 集团董事长 莱坊国际地产经纪公司董事长	威廉姆・怀特 克里斯托福・纳什 高格睿 艾伦・查尔德	9	谢双成
42	10月17日	阿拉伯国家联盟驻华大使 爱尔兰驻沪总领事 新西兰驻沪总领事 德国驻沪总领事	加尼姆・希卜里 高睦礼 戴迈雄 罗腾	33	龚正、许勤华、佟桂莉
43	10月17日	日本福井市市长	东村新一		张鸿铭
44	10月17日	美国驻沪总领事	史墨客	5	叶明、范辉、张鸿建
45	10月19日	韩国丽水市议长	朴正采		王金财
46	10月20日	德国德累斯顿市市长	海尔玛・奥洛兹		张鸿铭
47	10月21日	捷克驻沪总领事	理查德・卡尔帕奇	1	张鸿铭
48	10月21日	韩国驻沪总领事	具相灿		王金财、翁卫军、徐立毅
49	10月22日	俄罗斯驻沪总领事 捷克驻沪总领事 斯洛伐克驻沪总领事 斯洛文尼亚驻沪总领事	斯莫罗金・安德烈 理查德・卡尔帕奇 季谢克・胡达克 鲁迈特	21	陈红英
50	10月22日	诺贝尔医学奖得主	里德・穆拉德	4	陈红英
51	10月31日	澳大利亚电信公司首席执行官	苏大卫	6	张鸿铭
52	11月2日	联合国教科文组织总干事顾问	班德林	5	张建庭
53	11月3日	美中合作发展委员会执行主席	李建生	3	徐立毅
54	11月17日	玫琳凯公司总裁兼 CEO	贺大维	8	张鸿铭、谢双成
55	11月17日	土耳其中国工商业协会副会长	埃汉・贝梅克	6	郑荣胜
56	11月24日	捷克捷中友协会长	雅罗斯拉夫・德沃吉克	4	佟桂莉

友好城市交流

【斯洛文尼亚马里博市代表团访问杭州】 3月17日，斯洛文尼亚马里博市代表团一行6人访问杭州，与市体育局、杭师大、西博办、旅游委员会等部门进行专项交流，促进双方在青少年足球、高等教育、会展旅游等领域的交流与合作。

【市友协代表团访问日本、韩国友城】 4月28日至5月5日，市友协代表团访问日本和韩国。4月29日，代表团在日本岩国市参加

"锦带桥友好石碑揭幕仪式";5月2日至4日,代表团和由杭州市9对市民夫妇组成的市民代表团共同参加在韩国南原市举行的第84届"春香祭"韩式传统婚典活动。

【韩国驻沪总领馆文化院院长访问杭州】 5月14日,韩国驻沪总领馆文化院院长金镇坤访问杭州,就10月份在杭州举办"韩国旅游文化节"相关事宜与业务主管部门商谈。

【第16届锦带桥之缘中日友好书法交流展】 5月16日,日本岩国市书法交流访华团访问杭州,参加"第16届锦带桥之缘中日友好书法交流展"开幕式。杭州与岩国的民间书法交流活动已有16年之久,成为两市传统交流项目。

【韩国西归浦市中学代表团访问杭州】 6月5日至8日,韩国西归浦市中学代表团一行13人访问杭州,并与杭州采荷实验学校对口交流,西归浦市中学学生体验杭州住家生活。

【法国尼斯市副市长访问杭州】 6月21日,法国尼斯市副市长麦克·加利率尼斯老年市民代表团一行39人访问杭州。同日,麦克·加利赴杭师大,双方签署共同筹办尼斯大学孔子学院友好合作备忘录。

【派遣公务员赴日本研修】 7月2日,市环保局2名公务员赴日本岐阜市环保部门,进行为期近3个月、以"雾霾治理和大气污染防治"为主题的研修交流。

【英国利兹大学副校长访问杭州】 7月8日,省委常委、市委书记龚正会见英国利兹大学副校长斯蒂芬·斯哥特及利兹大学化学学院色彩科学系首席教授林珑一行4人。代表团此行除了与浙江大学商谈合作外,还考察萧山富丽达集团、浙江圣山染整有限公司,并与萧山区政府、当地环保公司和印染企业座谈交流,探讨印染工业废水无害化处理合作事宜。

【杭州市青少年书画音乐交流团访问日本】 7月30日,杭州市青少年书画音乐交流团赴日本九州、东京市举办书画展及文艺演出。

【首届杭州国际友好城市青少年夏令营】 8月3日至12日举行。来自日本福井市和韩国西归浦市的17名中学生,与中国学生一起在杭州开展国际夏令营。除了中式家庭体验外,夏令营还设计汉语学习、中国传统文化、中国传统美食、中国城市游览等多个体验环节。

【日本岐阜市青少年乒乓球代表团访问杭州】 8月9日至13日,日本岐阜市青少年乒乓球代表团一行36人来杭参加中日乒乓球友谊赛,以纪念两市结好35周年。

【日本日中友协副会长访问杭州】

8月29日,日本日中友协副会长酒井哲夫一行8人访问杭州。酒井哲夫原为杭州友城福井市市长,杭州人民的老朋友,一直致力于发展两市友好关系。

(鲍　晟)

县(市、区)外事

·上　城　区·

【外事工作概况】 2014年,上城区审批因公出国(境)团组44批111人次,其中区党政自组团3批18人次,教育局自组团3批26人,教育系统学校自行组团访学、游学13批41人。为辖区47家单位审批外国人来华邀请申报136批178人次,其中来华就业15人、实习2人、外国专家来华工作10人。接待外国友人来华访问34批225人次。

【主要来访】 3月4日,奥地利瓦格乐集团有关负责人来上城区研究智慧医疗有关工作。

3月18日,思科中国总部落户杭州暨思科参与智慧城市建设发布会在杭举行,思科中国总部正式落户上城区。

4月21日，中信产业基金总裁李学军、美国CORDISH公司总裁约瑟夫·温伯格应邀来杭，就南宋御街等项目合作与上城区领导洽谈。联合国教科文组织、中国历史文化名街保护同盟、上城区品牌工作指导委员会共同签订发起成立“华夏历史文化街区保护研究中心”合作意向书。

5月18日，联合国教科文组织文化助理总干事班德林来上城区举行“联合国教科文组织杭州项目事务处(筹)”揭牌仪式。

10月14日至18日，韩国首尔仁寺传统文化保存会(清河坊友好街)代表团参加2014杭州吴山庙会。

(赵金珍)

·下　城　区·

【外事工作概况】 2014年，下城区审批因公出国(境)团组12批32人次。全年办理邀请外国人来华127批160余人次，大部分以商务洽谈、考察工厂、验货为目的，其他为来华就业、商业演出等。

(傅　乐)

·拱　墅　区·

【外事工作概况】 2014年，拱墅区办理党政领导干部因公出国(境)自组团2批11人次，教育系统“运河名师”团组1批22人次。办理企业因公出访审批13批17人次，教育、卫生系统因公出访20批59人次。审核办理境外人员临时来华邀请函电90批168人次，为20余家企业办理来华就业邀请函电34份。接待来访国(境)外企业(机构)30余家150余人次。

(章晓佳)

·西　湖　区·

【外事工作概况】 2014年，西湖区审批机关和企事业单位人员因公出国(境)34批64人次。审批区属企业邀请外国人来华就业及商务考察398人次。接待20余批外国官员及世界500强企业客商来访。与捷克布拉格市一区结成友好交流城区。在全市首推企业邀请外国人来华“专办员”制度，专门负责经办和审核本企业邀请外国人来华相关事宜，实现管理与服务“双升级”，发放《专办员证》80余份。

(倪睿佳)

·富　阳　区·

【外事工作概况】 2014年，全区审批确认因公出国(境)22批63人次。邀请外国人来富阳152批189人次，其中来富阳就业46人、商务洽谈143人。与美国柔似蜜市建立友好交流城市关系。

【友好交流】 4月15日至17日，组织富阳市商务局、市运休办等部门，参加韩国群山中国友好城市交流会暨群山市2014年友好城市照片展，推介富阳投资创业环境、招商引资政策与旅游休闲产业发展现状。12月，市政协副主席邵良率团赴韩国群山市进行友好访问，确定双方开展职业教育交流。

12月，市政协副主席邵良率团赴美国柔似蜜市开展友城交流，双方签订友好交流协议。

(庞泽雯)

·桐　庐　县·

【外事工作概况】 2014年，桐庐县受理党政机关、事业单位因公临时出国(境)27批64人次，与2013年相比分别下降41.3%、24.7%。实际成行26批63人次，分别下降35%、14.8%，其中自行组团9批44人次(含教育系统友好交流团组2批6人次)，随上级单位出访17批19人次。受理邀请外国人来华申请22批33人次。

(祝思丽)

·淳　安　县·

【外事工作概况】 2014年，淳安县办理因公出国(境)19批22人次，主要执行旅游促销、经贸项目考察和业务学习等任务。审核办理企业邀请外国人来华11批19人次。接待重要来宾3批16人次。

(王淑萍)

宁 波 市

综　述

【外事工作概况】 2014年，宁波市外事工作围绕中心、服务大局，发挥外交外事资源优势，推进对外交流合作，提升涉外工作管理水平，各项外事工作取得新成效。市外办被省外侨办授予"外事工作优异奖"，被宁波市评为外商投资优质服务单位和开放型经济优秀服务奖。电子护照项目二期被外交部领事司授予"协作奖"。

全年接待41个国家的重要外宾团组16批1326人次。接待到访宁波的友好团组81批728人次，其中：省部级6批90人次，副市长级以上19批178人次。全年新结友好城市10个，协助安排全市出访友城团组32批185人次。

全年办理因公出国签证3766人次，代办因私出国签证7388人次。加强APEC商务旅行卡推介和管理工作，受理申请旅行卡571例，获卡757张。编制外籍人员在甬(宁波简称甬，下同)就医、就学、就业指导手册。

承办2014年亚太经合组织第一次高官会和中东欧经贸交流系列活动。开展欧美宁波周活动。参与编制"一带一路"建设《扩大友城人文交流合作实施方案》，拟定十大人文交流合作项目。举办第四届宁波国际大学生节。推出"体验宁波"系列活动，邀请外国驻沪主流媒体来甬采访。首创"宁波市出境旅游文明安全培训基地"，获中央文明委、国家旅游总局好评。

【2014年亚太经合组织第一次高官会】 2月15日至28日在宁波举行。举行大小会议26个、74场，涉及商务旅行便利化、人力资源发展、电子商务、标准化、灾害应急处置、知识产权保护、反腐败、反恐、通关便利化、食品安全等多个主题，共安排各代表团之间的双边会谈会见116场。来自亚太经合组织21个经济体、秘书处、工商咨询理事会，太平洋经济合作理事会，太平洋岛国论坛的1782名正式代表参加会议，其中境外代表1114名。2014年亚太经合组织高官会主席、外交部副部长李保东主持第一次高官会。27日，浙江省政府和宁波市政府共同举办招待活动和文艺演出。

【联合国开发署与宁波企业签订节能项目合作协议】 4月23日，联合国开发计划署、商务部中国国际经济技术交流中心与宁波凯耀电器制造有限公司签订促进节能项目协议。根据合作协议，联合国开发计划署将协助宁波凯耀电器制造有限公司在宁波建立节能型生产示范基地。

【中国—中东欧国家经贸促进部长级会议】 6月8日在宁波召开。来自阿尔巴尼亚、保加利亚、捷克、爱沙尼亚、罗马尼亚等中东欧16个国家的9位部长、16位副部长及12位大使等109位政府官员出席会议。商务部部长高虎城出席开幕招待会，浙江省省长李强致辞。商务部国际贸易谈判代表钟山，国家海洋局副局长王宏，省人大常委会副主任姒健敏，省政协副主席张泽熙，市领导刘奇、王勇、唐一军等出席。副省长梁黎明主持开幕招待会。

8日，省长李强会见捷克工贸部部长姆拉德克一行。7日，市委书记刘奇分别会见阿尔巴尼亚经贸部部长阿赫梅塔伊、罗马尼亚经济部长尼策。9日，部分来宾考察宁波港、南车集团，参观天一阁及宁波博物馆。

【外交部第三期大使参赞学习班成员考察宁波】 6月19日至20日，外交部2014年第三期大使参赞学习班成员来宁波考察。市领导与学习班成员座谈，介绍宁波经济社会发展建设情况。学习班成员实地考察宁波博物馆、南部商务区、宁波港、吉利汽车有限公司和天一阁等地。

主要来访

【英国波罗的海交易所总裁访问宁波】 2月27日，英国波罗的海交易所总裁潘杰明一行3人访问宁波，考察宁波国际航运交易所和宁波大宗商品交易所。

【IBM全球高级副总裁访问宁波】 3月11日，IBM全球高级副总裁史蒂夫·米尔斯一行访问宁波，考察IBM中国研发中心宁波实验室运营情况。

【荷兰喜威(中国)投资有限公司首席执行官访问宁波】 3月20日，荷兰喜威(中国)投资有限公司首席执行官雷振皓一行访问宁波，就在宁波设立分公司、推广发展车用天然气项目与有关部门商谈。

【德国麦德龙集团中国区总裁访问宁波】 5月7日，德国麦德龙集团中国区总裁席龙一行访问宁波，出席麦德龙海曙店开业仪式。

【美国HCA公司创始人访问宁波】 6月25日至26日，美国HCA公司创始人弗里斯特一行访问宁波，出席公司下属中国医疗有限公司在慈溪投资设立的慈林医院开业仪式。

【世界卫生组织总干事访问宁波】 7月5日，世界卫生组织总干事陈冯富珍一行访问宁波，出席口岸核心能力建设国际研讨会，参观考察国家医学媒介生物监测及其病原体检测重点实验室、海港口岸应急中心等。

【纳米比亚司法部副部长访问宁波】 7月12日至13日，纳米比亚司法部副部长汤米·南巴胡一行6人访问宁波，考察市司法局和鄞州区法律援助中心，司法部副部长张彦珍陪同访问。

【外国留学生代表团访问宁波】 10月18日至20日，由外交部组织的“丝路青年行”外国留学生代表团一行31人访问宁波，参观考察宁波港、宁波博物馆。举行交流座谈会，了解宁波参与国家“一带一路”战略建设情况。

【英中贸易协会主席访问宁波】 10月24日，英国英中贸易协会主席沙逊一行11人访问宁波，与宁波诺丁汉大学师生开展互动交流。

【韩国前总统和法国前总理访问宁波】 12月8日至9日，韩国前总统李明博和法国前总理拉法兰等应邀来甬，出席由全球中小企业

◎“丝路青年行”外国留学生代表团访问宁波

◎“丝路青年行”外国留学生代表团在宁波参观

联盟和中国中小企业协会主办的2015中国中小企业全球发展论坛。

【新加坡国际港务集团总裁访问宁波】 12月12日，新加坡国际港务集团总裁陈聪敏一行访问宁波，就推进宁波港与新加坡港有关交流合作项目与相关部门商谈。

【苏丹全国大会党干部考察团访问宁波】 12月22日至23日，苏丹全国大会党领导局成员、工人事务书记、政府水资源、电力与大坝部部长穆塔兹·萨利姆率领苏丹全国大会党干部考察团一行30人，由中联部相关人员陪同访问宁波。代表团一行参观奉化滕头村、吉利汽车有限公司、宁波港集团、宁波博物馆等，并与市发改委负责人座谈。

表15　2014年驻华使（领）馆官员访问宁波情况

日期	国家	主宾职务姓名	人数	主要活动
1月7日	美国	美国驻沪副领事韩非逸	1	旁听市人代会开幕式
1月9～10日	波黑、斯洛文尼亚、塞尔维亚、立陶宛、波兰、罗马尼亚、捷克、匈牙利、保加利亚、斯洛伐克、阿尔巴尼亚、黑山、拉脱维亚等13国	波黑共和国驻华大使鲍里斯拉夫·马里奇等	15	考察会议设施，为6月份中东欧商务部长会议做准备
1月9～10日	美国	美国驻沪新闻官贝婉	2	拜访市新闻办、宁波日报报业集团、宁波电视台、宁波大学园区图书馆等，了解宁波媒体机构在国际报道方面的情况，介绍美国国务院媒体培训交流项目
1月14日	美国	美国驻沪政治经济处官员塔尼斯·科斯西纳	2	考察宁波机场，落实APEC高官会美国代表团接待事宜
3月6日	法国	法国驻华使馆文化参赞周子牧、驻沪文化领事马伊容	2	参观宁波文化广场及杉杉集团下属乐卡克服饰公司
3月11日	美国	美国驻沪签证处副领事翟一鸣、佩赛思	2	在慈溪召开学生签证讲座，与在甬美资企业座谈

续表

日期	国家	主宾职务姓名	人数	主要活动
3月12～13日	美国	美国驻沪领事处官员王美伶	1	了解高铁对城市规划及经济发展的影响，参观宁波城市展览馆
3月27日	挪威	挪威新任驻沪总领事欧阳文	3	了解挪威与宁波的合作机会并参观北欧工业园区
3月27～28日	法国	法国驻沪总领事卢力捷、经济参赞马若衡	2	参加中法合资企业宁波杜亚机电技术有限公司新工厂开业仪式
3月29～30日	美国	美国驻沪新闻文化处处长刘进德	1	出席宁波首届教育高峰论坛暨留学教育展
4月1～2日	刚果	刚果共和国驻华大使达尼埃尔·奥瓦萨	1	参观宁波港和浙江造船厂
4月11日	新加坡	新加坡驻沪总领事王首毅	2	考察江北创新产业园区
4月13～14日	英国	英国驻沪副总领事傅伯诗	4	出席宁波诺丁汉大学建校10周年活动
4月16日	日本	日本驻沪副总领事丸山浩一、领事福永茂和	2	出席中日合资企业思美定宁波汽车新材料有限公司开业典礼
4月24日	斯洛伐克	斯洛伐克驻沪商务领事米查·斯特鲁巴	1	磋商宁波—中东欧国家经贸交流会等事宜，参观天一阁、老外滩等
5月9日	意大利	意大利驻沪总领事裴思泛	5	出席意大利金圆规奖“智慧之美”中国展启动仪式
5月15日	瑞典	瑞典驻沪总领事维多利亚	1	考察宁海中瑞科技合作项目
5月23日	美国	美国驻沪总领事葛瑞風	5	出席美商会活动，参观药行街天主教堂
5月27日	芬兰	芬兰驻沪总领事龙玛丽	19	考察宁波港集团
5月29日	匈牙利	匈牙利驻沪总领事帕尔·施密特	2	考察中国中东欧国家经贸促进部长级会议和中东欧国家特色商品展场地
6月6～10日	中东欧16国	中东欧16国驻华大使、驻沪总领事等（其中大使13位，总领事5位）	36	参加中国中东欧国家经贸促进部长级会议、中东欧国家特色商品展和宁波—中东欧经贸文化周
6月28日	法国	法国驻华大使白林、驻沪总领事卢力捷	8	出席“2014宁波夏至音乐日”活动
7月5日	英国	英国驻华大使吴思田	2	出席宁波诺丁汉大学毕业典礼及名誉博士学位授予仪式

续表

日期	国家	主宾职务姓名	人数	主要活动
7月9～10日	以色列	以色列驻沪总领事柏安伦	3	在宁波大学作“以色列高新产业”演讲，考察奥克斯集团、宁波供排水集团和以色列在甬投资企业，参观天一阁、宁波博物馆等
7月14日	尼日利亚	尼日利亚驻沪领事季莫·阿福拉比·奥都尼耶	1	探视尼日利亚籍被告人
7月18日	日本	日本驻沪副总领事丸山浩一	1	离任告别访问
7月19～20日	法国	法国驻沪总领事卢力捷	2	参观溪口、天童寺、阿育王寺、天封塔、保国寺和老外滩等
8月6～7日	希腊	希腊驻沪总领事卡尔佩里斯	2	考察宁波港、宁波保税区进口商品展示中心，参观天一阁、宁波博物馆等
8月29日	美国	美国驻沪签证领事应维中	2	参观天一阁、慈城古镇等
10月8～9日	意大利	意大利驻沪总领事裴思泛	1	陪同意大利佛罗伦萨市副市长克里斯蒂娜·贾奇一行访问宁波
10月20～21日	波兰、伊朗	波兰驻沪总领事彼得·诺沃特尼亚克、伊朗驻沪总领事馆文化专员梅赫尔达德·拉赫山戴·亚兹迪夫妇	3	出席第六届中国国际声乐比赛开幕式，参观天一阁、宁波博物馆等
10月24日	以色列	以色列驻沪商务领事艾澜德	2	考察市城管局和TCL宁波研发中心
11月1日	意大利	意大利驻沪总领事裴思泛	1	陪同意大利佛罗伦萨市市长达里奥·纳德拉一行访问
11月12～13日	新西兰	新西兰驻沪总领事戴迈雄	1	陪同新西兰奥兰市市长林·布朗一行访问宁波
12月8～9日	韩国	韩国驻沪总领事具相灿	5	陪同韩国前总统李明博出席中小企业全球发展论坛
12月16日	意大利	意大利驻沪副总领事德高博	2	出席宁波博物馆“文艺复兴到黄金时代—威尼斯之辉”特展
12月17～18日	新西兰	新西兰驻沪总领事戴迈雄	13	离任告别访问
12月24～25日	斯洛文尼亚	斯洛文尼亚驻沪领事馆馆长纳普尼克·迭哥	3	考察市外经贸局、市贸促会

友好城市交流

【市媒体组团采访友好城市】 6月10日至28日，宁波电视台和宁波日报集团记者共9人组成宁波友好城市联合采访团，先后赴法国鲁昂市，意大利维罗纳市、佛罗伦萨市，德国亚琛市、贝宁科托努市等友好城市采访交流，报道“21世纪海上丝绸之路”。

【市青少年代表团赴日本交流】 7月31日至8月5日，宁波市青少年代表团赴日本参加中日青少年书画交流活动，并访问日本上田市。上田市市长母袋创一会见代表团一行。

【2014国际友城媒体访问宁波】 10月20日至24日，宁波市人民政府主办“聚焦宁波”2014国际友城媒体访问宁波活动。来自法国鲁昂市、立陶宛阿利图斯市、斯洛文尼亚马里博尔市，韩国顺天市、大邱市，马其顿比托拉市等7个友好城市和国内部分英文媒体记者在宁波进行采访考察，重点采访报道宁波历史文化及经济社会发展成就。友城媒体记者团与《宁波日报》、宁波广电集团等当地媒体进行了业务交流，参观宁波港、杭州湾跨海大桥、杭州湾社区，考察方太厨具等宁波知名企业，观摩宁波国际服装节开幕秀，参观宁波博物馆、天一阁博物馆等。

表16　2014年宁波市友好交流情况一览

日期	团名	人数	国家	主宾姓名	主要活动
1月13～14日	顺天女子中学代表团	30	韩国	校长林元裁	访问惠贞书院和江北实验中学
3月5～11日	鲁昂宁波委员会主席	1	法国	勒马尚	商谈年度交流计划
3月14日	安特卫普港务局代表团	4	比利时	刘国金	举办港口推介会
4月3日	斯洛文尼亚驻华旅游投资发展委员会总代表一行	2	斯洛文尼亚	总代表尹晓骁	商谈开展经贸、投资、教育、友城交流等事宜
4月14～17日	比得哥什ROAN摇滚乐队	4	波兰	领队托马斯	在宁波城市学院演出
4月16日	新南威尔士州中学生篮球队	30	澳大利亚	议员刘依霞	与宁波荣安中学篮球队举行友谊赛
4月20日	工进株式会社社长一行	2	日本	小原勉	参加工进利天泵(宁波)有限公司10周年庆祝活动
4月29～30日	新加坡中华学校副校长一行	2	新加坡	黄连源	访问江北外国语学校，商谈友好交流事宜
5月1日	皮尔森州州长一行	23	捷克	州长瓦茨拉夫·施莱斯	参观天一阁及国际会展中心
5月11～17日	鲁昂商学院师生一行	12	法国	商学院研究生院队长库珀	友好城市交流访问
6月7～12日	韩国大邱企业家代表团	32	韩国	大邱驻沪办事处主任郭甲烈	参展中国国际日用消费品博览会

续表

日期	团名	人数	国家	主宾姓名	主要活动
6月20～21日	莫特尔比奇市市长一行	4	美国	市长约翰·罗德斯	考察采购项目
6月21～24日	上田市日中友协代表团	3	日本	友协会长池上一巳	友好访问
6月27～30日	佛罗伦萨市代表团	2	意大利	佛罗伦萨市议员、宁波市荣誉市民马里奥·拉扎尼里	友好访问
6月30日	东开普省经济发展厅代表团	9	南非	经济发展厅副厅长索德瓦·凯佩伊	考察市工商联、市旅游局
7月1～4日	鲁昂工程师学院代表团	4	法国	驻华代表刘颖	参加国际大学生节
7月1～5日	科托努市代表团	5	贝宁	第一副市长索格罗	友好访问
7月1～5日	大邱永进专门大学师生团	11	韩国	大邱永进专门大学处长李真永	参加国际大学生节
7月20日	大邱市伽倻琴艺术团	13	韩国	艺术团团长丁海任	交流演出
7月30日	勒阿弗尔一鲁昂一巴黎联合港驻华代表团	2	法国	驻华总代表克里斯朵夫	考察市外办和相关企业
8月4～8日	平泽市中学生代表团	15	韩国	平泽市青少年中心主任郑永周	与宁波中学进行寄宿交流
8月30日～9月1日	釜山市经济产业部代表团	5	韩国	釜山市经济产业本部郑铉珉	签署两市经贸合作备忘录
9月18～24日	诺丁汉市代表团	20	英国	市议长乔恩·科林斯	考察渣打银行宁波支行、日地太阳能电力股份有限公司、新材料城等
9月22～23日	杜兰戈州代表团	23	墨西哥	州长豪尔赫·埃雷拉·卡尔德拉	签署宁波市与杜兰戈市建立友好交流关系协议书,参加东方日升新能源股份有限公司赴杜兰戈州投资建造太阳能光伏电站协议签字仪式
9月24～25日	弗里福兰省代表团	14	荷兰	副省长洋·尼科·阿普曼	举办宁波—荷兰经贸合作交流会,考察宁波港等
9月25～27日	塔玛市代表团	6	以色列	市长多弗·里特维诺夫	与奉化市领导、旅游部门会谈,考察宁波博物馆、天一阁
9月29～30日	大邱市议会代表团	11	韩国	市议会经济环境委员会委员长朴一焕	友好访问

续表

日期	团名	人数	国家	主宾姓名	主要活动
10月8～9日	佛罗伦萨市代表团	4	意大利	副市长克里斯蒂娜·贾奇	访问宁波纺织服装学院、雅戈尔集团等
10月17日	布宜诺斯艾利斯市政府代表团	9	阿根廷	市政府顾问罗德里戈·赫雷拉·布拉沃	参观宁波港
10月17～23日	鲁昂市代表团	5	法国	议员、前副市长马修	与体育局、卫生局、文化局、城管局、宁波大学交流
10月23～25日	长冈京市市民代表团	7	日本	长冈京市友好交流协会宁波委员会委员长木下义次	考察天童寺、东钱湖植树地、前童古镇、中策科银有限公司
10月27日～11月2日	日中文化交流协会佛教访问团	39	日本	京都壬生寺贯主松浦俊海	参观阿育王寺、天童寺
11月1～2日	佛罗伦萨市代表团	10	意大利	市长达里奥·纳德拉	举办佛罗伦萨经贸投资情况说明会、中国(宁波)意大利产业园情况交流座谈会及宁波—佛罗伦萨文化交流座谈会
11月6～7日	永康中学代表团	16	新加坡	英文部主任庄凤娴	访问鄞州实验中学，开展友好交流活动
11月11～12日	大邱市盲人协会艺术团	16	韩国	大邱盲人协会会长崔荣镇	与市聋哑学校师生在市青少年宫共同演出
11月12～13日	奥克兰市代表团	19	新西兰	市长林·布朗	举办奥克兰—宁波经贸合作交流会，参观宁波博物馆
11月26～27日	长冈京市代表团	3	日本	市长小田丰	友好访问
12月10～12日	塔马塔夫大学代表团	1	马达加斯加	校长杰拉姆·维罗	与宁波大学签署孔子学院项目协议

（代建民　千沐沙）

县(市、区)外事

·鄞　州　区·

【外事工作概况】 2014年，鄞州区办理因公出国(境)团组74批176人次，其中：企业团组32批41人次，党政公务团组18批44人次。申办APEC商务旅行卡64批123人次。

【外事活动】 6月6日，农业部国际合作司组织来自尼日利亚、肯尼亚、津巴布韦、埃塞俄比亚等9个非洲英语国家的农业管理研修班学员一行10余人，参观考察瞻岐镇椿霖水产养殖场、宁波福宁种猪场和康谱园蔬菜种植基地；与鄞州区农林部门相关人员座谈，听取粮食高产创建、“两区”(粮食功能区和现代农业园区)建设、新型经营主体培育、生态循环农业、农产品品牌形象等5个方面的情况介绍。

6月8日，跨国公司投资浙江洽谈会暨全省重大投资项目签约仪式在鄞州区举行，会上共有

37个重大项目现场签约。鄞州区签约项目“中集鄞州物流装备制造项目”总投资约30亿元，其中外资比例约57%，该项目已明确定位为中集集团在华东地区主要的集装箱生产基地。

6月19日，以中国常驻联合国代表刘结一为团长的外交部2014年第三期大使参赞学习班一行40余人来鄞州区考察调研，参观宁波博物馆，考察南部商务区。

7月10日，以色列新任驻沪总领事柏安伦、经济领事艾兰德、政府与经济事务部主任徐俊杰一行参观鄞州区奥克斯集团，并与集团高层就通信、医疗等领域的合作进行洽谈，表示将利用年内以色列经贸代表团访沪的机会，与鄞州区包括奥克斯集团在内的大型企业进行科技与经贸合作。

【主要出访】 9月8日至15日，区委常委、副区长陈虹率团赴美国、加拿大参加2014年度欧美宁波周活动，其间组织举办鄞州德国工业园专场推介会，拜访美国水印退休社区公司、加拿大工商联合会、加拿大隆泰卫生保健公司，参加中国(宁波)—美国密尔沃基经贸合作交流会。

·江　东　区·

【主要出访】 11月10日至17日，区委副书记杨慧芳率代表团一行6人赴英国、阿联酋开展招商引资及对外投资推进活动。代表团分别拜访英国兰伯斯自治市政厅和阿联酋皇家投资局，并通过幻灯片、视频等方式介绍江东区的地理环境、社会人文和对外招商引资政策。走访英国凤凰保险柜公司、阿联酋 Junema Industry FZCO 公司等企业。实地考察英国第三大著名连锁超市——塞恩斯伯里超市、迪拜中国城，加强江东企业与英国、阿联酋企业间的交流与合作。

11月19日至28日，区委常委、常务副区长李国宏率代表团一行赴法国、德国和瑞士开展友好城市访问交流及城市建设管理项目洽谈。代表团先后拜访法国鲁昂市市政厅、鲁昂宁波友好委员会，德国亚琛市政厅、亚琛宁波友好委员会和瑞士阿尔特施泰腾市政府等，学习友城在城市建设管理中注重细节、以人为本的先进理念以及在生态环境保护等方面的成功经验。

12月5日至12日，区政协主席陈勤俭率代表团一行6人赴韩国、日本开展招商引资和项目洽谈。代表团先后拜访韩国仁川市自由经贸发展厅、日本三岛市商工会议所，双方就如何服务企业对外投资交流意见。走访韩国乐天玛特超市、日本阪急阪神株式会社、日兴电机工业株式会社等多家企业，学习借鉴日本、韩国发展现代商贸服务业的先进理念和做法。

【友好交流】 11月6日至11日，宁波市第六医院举办世界显微外科穿支皮瓣峰会，来自美国、意大利、澳大利亚、韩国、日本、印度尼西亚、捷克等20余个国家的80余名国际学员参加会议。

·江　北　区·

【外事工作概况】 2014年，江北区审核办理因公出国(境)团组42批99人次，其中企业经贸团组14批18人次，分别占因公出国(境)团组和人员的33%、18%。

【主要出访】 9月8日至15日，区委常委、常务副区长徐文华率代表团一行3人赴美国参加2014年美洲·宁波周活动，并赴加拿大开展招商引资工作。代表团在密尔沃基市美洲·宁波周活动现场召开江北区小型招商推介会，向美国相关大中型企业介绍江北区区位优势、投资环境等情况，为引进海外知名企业落户江北宣传推介。

【主要来访】 2月19日，区委副书记、区长丁晓芳会见新加坡驻华大使馆商务参赞、新加坡国际企业发展局副局长尤善钡，双方就电子商务产业发展进行座谈。

·镇　海　区·

【外事工作概况】 2014年，镇海区办理因公出国(境)党政自组团组15批64人次,企业因公出国13人次。

【外事活动】 2月20日,2014年亚太经合组织人力资源开发工作组21个成员国和地区正式代表一行42人,参观考察镇海区大学生创业园,与青年创业代表交流,了解园区打造的创业环境及管理模式、本地政府的帮扶优惠政策及青年创业现状,对区大创园所取得的成绩和管理经验,及为镇海青年创业者所打造的高水准、无障碍、集成化公共创业平台给予高度评价。区委副书记、区长魏祖民陪同并出席活动。

【主要出访】 9月18日,区委副书记、区长魏祖民率代表团一行赴越南参加百隆(越南)有限公司投产仪式并出席相关政务活动,了解当地投资环境、经济发展情况和民俗民风,为今后企业赴越南投资掌握资料。同时,通过与浙江籍华人华侨和中资机构交流,促进更多浙商"回归"。

【主要来访】 3月28日,法国驻沪总领事卢力捷和商务参赞访问镇海区,出席宁波杜亚机电公司新厂房落成典礼。

9月25日,荷兰弗里福兰省副省长洋·尼科·阿普曼率经贸考察团一行考察镇海区,参观约翰迪尔(宁波)农用机械有限公司并就双方业务发展的可能性进行探讨。常务副区长李斌出席活动并讲话。

(刘斯琼)

·北仑区(开发区)·

【外事工作概况】 2014年,北仑区(开发区)办理因公出国(境)团组48批83人次,其中党政人员实际出国(境)自组团3批46人次。接待国(境)外来宾15批250人次。

【外事活动】 6月27日至29日,戈凌蓝杯2014中国国际女排精英赛北仑站开赛,中国、比利时、泰国和多米尼加4支球队参赛。经过3天比赛,郎平执教的中国女排获三连胜。

10月16日,中国港口博物馆暨国家水下文化遗产保护宁波基地落成开放及第四届中国宁波港口文化节开幕仪式在北仑春晓滨海新城举行。来自联合国教科文组织和英国、法国、越南、韩国等国家及港澳地区的文物保护、博物馆、水下考古等领域的专家学者,全国人大内务司法委员会原主任委员、交通部原部长黄镇东,交通运输部原副部长、现中国航海学会会长、中国航海博物馆馆长徐祖远,国家文物局副局长顾玉才,国家文物局水下文化遗产保护中心主任柴晓明,省文物局副局长吴志强及国家、省有关部门领导,宁波市委常委、北仑区委书记陈利幸,副市长张明华等出席落成仪式。

【主要出访】 10月22日至31日,区人大常委会副主任丁素贞率代表团一行3人赴德国、瑞士和意大利开展国际体育赛事合作洽谈活动。在德国,代表团与德国乒乓球协会秘书长马蒂亚斯·瓦特诺伊尔等交流乒乓球职业联赛运营经验,与国际乒联接洽承办乒乓球世界杯事宜,观摩男子乒乓球世界杯,代表中国乒乓球北仑训练基地慰问参赛的中国男子乒乓球队,与中国乒乓球队总教练刘国梁、男子乒乓球教练秦志戬商讨明年训练基地训练事宜。在瑞士,代表团与盈方体育传媒理事安德里斯·毕菲杰洽谈承办中欧篮球邀请赛、冰壶国际性赛事等事宜。在意大利,代表团拜访斯特雷萨市及XCAT摩托艇赛事训练基地,与市长高思博·博蒂尼、WPPA赛事运营总监帕斯夸莱·思珊娜等人交流XCAT赛事的操作模式,洽谈2015年再次承办XCAT赛事等事宜。

11月20日至28日,区政协副主席颜力率代表团一行6人赴美国、墨西哥开展友好交流和经贸洽谈活动。在美国,代表团拜访诺福克市政府,与市长保罗、行政执行官马库斯·琼斯等就双方在经贸、教育、文化等领域进一步加强合作与交流进行洽谈;会见诺福克姊妹城市协会负责人大卫·

拉尼尔蒂等，就国际教育、文化艺术等方面开展交流与合作进行会谈，并达成共识；访问诺福克的科林杰斯学校。在墨西哥，代表团与杜兰戈州经济发展局副部长埃斯特万·罗萨斯、墨西哥中华企业家协会包荣林以及墨西哥浙江企业家会谈，探讨北仑区与杜兰戈州开展经贸合作交流事项。

【主要来访】 6月10日，区委副书记、区长华伟会见罗马尼亚阿夫里格市市长阿诺德·克林格斯一行，双方就两区市之间的合作等进行交流。代表团参观区内部分企业、项目。

7月31日，宁波经济技术开发区管委会副主任王一鸣接待美国诺福克市友城工作宁波委员会主席杨秀石一行，双方就北仑区与诺福克市友好合作，继续扩大北仑在诺福克当地的影响力、知名度及如何推动双方关系上升到姊妹城市关系交流意见。杨秀石一行还考察参观北仑区城市建设情况、北仑区顾国和外国语学校。

·余　姚　市·

【外事工作概况】 2014年，全市审批因公出国（境）88批179人次，其中党政人员因公出国68人次，比上年下降30%以上。护照收缴率100%。

【外事活动】 4月17日，余姚—以色列绿色高新农业产业园项目举行签约仪式，副市长郑桂春出席。

6月12日至15日，意大利发展署主席博蒂一行考察余姚，并与余姚企业进行对接洽谈。

10月30日至11月2日，“中国尊”中国盆景收藏家藏品国家大展在余姚市举行，共展出全国顶级盆景120尊、观赏石100方、书画50幅。

11月6日，第16届中国（余姚）塑料博览会举行。塑博会以“创新引领，转型发展”为主题，包括奥地利威猛、日本星精、德国摩丹等知名企业在内的436家国内外行业企业参展，总交易额35亿元。

【主要出访】 8月21日至28日，副市长韩柏顺率代表团一行3人访问美国、加拿大，进行航空产业园招商活动。

9月5日至12日，市委组织部部长叶枝利率代表团一行3人访问美国、加拿大，参加2014年海外“宁波周”活动。

12月9日至18日，市长奚明率代表团一行6人访问意大利、德国和荷兰，为中国（宁波）意大利产业园开展推介活动。

【主要来访】 1月28日至29日，意大利驻中国大使白达宁一行访问余姚，市委书记毛宏芳，市长奚明，副市长范焕平、韩柏顺等会见代表团一行，并陪同白达宁一行参观金兆丰、牟山湖世贸地块。

3月8日至12日，由意大利19家企业组成的代表团一行39人出席余姚市与意大利企业合作洽谈会。市委书记毛宏芳会见代表团一行。

11月3日，德国强化塑料协会中国代表处主任乔治·斯特莱美一行访问余姚，副市长卢建国和中石化联合会咨询委员会主任潘德润会见乔治·斯特莱美一行。

11月4日，韩国石化协会常务副会长金炫兑一行访问余姚，副市长卢建国和中石化联合会咨询委员会主任潘德润会见金炫兑一行。

11月6日，日本三菱化学阿斯特罗株式会社社长一行访问余姚，市长奚明会见代表团。

11月6日，巴斯夫亚太区特性材料业务部全球高级副总裁安迪·伯斯特赖·怀特一行访问余姚，市长奚明、副市长卢建国会见安迪·伯斯特赖·怀特一行。

11月21日，中意（宁波）生态园开发建设研讨会举行，市长奚明致辞。

【友好交流】 5月14日，日本茨城县代表团一行22人访问余姚，余姚市友好城市日本常陆太田市副市长宫田达夫随访。副市长卢建国会见代表团一行，双方进行友好交流。

6月7日，余姚市教育局会同宁波职业技术学院与德国德莱斯顿工业大学合作，引入德国IHK证书项目三方合作协议在余姚签订。议定安排专业教师团队连续3年、每年1个月赴德莱斯顿工业大学培训。

12月15日至18日，余姚市泗门镇中心小学校长杨杰率领由3名老师和6名学生组成的交流团一行，在韩国尚庆南道朱锡小学交流。6名结对学生分别住当地结对学生家中，体验韩国普通家庭生活。

（孙雪丹）

·慈溪市·

【外事工作概况】 2014年，慈溪市办理因公出国（境）团组18批41人次，审核APEC商务旅行卡56人次，慈溪市外办获省外事系统"对外交流合作"奖。

【外事活动】 6月26日，省内首家中美合资综合性医院——慈林医院在慈溪市观海卫镇落成开业，市政府领导施惠芳、陈杰峰等出席有关活动。

11月30日至12月3日，第19届国际金钥匙组织中国区年会暨国际金钥匙组织亚洲区成员国主席会议在慈溪举行，市长施惠芳、副市长丁晓琴等出席相关活动。

【主要出访】 5月28日至6月4日，市委常委、统战部部长张建人率团赴美国、加拿大，参加在美国洛杉矶、硅谷，加拿大温哥华等地举办的慈溪市创业环境推介会暨海外人才洽谈会，共达成初步合作意向27个，基本确定合作意向9个。

9月8日至15日，市委常委、宣传部部长华红率团赴美国、墨西哥进行文化经贸招商活动。代表团一行参加在美国威斯康星州密尔沃基市举办的"2014欧美·宁波周"主会场活动，在墨西哥城举办"2014欧美·宁波周"活动慈溪分会场活动——慈溪市新兴产业推介会，共达成青瓷贸易合作、江宸自动化设备生产合作、与美国贝尔优市艺术委员会文化艺术合作、与美国太平洋路德大学中国学院教育合作等4个意向项目；与墨西哥瓦哈卡州圣佩德罗米斯特佩克市签订友好交流合作备忘录。

11月6日至9日，市委书记卞吉安、市人大常委会副主任龚建长等参加香港慈溪联谊会换届大会，并拜访有关人士。

【主要来访】 5月28日，市委副书记、市长施惠芳会见澳大利亚阿德莱德大学考察团。

10月31日，市委副书记、市长施惠芳赴上海正大集团总部拜会中国侨商投资企业协会会长、正大集团董事长谢国民一行，双方就慈溪正大现代农业生态园建设开发进行沟通与交流。副市长王娇俐参加会见。

12月1日，市委副书记、市长施惠芳会见前来参加第19届国际金钥匙组织中国区年会的亚洲区主席埃德温·萨达纳及各成员国（地区）主席，副市长丁晓琴等领导参加会见。

【友好往来】 10月15日至23日，慈溪青瓷瓯乐团赴美国威明顿市赛林荫音乐厅、北卡罗来纳州（以下简称"北卡州"）格林斯伯勒大学、弗吉尼亚州威廉斯堡市玛丽孔子学院，举办3场展演及2场艺术交流活动。

11月29日至12月3日，副市长王娇俐率团赴美国友城访问，代表团先后拜会贝克斯菲尔德市政厅、贝克斯菲尔德姊妹城市委员会，考察贝市胡萝卜及果蔬加工中心、贝市现代农业物流配送中心、莫瑞家庭农场、罗斯伍德社区养老院等，就现代农业技术管理、农产品深加工合作、社区养老服务等方面开展交流和洽谈。

（蒋岳年　邹永夫）

·奉化市·

【外事工作概况】 2014年，全市办理党政干部因公出国团组11批29人次，因公出境5批6人次；事业人员因公出国5批6人次，因公出境2批2人次；企业因公出国（境）团组8批19人次。因公护照、通行证收缴率100%。全年接待国外来宾32批314人次。

【主要出访】 9月14日至23日，市委常委、经济开发区党委书记、滨海新区党工委书记周嫒儿率市经贸代表团一行6人，赴英国、德国和意大利参加“2014欧洲·宁波周”活动。

10月10日至17日，市委常委、常务副市长卓厚佳率代表团一行6人，赴美国、加拿大招商引资、项目洽谈对接等。在加拿大，代表团拜访MAG公司，介绍奉化产业经济，并寻求在加拿大的合作商机；听取该公司执行董事威廉姆·何关于春和集团收购MAG公司部分股权的成功案例，及中国投资人在加拿大投资的重大法律问题介绍。在美国，代表团参加宁波尼可家用品有限公司美国分公司成立仪式，听取研发中心主任杰瑞对美国市场调研情况汇报及业务开展规划介绍；拜访SSI Products公司，总裁特利·特里西介绍新产品和公司运营情况，双方就引进木浆海绵项目，提升企业自主品牌实力等进行座谈；参观康奈尔大学，与副院长爱丽丝·李洽谈与奉化“松岙凤凰城”项目在有机农产品、酒店管理、生物工程等方面开展合作的具体事宜，落实首期资金、人员、设备落实等细节问题。

【主要来访】 7月10日，以色列新任驻沪总领事柏安伦一行3人考察奉化溪口经济社会发展情况，调研旅游小镇建设。

9月30日，韩国大邱市议会经济环境委员会委员长朴一焕一行11人，考察奉化环境、旅游和文化资源，参观雪窦山、妙高台和溪口镇。

11月12日至14日，韩国庆尚北道奉化郡郡守朴鲁旭率代表团一行9人访问奉化，双方签署两市缔结友好交流城市协议书。韩方希望两市发展成为友好城市，通过官方和民间互访及在各领域交流与合作，加深两市间的友谊。

12月22日，苏丹全国大会党领导局成员、工人事务书记、政府水资源、电力与大坝部长穆塔兹·穆萨·阿卜杜拉·萨利姆一行30人调研奉化新农村建设，考察滕头村，了解奉化经济社会发展近况。

【友城往来】 3月25日至28日，美国印第安纳州贝德福德市市长金善娜一行6人访问奉化，市长陈志昂会见代表团一行，双方就在教育、经贸等领域的合作事项进行洽谈。代表团参观奉化罗蒙集团、奉化南方机械制造有限公司、宁波士林工艺品有限公司，访问奉化中学和奉港中学。

8月4日至6日，韩国庆尚北道奉化郡法田面长李国浩率中学生访问团一行17人访问奉化，副市长陈彩凤接待访问团一行。访问团还参观溪口雪窦山景区、蒋氏故居、滕头村、黄贤村、锦屏中学、奉化市容市貌，入住奉港中学学生家庭，体验中国文化，交流书法、音乐等。

（虞　晶）

·宁　海　县·

【外事活动概况】 5月15日，县长杨勇会见瑞典驻沪总领事安娜·维多利亚·李及瑞典客商团，介绍宁海传统优势产业、新兴产业的发展现状和投资环境及招商政策。双方表示将通过项目对接、技术服务、人才引进等合作方式，推动宁海企业转型升级。

9月24日，县长杨勇会见考察宁海的墨西哥杜兰戈州州长豪尔赫·埃雷拉·卡尔德拉及代表团一行，向代表团介绍宁海县基本概况和经济社会发展情况。会后，杨勇参加宁波市与杜兰戈市建立友好交流关系签字仪式以及太阳能光伏电站项目签约仪式。

【主要出访】 9月15日至16日，副县长徐云率团访问英国，开展宁波重点产业英国推介专场活动，与参会的汽车零部件、国际贸易、科技设计、通用航空、精密机械等重点行业的英国工商界人士深入对接。

9月17日至23日，县委书记褚银良率团访问瑞典、丹麦，举办瑞典—宁海产业对接会，并与瑞典特罗尔海坦市执行委员会新任主席保罗·克伦德就友好城市缔结、生产技术中心项目等进行交流。

12月2日至6日，县委书记褚银良率团赴香港，参加2014宁海（香港）投资环境及旅游资源推介会及香港宁海同乡会年度会议暨“心系家乡”同乡会联谊活动，拜访周亦卿、董伟等香港著名人士。副县长徐云专程拜访香港华英伦集团董事局主席邵孝增，双方就华英伦集团投资开发宁海城市综合体项目进行洽谈。

【主要来访】 6月8日至11日，宁海县友好城市匈牙利贝凯什乔包市企业派代表参加宁波·中东欧经贸展会，县招商中心、县外事办与贝凯什乔包市企业代表进行对接交流。

（汪怡雯）

·象　山　县·

【外事工作概况】 2014年，象山县办理因公出国（境）团组24批43人次，因公赴港澳团组5批8人次。

【主要出访】 9月14日至21日，副县长邱金岳率代表团一行6人，赴英国、瑞典参加“2014欧洲·宁波周”活动及开展相关经贸活动。在英国伯明翰，参加2014英国中小企业中国发展论坛主场活动；拜访英国劳伦斯总经理马克，并签署合作备忘录；走访了解蒙茅斯郡工业区和NAS公司。在瑞典，拜访斯堪的纳维亚商贸交流中心，开展项目招商洽谈；拜访瑞典卡尔马省地区委员会，并在其牵头下召开汽配医疗企业小型合作交流会。

10月22日至31日，常务副县长励志纲率代表团一行6人，赴英国、德国和瑞士开展城市友好合作交流。在英国，与蒙茅斯郡政府进行友好交流，并签订合作备忘录。在瑞士，拜访索罗通州经济发展局并与该局首席代表卡尔布兰德博士会谈。代表团还先后考察华翔集团英国NAS公司、劳伦斯VMC公司，德国汽车配件有限公司，了解华翔集团在海外运行情况。

11月27日至12月6日，县政协主席白国璋率代表团一行6人，赴奥地利、捷克和德国开展项目洽谈和交流活动。在奥地利，拜访维也纳十区政府，举行象山文化产业小型产品推介会，发布竹根雕、船模、剪纸等产品信息；在捷克，拜访索科洛夫市政府，与市长贝卡就推动两地经贸合作进行会谈。考察索科尔体育协会及相关企业，落实与宁波曼切斯体育用品有限公司合作投资滑雪板生产基地项目具体事宜；在德国，访问克隆贝格市政府，实地考察德国贸易展览协会克隆贝格分会，着重推动宁波华裕工艺品家具有限公司与德国MAN集团合作，初步达成合作意向。

【主要来访】 7月3日，作为“第四届宁波国际大学生节”的一项活动，来自英国、法国、波兰等20个国家和地区的200多名大学生参观考察象山。学生们在宁波市领导和象山县外办工作人员陪同下，分别参观石浦渔村、象山影视城以及松兰山沙滩。

7月3日，贝宁科托努市代表团访问象山。代表团一行在宁波市外办领导和象山县外办工作人员陪同下，参观石浦古城和象山影视城。

8月3日至4日，外国驻沪记者团来象山访问，参观德和根艺美术馆和石浦古城。

【友好交流】 10月14日至20日，日本JA爱媛南农业协同组合代表团访问象山，考察狮子山柑橘场海涂橘园、鹤浦山地橘园，参观大徐骑龙塘柑橘加工基地，赴大塘港综合区授课并与赴日研修生座谈。象山县政府和农林局领导陪同代表团参观考察。

10月20日，象山县派遣4名柑橘技术员，赴日本爱媛县宇和岛市开展为期3个月的柑橘产业技术交流合作。

11月24日至27日，日本爱媛县宇和岛市市长石桥宽久一行12人访问象山。代表团考察象山木材市场和装潢市场并举行日本木材销售推介会，参观象山新桥影视城。时任县长叶剑鸣会见代表团一行，双方就两地进一步合作交流进行洽谈。

（赖琼琼）

温 州 市

综 述

【外事工作概况】 2014年，温州市人民政府外事办公室（简称市外办）接待重要团组76批591人次，服务市领导出访13批次；促成友好商会、友好部门等10余对；开展“走出温州”活动8场次、“温商回归”动员活动30余场次，在境内开展对接洽谈活动100余场次，促成合作项目10余个；获得外交部“电子护照项目二期协作奖”、浙江省国安工作优秀单位、浙江省外事系统先进集体等荣誉。

加强因公出国（境）管理。正式发布《温州市县处级以下国家工作人员因公临时出国（境）管理若干规定》和《温州市国家机关、国有企事业单位工作人员因公出国（境）报审批管理办法》，推进因公出国（境）管理改革工作。全年审核审批因公出国（境）团组365批907人次，举办3期因公出国（境）业务培训班。

加快因公电子护照系统建设。建立县（市、区）信息采集点，正式颁发添加指纹信息的新版因公电子护照。全年颁发因公电子护照593本，港澳通行证224本，代办因公签证270批821人次，签发港澳签注330人次，证照收缴率100%。加大推介APEC商务旅行卡，为企业人员申办APEC商务旅行卡95批144人次。启动香港文书确认工作，在乐清市设立领事认证、因私签证受理点，扩大因私赴美专属通道服务，受理驻外领馆认证核查申请2件，代办领事认证572批1107件、因私签证548批807人次。

开展在温外国人基本情况调查。完善在温外国人数据库，与公安等部门建立信息互相通报机制，印发《涉外突发事件应急预案操作手册》。开发邀请外国人来华网上审批系统，审核通过确认函2348批3139人次。及时做好领事通报，协调处理瑞安外贸企业与伊朗客户贸易纠纷、韩国籍男子在温死亡等涉外事件15件。

接待外国记者。全市外事系统接待英国广播公司、法新社、共同社等世界主流媒体记者来温采访16批34人次。

推进友城新建，深化交流。2014年，温州市与荷兰海牙市、奥地利维也纳第九区正式建立友好交流关系。与韩国庆尚北道龟尾市、美国旧金山市、美国欧克兰市、毛里求斯路易港市等城市开展联系交流，与英国伊普斯维奇市和韩国龟尾市分别签署结好意向。乐清市与英国福尔柯克市、龙湾区与秘鲁马拉市、洞头县与意大利阿玛尔菲市缔结友好交流关系。

健全基层领事保护机制。市外办主任邱华萍带队赴瓯海、洞头、文成、瑞安等地指导基层海外领事保护联络处规范化建设。成功处置西班牙马德里温籍女子被害、智利温籍商城纠纷等海外领事保护事件11件。

重要外事活动

【举办公共场所英语标识纠错活动】 3月，市外办联合市外文学会等共同发起“2014年温州市公共场所英语标识纠错活动”，邀请市民及在温外籍人士参与，用手机或相机拍下全市公共场所的错误英语标识。活动开展后，中外人士纷纷来稿，内容涉及机场、车站、医院、商业设施等场所的英语标识，发现的主要问题为拼写错误、中式表达和机器翻译。12月，奖励纠错活动中表现优秀的集体和个人。

【“铂尔曼杯”世界(温州)少儿书画艺术大赛】 4月15日在温州启动。本次大赛由市外办、新闻办、教育局、团市委、市友协、市对外文化交流协会、温州日报报业集团等共同主办，获奖作品分别于8月、9月在温州市、友好城区奥地利维也纳第九区展出。

【“2014·驻华使节对话温州”活动】 5月21日至23日在温州举行，意大利驻沪总领事、保加利亚驻沪总领事等14位外国驻沪总领馆官员参加活动。总领馆官员们与温州市政府、企业代表以“友谊、合作、发展”为主题，以经贸交流为内容，进行对话与互动，推介本国投资政策环境，并一一回答企业代表提出的问题。

【参加“中国—乌兹别克斯坦经贸合作论坛”】 8月19日，市长陈金彪率企业代表团赴京参加“中国—乌兹别克斯坦经贸合作论坛”，并在开幕式上致辞。

【温州市第四届青年翻译大赛】 11月15日至23日举行，由市外办、市友协主办，来自全市11个县(市、区)及大中院校近580名英语爱好者和51名日语爱好者参赛。大赛在全市10个县(市、区)及温州大学、温州医科大学和温州肯恩大学三所高校设立赛点。经过初赛、复赛和决赛，最终决出一、二、三等和优秀奖共30名。

【“2014温州美国日”活动】 12月4日至5日，由市政府外事办、市友协和美国驻上海总领事馆、美国各州驻华协会等联合主办“2014年温州美国日”系列开放活动，包括“中国企业走进美国”温州研讨会、“美国教育和留学展示”、“感知美国”图片展等6场大型活动，并组织美国各州驻华协会、美国企业赴瓯江口新区投资考察和项目对接。

【“走出温州”系列活动】 2014年，市外办利用因公出访渠道，联合组织人事、商务等部门开展“走出温州”系列活动，组织赴韩国、英国、巴西、印度及香港等国家和地区举办招才引智、温州出口商品孟买博览会等8场大型活动，服务温州市经济转型升级和社会发展。

主要出访

【市政府代表团访问英国、瑞士和德国】 11月3日至12日，市委副书记、市长陈金彪率市政府代表团访问英国、瑞士和德国，开展经贸、养老、医疗、能源等方面交流，与英国伊普斯维奇市签署友好交流关系意向书，访问德国友好城市吉森市。

◎“2014·驻华使节对话温州”使节团参观美联红木家私有限公司红木家具制作工艺

【温州市经贸交流团访问韩国和英国】 11月17日至25日，市委书记陈一新率温州市经贸交流团访问韩国和英国，推介温州投资环境和合作项目，加强中韩合作交流，了解英国金融业、时尚产业、生态环保等发展经验。

主要来访

【瑞士企业代表团访问温州】 3月24日至25日，瑞士驻上海总领事史伦博率领瑞士企业代表团一行20人访问温州，与市贸促会及温州企业交流，并与温州国际商会签订友好商会备忘录，参观正泰集团和森马服饰公司。市长陈金彪会见代表团。

【韩国前总理访问温州】 4月14日至16日，韩国前总理李寿成一行7人访问温州，考察中韩工业园区。市委书记陈一新会见代表团。

【西班牙经贸代表团访问温州】 5月19日，西班牙瓦伦西亚自治区对外贸易局上海代表处首席代表瑞卡多率领代表团一行7人访问温州，考察西班牙侨商在瓯海区投资的冷冻肉温州加工销售项目。市政协副主席徐育斐会见代表团。

【南非驻沪总领事访问温州】 5月19日至20日，南非驻沪总领事陶博闻一行3人拜访市外办，重点就南非籍公民在温领事保护情况交换意见。陶博闻一行还走访温州医科大学，看望该校南非籍留学生。

【国际工业遗产保护协会主席访问温州】 5月27日，国际工业遗产保护协会主席马丁一行3人访问温州，考察苍南县矾山矿区申请世界工业遗产事宜。副市长郑朝阳参加座谈会。

【韩国驻沪总领事访问温州】 6月5日至6日，韩国驻沪总领事具相灿访问温州，拜会市长陈金彪，就推进两地经贸合作交流进行探讨。具相灿一行还考察温州经济技术开发区和温州市越秀学校。同时，促成温州市外办调研员陈进到韩国参加"韩中走向未来交流事业"活动。

【印度驻沪总领事访问温州】 7月9日至11日，印度驻沪总领事史耐恩一行3人访问温州，副市长郑朝阳会见客人一行。在温期间，史耐恩出席两地经贸座谈会，考察正泰集团、亚龙集团。

【美国肯恩大学校长访问温州】 7月26日至28日，美国肯恩大学校长法拉希一行2人访问温州，商谈温州肯恩大学校园建设等事宜。副省长郑继伟、市委书记陈一新分别会见法拉希。11月16日，美国肯恩大学代表团一行15人参加温州肯恩大学正式建校活动。市委副书记、市长陈金彪会见法拉希一行，法拉希被授予"温州市荣誉市民"称号。

【奥地利维也纳第九区政府代表团访问温州】 9月24日至27日，奥地利维也纳第九区区长玛蒂娜·马尔娅率政府代表团一行6人访问温州。市委副书记、市长陈金彪会见代表团一行。双方签订温州市与维也纳第九区建立友好交流关系协议书。

【韩国多个经贸考察团组访问温州】 10月17日，韩国青年委员会会长、韩国国民大统合委员会组织总括委员长金起焕一行9人访问温州，赴温州经济技术开发区、瓯江口新区等地，考察温州发展空间、产业平台建设等情况。市委书记陈一新会见代表团。

12月7日至10日，韩国全国经济人联合会顾问赵健鎬一行7人访问温州，考察温州经济技术开发区、瓯江口新区，并参观楠溪江和雁荡山。市委书记陈一新会见代表团。

【以色列驻沪总领事访问温州】 11月17日至18日，以色列驻沪总领事柏安伦一行2人访问温州。市委副书记、市长陈金彪会见柏安伦一行。

【柬埔寨亲王访问温州】 12月2日，柬埔寨诺罗敦·施里武亲王一行9人访问温州。市政协副主席徐育斐会见亲王一行。

【美国驻沪总领事访问温州】 12月4日至5日，美国驻沪总领事史墨客一行5人访问温州。副市长胡纲高会见客人一行。史墨客一行出席“2014·温州美国日”活动，并参观护国寺、城西基督教堂、南门天主教堂。

【美国新泽西州前州长访问温州】 12月30日至31日，美国新泽西州前州长詹姆斯·麦格瑞维一行2人访问温州，就促进温州肯恩大学建设以及加强温州与新泽西州经贸合作事宜进行洽谈。市委书记陈一新会见詹姆斯·麦格瑞维一行。

表17　2014年温州市接待其他来访团组

序号	日期	团组名称	团长职务、姓名	人数	主要任务和活动
1	3月7日	韩国光州全南大学	教授金会洙	2	拜访温州高新技术产业开发区管委会，寻求光产业合作
2	4月1～3日	英国WPL公司	总裁理查德·冈德里	7	考察温州农村污水处理基地
3	4月13～20日	澳大利亚科耐中学师生代表团	副校长杰夫·布洛克	21	拜访市政府、中外学校交流
4	4月25日	德国嘉利达集团	首席执行官弗兰茨·科诺特	6	协调公司在温发展事宜
5	5月28日	韩国21世纪韩中交流协会大邱庆北分会	会长朴蒙墉	30	与温州经济技术开发区协商举办中韩经贸合作与技术交流会
6	6月25日	沃尔玛中国区业务发展部	高级总监朱一兵	4	拜访市政府
7	6月26～28日	美国旧金山市	市长夫人林进敏	2	与温州市加强经贸合作和友好关系进行交流
8	7月24～25日	澳大利亚驻沪总领事馆	副总领事白天伟	2人	拜访市金融办、发改委、商务局、温州中小企业发展促进会和浙江攀远律师事务所
9	8月21～22日	日本静冈县驻上海事务所	副所长井口真彦	2人	拜访市外办、市旅游局、温州机场集团有限公司
10	8月26～27日	英国萨福克郡伊普斯维奇市英中经济文化发展促进会	会长李臣	2人	就温州市与英国伊普斯维奇市结好等事宜商谈
11	11月10～11日	卢森堡驻沪总领馆	总领事吕可为	2	拜访市外办、市金融办，考察温州民营企业
12	11月24日	日本中央银行北京代表处	首席代表福本智之	2	拜访市金融办等部门并举行会谈，参观部分银行和企业
13	12月3～4日	德国电气工程师协会	总裁齐默		与温州市签署合作协议

民间友好交流

【中意新年音乐交流会】 1月5日，市友协联合市公共外交协会等单位共同主办"瓯江早春·天籁音——意大利歌剧之夜中意新年音乐交流会"，意大利比萨市著名歌唱家一行与温州市艺术家同台为观众演出中西融合的音乐会。

【市友协第五届理事会第二次会议】 1月27日召开。会议回顾总结2013年度友协工作，研究谋划未来友协发展，调整增补部分理事，表彰一批优秀理事，并推选市委副书记马晓晖担任市友协会长。

【中外学者公益讲座】 5月10日，由市友协、市图书馆主办，市外文学会承办的第一期中外学者公益系列讲座在市图书馆举行。来自温州肯恩大学的珍妮特·亚当斯和温州大学的乔治·梅因教授以中美文化和公共演讲为主题，为市民作两场讲座。100余位市民到场聆听，并与两位主讲嘉宾互动。

【市友协友好交流代表团访问欧洲】 8月26日至9月4日，市友协副会长朱玉贵率代表团一行6人出访奥地利、意大利和法国。其间，代表团拜访奥地利维也纳九区政府，参加在维也纳九区举行的奥中书画联展开幕式；拜访意大利温籍华侨；拜访法国瓦兹河谷省政府，寻求双方在经贸和城市管理方面的合作前景。

【"外国人学汉语"公益培训班】 9月19日至12月19日举办，来自美国、英国、俄罗斯、西班牙等16个国家38名在温州各行各业工作的外国人参加学习。培训班主要教授实用汉语口语和中国文化习俗，帮助外国人掌握基本的汉语交际用语，了解温州的风土人情，帮助长期在温工作的外籍人士更好地融入温州社会。

【市友协友好交流代表团访问美国、加拿大和韩国】 9月21日至30日，市友协副会长周怀中率代表团一行5人出访美国、加拿大和韩国。代表团在美国拜访肯恩大学，推动温州与该校国际文化交流合作；拜访纽约布鲁克林区政府，开展"温州日"推介活动；访问旧金山市，开展城市间交流对话。在加拿大拜访温哥华新西敏教育局，就城市开放大学、成人继续教育、国际教育合作开展交流。在韩国拜访友好城市仁川中区政府，开展城市友好交流。

【温州市新结3对国际友好学校】 10月17日，经市友协推荐，温州市瑞安安阳实验中学、滨海高级中学及平阳县实验中学3所学校代表赴杭州参加省友协举办的"中比荷校长论坛"，与3所比利时学校签订友好协议，会后外方代表来温州参观考察，进行教育交流。

【韩国多个教育代表团访问温州】 11月25日至26日，来自温州市国际友好交流关系城市——韩国光州的全南国立大学校长池秉文一行3人访问温州，拜访市教育局、温州大学、温州医科大学，推动双方在终身教育、光电研究等方面开展合作。副市长郑朝阳会见代表团一行。

12月5日至6日，温州市友城韩国光州的朝鲜大学校长徐在烘一行6人访问温州，出席温州越秀学校"韩国语学堂暨朝鲜大学优秀生源基地"挂牌仪式。在与市友协交流中，徐在烘表示，他将积极推动朝鲜大学与温州医科大学在教学、科研等方面交流合作并将力促光州下辖的区县与温州市龙湾区建立友好关系。

【在温外籍人士新年招待会】 12月20日，市外办、市友协主办"2015在温外籍人士新年招待会暨《温州市外国人安全服务手册》首发仪式"，市教育、经贸、科技界的110位外籍人士及相关单位代表出席活动。

（叶　雪　张钟勇）

嘉兴市

综　　述

【外事工作概况】 2014年，嘉兴市外事工作因公出国(境)管理与服务进一步规范。全年经审批审核获批准的因公出国(境)团组207批464人次，其中党政机关和参公管理事业单位出国(境)223人次。

年内接待丹麦女王玛格丽特二世、德国经济部部长格尔德·穆勒、新西兰毛利事务部部长皮塔·莎普尔斯、突尼斯加贝斯省省长胡赛因·杰拉德、欧洲货币集团执行总裁尼尔·奥斯本、柬埔寨人民党中央外委会副主席兼国会外交委员会副主席索斯亚拉，印尼东爪哇省政府考察团，以及德国、法国、荷兰、韩国、奥地利、丹麦、印度、英国、埃塞俄比亚、南非、芬兰、瑞典驻沪总领事等54批382人次的高级别国(境)外来宾团组。

因公出国(境)管理规范有序。贯彻落实上级党委、政府有关因公出国(境)管理规定，履行“加强因公出国管理”牵头责任，获浙江省“因公出国(境)管理先进集体”。年初拟定嘉兴市县处级及以下国家工作人员因公临时出国管理有关实施细则，完成对相关“新规”的学习、培训和执行情况的检(自)查；落实因公出国(境)因事定人、个人限次、人事相符、经费先行审核措施；完善因公出国(境)任务的前置审核(审批)机制和行前教育、公开公示、证照管理等制度；建立由市外办牵头，市纪委、市委组织部、市财政局等部门参加的因公出国(境)管理联席会议制度；会同市委组织部、市纪委(监察局)和市财政局等部门进行新规定、新制度落实情况的检查。

外事服务窗口推出“错时服务、预约服务、上门服务、互动服务”等特色服务，如期完成全省电子护照二期项目试点工作和信息采集软件安装与调试；代办因私签证1208批2027人次。2014年受理APEC商务旅行卡134份，累计受理347份。邀请外国人1235批1541人次来嘉工作或开展商务活动。商业认证112批170份，民事认证120批245份。

妥善处理桐乡香港居民扰民、南湖区教育培训机构爱尔兰籍外教意外死亡、德籍企业高管游泳溺水突发脑溢血导致昏迷等突发事件5起；协助处理3起外籍人员(俄罗斯、日本、韩国)涉酒后危险驾驶案件；协助处理留学生因非法居留日本事件1起。

重要外事活动

【丹麦女王出席乐高首个亚洲工厂奠基仪式】 4月27日，乐高玩具制造(嘉兴)项目举行开工奠基典礼。丹麦女王玛格丽特二世，丹麦亲王亨里克，丹麦食品、农业与渔业部部长丹·乔金森，丹麦驻华大使裴德盛，省长李强、中国驻丹麦大使刘碧伟、省政府秘书长李卫宁，市领导鲁俊、肖培生、孙贤龙、何炳荣、盛全生及省、市、区相关部门负责人等出席开工仪式。

市长肖培生在开工仪式上致辞。丹麦女王玛格丽特二世，省长李强，丹麦乐高集团首席执行官乔根·克努德斯托普共同为工厂奠基石揭幕；市委书记鲁俊，乐高嘉兴公司总经理迈克尔共同为由乐高玩具拼装的工厂模型揭幕。

随后，举行领导会见活动。省长李强会见丹麦乐高集团首席执行官乔根·克努德斯托普等乐高高层。李强说，浙江全力支持乐高嘉兴项目建设，推进项目早日竣工投产。乔根·克努德斯托普表示，对公司在嘉兴的发展前景充满信心。省级有关部门和嘉兴市领导参加会见。

乐高集团成立于1932年，总部位于丹麦比伦德，主要从事塑料智力玩具研发和生产，其品牌在2011年"世界品牌500强"排行榜中名列第113位。乐高(嘉兴)项目是乐高集团在亚洲设立的第一家工厂，总投资10亿美元，将在2017年全面投产。

【雅培(嘉兴)营养品有限公司举行投产典礼】 6月6日，雅培(嘉兴)营养品有限公司开幕典礼在嘉兴经济开发区举行。副省长梁黎明，市领导鲁俊、肖培生、刘冬生、高玲慧、何炳荣、盛全生参加投产仪式。

市委副书记、市长肖培生代表市委、市政府对雅培(嘉兴)营养品有限公司投产表示祝贺。

美国雅培是世界500强企业之一，2011年7月在嘉兴经济技术开发区投资设立外商独资企业——雅培(嘉兴)营养品有限公司，项目一期投资2.3亿美元，是美国雅培在中国最大的投资项目。

【皇家飞利浦项目落户嘉兴】 7月7日，飞利浦(中国)投资有限公司与嘉兴经济技术开发区正式签订合作协议，飞利浦优质生活家居业务(中国)创新园项目正式落户嘉兴。

副省长梁黎明和市领导鲁俊、肖培生、何炳荣、盛全生等出席签约仪式并会见飞利浦项目主要负责人。

荷兰驻沪副总领事那德飞应邀出席签约活动。活动结束后，市外办领导与那德飞交谈，感谢荷兰驻沪领馆对该项目的关注和支持，希望嘉兴和荷兰缔结更广泛更务实的经济合作伙伴关系。

【"乐之韵"民乐团赴德演出】 7月15日至26日，由省友协和嘉兴市友协组织的秀洲现代实验学校"乐之韵"民乐团师生一行14人，应德中协会、德国圣·格奥尔和托马斯·斯特利马特文理中学邀请，参加德国第17届巴登符腾堡州国际青少年学生音乐节活动。秀洲现代实验学校民乐团演出内容丰富的中国民乐演奏节目。学生分别寄宿普通市民家庭，体验德国的家庭生活；跟随德方结对学生听课，参与活动；参观当地著名的"留声机博物馆""黑森林博物馆"和"现代艺术展览馆"；与圣·格奥尔和托马斯·斯特利马特文理中学的交响乐队进行合作音乐会。"乐之韵"民乐团师生还参加了在卡尔夫举办的德国第17届巴登符腾堡州国际青少年学生音乐节演出。

【2014中澳(嘉兴)"五水共治"研讨会】 10月15日至16日，嘉兴召开"2014中澳(嘉兴)'五水共治'研讨会"，旨在与嘉兴市相关

◎乐高首个亚洲工厂开工奠基典礼

职能部门以及有需求的企业，分享澳大利亚在水环境保护、水问题治理等方面的经验，并共同探索双方在治水领域开展更多合作的可能性。

研讨会上，澳方企业代表介绍各自专业经验，嘉兴企业纷纷向澳方专家提问、咨询。

副市长盛全生宴请代表团一行。

代表团参观石臼漾生态湿地、联合污水处理厂以及澳大利亚落户嘉兴的企业。

【2014嘉兴市国际友城经济合作推进会议】 11月7日举行，由嘉兴市政府主办，嘉兴市人民政府外事办公室、嘉兴市商务局承办。会议由市政府副秘书长周建新主持，副市长盛全生作主旨演讲。

澳大利亚西澳州西南区发展委员会首席执行官唐·庞奇与嘉兴市政府交流开展经贸合作的经验。巨石集团有限公司战略部副总经理沈国明交流“走出去”投资的成功经验。德国哈勒市、埃塞俄比亚赛贝塔市、意大利蒂沃利市、澳大利亚玛格丽特河郡代表分别作城市推介。

会上，嘉兴市与埃塞俄比亚赛贝塔市签署两市建立友好城市意向书。海宁市与澳大利亚玛格丽特河郡签署两地友好交流关系协议书。

【首届世界互联网大会】 11月19日在乌镇开幕。中共中央政治局委员、国务院副总理马凯，中宣部副部长、国家网信办主任鲁炜，省委书记、省人大常委会主任夏宝龙等出席会议，省委副书记、省长李强主持会议。

中共中央政治局委员、国务院副总理马凯在大会开幕式上宣读国家主席习近平给本次大会发来的贺词。马凯作主旨演讲。省委书记、省人大常委会主任夏宝龙在开幕式上致欢迎词。中宣部副部长、国家网信办主任鲁炜，爱尔兰前总理伯蒂·艾亨，阿里巴巴集团董事局主席马云等在开幕式上致辞。

【嘉兴市友城澳大利亚班布里市获“对华友好城市交流合作奖”】 11月27日至29日，2014中国国际友好城市大会暨广州国际城市创新大会在广州白云国际会议中心举行。在中外友好城市表彰活动中，嘉兴市友好城市——澳大利亚班布里市获“对华友好城市交流合作奖”。

主要出访

【嘉兴市友好访问团访问巴西和美国】 12月11日至19日，应美国洛克维尔市政府和巴西南大河州立法议会邀请，以市人大常委会副主任沈利农为团长的嘉兴市友好访问团对上述两地进行友好访问。

在巴西，访问团拜会南大河州议会，双方讨论在巩固已有农业合作项目的基础上，拓展在纺

◎2014中澳(嘉兴)“五水共治”研讨会

织、电气、羊毛、制革等众多领域的交流与合作；就如何将农业项目的合作拓展至议会，以及经贸、教育等领域的交流与合作进行探讨；实地走访嘉兴在当地投资的大豆种植农业项目，了解项目运营情况；召开巴西里约（嘉兴）推介会，以期深化并密切两地的往来与合作。

在美国，访问团拜访洛克维尔市政府有关官员，共同商讨拓展双方友好往来领域，特别是教育领域合作；访问该市公共资金财税监督等政府部门。

【市政府经贸交流团访问捷克、匈牙利和希腊】 12月15日至24日，副市长张仁贵率市政府经贸交流团访问捷克、匈牙利和希腊。

在捷克，代表团在拉则尼市拜访阿尔派妮有限公司及其战略合作伙伴拉则尼·弗朗齐谢克·拉尼公司，双方就温泉旅游开发项目进行洽谈。

在匈牙利，代表团拜访佩斯州州政府，佩斯州州长萨博·伊斯特万会见代表团，与州政府负责城市建设、旅游开发、国际交流等部门负责人座谈。在布达佩斯市举办2014嘉兴市支持海外侨商回归创业创新投资说明会，鼓励浙商回国创业。

在希腊，代表团访问希腊太阳城市，常务副市长雅娜基斯会见代表团，双方就旅游、城市规划、政府管理等领域进行交流，对两市建立友好城市关系基本达成共识。

表18　2014年嘉兴市部分出访团组情况一览

出访时间	团长职务、姓名	人数	出访地点	备注
9月22～29日	市政协副主席邢海华	6	墨西哥、美国	友好访问
10月24日～11月2日	市政协副主席李水根	5	德国、丹麦、法国	友好访问
11月13～21日	市人大常委会副主任沈利农	6	巴西、美国	经贸活动
11月14～23日	市政协副主席朱静琦	5	日本、美国、韩国	招才引智
12月15～19日	副市长盛全生	4	韩国	经贸活动

主要来访

【加拿大达蒙维市市长访问嘉兴】 1月7日至9日，加拿大达蒙维市新任市长亚历山大·屈松及经济发展局局长马丁·杜邦一行访问嘉兴，就未来两年与嘉兴开展务实合作与嘉兴市领导和各部门展开交流与讨论，并达成共识。

市委常委、常务副市长梁群会见代表团一行，简要介绍嘉兴市经济社会发展情况，希望加强两市在经济、文化、教育等领域的交流与合作，推动两市友好交往关系再上新台阶。

代表团一行与市教育局、科技局、商务局、旅游局进行商务座谈，还与秀洲区就科技孵化产业合作等进行交流。

【新西兰毛利事务部部长访问嘉兴】 2月27日，市委副书记、市长肖培生会见新西兰毛利事务部部长皮塔·沙普尔斯。副市长柴永强，市级相关部门和南湖区有关负责人参加会见。肖培生介绍嘉兴市市情，希望嘉兴与新西兰在经贸和文化等方面合作与共同发展。皮塔·沙普尔斯表示，希望通过与嘉兴以文化方面的合作为基础，进一步加强沟通与交流。

代表团一行参观嘉兴市博物馆和凌公塘文化主题公园。

【荷兰驻沪总领事访问嘉兴】 3月20日，荷兰驻沪总领事鄱佩德到访嘉兴，参加荷兰喜力啤酒嘉善工厂奠基庆典，并实地考察嘉兴经济开发区多家外资企业。

市长肖培生会见郦佩德，简要介绍嘉兴经济概况；郦佩德表示愿意一如既往为优质荷兰企业入驻嘉兴提供支持。

在嘉兴期间，郦佩德参观万达广场、台升国际广场、智慧产业创新园等，实地了解德国海拉灯具集团车间现场及雅培（嘉兴）营养品有限公司运作情况。

【柬埔寨人民党高级干部考察团访问嘉兴】 3月29日，以柬埔寨人民党中央外委会副主席兼国会外交委员会副主席索斯亚拉为团长的柬埔寨人民党高级干部考察团一行19人访问嘉兴。代表团考察桐昆集团，参观生产车间、企业陈列室，并与企业负责人就贸易与投资等问题交流，建立联系渠道。

【香港驻沪办主任访问嘉兴】 5月28日，香港特区政府驻上海经济贸易办事处（香港驻沪办）主任谭惠仪一行5人在省港澳办相关负责人陪同下访问嘉兴，与市外办（港澳办）、商务局负责人座谈。嘉兴市副市长盛全生会见谭惠仪一行。

座谈会上，谭惠仪表示，此行主要目的是考察港资企业在浙江情况，嘉兴是重要的一站。市商务局局长张建生详细介绍在嘉兴（简称禾）港资企业情况以及禾商在香港投资情况。市外办（港澳办）主任朱永明表示，市外办（港澳办）与香港驻沪办之间应加强互动，打通沟通联系渠道，为两地民众提供切实的服务。

在禾期间，谭惠仪一行考察在禾港资企业——东方钢帘线，听取企业发展现状，了解钢帘线行业情况，实地考察企业生产车间。

【突尼斯加贝斯省经济代表团访问嘉兴】 6月17日至18日，突尼斯加贝斯省省长胡赛因·杰拉德率经济代表团访问嘉兴，了解嘉兴市外资企业运作情况，学习借鉴嘉兴市招商引资经验，并向嘉兴企业推介加贝斯的优越投资环境。

17日，市长肖培生会见代表团一行。18日在沙龙宾馆举办突尼斯加贝斯省（嘉兴）投资说明会。副市长盛全生及加贝斯省省长胡赛因·杰拉德分别致辞。会上突尼斯代表详细介绍突方优惠的投资政策。市商务局、市外办、市旅游局、市建委等市级部门和全市多家从事建筑、制造业、农业及旅游业等有意“走出去”的企业参加本次活动，并与突方展开互动沟通。

代表团访问嘉兴期间，市人大常委会主任刘冬生与加贝斯省议员进行交流座谈。代表团一行还实地考察嘉兴学院、加西贝拉压缩机有限公司、卫星石化、浙江省分布式光伏并网技术研究院等。

【日本坂井市市长访问嘉兴】 8月25日至28日，以日本福井县坂井市市长坂本宪男为团长的坂井市代表团一行10人访问嘉兴。

市政府副秘书长周建新及市人大、市政府相关部门领导与坂井市代表团进行座谈，双方就今后两市在农业、旅游、经贸等领域的交流进行探讨。代表团还参观嘉兴经济开发区和嘉兴港区，了解投资环境并参观园区内日资企业。26日，在戴梦得大酒店举行坂井市旅游推介会，嘉兴市5家主要旅游企业代表参加推介会。

【法国驻沪总领事访问嘉兴】 9月17日，法国驻沪总领事馆总领事卢力捷、经济参赞马若衡一行访问嘉兴，并参加海盐县中法产业园阿海珐（中国）核电服务有限公司开业庆典。市委书记鲁俊会见卢力捷一行，向客人简要介绍嘉兴经济社会发展情况及投资环境。双方还就嘉兴与法国在经济领域的合作事宜进行商讨。

阿海珐（中国）核电服务有限公司，是世界500强企业、全球著名的核电企业法国阿海珐集团投资3亿元成立的外商独资企业。鲁俊对阿海珐集团落户海盐表示欢迎，希望阿海珐（中国）核电服务有限公司在推进核电技术进步、带动区域发展中作出积极贡献。卢力捷说，法国驻沪总领事馆将在促进两国友谊、推动两国发展方面作出积极的努力。同时，将进一步加强与嘉兴合作和交流，推动法国企业在嘉兴投资发展。

【印尼东爪哇省政府代表团访问嘉兴】 10月12日至13日，以印尼东爪哇省省长助理伊德鲁斯为团长的东爪哇省政府代表团一行23人访问嘉兴，代表团成员包括东爪哇省7个主要城市市长以及诸多省政府官员。

12日，副市长盛全生会见并宴请代表团一行，双方对嘉兴市与印尼东爪哇省未来合作前景寄予厚望。访问期间，代表团在秀洲区政府和市外办有关领导陪同下参观嘉欣丝绸工业园，对嘉兴市"丝绸之府"丝绸业发展表示赞赏。

【丹麦里比市政府访问团考察嘉兴】 10月20日，由市长利昂·赛贝林率领的丹麦里比市政府访问团一行来嘉兴考察，并与嘉兴市续签两市友好交流关系协议书。副市长盛全生及市级相关部门负责人出席签约仪式。

代表团一行还参观考察嘉兴市经济开发区和嘉兴学院，并参加丹麦学生在秀州中学的结好交流活动。参观乐高公司，并游览乌镇。

【德国经济合作与发展部部长访问嘉兴】 10月24日，德国联邦经济合作与发展部部长格尔德·米勒一行10人访问嘉兴，考察嘉兴市与德国企业有经贸关系的纺织企业，并出席中国纺织业企业社会责任圆桌论坛，圆桌论坛在嘉兴市举行。格尔德·米勒一行与中方政府、行业协会及16家国内外企业代表参加论坛。副市长盛全生介绍嘉兴市历史文化、城市风貌及经济社会发展情况。

【韩国前总理访问嘉兴】 11月29日，韩国前总理韩晟洙一行12人访问嘉兴，并考察乌镇景区。韩国驻沪总领事具相灿、前国会议员张世焕等人陪同访问。

常务副市长梁群会见代表团一行，介绍嘉兴基本情况，重点介绍乌镇的文化特色等。韩晟洙对嘉兴和乌镇赞不绝口，表示会在韩国为嘉兴及乌镇做宣传。

表19 2014年嘉兴市部分团组接待情况一览

到访时间	团组负责人职务	团长姓名	人数	出席领导
2月19日	墨西哥阿瓜斯卡连特斯州州长	卡洛斯·罗扎诺	9	肖培生
3月19日	南非驻沪总领事	陶博闻	6	肖培生
3月28日	印度驻沪商务领事	雷亮	2	
3月31日	英国驻沪副总领事	傅伯诗	4	
4月2日	芬兰驻沪总领事	龙玛丽	2	
4月2日	瑞典驻沪总领事	贝琳达	3	
4月28日	巴西中国交流和外贸发展协会主席	毛莱氏	4	
5月6日	欧洲货币集团执行总裁	尼尔·奥斯本	2	柴永强
5月27日	奥地利驻沪总领事	施丽伟	4	祝亚伟
6月6日	美国雅培公司全球副总裁	约翰·兰格拉夫	7	鲁俊
6月11日	德中友协主席团	拉特	1	
6月29日	韩国驻沪总领事	具相灿	7	
7月7日	荷兰驻沪总领馆副总领事	那德飞	2	

续表

到访时间	团组名称	团长姓名	人数	出席领导
7月23日	埃塞俄比亚驻沪总领事	由哈纳·方达·沃尔德·乔治斯	2	肖培生
7月31日	荷兰驻沪总领事	郗佩德	2	
8月20日	德国尼特瑙市市长	卡尔·贝利	5	
8月28日	中国—保加利亚联合商会会长	卡西尔·格雷	2	
11月6～8日	澳大利亚西澳州西南区发展委员会主席	斯图尔特·席格斯	4	
11月17日	德国弗莱堡经济投资促进署署长	达勒曼	3	盛全生

县(市、区)外事

·南　湖　区·

【外事工作概况】 2014年,南湖区承办因公出国(境)团组9批17人次,其中自组团3批10人次、参加省市团组6批7人次,主要出访美国、加拿大、韩国等。

【外事活动】 第12届"南湖之春"活动1月初至4月底举行,其中主体日活动时间4月25日至26日。活动期间,接待意大利帝沃利市代表团,在文化、教育、商业等领域达成多个合作交流意向。集中签约项目64个,其中外资项目11个,总投资3.23亿美元,注册资本2.1亿美元。

【主要来访】 4月13日,加拿大不列颠哥伦比亚省素里市教育局国际部主任肖恩一行访问南湖区,参观嘉兴市实验初中教育集团,双方就各自教育现状、文化特色、教育管理、特色办学、课程建设、国际交往等内容进行探讨。

4月25日,在第12届"南湖之春"文化经贸活动期间,南湖区邀请韩国、澳大利亚、意大利等国家的外商来南湖区投资;意大利蒂沃利市政府代表团一行9人访问南湖区,区长吴健会见客人,双方就经济、文化等相关领域进行交流磋商。

5月27日至28日,以"中华美食,世界之光;健康生活,美食之旨"为主题的国际御厨争霸赛在南湖区摩根大饭店举行。国内外38支团队参加团体赛,其中10支团队来自新加坡、日本、韩国及港澳等国家和地区。同时,来自世界各地的104名厨师参加个人赛。

6月17日,突尼斯加贝斯省省长代表团访问南湖区,参观嘉兴工业园区和企业。

9月1日,德中友好协会主席珞丁·拉莫-拉特访问南湖区,参观嘉兴良友木业有限公司,并与该公司领导层就木板及贴脚线等项目合作进行交谈。拉特还参观梅花洲景区。

9月9日,印度印第安纳宝莱坞艺术团来南湖区表演一台"印度宝莱坞之恋"歌舞。印度驻上海领事倪定胜、印度领馆文化关系联络官罗伊、嘉兴市外事办领导及南湖区相关领导参加此次活动。

·秀　洲　区·

【外事工作概况】 2014年,秀洲区外办派遣自组团组1批4人次,参加上级团组4批4人次。接待来访外籍友人和客商10批100多人次。

【外事活动】 5月26日至6月10日,嘉兴秀洲农民画艺术创意有限公司受主办单位邀请,参加2014年第三届中东欧(波兰)、欧亚(土耳其)中国家居品牌博览会,农民画及其衍生产品参展。在土耳其伊斯坦布尔展区,农民画丝巾被组委会选为赠送国外友人的纪念礼品,秀洲农民画作品

《好朋友》赠送给前来观摩的土耳其首都安卡拉市市长。

6月25日至8月11日，由美国国际文化交流中心、嘉兴市人民对外友好协会和嘉兴市教育局主办的“2014美国青少年汉语语言学习项目”在秀洲现代实验学校举办，来访的美国学生通过学习剪纸、穿中国特色的服装、学习中文(普通话)体验中国传统文化。

【主要出访】 10月24日至31日，区委书记朱海平率秀洲区经贸代表团访问澳大利亚和韩国。拜访澳大利亚格里菲斯大学光伏研究中心、新南威尔士大学和韩国首尔半导体公司，洽谈相关项目。在新南威尔士大学前校长、嘉兴光伏高新技术产业园区特聘专家顾问马克·温莱特教授协助下，举办一场光伏产学研讨会。新南威尔士大学校长莱斯·菲尔德以及该校光伏和可再生能源学院马丁·格林、艾伦·巴伦特和斯图亚特·温汉姆三位世界光伏领域知名科学家参加研讨会，探讨光伏产业发展现状、嘉兴光伏高新技术产业园区下一轮发展规划以及在嘉兴建设新南威尔士大学光伏和可再生能源研究分中心的可行性。

【主要来访】 1月8日，加拿大达蒙维市政府经贸代表团访问秀洲区，参观浙江科技孵化城展示中心、中节能产业园、上海交大产业园，围绕产业孵化主题进行座谈交流。

·海　宁　市·

【外事工作概况】 2014年，海宁市办理因公出国(境)团组11批17人次，其中自行组团3批7人次、党政干部出访5批9人次、县处级以上干部2批2人次。接待重要涉外团组11批146人次。

【外事活动】 3月30日至4月6日，30幅出自海宁中学23位高三美术特长生的优秀作品在美国德克萨斯州柴维斯郡奥斯汀市国际高中生书画作品展上展出，此次绘画作品以江南水乡、运河为题材的水粉画，向美国友人展示中国江南小镇独特的美景，也展现了海宁中学学生优秀的绘画水平。作品还在美国其他城市展出。

5月7日，美国安德森高中25幅采用空气喷枪技术创作的学生绘画作品在海宁中学展出。画展期间，应邀来访的美国柴维斯郡公民国际委员会主席沈中平，向在美国奥斯汀市展出绘画作品的海宁中学学生颁发德克萨斯州国际文化中心授予的美术作品展优秀奖证书。

9月19日至29日，第16届亚洲轮滑锦标赛在海宁举行。来自伊朗、巴基斯坦、日本、马来西亚、新加坡等15个国家和地区的近千名教练、运动员、裁判员和工作人员参赛。本届赛事是亚洲轮滑锦标赛历史上参赛国家和地区最多、水平最高的比赛。

【主要出访】 1月15日至18日，市长戴锋率团赴香港开展经贸洽谈活动，拜会香港贸发局、香港招商局集团、香港查氏纺织集团有限公司等，促成无纺布针刺、玉米纤维生产、荣年融资租赁公司增资和香港名力控股有限公司增资等一批项目。

11月22日至26日，副市长曹毅率团赴澳大利亚开展友好访问活动。访问友城奥古斯特·玛格丽特河郡，就旅游业、葡萄酒业、教育合作进行交流，并制定下一步合作计划；访问悉尼大学，就浙江大学国际联合学院建设的有关问题进行探讨。

【主要来访】 1月9日，加拿大魁北克省达蒙维市市长亚历山大·屈松一行赴海宁博物馆参观“硖石灯彩”展览并商讨灯彩赴加展览事宜。

5月7日，美国德克萨斯州柴维斯郡公民国际委员会主席沈中平访问海宁，牵头举办海宁中学与美国奥斯汀市安德森高中学生绘画展，并在海宁卫生学校举行讲座，为两地医护人才交流合作打下基础。

9月9日，澳大利亚玛格丽特河郡高级中学教师安琪拉·麦科伊和马丁·奇访问海宁一中，进行课堂教学交流和英语沙龙等活动。

11月6日，澳大利亚奥古斯

特·玛格丽特河郡郡长迈克·斯马特率代表团一行8人访问海宁，双方签订正式友好交流关系协议，确定在经贸、教育、文化、旅游、卫生等方面进一步加深交流与合作。

年内，另有南非驻沪总领事一行、吉尔吉斯斯坦贾拉拉巴州州长一行、越南司局级党政干部考察团、日本富士市民友好之翼访问团等访问海宁。

·平　湖　市·

【外事工作概况】 2014年，平湖市审核各类出访团组17批40人次。出访16批38人次，其中自行组团9批29人次；上级组团7批9人次。出访人员中列入年计划管理的公务员及参公人员22人次，比上年减少36人次，下降62.1%。

【外事活动】 9月25日至27日，举行以“欢乐平湖·瓜灯有约”为主题的2014中国·平湖西瓜灯文化节活动，邀请来自日本、美国、韩国、德国、意大利等国家和香港等地区的客商及斯洛文尼亚、厄瓜多尔驻上海领事馆领事分别参加服装博览会、箱包皮具博览会和国际进口商品博览会。经贸活动上，平湖市政府授予日本电产科宝电子(浙江)有限公司总经理高野和行、日本电产东测(浙江)有限公司总经理石田博之、嘉兴金利精密电子有限公司总经理杜锦元、嘉兴大友汽车座椅有限公司总经理濑川喜史等4人为平湖市“东湖之友”奖章获得者；并签订投资项目47项，总投资191.9亿元。

【主要出访】 11月18日至25日，副市长钱勇彪率团一行5人赴日本、韩国进行经贸交流活动，先后与日本日新制钢株式会社、JFE商事株式会社、新东工业株式会社、爱知产业振兴机构、韩国三星物产株式会社、零到七株式会社等洽谈投资事项，在爱知县名古屋市召开投资说明会。

【主要来访】 1月10日，市委书记翁建荣、市长朱林森、副市长钱勇彪等会见来访的森永食品(浙江)有限公司董事长山下拝一行，双方就森永公司今后发展交换意见。

1月27日至28日，由上海合作组织实业家合作中心副总裁戈尔巴诺夫斯基带队的上合组织实业家俱乐部考察团一行在平湖考察，实地考察九龙山旅游度假区，并听取九龙山旅游度假区和独山港区情况介绍。市领导朱林森、钱陈等参加会见座谈会，双方就上合组织实业家论坛、物流保税区、上合成员产业区等三个方面的未来合作进行交流。28日，上海合作组织实业家合作中心与九龙山公司在上海签署实业家论坛合作协议。

2月14日，香都·平湖国际进口商品城举办啤酒节暨爱百分连锁超市样板店开业盛典，来自葡萄牙、西班牙、厄瓜多尔、意大利、土耳其、秘鲁、日本、保加利亚等多个国家的领事官员、商会代表、企业代表出席。

2月23日，中韩“古李十番棋”第二局对决在平湖进行，中国棋手古力九段对阵韩国棋手李世石九段，经过8个多小时激战，李世石执白287手以1/4子的微弱优势击败古力，取得2比0领先。平湖市是中国围棋史上著名的“当湖十局”发生地，公元1739年(乾隆四年)，中国古代“棋圣”施襄夏与范西屏两位绝世高手在这里留下了十盘永载史册的精彩棋谱。

3月27日，英国驻沪副总领事傅伯诗一行在嘉兴市外办主任朱永明和平湖市市府办主任何健等陪同下，实地考察九龙山马球场所及配套设施，与九龙山马球赛马俱乐部共同商讨计划在此举办面向英国高级别团组的马球赛事，同时计划以马球赛事为平台，展览和推介英国的文化、产品及服务。

7月22日，市委书记翁建荣、副市长钱勇彪会见来访的日新制钢株式会社社长三喜俊典一行，双方就日新制钢在平湖投资的进展情况进行交流。

12月15日，市委副书记、市长朱林森会见访问平湖的韩国KALAO集团会长吴世荣一行。副市长钱勇彪、平湖经济技术开发区管委会主任周弟明等参与会见。双方就KALAO集团旗下子公司KR Motors株式会社在平湖经济技术开发区投资设立的摩托车项目进行洽谈。

【友好往来】 10月18日，比利时珀潘斯特皇家中学校长和比利时歇尼皇家中学校长一行到平湖市新华爱心高级中学进行友好访问。比利时珀潘斯特皇家中学校长和比利时歇尼皇家中学校长一行在新华爱心高级中学校领导陪同下，考察学校环境和基础设施建设等。随后，双方就办学思想、招生情况、特色活动、教学管理等问题进行交流，比利时珀潘斯特皇家中学与新华爱心中学达成建立友好关系意向，双方签订友好合作意向书。

·桐　乡　市·

【外事工作概况】 2014年，桐乡市切实规范因公出国(境)管理，严格审核程序，办理因公出国(境)团组13批30人次。接待各类外宾130人次，包括柬埔寨人民党中央外委会副主席兼国会外交委员会副主席索斯亚拉为团长的柬埔寨人民党高级干部考察团、日本全国市长会事务局团组、捷克皮尔森州副州长、南非驻沪总领事、韩国驻沪总领事、东盟国家主要新闻网站负责人等重要团组。

【外事活动】 2014年11月19日至21日，首届世界互联网大会在乌镇召开。来自全世界近100个国家和地区逾1000位政府官员、国际机构负责人、专家和企业家等围绕“互联互通·共享共治”主题，就国际互联网治理、移动互联网、互联网新媒体、网络空间法治化、网络名人、跨境电子商务、网络安全、打击网络恐怖主义等10多个分议题交换意见，共商互联网发展大计，达成广泛共识。桐乡市做好相关配合工作，完成相关外事工作。

【主要出访】 11月23日至27日，桐乡市委常委、崇福镇党委书记、崇福经济区管理委员会主任徐鸣阳带队赴新加坡进行项目签约和经贸交流考察活动。代表团参加第十届浙新经贸理事会各项议程。作为第十届浙新经贸理事会活动中重大项目浙江省方面签约代表之一，在省委书记、省人大常委会主任夏宝龙和新加坡总理公署部部长兼环境及水源部第二部长、外交部第二部长、新加坡—浙江经济与贸易理事会联合主席傅海燕的共同见证下，桐乡市委常委、崇福镇党委书记、崇福经济区管理委员会主任徐鸣阳与普洛斯(中国)投资管理有限公司副总裁张利平上台签约，标志着普洛斯(崇福)物流园项目进入实质性推进阶段。代表团还与新加坡政府及企业界人士举行座谈会，参观普洛斯公司总部，并与中国区业务主要负责人进行洽谈交流。拜访新加坡中华总商会、新加坡国际企业发展局、新加坡公用事业发展局、新加坡国立大学医学院有关负责人，并就进一步加强合作交流沟通。

12月20日至27日，在副市长费玉林带领下，桐乡市教育局副局长房治方、茅盾中学常务副校长施学斌、现代实验学校校长魏挺茅、茅盾实验小学校长邱建伟等共6人，赴美国和加拿大进行教育访问，并签订友好姊妹学校与合作交流协议。代表团走访美国的落基山学院、北卡州东北学校和加拿大菲尔斯顿学校，桐乡市茅盾实验小学与北卡州东北学校签署姊妹学校协议，现代实验学校、茅盾中学与北卡州东北学校签署合作办学协议，现代实验学校、茅盾中学与加拿大菲尔斯顿国王学院结为友好学校。

【主要来访】 3月6日，以栗冈隆为团长的7位农业专家组成的日本静冈农业调查团在省农业厅外经办相关人员陪同下，专程到桐乡市考察杭白菊生产加工情况。参观桐乡衡明菊业有限公司同心杭白菊示范基地，并参观桐乡市土特产有限公司杭白菊生产加工车间，双方就杭白菊生长环境、病虫害防治、合作社规范化种植和政府扶持政策等进行交流。

11月3日，日本随风会书法篆刻家代表团一行20人，在日本随风会会长、西泠印社名誉理事山下方亭带领下，到桐乡市文联青桐印社参观访问。青桐印社社长沈慧兴、副社长兼秘书长胡强等参与接待。山下方亭对青桐印社近三十年来取得的艺术成就表示高度赞赏，并正式邀请青桐印社于2015年10月赴日本京都美术馆举办书法篆刻联合展览，共同为中日文化艺术交流作出贡献。

【友好往来】 在2013年签订友好城镇合作协议备忘录的基础上，2014年5月20日，法国黎塞留展览开幕仪式在乌镇西栅景区原世博馆举行。桐乡市有关领导、黎塞留市市长诺维利等代表、各新闻媒体等出席开幕仪式。展馆通过图片、文字结合，展现法国小镇黎塞留的历史进程、文化生活和17世纪巴洛克建筑风格。其间，诺维利提出除了与乌镇旅游合作外，与桐乡市加大多领域合作的建议，双方就旅游深度合作、现代农业产业合作、教育和教学交流等事项进行磋商，达成初步意向。12月，桐乡市代表团访问黎塞留，先后拜访法国图尔大学，黎塞留市中学、小学，以及黎塞留市3个企业，经浙江传媒学院对外合作处授权，访问团代表浙江传媒学院与图尔大学签订合作框架协议。桐乡市3所中小学与黎塞留市两所中小学签订建立友好学校合作备忘录，双方建立为期五年的交流与合作关系。乌镇国际旅游区管理委员会与黎塞留市政府签定旅游合作框架协议。

·嘉　善　县·

【外事工作概况】 2014年，嘉善县办理因公出国(境)团组12批14人次，其中自组团组5批7人次，参加"双跨"团组7批7人次。

【外事活动】 1月17日，嘉善县举行2014年中外企业家迎春联谊会，120多位中外企业家欢聚一堂，共话发展、畅叙友谊。县领导姚高员、许晴、沈国强等出席联谊会，并向中外企业家致以新春的祝福。

3月10日，欧美同学会副会长、教育部原副部长吴启迪带队的欧美同学会到嘉善县考察。欧美同学会与嘉善县合作成立浙江省首个欧美同学会人才顾问团。县领导许晴、朱学军等参加签约仪式。

3月31日，国际木文化学会主办的2014年国际木雕文化交流会在嘉善国际木雕城举行，来自中国、美国、德国、丹麦、巴西等36个国家的56位木雕大师进行木雕艺术交流。

6月5日，埃塞俄比亚投资推介会在嘉善县举行，20余家本地企业负责人参加。埃塞俄比亚驻沪总领事在推介会上着重介绍埃塞俄比亚的地理位置、社会环境、投资机会、经商环境等。

6月9日，立陶宛经济部部长库斯塔斯、考纳斯市市长马库勒丝、农业部戴利亚·米尼亚泰特、立陶宛驻中国大使安塔纳维切涅等访问嘉善。考纳斯市市长与嘉善县县长许晴签署建立友好交流合作关系谅解备忘录。考纳斯市市长一行还考察嘉善经济技术开发区、科创中心、高级中学、碧云花园等。

10月18日，嘉善县举办2014中国·嘉善国际经贸洽谈会暨首届善商大会，来自美国、英国、意大利、新加坡等国家以及香港等地区的520多名客商参加洽谈会。洽谈会现场签约总投资180亿元的29个产业项目和3个平台项目，产业项目投资领域涉及高端装备制造、现代物流、生物医药、文化创意、服务外包等。

【主要来访】 3月20日，县委书记姚高员会见荷兰驻沪总领事鄱佩德一行。县领导许晴、沈国强参加会见。鄱佩德对嘉善县为在善荷兰企业提供的优质服务表示感谢，并表示领事馆将进一步加强与嘉善重点领域的合作交流，为嘉善多引荐荷兰优质项目，努力实现双方共赢。

4月2日，县委副书记、县长许晴会见来访的芬兰驻沪总领事龙玛丽一行和瑞典驻沪总领事贝琳达一行，副县长李小平参加会见。

5月7日，香港大律师公会大中华事务委员会主席麦业成一行来嘉善。

5月8日，县委副书记、县长许晴会见访问嘉善的日本驻沪总领事小原雅博一行。

6月5日，县委副书记、县长许晴会见访问嘉善的埃塞俄比亚驻沪总领事由哈纳·方达·沃尔德·乔治斯一行，县委常委、副县长沈国强参加会见。

9月4日，日本静冈县副知事大须贺淑郎一行访问嘉善，考察古镇西塘。

10月24日，德国经济合作与发展部部长格尔德·米勒访问嘉善，实地考察浙江惠中制衣有限公司的社会责任建设情况。在生产车间里，格尔德·米勒与员工交流，详细了解他们的工作时间、加班和带薪休假的落实情况。

10月24日，美国印第安纳州洛根斯波特市教育代表团一行到嘉善，进行教育交流访问。代表团一行分别到嘉善实验小学、实验中学和第二高级中学进行实地访问交流。代表团成员与嘉善部分中小学校长进行教育交流座谈会，双方就教师培养、学校课程设置、学生培养目标等相关话题进行交流。

11月12日，副县长高嵩会见访问嘉善的埃塞俄比亚奥罗米亚州副州长阿卜杜拉·穆罕默德一行。

·海　盐　县·

【外事工作概况】 2014年，海盐县办理因公出国(境)团组初审15批45人次，其中列入计划管理11批36人次。

【外事活动】 4月23日，嘉兴克玛机械有限公司建成投产，在海盐县经济开发区举行开业典礼，省商务厅副厅长马洪涛、开发区处副处长庄谨，海盐县委书记沈晓红、县长章剑等参加开业典礼。

9月16日，海盐县引进的世界500强企业核电项目——阿海珐(中国)核电服务有限公司举行开业庆典。阿海珐集团首席运行官菲利普·诺驰、阿海珐集团首席财务官皮埃尔·奥布昂及集团相关领导莅临现场，法兰西驻沪领事馆曼努埃尔·乐楠受邀参加典礼。嘉兴市委书记鲁俊受邀出席，海盐县委书记沈晓红，县长章剑，县委常委、组织部长李乐伦，县委常委、副县长孙雄伟等参加活动。法国电力集团、中国核能电力股份有限公司、秦山核电集团(筹)、中广核核电运行有限公司、大亚湾核电运营管理有限责任公司等相关企业领导到场祝贺。

10月20日至21日，县长章剑应邀参加在丹麦哥本哈根举办的第四届全球绿色发展论坛。章剑在论坛上就中欧城镇化合作、可再生资源利用及低碳理念推广实践等作全面介绍，并与丹麦首相、丹麦格兰富集团和丹佛斯集团全球总裁等政商界领袖进行交谈。

10月25日至26日，海盐中韩美术家作品联展在海盐县博物馆举行。15名韩国画家、18名中国画家参加本次活动，共展出作品272件。

【主要出访】 3月26日，县委书记沈晓红等6人随商务部组织的国家贸易投资促进洽谈团访问法国，在中法建交50周年系列经贸活动之一的中法经贸投资论坛上，与法国阿海珐集团签订投资意向书。在巴黎举办海盐·法国核电关联产业推介会，邀3家法国核电协会、10家法国核电企业参加，与法中电力协会签订合作建设中国核电城会谈纪要。

12月1日至5日，海盐县核电关联产业招商团赴日本开展招商活动，分别在东京和柏市组织召开中国核电城招商推介会。日本荏原制作所(全球最大的泵类制造企业、世界机械制造业500强)及IHI(日本核电压力容器生产商)等机械设备制造企业参加推介会。

【主要来访】 4月11日，全球著名核电企业法国阿海珐集团访问团一行访问海盐，双方签署《海盐县政府代表团与阿海珐集团IB事业部会谈纪要》，并实地考察阿海珐(中国)核电服务有限公司。

4月11日，加拿大安大略省政府与加拿大核工业协会代表团一行访问海盐·中国核电城，签署《海盐核电关联产业联盟和加拿大核工业协会理解备忘录》，双方讨论在核电相关产业或其他潜在领域的合作事项。

10月23日，日本农林中金研究所一行25人访问海盐，对家庭农场和合作社组成模式、家庭农场信用贷款、涉农保险和工商资本融资农业等展开交流与探讨。

（许　叶）

湖州市

综　　述

【外事工作概况】 2014年，湖州市外侨办创新思路，服务大局，全年办理因公出国（境）团组129批364人次。邀请外国人来华435批560人次。

主动服务"走出去"战略。一是组织重大经贸活动。与香港贸发局举办"香港·湖州——走向国际"专业服务研讨会，组织120多家企业分别参加"利用香港平台及服务开拓国际市场""企业赴港上市""商业地产转型升级"等系列专题研讨会。参与组织"2014湖州·匈牙利经贸对接会"，协助湖州市50余家企业与东欧采购商代表团开展"一对一"商务洽谈。二是借力使领馆资源。会同市外经贸局和市重点骨干企业拜访俄罗斯、越南、以色列等国驻沪领馆，举办尼日利亚、摩洛哥投资说明会，为湖州市企业参与国际经贸合作搭建平台。三是提高出访实效。由分管副市长率团赴阿联酋参加第四届迪拜国际投资年活动，举行2014中国湖州—迪拜旅游休闲养生产业项目对接会。安吉县委主要领导率团访问法国，引进戛纳电影城项目。市赴美国、加拿大和澳大利亚招才引智团组签订35个人才项目合作协议，达成人才引进初步意向168个、项目合作初步意向119个。

持续深化友城工作。一是与现有友城保持良好互动。相继接待日本岛田市、瑞典卡尔马省、澳大利亚阿拉阿特市、韩国灵岩郡等友城访问团组88人次，通过高层会谈、对口交流、合作项目洽谈等多种形式丰富友城交流内涵。与市贸促会合作，就11个市本级友城建立友好商会事宜进行协商。二是多方联络拓展友城关系。物色新的合适友城发展对象，进一步优化友城布局。

多元拓展民间交往。一是教育领域交流。湖州职业技术学院与英国南埃塞克斯学院合作开办机电一体化技术和建筑工程技术两个专业。湖州中学、湖州二中、长兴中学分别与比利时马丁五世基础学校、阿尔隆市皇家中学、歇妮皇家中学以及德国路易森隆德一级文理中学缔结为友好学校，师生互访。新世纪外国语学校与韩国灵岩郡女子中学开展青少年互访交流。二是多领域交流。瑞典可持续发展企业联盟与市外经贸局、市环保局、开发区和太湖度假区等就环保领域开展交流合作探讨。非洲法语国家卫生培训班一行到长兴进行医务考察与交流。韩国泰贞茶乐文化协会与湖州陆羽茶文化研究会建立交流关系。长兴百叶龙赴瑞士参加巴塞尔军乐节。

加强因公出国（境）管理。一是切实加强制度建设。贯彻执行中办和省两办文件精神，以两办名义出台《湖州市县处级以下国家工作人员因公临时出国管理若干规定》。会同市委组织部拟订《群众路线教育实践活动期间因公出访规定》。会同财政局转发《浙江省因公临时出国经费管理规定》。二是深入贯彻"四大原则"。贯彻"从紧务实原则""因事定人原则""三限管控原则"和"厉行节约原则"，严格执行计划管理和量化管理规定。三是切实提高业务水平。举办组织市直机关部门、县（区）外办、大专院校90余名业务干部因公出国（境）业务培训班。

做好涉外维稳工作。妥善处

置涉外事(案)件。召开全市外国人服务管理工作会议,加强外国人服务管理工作。

【出席以色列建国66周年国庆招待会】 5月12日,应以色列驻上海总领事馆邀请,市外侨办副主任潘宇文等出席以色列建国66周年国庆招待会。其间,潘宇文与以色列总领馆相关官员交流,表示将进一步推进湖州市与以色列尤其尼姆利特市的友好关系,推动双方在经济、文化、科技等领域的务实合作。

【市领导拜访越南、以色列和俄罗斯驻沪总领馆】 5月15日,副市长李建平赴上海分别拜访越南、以色列和俄罗斯三国驻上海总领事馆,市外侨办主任孙虎林、市外经贸合作局局长褚连荣及家业集团董事长沈坚强等随同前往。其间,李建平向三国总领事介绍湖州的区位特色、环境优势、历史文化和经济社会发展情况,并邀请他们访问湖州。

【国(境)外媒体在湖州采访】 5月27日至29日,来自美国、加拿大、日本、新加坡、马来西亚、泰国等国(境)外媒体和国内70多家媒体120多名记者在湖州采访。其间,记者们欣赏了喜来登酒店的灯光秀和长兴的百叶龙表演,体验具有湖州特色的书法表演、丝绸展示和茶道茶艺,参观湖笔博物馆,游览南浔古镇。

【越南司局级党政干部考察团访问湖州】 6月22日,越南司局级党政干部考察团一行28人访问湖州,考察南浔古镇和翔顺工贸有限公司等。

【"千校结好"和校际交流合作】 10月18日,浙江科技学院中德工程师学院揭牌仪式暨开学典礼在安吉县举行,安吉县第一所全日制高等院校诞生,省外侨办副主任顾建新出席并致辞。

【"香港·湖州——走向国际"专业服务研讨会】 11月4日在湖州举行,由香港贸易发展局、中国香港(地区)商会—杭州、浙江省港澳办、湖州市政府共同主办。副市长李建平、省港澳办副主任彭波、香港贸发局浙江代表王斌、香港(地区)商会—杭州会长欧镇江出席研讨会开幕式并分别致辞,市港澳办主任孙虎林主持开幕式。市有关部门领导、香港(地区)商会—杭州代表团一行40余人、市企业界代表130余人出席研讨会。开幕式后,分别举行"利用香港平台及服务开拓国际市场""企业赴港上市""商业地产转型升级"3个专题研讨会。在湖期间,香港(地区)商会—杭州代表团考察湖州经济开发区、温泉高尔夫球场、中国物流谷等。

【德国萨克森一级文理中学代表团访问湖州】 11月5日,德国萨克森一级文理中学代表团一行19人访问湖州二中。其间,德国学生入住湖州学生家中,亲身体验中华文化和传统习俗,并通过参观学校和观摩授课,与湖州学生互动交流。

【2014第五届环太湖国际公路自行车赛湖州赛段】 11月7日在湖州举行。市长陈伟俊、省体育局局长孙光明分别在开赛仪式上致辞,江苏省体育局巡视员周旭,市领导金伯中、施荣耀、闵云、叶鸣等出席开赛仪式。湖州赛段全

◎"香港·湖州——走向国际"专业服务研讨会在湖州举行

长126.2公里，来自五大洲15个国家和地区的20支代表队120多名自行车运动员参赛。8日进行了第八赛段长兴龙山新区—太湖图影绕圈赛。

【国际旅行商大会湖州行活动】 11月12日至13日举行。意大利、日本等10多个国家和地区的150余名国际旅行商来湖州考察旅游资源。市长陈伟俊致欢迎词，省旅游局副局长杨建武、副市长李建平等参加活动。湖州乡村旅游“洋式＋中式”“景区＋农家”“生态＋文化”“农庄＋游购”的“湖州模式”吸引众多旅行商。

【校际结好和合作交流】 11月13日，湖州一中与德国维尔茨堡—施韦因富特应用技术大学在湖州市举行合作协议书签字仪式，双方表示将在合作办学、师生互派、学历衔接等各个方面开展全面、深入的交流与合作。

11月17日，湖州中学、湖州二中、长兴中学分别与比利时马丁五世基础学校、阿尔隆市皇家中学、歇妮皇家中学在杭州举行缔结友好学校签字仪式，双方表示将以结好为契机，全面推动彼此间的交流与合作。

【市领导出席以色列驻沪总领馆建馆20周年庆典】 11月25日，市长陈伟俊、副市长李建平赴上海参加以色列驻上海总领馆建馆20周年庆典，并拜访以色列经济部部长夫塔利·贝内特。陈伟俊介绍湖州市情况，他说，湖州与以色列尤其尼姆利特市结好以来，友好关系不断发展，相互理解日益加深，希望贝内特部长有机会访问湖州。贝内特表示，湖州是个充满希望和活力的城市，很愿意到湖州考察访问。市经济开发区管委会主任施根宝，市外侨办主任孙虎林、副主任潘宇文随同前往参加。

主要出访

【湖州市政府及经贸代表团访问阿联酋】 4月7日至12日，副市长李建平率湖州市经贸代表团一行6人访问阿联酋，出席迪拜国际投资年会。同时，组织升华云峰、柏尔木业等6家以塑木和室内外装饰材料为主要产品的企业参加迪拜国际木工木业机械展。

出访期间，在迪拜国际投资会展中心设立湖州展馆，展示湖州整体形象，宣传投资环境。参加迪拜国际投资年会所有主题活动。李建平分别在高层圆桌会议、迪拜国际投资专场和湖州市自行举办的“2014中国湖州—迪拜旅游休闲养生产业项目对接会”上发言。拜会阿联酋经济部副部长阿布杜拉·萨利赫、中国驻迪拜总领馆总领事唐卫斌，拜访相关企业，考察阿布扎比中国建材家具城等。代表团还参加阿联酋(迪拜)湖州商会成立一周年庆典活动。

【湖州市欧洲招才引智代表团出访德国、希腊和法国】 9月20日至29日，湖州市欧洲招才引智代表团一行6人前往德国、希腊和法国。代表团分别在法兰克福、雅典、巴黎等3个留学人员较集中的城市，举办2场招才引智推荐活动和5场对外交流洽谈活动。其中，2场招才引智活动分别为“2014中国·湖州(法兰克福)海外高层次人才引进暨项目合作洽谈会”和“2014中国·湖州(巴黎)海外高层次人才引进暨项目合作洽谈会”;5场对外交流洽谈活动分别是与中国留德学者计算机学会、希腊华侨华人总会、希腊技术协会、法国ARIA科技公司、法国MDI公司进行洽谈对接。通过洽谈，签约引进人才项目7个，与海外人才协会签订合作协议8个。

【湖州市招才引智代表团出访美国、加拿大和澳大利亚】 11月6日至15日，市委组织部长干武东率湖州市招才引智代表团一行15人在美国、加拿大和澳大利亚开展招才引智活动。代表团在旧金山、纽约、多伦多、悉尼等高层次人才集中的重点城市，共举办参加8场招才引智活动，与350余名海外高层次人才进行洽谈交流，签订35个人才项目合作协议，达成人才引进初步意向168个、项目合作初步意向119个，签约数为历年来海外引才活动最多。聘任8名知名院士成立海外院士专家组，为湖州市六大重点行业转型升级提供高端智力支撑。

【湖州市工商联经贸交流团访问香港】 12月15日至17日，副市长李建平率湖州市工商联经贸交流团一行3人访问香港，进行经贸交流。

16日，交流团一行应邀出席香港中华出入口商会60周年庆典暨董事会就职典礼，并参加经济论坛等一系列活动。其间，交流团与湖州旅港同乡会举行座谈会，推介湖州投资环境和产业发展政策，听取在港湖商对湖州市经济建设和社会发展的意见和建议，了解在港湖商企业发展情况及回乡投资的意向。交流团还拜访亚非纺织集团和华嘉集团有限公司等在港重点客户与投资商。

表20　2014年湖州市部分出访团组情况

序号	出访时间	出访国家、地区	团长职务、姓名	人数	出访任务
1	5月17日	香港	市委常委、统战部长崔凤军	6	访问交流
2	7月23日	香港、澳门	市中级人民法院副厅级审判员、二级高级法官金民安	1	访问交流
3	8月10日	澳大利亚	副市长杨六顺	1	培训
4	11月4日	土耳其、希腊、印度	市政协副主席曹德平	1	访问交流
5	11月24日	西班牙、瑞士	市政协副主席高东	5	访问交流

主要来访

【瑞典卡尔马省和延雪平省友好代表团访问湖州】 3月10日，以瑞典卡尔马地区委员会主席拉尔斯·布鲁贝里为团长的瑞典卡尔马省和延雪平省友好代表团一行6人访问湖州。市长陈伟俊会见代表团，表示今后彼此间的交流与合作领域要更加广泛，形式更加多样，内容更加丰富，成效更加明显。拉尔斯·布鲁贝里希望两地进一步加强联系沟通，促进相互交流。代表团参观南浔古镇、森赫电梯和湖州师范学院，并与湖州师范学院就开展高校间留学生互派、学术交流等进行探讨。

【瑞典东南可持续发展企业联盟总经理访问湖州】 3月20日，瑞典东南可持续发展企业联盟总经理巴雅尔德访问湖州，与市环保局、市建设局、经济开发区管委会、太湖旅游度假区管委会的专业人士，就城市污水处理、垃圾回收、管网建设等环保领域的专业问题进行交流探讨。巴雅尔德还实地考察污水处理厂等环保市政设施。

【法国驻沪总领事访问湖州】 4月3日，市长陈伟俊会见法国驻上海总领事卢力捷，希望总领事以此次来访为契机，介绍更多的法国朋友来湖州考察访问，促进双方人员往来，发展彼此间更广领域、更深层次的友好交流与务实合作。卢力捷表示，看好湖州的发展前景，愿为法国与湖州在基础设施、环保旅游、项目引进、相互投资等多个领域开展交流合作做好服务、提供便利，同时希望相互间加强民间交往，推动人文交流。其间，卢力捷参观南浔古镇、湖滨码头、翔顺工贸有限公司和湖州博物馆。

【澳大利亚阿拉阿特市特殊教育访华团访问湖州】 4月10日至11日，以政府顾问克莱德·汉弗莱斯为团长的澳大利亚阿拉阿特市特殊教育访华团一行11人访问湖州。访华团访问湖州市特殊教育学校衣裳街小学，参观学校特殊教育的主要设施和相关课程授课情况，观摩《小鼓响咚咚》授课现场，还为学校师生现场演示澳大利亚的点画艺术。双方表示，要进一步密切联系，加强交流，共同促进特殊教育的发展和提高。在湖期间，访华团还参观长兴大唐贡茶院和安吉竹博园。

【德国ZERO ONE制片公司采访湖州】 4月23日至26日，德国ZERO ONE制片公司《亚洲美食奇遇记》摄制组一行5人赴安吉县采访。摄制组拍摄大竹海、天荒坪等自然风光以及竹笋加工厂和豆腐作坊等。

【塞尔维亚和美国男子篮球队来湖州比赛】 5月21日至22日，塞尔维亚KK康斯坦丁男子篮球队和美国宾夕法尼亚州飞人职业男子篮球队分别在长兴和湖州与浙江稠州银行男子篮球队进行两场比赛，塞尔维亚队、美国队分别战胜浙江稠州队。

【韩国泰贞茶乐文化协会理事长访问湖州】 5月29日，韩国泰贞茶乐文化协会理事长金泰坤一行5人访问湖州，进行茶文化交流。金泰坤一行还拜会湖州陆羽茶文化研究会，拜谒陆羽墓。

【韩国灵岩郡青少年教育交流代表团访问湖州】 6月11日至13日，以韩国灵岩郡交流协力系系长崔公洙为团长的灵岩郡青少年教育交流代表团一行19人访问湖州。学生们通过两晚住家体验，亲身感受湖州市民的日常生活和风俗习惯。师生们还观摩传统健身早操太极拳表演，体验独特的中国文化课程《学做中国结》《茶艺表演》和《中国书法》。两校师生还举行文艺联欢。

【中美排球对抗赛在德清举行】 6月28日，“升华杯”中美女子排球对抗赛在德清举行，浙江嘉善农商银行女排与美国内布拉斯加州大学女排比赛，美国内布拉斯加州女排以3∶2战胜浙江女排。

【突尼斯共和国电视台采访湖州】 7月9日至12日，突尼斯共和国电视台摄制组一行3人采访湖州，拍摄太湖风景、月亮酒店、湖笔博物馆、王一品笔庄、丝绸之路展示厅、南浔古镇、安吉竹博园及熊猫馆。

【日本岛田市第23次友好访华团访问湖州】 7月15日，以市长染谷娟代为团长的日本岛田市第23次友好访华团访问湖州。市委书记马以，市委副书记、市长陈伟俊，市领导高屹、李建平等参加会见。陈伟俊说，今后两市交流合作领域将进一步拓展，彼此的友好交往也将在新的历史时期焕发新的生机和活力。染谷娟代表示，岛田市将继续全力推动与湖州市在经贸、文化、教育等领域的交流合作，努力开展更多实质性互动，推动两市友好关系持续健康发展。其间，代表团参观爱山小学、翔顺工贸有限公司、湖州博物馆等。湖州国际商会与岛田市

◎韩国灵岩郡青少年教育交流代表团在湖州体验书法

工商会议所就如何加强两市商会和企业间交流合作举行会谈。

【厄瓜多尔驻沪商务领事访问湖州】 7月18日，厄瓜多尔驻上海商务领事何希一行3人访问湖州久立集团。双方分别介绍情况并举行会谈，就开展互利合作进行探讨。何希表示，将进一步加强与久立集团的联系和沟通，积极为久立集团拓展在厄瓜多尔及南美地区业务提供支持和协助。何希一行参观久立集团科研中心和生产车间等。

【尼日利亚驻沪总领事访问湖州】 8月7日，尼日利亚驻沪总领事阿尤·欧特普及贸易领事杰米尼·米么多阿甘来湖州考察访问，副市长李建平会见阿尤·欧特普一行。李建平表示，总领事先生来湖州访问，并主持召开贸易投资说明会，为两地发展合作提供了有效平台。湖州市将积极鼓励有实力的企业走出国门投资兴业，到尼日利亚寻找发展机会。阿尤·欧特普表示，中国已成为尼日利亚最大的贸易伙伴，有300多家中国企业在尼日利亚投资落户，两国合作前景广阔。访问期间，阿尤·欧特普一行考察久立集团和浙江华金康工贸有限公司，还举办贸易投资说明会，湖州20多家企业及三县两区贸促会出席说明会。

【摩洛哥驻华大使馆商务参赞访问湖州】 8月11日，摩洛哥驻华大使馆商务参赞艾哈希德·阿拉维·穆哈尼在湖州举办投资环境说明会。副市长李建平与穆哈尼会谈，希望通过穆哈尼参赞此次来访，在湖州市与摩洛哥之间搭起一个国际合作平台，架起一座联络沟通的桥梁。穆哈尼说，此次来湖州举办投资环境说明会，旨在向湖州推介摩洛哥，吸引湖州企业家去摩洛哥进行贸易投资考察。湖州市20多家企业及三县两区贸促会参加投资环境说明会。

◎湖州市市长陈伟俊(右)会见来访的日本岛田市市长染谷娟代

【新加坡亚洲电视台采访湖州】 8月27日至29日，新加坡亚洲电视台《绘风张荔英》摄制组一行6人赴南浔张静江故居、张石铭故居和湖州博物馆进行实地拍摄。

【以色列驻沪总领事访问湖州】 9月9日至10日，以色列驻上海总领事柏安伦一行访问湖州。市长陈伟俊、副市长李建平等会见客人。陈伟俊希望通过总领事此次访问，进一步加深湖州与以色列之间在农业、节水和节能等高科技领域的合作；希望客人今后继续关心湖州发展，进一步推动以色列与湖州在更广领域、更深层次开展交流与合作。柏安伦表示，推动以色列与湖州开展交流合作是他的职责所在，期待双方通过共同努力，各领域的交流合作取得实质性进展。在湖期间，柏安伦一行参观考察湖州开发区、湖州水务集团等，并与湖州师范学院进行会谈交流。

【奥地利维也纳第九区区长访问湖州】 9月23日至24日，奥地利维也纳第九区区长马雅及办公室主任郭贝尔访问湖州。市外侨办主任孙虎林会见马雅一行，希望客人来访进一步加深对湖州市了解，不断增进彼此间友好交流，积极推动奥地利与湖州市发展友城关系。在湖期间，马雅一行参观古木博物馆、温泉高尔夫球场等。

【美国哥伦布市客人访问湖州】 10月27日，美国常春藤技术社区学院执行董事苏·格里菲思·史密斯和美国康明斯公司全球业务整合总监侯李智娴访问湖州，参观访问湖州职业技术学院，双方就如何进一步加强交流、推动合作等问题进行交流探讨。

【匈牙利影视公司采访湖州】 11月29日至30日，匈牙利数码电影制作影视有限公司拍摄组一行5人来湖州，拍摄荻港渔庄和安吉县自然风光。

县(区)外事

·吴　兴　区·

【外事工作概况】 2014年，吴兴区派出因公出国(境)团组14批35人次，其中自组团组7批28人次；双跨团组7批7人次。全年办理邀请外国人来华访问签证72批108人次。

【主要来访】 4月12日至13日，德国联邦中型企业联合会副董事长德尔·乔岑·莱昂哈特一行9人访问吴兴区，区委书记蔡旭昶、区长吴智勇、副区长韩新梅参加会见和座谈。德尔·乔岑·莱昂哈特一行主要听取吴兴整体投资环境推介，考察高新区中德产业园及湖州城市风貌，同时就中德产业园导入德国制造业项目进行洽谈。

7月17日，德国物流协会主席托马斯·维梅尔一行3人访问吴兴区，副区长韩新梅与托马斯·维梅尔会谈。双方重点就高新区提高德国物流协会参与度，借助德国物流协会资源引进物流产业相关企业，提升吴兴物流谷集聚性及知名度等问题进行探讨。

8月22日，法国CRR建筑设计公司董事维赛特·里沃爱勒一行3人考察吴兴区，副区长汪胜富、韩新梅与维赛特·里沃爱勒会谈，双方就东部新城高端养老养生项目进行座谈交流。

·南　浔　区·

【外事工作概述】 2014年，南浔区办理各类因公出国(境)团组8批11人次，其中党政机关双跨团7批8人次，党政机关自组团1批3人次。办理全区企业邀请外国人来华访问签证63批108人次，工作签证5批5人次。

【主要来访】 3月10日，瑞典卡尔马省和延雪平省地区委员会代表团一行6人参观考察森赫电梯公司和南浔古镇。

4月9日，美国驻沪总领事馆代表团考察中美合资企业浙江怡达快速电梯有限公司。

·德　清　县·

【外事工作概况】 2014年，德清县办理APEC商务旅行卡4人次，审核外国人来华短期商务签证39人次，工作签证11人次，办理企业因公出国1批2人。

【主要出访】 2月7日至8日，县委书记张晓强率团一行5人对澳大利亚怀昂郡进行友好访问，与该市市长道格举行会谈。

8月24日至25日，县政府办公室副主任孙占民率团一行6人对美国蒙特赛罗市双子湖教育集团进行友好访问。在市长肯尼斯·休斯顿等人陪同下，听取双子湖教育集团办学理念和宗旨，参观各个教学场馆，并与该校学生一起分享他们的课堂教学。双子湖教育集团与县教育局签订结好协议书。

【第七届浙江省外国人领事保护工作研讨会】 10月22日至23日在德清县举行(详见第16页)。

·长　兴　县·

【外事工作概况】 2014年，长兴县办理因公出国(境)团组25批80人次,其中自组团4批58人次,参加国家部委、省、市部门团组21批22人次。办理外国人来华签证手续64批84人次。

【主要出访】 7月14日至28日,应瑞士联邦国防、民事保护和体育部邀请,长兴百叶龙代表团67人赴瑞士参加第九届巴塞尔军乐节。其间,长兴百叶龙参加军乐节所有的18场演出和2场行街活动。

10月9日至26日,县长吕志良参加省委组织部赴美国环境保护与可持续发展专题研修班。

11月25日至12月3日,受泰国国际排联邀请,长兴县少体校女排赴泰国、越南开展体育交流。其间,与泰国、越南女排进行多场友谊赛,并参加短期集训。代表团还拜会国际排联泰国提高中心主任和泰国排联主席。

【主要来访】 2月13日,英国爱丁堡皇家国际军乐节主管戴维·奥帆里访问长兴,邀请长兴百叶龙参演2015年爱丁堡皇家国际军乐节。

3月11日,瑞典卡尔马省地区委员会新任主席拉尔斯·布鲁贝里一行6人访问长兴,考察两家工业炉企业和一所学校,探讨长兴县工业炉欧洲代理项目及双方学校结好等事宜。

5月21日至24日,由商务部组织的非洲法语国家卫生人员培训班35人考察长兴。其间,培训班学员听取长兴县卫生局有关卫生事业发展情况介绍,参观长兴人民医院和长兴妇幼保健院,并游览长兴大唐贡茶院等景点。

·安　吉　县·

【外事工作概况】 2014年,安吉县呈报因公出国(境)团组22批55人次,其中自行组团7批24人次。办理邀请函(电)申请表28份31人次。

【主要出访】 7月13日至24日,安吉县残联副主席王文生率安吉残疾人艺术团一行30人,赴法国参加第42届法国和平艺术节。

7月17日至20日,以县委书记单锦炎为团长的代表团一行6人赴法国考察,拜访联合国教科文组织,就政府如何保护和传承历史文化等方面工作进行探讨交流;考察里昂卢米埃尔兄弟电影博物馆、阿尔卑斯省亚洲文化中心,与戛纳市政府开展中国(安吉)戛纳电影城项目洽谈,双方签署合作备忘录。

11月18日至22日,县长沈铭权率考察团一行5人赴美国华盛顿参加全球南南合作博览会。与会期间,代表团通过展板、视频对话等方式,向与会国推介来自中国的唯一参会方——安吉县,展示安吉县在生态文明建设、绿色经济和可持续发展方面取得的成效。

12月10日至12日,县委书记单锦炎率安吉县代表团一行6人参加2014年浙江安吉(香港)投资环境推介会以及考察拜访和项目对接活动。考察团拜访香港生产力促进局、香港贸发局;实地考察迪士尼乐园;为国际同类知名品牌乐园凯蒂猫家园在安吉投入运行后,在周边区域管理、配套设施跟进等方面学习经验。代表团还拜会银润控股及澳门恒和企业集团有限公司,就两大落户安吉项目拓展计划进行会谈。

【主要来访】 2月2日,韩国全罗南道潭阳郡政府代表团一行15人访问安吉,邀请安吉县参加2015年潭阳世界竹子博览会。安吉县表示届时将组织相关竹子企业参加博览会。代表团还考察浙江永裕竹业股份有限公司,游览中国大竹海和安吉竹子博览园。

8月4日至6日,以校长权宇琫为团长的韩国潭阳女子中学师生代表团一行20人访问安吉,与梅溪中学开展结对交流。其间,两校共植友谊树,举行友好纪念碑揭碑仪式。韩国学生通过住家体验、校园参观、观摩授课、互动交流等多种形式,感受中国的历史文化和风土人情,加深两地学生间的相互了解和彼此友谊。

(张永生)

绍兴市

综　　述

【外事工作概况】 2014年，绍兴市人民政府外事与侨务办公室（简称市外侨办）围绕服务国家总体外交大局、服务地方经济社会发展主题，加强统筹协调，提升外侨工作科学化水平，为加快建设现代化绍兴作出新的贡献。

提升服务发展能力。全年接待来自美国、日本、芬兰、新加坡等24个国家和地区的49批389人次来访团组，包括塞尔维亚总统托米斯拉夫·尼科利奇，斐济总理姆拜尼马拉马、外交部长库布阿布拉等近20位高级别政要；接待外交部组织的中东欧国家高级别官员访华团。安排市领导重点团组6批36人次，出访塞尔维亚、美国、日本、瑞典、斐济等14个国家和地区，推动对外交流合作取得实质性成效。利用外事资源，助推“三外”经济发展，接待近20批韩国、新加坡等客商来绍考察洽谈；配合市委市政府“重构绍兴产业、重建绍兴水城”战略等中心工作，结合绍兴水城建设特点，制作宣传画册《绍兴——古城 名城 水城 酒城》，与意大利威尼斯市签署友好交流备忘录。发动涉外涉侨企业及个人为“五水共治”捐款近1000万元。

提高涉外管理水平。全年审批因公出国（境）团组174批539人次，批次、人次分别比上年下降40.2%、48.8%；全市党政、事业单位出国221人次，比上年下降67.6%，其中市直党政、事业单位人员出国90人次，比上年下降71%；区、县（市）党政、事业单位人员出国131人次，比上年下降65%。全年邀请外国人来华2230批3110人次，分别比上年下降32%、36%；妥善处置涉外敏感事件，处理或参与处理涉外事件10起，处置领事保护事件5起；接待或参与管理外国新闻记者3批，接待使领馆官员或安排拜访使领馆14批。

推进对外交往工作。“完善布局，提升质量”，拓展友城。绍兴市（含县、市、区）友城已有18个国家的38个城市，签署友好备忘录城市21个。11月，绍兴市获全国友协、国际友好城市联合会颁发的“国际友好城市交流合作奖”。对外交流平台机制不断完善，市友协换届，市翻译协会正式成立，整理出台市外侨办《因公出访团组操作流程》和《外宾接待流程》。民间交流丰富，召开友协会长会议，举办市友协中秋茶话会，做好与韩国丽水市和日本西宫市研修生互派工作，举办“中国绍兴·日本小山结好5周年庆典”“中国绍兴·匈牙利佩奇市友好音乐交流会”等活动；加强与日本日中友好协会、匈中友协、韩国韩中经济文化交流院等海外协会交流，为绍兴经信委、市教育局以及浙江现代纺织研究院等机关、企事业单位牵线搭桥，增加合作交流渠道。服务地方文化社会事业发展，参加全国友协中国—中亚合作对话会和全国地方友协交流；配合省友协和德中友协做好中德青少年音乐交流活动；选送市水利局、环保局两位专业人员参加德国石荷州水管理专业培训；推荐2所学校与荷兰、比利时学校结好；举办日本南砺市福绍会在绍书画作品展，向日本福井县选送中小学书画作品进行交流。

重要外事活动

【绍兴纺织行业企业代表参加“印度之夜”商业招待会】 3月4日，应印度驻沪总领事馆邀请，绍兴奥克特家纺有限公司、裕隆控股集团有限公司、绍兴凯越进出口有限公司等8家纺织行业企业代表参加由印度驻沪总领事馆在上海举办的“印度之夜”商业招待会。

印度商务部副部长、纺织部部长级官员、纺织工业促进局官员、驻华大使、驻沪总领事等及江浙沪的一些印度外商、纺织产业同行出席。到会绍兴企业代表与印度外商及国内参会同行等进行友好交流。

【绍兴市对外友协换届】 4月21日，绍兴市对外友协召开第15届理事会第一次全体会议。会议选举产生市友协第五届理事会领导成员，市人大常委会主任谭志桂当选为第五届理事会会长；市委常委、秘书长魏伟，市人大常委会副主任阮坚勇，市政府副市长徐明光，市政协副主席余利明当选为常务副会长；市外侨办主任谢振江当选为理事会执行副会长。会议还选举产生第五届理事会秘书长、副秘书长。

省友协专职副会长陈爱珍到会祝贺。市委书记钱建民讲话。

会上，审议通过新的友协章程，向杨仲庆、陈莲青等10位海外特聘顾问颁发聘书。

【绍兴市翻译协会成立】 6月27日，绍兴市翻译协会举行成立大会暨首次会员大会。会议选举浙江越秀外国语学院校长、中国翻译协会副会长徐真华为会长，市委常委、秘书长魏伟，副市长徐明光担任名誉会长。省翻译协会会长范捷平到会祝贺。外交部翻译室培训处二秘张蕾来绍兴祝贺，并结合自身多年翻译工作经验，为全体会员作如何做好翻译的讲座。

绍兴市译协首批吸纳会员170余名，分别来自高校、医院、机关部门、企业等各个行业，涵盖英、日、韩、法、德、俄、意大利、阿拉伯、西班牙等9个语种。根据协会章程，市译协将开展翻译研究和学术交流，开展与国内外相关组织之间的交流与合作，为绍兴对外贸易和外事工作大局服务。

【举行中外友好人士中秋茶话会】 9月2日，绍兴市友协举行以“迎中秋、话友情、促发展”为主题的中外友好人士中秋茶话会，在绍兴的外国专家、国际友人、侨资企业家代表等60余人欢聚一堂，交流发言。市领导谭志桂、阮坚勇、徐明光、余利明等出席茶话会。谭志桂讲话。

【绍兴市友协参加全国地方友协工作交流会】 9月9日，第17届全国地方友协工作交流会在甘肃举行，市外侨办主任、市友协执行副会长谢振江参加交流会，市友协秘书长方英随同与会。谢振江在交流会上作《着眼大局，围绕中心，推进民间对外交往》主题发言。

会议确定2015年第18届全国地方友协工作交流会在绍兴市举行。

【中法建交50周年·中法艺术交流展】 10月24日至30日在绍兴文理学院举行。市侨联主席、外侨办副主任张小华出席开幕式并讲话。张小华表示，希望绍兴与法国艺术家民间文化交流为契机，双方在更多领域开展更深入、广泛的交流。

艺术交流展展出油画、国画、铜版画、综合材料和法国可来顺古董店收藏的文物等100多件，题材涉及欧洲风情、水乡风光、历史人文等，生动展示艺术家对生命、自然、宇宙的理解。

【绍兴市获“交流合作奖”】 11月28日至29日，2014中国国际友好城市大会在广州召开。会上，绍兴市获得由中国人民对外友好协会、中国国际友好城市联合会授予的“国际友好城市交流合作奖”。这是绍兴继2012年获“国际友好城市战略发展奖”之后，再次获得国家级友城奖。副市长丁晓燕代表绍兴参加会议并领奖。

全国人大常委会副委员长陈昌智，中国人民对外友好协会副会长李建平、谢元、户思社，广州市委书记任学峰，荷兰前首相、巴西州议会全国联盟主席、玻利维亚参议长等来自56个国家、地区的277个城市和国际组织的600多位嘉宾参加大会。

【“同根同心　共创双赢”2014香港巡回展览】 12月18日在柯桥启幕。副市长徐明光出席开幕式并致辞。市侨联主席、外侨办副主任张小华，柯桥区委常委、副区长金晓明及市、区两级教育局、商务局、文广局、外侨办、旅委等部门领导及新闻媒体、市民代表等50余人参加开幕式。

“同根同心　共创双赢”2014香港巡回展览绍兴站是浙江省第一站，活动为期6天，通过香港概述、香港的优势、首选旅游胜地，世界会展中心、全球金融中心，专业服务中心、国际教育枢纽及艺术文化大都会、香港与内地同根同心以及香港特区驻内地机关简介等七大展板展示，旨在推介香港独特营商优势，推动越港两地更紧密合作。

主要出访

【绍兴市访问团访问意大利、阿尔巴尼亚和塞尔维亚】 10月21日至30日，应意大利威尼斯、阿尔巴尼亚斯库台和塞尔维亚苏博蒂察市政府邀请，市委书记钱建民率团访问三市，分别与三市签署“发展友好交流关系备忘录”。

意大利威尼斯市将在2015年米兰世博会期间举办水城展览，邀请绍兴市参加。钱建民与该市政府临时负责人、大型事务部总监路易奇·巴塞托会谈，双方表示要相互借鉴水城管理经验，进一步加强交流合作。

在阿尔巴尼亚，钱建民先后拜会总统办公厅秘书长、总统办公厅内阁长官、交通与基础设施部部长、总统国际关系事务助理等多位政要，并与该国多家国家级石油、媒体、宾馆、律师等集团负责人会谈；此外，还访问古城斯库台市，会见副市长阿迈特·欧迈尔。

在塞尔维亚，总统托米斯拉夫·尼科利奇会见钱建民。代表团一行考察绍兴企业收购的塞尔维亚最大的电机企业埃替比塞维尔股份有限公司和塞尔维亚最大的红酒生产企业瓦萨奇酒厂，访问苏博蒂察市并与市长麦格莱·耶诺会谈，希望在两市民间经贸合作的基础上进一步发展政府间多领域的交流与合作。

【绍兴市经贸代表团访问坦桑尼亚】 11月4日至9日，市政协主席陈长兴应邀率绍兴市经贸代表团访问坦桑尼亚。

访问期间，代表团与工贸部常务秘书及相关开发区官员座谈，重点向坦方介绍了诸暨市区位、产业发展等方面的相关情况。拜会坦桑尼亚投资中心，执行主任娜夸拉介绍坦桑尼亚经济、产业发展基本情况，发展规划及投资机会，并就税收优惠、土地出让等多项政策作详细说明。

代表团还拜会达累斯萨拉姆省省长赛义迪·萨迪克，重点介绍越美集团在达累斯萨拉姆市投资筹建占地750亩的中国商贸城项目。

【绍兴市友好经贸访问团访问加拿大、日本和韩国】 11月19日至28日，市人大常委会主任谭志桂应加拿大绍兴同乡会、日本小山市政府、韩国大邱广域市政府邀请，率绍兴市友好经贸访问团赴三国访问。

在加拿大，访问团出席加拿大绍兴同乡会成立庆典，并与旅加绍兴籍华人华侨会晤，鼓励他们回乡参观考察、投资创业。

在日本，访问团出席绍兴市与小山市结好5周年庆祝活动，与小山市市长大久保寿夫、议长大山典男以及当地政府、议会、商工会等相关人士接触，进一步推动双方在经贸、文化、教育等方面的交流与合作。访问团顺访日本友城南砺市，拜会市长田中干夫、议长才川昌一，商谈两市进一步扩大交流、加强合作的相关事宜。

在韩国，大邱广域市市长权泳臻会见访问团一行，双方就开

◎绍兴市友好经贸访问团出席韩国国际交流振兴院举行的鲁迅铜像揭幕仪式

展全方位，特别是加强纺织印染领域的交流合作交换意见，达成共识。访问团还拜访大邱市议会，出席在韩国国际交流振兴院举行的鲁迅铜像揭幕仪式，并实地考察韩国染色研究院，商谈合作事项。

【绍兴市经贸访问团访问日本、新加坡和香港】 12月1日至10日，市委副书记、市长俞志宏应邀率绍兴市经贸访问团访问日本、新加坡和香港。

在日本，访问团走访帝人株式会社、瑞穗银行总部、三菱日立能源系统株式会社、大和房屋工业株式会社、丰田汽车总部、东洋纺株式会社等企业，实地了解日本企业最新的投资战略和投资动向，并推介绍兴投资环境。与日方企业在纺织产业转型升级和生物医药、节能环保、产业用机器人、健康护理产业等方面达成多项合作意向。访问团还考察东京警视厅交通管制中心、大阪阪神高速交通管制中心、东京台场有明垃圾焚烧处理中心和大阪市环境局舞洲工厂，详细了解日本在交通管理、垃圾处理和环境保护等方面的做法和经验。

在新加坡，新加坡总理公署部长兼环境水源部第二部长和外交部第二部长傅海燕会见访问团，她表示，将积极推动落实近期签署的《绍兴市人民政府与新加坡公共事务对外合作局合作协议书》各项合作内容。访问团专程拜访新加坡盛邦国际总部、普洛斯集团和新加坡盛大网络集团，并就深化盛邦国际咨询、滨海新城环普产业园等合作项目建设达成进一步的投资合作意向。访问团还与新加坡企业发展局、新加坡华侨总商会合作举行“绍兴市新型城镇化建设座谈会”，邀请30多位新加坡城建规划设计专家和企业代表，就绍兴滨海新城的规划建设和招商引资进行研讨、交流。此外，还分别考察和拜访新加坡宜居城市中心、新加坡市区重建局、小贩中心等，学习新加坡城市规划、建设和管理科学化经验。

在香港，访问团拜访香港贸易发展局，就合作项目推进情况和深化双方合作交流进行座谈，并在发展电子商务、创意设计、会展经济等方面达成共识。访问团还走访香港九龙仓集团、查氏集团、信和集团和港铁集团，就城市开发建设、轨道交通投资等进行商谈。此外，俞志宏还会见旅港绍兴同乡会会长车弘健。

表21　2014年绍兴市其他部分出访团组

序号	出访时间	团长职务、姓名	人数	出访地点	出访任务
1	3月	市委常委、柯桥区委书记何加顺	6	香港	友好访问
2	5月	绍兴文理学院院长叶飞帆	6	坦桑尼亚、南非	业务考察

续表

序号	出访时间	团长职务、姓名	人数	出访地点	出访任务
3	5月	市政协副主席、市委统战部长、联谊会会长倪善贵	6	香港	其他任务
4	5～6月	绍兴文理学院纪委书记邱卫东	6	英国、法国	文体交流
5	7月	副市长徐明光	6	斐济、新西兰、波利尼西亚	经贸交流
6	8～9月	滨海新城党工委书记陈国阳	6	韩国、美国	经贸交流
7	9～10月	市委副书记尹永杰	6	瑞典、拉脱维亚、白俄罗斯	友好访问
8	10月	市委常委、组织部长、市委党校校长吴晓东	6	法国	友好访问
9	11月	副市长徐明光	6	新加坡、马来西亚	经贸交流

主要来访

【厄瓜多尔驻沪总领事访问绍兴】 1月3日至4日，厄瓜多尔驻沪总领事孔嘉铭偕夫人访问绍兴，出席“走进拉美——安共体市场说明会”。副市长徐明光会见客人，双方就进一步加强绍兴与厄瓜多尔经贸往来等事项交换意见。

【新加坡国际企业发展局代表团访问绍兴】 1月9日，新加坡驻上海总领事馆商务领事、新加坡国际企业发展局副司长王俐恩率领的新加坡国际企业发展局代表团一行16人访问绍兴。10日，市委副书记、市长俞志宏出席绍兴·新加坡项目洽谈会，并就双方合作小城市整体规划开发和基础设施、公益事业建设项目等进行磋商。副市长钟洪江、市政府秘书长丁如兴，发改委、经信委、教育局、外侨办、招商局、水务集团、高新区、规划局等相关部门领导参加座谈。

在绍期间，代表团还听取绍兴市总体规划情况介绍，上虞崧厦镇、诸暨店口镇投资环境和项目推介，并实地考察越城区皋埠镇和柯桥区平水镇。

【香港九龙仓集团副主席访问绍兴】 1月10日，香港九龙仓集团副主席周安桥一行访问绍兴。市长俞志宏与客人进行会谈，并陪同考察滨海新城，副市长徐明光、市政府秘书长丁如兴、市外侨办主任谢振江等参加会谈考察。俞志宏希望九龙仓积极参与绍兴滨海新城建设及其核心区规划开发。

【韩国韩中经济文化交流院理事长访问绍兴】 1月13日，韩国韩中经济文化交流院理事长安灵郁一行访问绍兴。市长俞志宏会见客人，市政府秘书长丁如兴、市教育局局长贺晓敏、袍江新区管委会主任陈泉标、市外侨办主任谢振江参加会见。俞志宏希望双方在深化科研机构和纺织企业交流的基础上，进一步加大在文化、教育、旅游等多方面的交流与合作。

【日本静冈县代表团访问绍兴】 2月11日，日本静冈县政府生活环境部部长代理斋藤和裕率代表团一行6人访问绍兴，市外侨办副主任周英、主任助理方英接待访问团一行。在绍期间，静冈县代表团与柯桥区妇联就社区帮扶、居家养老、妇女权益保障等方面进行交流，并参观鲁迅故里、兰亭等地。

【日本福井县议会代表团访问绍兴】 2月17日，日本福井县议会议长笹冈一彦率领福井县议会代表团一行11人访问绍兴。市人大常委会主任谭志桂、副市长徐明光会见代表团一行。市人大秘书长寿炳尧、市外侨办主任谢振江等参加会见。代表团一行参观考察鲁迅故里、八字桥等地。

【新加坡普洛斯集团代表团访问绍兴】 2月26日至27日，新加坡普洛斯集团代表团首席财务官谢芳一行6人访问绍兴，市长俞志宏与代表团会谈，双方就该集团物流项目在绍落户事宜进行磋商。滨海新城管委会党工委书记陈国阳、市政府秘书长丁如兴、袍江管委会主任陈泉标、市外侨办主任谢振江等参加。代表团一行实地考察滨海新城和杭州湾上虞经济技术开发区。

【美国驻沪副领事访问绍兴】 3月12日，美国驻沪总领事馆副领事王美伶访问绍兴，考察城市规划和经济发展情况。市外侨办副主任周英接待客人，介绍绍兴经济概况、城市规划、文化名城保护、区位优势、产业特色、发展战略等情况，双方就相关问题进行交流和探讨。

在绍期间，王美伶参观中美合资企业浙江中包派克奇包装有限公司，与企业就高铁经济时代的发展前景等问题进行交流；还参观了八字桥、仓桥直街等古城保护示范区。

【新加坡驻沪总领事访问绍兴】 4月10日，新加坡驻上海总领事王首毅一行访问绍兴。市长俞志宏会见客人，副市长徐明光、市政府秘书长丁如兴在座，市外侨办主任谢振江、纪检组组长宋南，市金融办主任夏九英参加会见。

【日本放送协会代表访问绍兴】 4月12日，日本放送协会制作局文化艺术教育部总制作人鹤谷邦显等一行3人访问绍兴，为专题片《绍兴黄酒》和《鲁迅三兄弟》做前期采风，与绍兴黄酒集团、鲁迅故里等部门就专题片制作进行交流，并参观黄酒集团中央库藏酒窖和下属花雕酒厂，考察鲁迅故里和八字桥历史街区。市外侨办副主任周英接待鹤谷邦显一行。

【斯洛文尼亚驻华旅游投资发展委员会总代表访问绍兴】 4月17日，斯洛文尼亚驻华旅游投资发展委员会总代表尹晓骁一行2人访问绍兴。市外侨办纪检组组长宋南接待尹晓骁一行，双方就建立沟通机制的可行性进行探讨，并对签证代办等双方可能合作的事项进行交流。尹晓骁一行赴市贸促会和市国交中心，就贸易合作、商会联系和移民政策等问题进行交流；参观市友协服务中心对外窗口，就签证代办等双方可能合作的事项进行交流。

【香港特区政府驻沪经贸办主任访问绍兴】 5月27日，香港特区政府驻上海经贸办主任谭惠仪一行5人访问绍兴。市侨联主席、外侨办副主任张小华接待来宾。市商务局有关领导向来宾介绍在绍港资企业生产经营现状以及越港两地经贸往来情况。谭惠仪一行赴袍江工业区，实地走访考察两家港资企业——新和（绍兴）绿色照明有限公司和浙江庆茂纺织印染有限公司，向绍兴市政府相关部门及开发区对在绍港资企业的关心表示感谢。

【日本友好人士考察绍兴】 6月2日至3日，日本丰中市日中友好协会会长田中润治、福山市日中友好协会会长佐藤明久等一行5人参观考察绍兴，市友协执行副会长、外侨办主任谢振江接待访问团一行，市友协秘书长、外侨办主任助理方英参加。

在绍期间，访问团一行分别与鲁迅纪念馆和绍兴文理学院交流。佐藤明久还分别向鲁迅纪念馆、绍兴文理学院赠送日本现代文学大家夏目漱石文学集各一册。此版本为鲁迅先生挚友内山完造20世纪30年代在上海开设的内山书店所售的原本，鲁迅生前非常喜欢该作品。

【爱尔兰驻沪总领事访问绍兴】 6月10日，爱尔兰驻沪总领事高睦礼访问绍兴。市外侨办主任谢振江会见高睦礼，希望双方加强在经贸、科技等各领域的合作，促进人员往来。高睦礼表示会进一步增进彼此了解及信息共享，加强双方在经贸、教育方面合作，实现互利共赢。当晚，市外侨办副主任周英宴请高睦礼并陪同出席在绍兴大剧院举办的爱尔兰传统乐团“音乐印记”音乐会。在绍期间，高睦礼参观鲁迅故里、八字桥等名胜古迹。

【埃塞俄比亚高级干部考察团访问绍兴】 6月17日，埃塞俄比亚人民革命民主阵线高级干部考察团一行7人访问绍兴，学习了解传统产业发展和转型升级经验。市委常委、秘书长魏伟会见考察团，市外侨办、市政研室、市住建局领导参加。市外侨办副主任周英陪同考察团一行实地考察绍兴柯桥经济技术开发区华绣科技有限公司、浙江雅德居节能环保门窗有限公司等企业。

【中东欧国家高级别官员访华团访问绍兴】 7月11日至12日，阿尔巴尼亚等11个中东欧国家高级别官员组成的访华团一行12人，在外交部欧洲司副司长陈波陪同下访问绍兴，副市长徐明光接待客人一行。市外侨办主任谢振江、主任助理方英，市商务局副局长楼芳参加接待。

访问团在绍期间，市外侨办主任谢振江与阿尔巴尼亚国际关系事务助理卡斯特拉蒂、罗马尼亚总理府办公厅国务秘书拉杜·普基乌进行交流与沟通，希望推动绍兴与阿尔巴尼亚、罗马尼亚交流与合作。

【多米尼加共和国前总统一行访问绍兴】 7月25日，多米尼加共和国前总统拉法埃尔·伊博利多·梅西亚·多明戈兹一行访问绍兴。市人大常委会主任、市友协会长谭志桂接待客人一行，市人大常委会秘书长寿炳尧，市外侨办副主任周英、主任助理方英等参加接待。

在绍期间，多明戈兹一行在袍江工业区实地考察浙江泰达作物科技有限公司，达成初步合作意向。

【韩国浦项集团代表团访问绍兴】 8月26日，韩国浦项集团财务投资本部常务副部长金在洪率代表团访问绍兴。市长俞志宏会见代表团一行，市政府秘书长丁如兴、袍江区管委会主任沈志江、市经信委主任黄坚、市外侨办主任谢振江参加。市经信委等有关部门与代表团就垃圾发电进行商谈。

【印度人民党干部考察团访问绍兴】 10月28日，印度人民党全国书记希达哈特·纳特·辛格率印度人民党干部考察团一行14人访问绍兴，考察越城区越都社区和青少年活动中心，分别就基层党建、服务民众和基层团组织建设、志愿服务等进行交流。越城区委常委、组织部长徐荻和团绍兴市委副书记韩彬翔分别接待客人一行，市外侨办主任助理方英陪同考察。

【土耳其驻沪总领事访问绍兴】 12月19日，土耳其驻沪总领事欧兹江·沙辛一行2人访问绍兴。副市长徐明光会见客人，希望借助“一带一路”建设，进一步加强绍兴与土耳其方面在经贸、科技、文化及友好城市建设等各领域的务实合作。欧兹江·沙辛表示将为绍兴市及柯桥区物色土耳其友城对象，以进一步加强双方相互了解和友好往来，实现互利共赢。

表22　2014年绍兴市接待部分来访团组情况

序号	来访时间	团组名称(团长职务)	团长姓名	人数	会见领导
1	1月21日	新加坡伊顿国际教育集团副总裁一行	洪青英	3	贺晓敏
2	2月12日	日本旭日绵公司	铃木贤	5	谢振江
3	2月20日	新加坡国际企业发展局代表团	尤善钡	6	俞志宏
4	3月25日	加拿大高贵林市教育局	梅丽莎·海恩德斯	4	方英

续表

序号	来访时间	团组名称(团长职务)	团长姓名	人数	会见领导
5	4月4日	香港城市大学	卢钰莘	1	谢振江
6	4月16日	加拿大阳光国际教育集团	徐琼	2	谢振江
7	5月12日	匈牙利匈中友协会长	洛约什·拉茨	1	宋南
8	5月16日	日中文化交流协会代表团常任委员一行	杭迫柏树	5	方英
9	6月25～26日	瑞典中欧生产力中心主任一行	郭琦	5	周英
10	9月13～15日	马来西亚马六甲中国浙江友好交流协会友好经贸访问团一行	黄文钦	24	谢振江
11	9月15日	新加坡国际企业发展局代表团	王俐恩	8	俞志宏
12	9月17～18日	日本大阪府日中友好协会评议员	玉置正雄	1	谢振江
13	9月20日	新加坡公共事务对外合作局	董吉平	1	周英
14	9月22～23日	日本仙台市日中友协友好访问团一行	佐佐木谦	13	谭志桂
15	9月30日	韩国大邱市议会访问团一行	朴一焕	11	俞志宏
16	10月16～17日	新加坡公共事务对外合作局代表团	李志强	4	俞志宏
17	10月30日～11月1日	日本南砺市福光中学生友好访问团一行	土居敬生	4	周英
18	11月16～17日	柬埔寨奉辛比克党代表团一行	诺罗敦·阿伦·拉斯美	7	魏伟
19	11月17～19日	澳大利亚白马市交响乐团指挥	杰拉德·库内曼	1	周英

友好城市交流

【绍兴与芬兰南塞沃地区缔结为友好城市】 1月5日至7日，芬兰南塞沃地区议会副主席马库·卡克瑞亚宁率该地区友好访问团一行12人访问绍兴。市委书记钱建民会见访问团一行，并代表绍兴签署与芬兰南塞沃地区建立友好城市协议书。市委常委、秘书长魏伟，副市长徐明光、市旅委主任郭浩良、市外侨办主任谢振江、市招商局长钱肖华、袍江新区管委会副主任赵文栋等参加会见。

在绍期间，访问团一行还赴柯桥区、袍江经济技术开发区科创中心、浙江农业商贸职业学院等实地考察，并就有关项目建立联系。

【美国杰克逊维尔市姊妹城市联合会中国区副主任访问绍兴】 2月20日，美国杰克逊维尔市姊妹城市联合会中国区副主任黄凤英访问绍兴，市外侨办副主任周英、主任助理方英接待客人。双方探讨杰克逊维尔市与绍兴市将举办结好10周年庆典活动和暑期杰克逊维尔市三一学院学生来绍参加夏令营等事宜。

【日本芦原市第27次少年使节团访问绍兴】 3月16日至18日，日本芦原市市长桥本达也率第27次芦原市少年使节团一行21人访问绍兴。市委书记钱建民会见使节团一行。市委常委、秘书长魏伟，副市长徐明光，市教育局、外侨办、旅委等部门领导参加会见。

在绍期间，使节团一行到绍兴文理学院附中交流，参观鲁迅故里、东湖、兰亭等地。

【丹麦欧登塞市利利贝特专业高等教育学院代表团访问绍兴】 4月4日，丹麦欧登塞市利利贝特专业高等教育学院金融与管理系主任金・鲁宾等一行5人访问绍兴,市外侨办副主任周英接待代表团一行。在绍期间,代表团分别赴绍兴文理学院和浙江工业职业技术学院进行交流访问,文理学院院长叶飞帆、工业职业技术学院书记何瑶伟分别与代表团就开展校际合作、师生交流等事宜进行商谈。

【日本南砺市日中友好协会会长访问绍兴】 5月23日,市委书记钱建民会见绍兴市荣誉市民、日本南砺市日中友好协会会长桃野忠义,日本旭工业株式会社、绍兴旭日绵轴承有限公司董事长前田诚一行。市委常委、秘书长魏伟,市外侨办主任谢振江及市水利局、市高新区等领导出席会见。曾37次来绍访问的桃野忠义对绍兴长期以来给予日企的支持表示感谢,当场为绍兴市"五水共治"捐款50万元。

【日本友城企业举行20周年厂庆】 5月23日,日本友城南砺市企业绍兴旭日绵轴承有限公司举行20周年庆典,原市人大常委会主任、原市友协会长黄秋芳,市人大常委会副主任王继岗、原省商务厅副厅长傅杜尔、市外侨办主任谢振江及市商务局、高新区有关领导出席庆典。绍兴市荣誉市民、日本南砺市日中友好协会会长桃野忠义,日本旭工业株式会社董事长前田诚等友城来宾专程来绍参加庆典。

【日本南砺市议会友好访问团访问绍兴】 6月30日至7月3日,以日本南砺市议会议长才川昌一为团长的南砺市议会友好访问团一行20人访问绍兴。市人大常委会主任谭志桂会见访问团一行,市人大常委会副主任阮坚勇、市人大秘书长寿炳尧,市外侨办主任谢振江、副主任周英等参加会见。

在绍期间,访问团一行先后实地考察绍兴市文澜中学和南砺市在绍投资企业——绍兴旭日绵轴承有限公司等。

【绍兴市与斐济苏瓦市结为友好城市】 7月28日,绍兴市与斐济共和国首都苏瓦市正式缔结为友好城市,这是绍兴缔结的第二个首都友城。结好协议书签署仪式在苏瓦市市政厅举行,苏瓦市市长邬玛拉、市政府秘书长陶卡劳以及苏瓦市政府外事、规划、财政等部门主要负责人和绍兴友好经贸洽谈团共50余人出席签约仪式。邬玛拉和绍兴市副市长徐明光讲话。

【绍兴市与新西兰陶波市签署友好交流合作关系备忘录】 7月30日,绍兴市与新西兰陶波市发展友好交流合作关系备忘录签字仪式在陶波市市政厅举行,副市长徐明光和淘波市市长崔瓦瓦斯分别代表两地签字。陶波市政府官员及绍兴市友好经贸代表团等30余人出席备忘录签字仪式。

【匈牙利佩奇市男声合唱团在绍演出】 8月5日,由匈牙利文化部部长霍帕尔・彼得率领的匈牙利佩奇市巴托克・贝拉男声合唱团一行47人来绍交流演出,市委书记钱建民会见霍帕尔・彼得一行。市委常委、秘书长魏伟,副市长徐明光,绍兴文理学院校长叶飞帆,市外侨办主任谢振江,市文广局副局长金一波参加会见。当晚,

◎绍兴・佩奇友好音乐会在绍兴文理学院音乐厅举行

绍兴·佩奇友好音乐会在文理学院音乐厅举行，巴托克·贝拉男声合唱团与绍兴市市直机关合唱团、市文化馆合唱团、市文化馆童声合唱团、绍兴爱乐少儿合唱团等同台演出。钱建民观看演出。

【绍兴市与波兰皮亚塞奇诺区签署友好交流合作关系备忘录】 9月15日至16日，波兰皮亚塞奇诺区区长扬·戴贝克率友好经贸访问团访问绍兴。市长俞志宏会见代表团一行，双方签署友好交流合作关系备忘录。市委常委、组织部长吴晓东，副市长徐明光，市外侨办主任谢振江、副主任周英参加接待。

【日本小山市友好访问团访问绍兴】 10月27日，以日本小山市市长大久保寿夫为团长的日本小山市友好访问团一行14人访问绍兴，庆祝两市结好5周年。市长俞志宏会见访问团一行，副市长徐明光，市政府秘书长丁如兴，市商务局、袍江新区、外侨办领导参加。

在绍期间，访问团考察袍江新区、中国黄酒博物馆。

县(市、区)外事

·上虞区·

【主要出访】 11月27日至12月6日，区长王慧琳率上虞区人民政府经贸代表团一行访问英国、法国和德国。

在英国，代表团实地参观庄信万丰公司，双方就在石油、汽车尾气处理、化肥等多领域的催化剂研发和生产合作达成一致意见，并签署合作协议。在法国，代表团参观赛那福公司，探讨两地间如何扩大贸易合作，充分借助地域优势建立更加广泛的销售渠道。在德国，代表团与德司达公司就分散染料清洁生产集成技术改造项目合作进行洽谈和落户政策谈判。

·诸暨市·

【主要来访】 9月1日，坦桑尼亚工贸部部长阿卜杜拉一行9人访问诸暨，副市长何鸿成会见并宴请代表团。

12月21日，韩国大邱市国际通商课国际交流部主任李炫模一行3人访问诸暨，并参观华东国际珠宝城。

【友好城市交流】 6月19日，美国乔治王子郡代表团来访，诸暨市与乔治王子郡签署发展友好交流关系备忘录。

9月24日，副市长金立耿随绍兴市友好经贸访问团访问瑞典，与瑞典斯梅杰巴肯市签署发展友好交流关系备忘录。

·嵊州市·

【主要来访】 5月8日至12日，嵊州市侨办侨联和嵊州旅港同乡会联合组织旅港乡亲一行37人回乡参观考察，市政协副主席、市委统战部部长杨军出席欢迎会。在嵊期间，旅港乡亲参观考察巴贝集团有限公司、天乐集团有限公司等企业和越剧艺校。

【友好城市交流】 12月25日，嵊州市与波兰马佐夫舍省西郊县签订建立友好交流关系备忘录。

·新昌县·

【重要外事活动】 7月24日至28日，新昌旅港同乡会一行24人来新昌，参加由县委统战部、县侨办主办的“寻根之旅”夏令营活动，对家乡参观考察。县委副书记王浩萍，县政协副主席、统战部部长袁国飞，县委统战部副部长、侨办主任杨喜炉等出席欢迎会。

本次夏令营营员主要是新生代港胞，大多首次回到祖籍地。活动期间，营员参观大佛寺、沃洲湖等风景名胜，考察万丰奥特控股集团、中国茶叶交易市场等知名企业和城市建设，并赴奉化溪口、绍兴柯岩等地参观走访。

（王倩颖）

金华市

综述

【外事工作概况】 2014年，金华市人民政府外事与侨务办公室（简称市外侨办）全年审核审批因公出国（境）122批316人次，分别比上年减少29.89%、50.7%。组织市级领导出访5批次，重点部门、行业等专业团组出访3批次。

海外招才引智、产业对接、促浙商回归。与海外留学人才及外国专家对接洽谈近400人次，达成初步意向60余项，正式签订人才引进、项目合作23项。在加拿大成立金华市招才引智多伦多工作站、在美国成立金华招才引智美西工作站和金华海外学子联谊会美国分会，在美国旧金山组织召开金华高层次人才暨海外学子座谈会，100余位海外高层次人才和留学生代表出席座谈会。

推进友城工作。全年新增与泰国彭世洛市友好交流城市一对。与英国特尔福德和里金市、苏里南共和国瓦尼卡省等地开展交流。协助婺城区外办与美国伊利诺伊州马克姆郡就两地互结友城事宜建立关系。组织信息产业、旅游业等行业协会团组3批次赴友城开展专业领域交流；组织4名东阳市人民医院专家赴德国迪恩市开展为期一个月的医学交流；组织金华职业技术学院培训团组7批43人次赴美国、澳大利亚、德国等国家开展专业课程交流。

简化出入境审核审批手续，优化出国管理。通过金华市8890便民服务平台，重点向市民介绍外事工作职能及外事服务领域，解答市民关心的各类问题。全年办理APEC商务旅行卡152批245人次。邀请外国人来华109批131人次。

◎第七届驻华使节“走进浙江”活动在金华举行

【第七届驻华使节“走进浙江”活动】 5月7日至9日在金华举行，活动以“走进金华——魅力浙中　非常金华”为主题。毛里求斯、汤加、牙买加、秘鲁、古巴、瑞士、老挝、马来西亚、新加坡、日本、英国等25个国家的45名驻华大使、驻沪总领事及特派代表应邀参加。市长暨军民在“金华市情及投资环境介绍会”上介绍情况。驻华使节参观考察金华古子城、永康国际会展中心、众泰集团、东阳横店影视城、金华火腿博物馆、万象花卉等。

【外国友人、海外华侨及学子代表迎新年联谊活动】 12月24日在金华举行，市委书记徐加爱向与会宾客介绍金华的区位交通优势、水资源优势和政府服务环境，并对在金外国友人在教育教学、企业经营等领域为金华发展建设做出的贡献表示衷心感谢。徐加爱还向海外华侨和学子发出诚挚邀请，希望大家积极回归创业，在家乡的土地上创造新的辉煌。外籍教师代表、外资企业代表、华人华侨代表和海外学子代表分别发言。

会前，外国友人、海外华侨及学子代表参观考察金东区澧浦镇琐园古村和金华开发区汤溪镇寺平古村。

主要出访

【金华市代表团访问香港】 3月1日至3日，市委副书记陶诚华率金华市代表团访港，出席香港金华同乡会联谊会举行的大型新春联谊活动，与800多名旅居香港的金华籍乡亲、友人开展联谊交流。陶诚华代表市委、市政府对香港金华同乡会为促进香港与金华两地经济、科技、文化、教育等方面的交流合作所做的工作表示感谢，希望同乡会和广大乡亲一如既往地关心和支持家乡的改革开放和现代化建设，为推进金港两地的互利共赢、共同发展牵线搭桥、献计出力。

【金华市代表团访问加拿大、美国和澳大利亚】 11月6日至15日，市长暨军民率金华市代表团访问加拿大、美国和澳大利亚三国，先后参加浙江·纽约、浙江·硅谷、浙江·悉尼3场海外高层次人才大型对接活动。

代表团围绕服务赶超发展引才、推动新兴产业招才、立足转型升级聚才，吸引391名海外留学人才和外国专家前来对接洽谈，涉及新材料、新能源、电子信息、生物医药、网络科技、装备制造、国际贸易等10余个重点产业领域。活动期间，现场正式签订人才引进、项目合作23个，达成人才引进和项目合作初步意向60余个。

【金华市代表团访问印度和泰国】 11月11日至18日，市人大常委会副主任江跃进率金华市代表团访问印度和泰国，与印度、泰国相关地区和城市进行对接，谋求在网络经济与文化创意产业互利合作的契合点，重点探究印度政府对IT产业的政策支持，初步达成若干合作意向。

【金华市代表团访问英国】 11月19日至27日，市委常委、宣传部长何杏仁率金华市代表团访问英国，并代表金华市与英国特尔福德里金市签订友好交流城市意向书。双方表示，今后将加强人员和经贸往来，在科技、文化、教育、体育、卫生、人才等方面开展多种形式的交流与合作。

访英其间，何杏仁一行还考察特尔福德里金市文化创意产业园，并赴英国牛津大学就“海外名校走进金华古村落”项目进行推介。

【金华市代表团访问澳大利亚和新西兰】 12月16日至23日，市政协副主席朱恒钱率金华市代表团一行6人访问澳大利亚和新西兰，代表金华市与友好城市澳大利亚高士富市签订谅解备忘录，并与新西兰汉密尔顿市探讨两市间开展农业、畜牧业、教育、文化等方面交流合作的可能性。其间，与澳大利亚国际工商学院、坎宁中学就与金华二中的交流合作进行探讨，并跟进新西兰怀卡托理工学院与金华市院校合作办学项目的具体进展，就合作办学、职工再教育等相关事宜进行交流洽谈。

主要来访

【英国巴克莱银行董事总经理访问金华】 1月7日，市委副书记、市长暨军民会见由巴克莱银行董事总经理颜湄之率领的巴克莱银行考察团一行16人。巴克莱银行考察团此行目的是寻找投资机会，重点为金华的相关企业提供境外融资、信托融资等金融服务。

【德国迪恩市海外项目投资专家访问金华】 3月21日，市委副书记、市长暨军民会见来访的德国迪恩市海外项目投资专家沃尔特・穆勒一行。在金期间，穆勒与"五水共治"办、市环保局、市招才局、秋滨污水处理厂等有关单位座谈，就金华与迪恩在污水处理领域的合作进行洽谈，还走访青年汽车集团、浙江康迪车业有限公司、东联机电科技有限公司、浙江万福染整有限公司等企业。

【美国驻沪总领馆新闻官访问金华】 3月27日，美国驻沪总领馆新闻官贝婉应邀访问金华。贝婉在浙师大作题为《美国文化》的演讲，参观考察金华日报报业传媒集团、金华广播电视总台、金华市文化广电新闻出版局。

【以色列驻沪总领事访问金华】 5月22日至23日，以色列驻沪新任总领事柏安伦一行5人访问金华，副市长邵国强会见代表团。柏安伦在工银私人银行以色列创业创新论坛上作题为《创新驱动发展　科技引领未来》的主旨演讲，百余名企业家出席会议。在金期间，市外侨办与柏安伦就建立友城，在医疗、教育、文化、农业等领域的合作等进行洽谈。代表团还考察义乌市新光集团、国际商贸城和犹太中心。

【美国内华达州商务司司长访问金华】 6月9日，副市长孙荣燕会见美国内华达州商务司司长克里斯托弗・桑切斯一行4人，双方就加深两地经贸往来、综合保税区设置等问题进行洽谈。

【非洲法语国家智库研修班学员访问金华】 9月12日，由非洲12个国家19名学员组成的非洲法语国家智库研修班一行访问金华进行实地考察。副市长祝伦根会见研修班一行，介绍金华市风土人情和经济发展情况。研修班一行先后考察九峰茶园、寺平古村、浙江金轮机电实业有限公司、古子城等。

【坦桑尼亚前总统访问金华】 9月21日，副市长傅利常会见来金访问的坦桑尼亚前总统本杰明・姆卡帕一行，介绍金华经济社会发展情况。本杰明・姆卡帕一行先后参观古子城、上荷塘农业观光园、浙师大非洲研究院等，本杰明・姆卡帕还在浙师大作题为《在新千年实现非洲的自主发展》的演讲。

【泰国政府中小企业经济贸易发展委员会主席访问金华】 11月12日至13日，泰国政府中小企业经济贸易发展委员会主席陈杰克率经贸代表团访问金华。市委书记徐加爱会见代表团一行。在金期间，代表团一行就东南亚木材跨境电子商务和设立保税展示交易区事宜进行考察洽谈，赴金义都市新区实地考察菜鸟・金义电子商务新城、邮政电子商务示范园、跨境通等项目，并就在金义都市新区投资建设东盟木材跨境电子商务平台和综合保税木材交易加工中心达成战略合作协议。

◎金华市副市长傅利常（右四）会见访问金华的坦桑尼亚前总统本杰明・姆卡帕一行

【柬埔寨亲王访问金华】 11月28日，柬埔寨国王最高顾问、柬埔寨国家宪法委员会成员、柬埔寨和平与安全学院院长诺罗敦·施里武亲王及其夫人一行8人访问金华。市委书记徐加爱，市委副书记、市长暨军民分别会见诺罗敦·施里武亲王一行。诺罗敦·施里武表示，柬埔寨非常注重发展生态农业，在农业机械化、灌溉系统建设、基础设施建设，以及旅游产业发展、宗教文化交流等方面与金华有着广阔的合作空间。

◎金华市委副书记、市长暨军民(右)会见柬埔寨诺罗敦·施里武亲王

表23 2014年金华市接待部分来访团组

序号	来访时间	团组名称(团长职务)	团长姓名	人数
1	3月19日	迪恩市海外项目投资专家	沃尔特·穆勒	1
2	5月26日	德国街头滑板车公司全球战略主管	斯泰伯恩	1
3	5月27日	哥斯达黎加远程教育大学音乐学院院长	弗朗西斯科·玛丽亚内拉	1
4	9月23日	塞内加尔《太阳报》副总编	费耶	9
5	10月22日	土耳其埃雷利市政府副议员	塞尔坦·奥贾克哲	7
6	11月27日	厄瓜多尔国家警察学院院长	吉列尔莫·奥尔蒂斯·巴拉雷索	5

友好城市交流

【奥地利代表团访问金华】 4月3日，奥地利林茨市副市长苏珊娜·魏格赛特和霍拉布隆市副市长马丁·密特豪赛等组成的奥地利代表团访问金华，市委副书记、市长暨军民会见代表团一行，向客人介绍金华经济社会发展情况，希望进一步深化双边经贸合作，优势互补。同时，希望双方通过举办形式多样的文化交流活动，不断扩大民间往来，加深双方友谊。苏珊娜·魏格赛特和马丁·密特豪赛表示，希望双方友好关系不断深化，双方的交流和合作结出更加丰硕成果。

【南非布法罗市代表团访问金华】 7月8日，副市长孙荣燕会见南非布法罗市议员瓦拉波赫·迪尼仕一行4人，双方就进一步深化友好关系，加强各领域的合作进行洽谈。代表团参观浙师大中非研究院和八咏楼。

【土耳其埃雷利市考察团访问金华】 9月22日，副市长孙荣燕会见土耳其埃雷利市议员考察团一行，向客人介绍金华市风土人情和经济发展情况。在金期间，考察团一行参加第20届中国义乌国际小商品博览会开幕式和义乌国际友好城市日开幕式，还考察市区相关企业和八咏楼、古子城、婺剧院、五百滩等。

县(市、区)外事

·兰　溪　市·

【外事工作概况】 2014年，兰溪市审核报批因公出国(境)团组1个，参加上级组织的双跨团组7批8人次，企业因公出国1人次。

【主要出访】 11月12日至19日，兰湖旅游度假区建设指挥部指挥长张林安率团访问瑞士和奥地利，进行项目合作洽谈并签订初步合作意向书。

【主要来访】 1月21日至23日，日本、韩国、印尼在浙进修生一行5人到兰溪考察经济、社会、文化发展情况，先后考察畲乡风情园、诸葛八卦村、李渔公园、芥子园和李渔故里。

10月20日至21日，兰溪市先后接待来自香港儒释道功德同修会和香港啬色园的130余名宾客。客人开展黄大仙文化座谈会、祭拜黄大仙等活动，参观诸葛八卦村。

·东　阳　市·

【外事工作概况】 2014年，东阳市办理因公出国(境)申报审批10批11人次，邀请外国人来华26批31人次，认证44批75本。

【重要外事活动】 5月8日，副市长赵志强等陪同参加走进“魅力浙中　非常金华”活动的贵宾参观游览横店秦王宫、清明上河图以及梦幻谷景区等。

10月18日至22日，“2014世界工艺文化节暨世界工艺50周年庆典活动”在东阳举办，共有7大类40多项活动，邀请外宾近400名，招募翻译志愿者260名。

【主要来访】 5月17日至18日，日本著名书法家杭迫柏树率日中文化交流协会代表团一行7人访问东阳。市外事办主任杜安武陪同代表团参观横店影视城，代表团在市东星书法俱乐部与东阳市书法爱好者进行书法交流和文化沟通。

9月17日，澳大利亚阿拉列特市市长保罗·胡珀等一行6人访问东阳。副市长赵志强、市外事办主任杜安武陪同胡珀一行先后参观东阳中国木雕城、横店影视产业实验区展览馆、秦王宫和清明上河图。

·永　康　市·

【外事工作概况】 2014年，永康市审核报批因公出国(境)8批11人次，办理外国人邀请函件15批15人次，接待外宾来访8批135人次，办理企业APEC商务旅行卡17批29人。

【重要外事活动】 9月26日至28日，第19届中国五金博览会在永康举行，来自美国、意大利、德国、法国、加拿大等21个国家的35人外商采购团参加展会。

【主要来访】 3月15日至22日，德国昂·桑得堡一级文理中学代表团访永，与永康第二中学进行交流活动。

5月8日，“驻华使节走进金华”活动永康行的25个国家45位驻华使领馆官员访问永康，市委书记徐华水、市长金政和副市长黄瑞燕等出席欢迎仪式。代表团先后参观永康国际会展中心精品馆和众泰集团。

6月2日至15日，美国印第安纳州兰迪斯小学教师史蒂夫在永康人民小学进行英语教学交流活动。

6月10日，马里共和国马里医院院长马马杜·嘎内一行访永。代表团在副市长戴翀陪同下参观永康市第一人民医院，并就护理管理方面的做法与经验进行交流。

6月24日至25日，意大利央行国际部主管梅力可尼一行访永。市长金政会见代表团，双方就如何通过共同努力达到合作共赢交换意见。永康市人民政府、意大利卡萨巴达纳银行以及意大利戴达罗国际设计中心三方签署《永康意大利农机企业（中国）中心合作备忘录》。代表团在副市长吕群勇陪同下参观永康国际会展中心精品馆、众泰控股集团有限公司、现代农业装备高新区一期施工现场、四方集团、三锋集团和中坚科技有限公司。

10月16日，副市长吕群勇和现代农业装备高新区负责人与来访的美国DAIAW投资有限公司代表就投资环境和政策等相关问题进行对接洽谈。

10月21日至23日，由意大利卡萨巴达纳银行总行行长配提纳蒂、意大利国家信贷银行总行行长杜兰迪以及14家意大利农机企业组成的意大利农机企业代表团访问永康。市委书记徐华水会见代表团一行，双方就如何进一步加强合作进行交流。22日，举行2014中国—意大利农机企业对接会暨永康意大利农机企业（中国）中心揭牌仪式，市长金政、副市长吕群勇和配提纳蒂、杜兰迪共同为"永康意大利农机企业（中国）中心"揭牌，市政协副主席胡明星及40多位意大利和永康农机企业代表参加仪式。在永期间，代表团参观永康国际会展中心精品馆和作为"永康意大利农机企业（中国）中心"运营与展示场地的H馆、四方集团和三峰公司，并与人民银行和中国银行相关负责人举行银行对接会。

·浦　江　县·

【外事工作概况】 2014年，浦江县办理因公出国（境）8人次，出国旅游公证1人次，邀请外国人来华3人次，参与组织30家外贸企业45人次出国参加10个国际展会。

【主要出访】 12月8日至17日，县委书记施振强率团赴阿联酋、捷克和土耳其进行友好访问，对接浦商回归项目，进行水晶产业招商引资，并与土耳其布尔萨市签订建立友好交流合作关系备忘录。

【主要来访】 5月5日，日本驻上海总领事小原博雅与立命馆大学教授、国际3E研究院院长、日本浙江发展促进会会长周玮生，领事高山美果、纳富史仁，外部委嘱员刘瀚阳来浦江访问，考察嵩溪村和生态保护及污水处理项目。

10月21日至25日，韩国庆尚南道圣山初等学校校长南相镐率师生访问浦江实验小学，进行友好交流。

11月3日，埃及著名水晶企业、全球第二大水晶加工企业阿斯芙生产总监穆罕默德·贾迈勒访问浦江，参观水晶企业并与部分水晶企业管理层会谈。

·武　义　县·

【外事工作概况】 2014年，武义县办理出访团组1批3人次，受理因公出国（境）申报手续6批28人次，邀请外商来华6批7人次，接待国外来访团组2批400余人次。

【重要外事活动】 3月8日至15日，县长张新宇率团赴德国、西班牙访问考察，促成项目合作，引进先进金属表面处理工艺。

6月13日至22日，武义县举办第二届亚洲杯桥牌联赛，14个国家和地区的55支代表队371人参赛。

10月17日至19日，武义县举办第五届中国武义国际养生博览会，来自韩国、泰国、越南、马来西亚等18个国家的200余人次外商参会。

【主要来访】 11月17日至19日，日本喜连川日中友好协会访问团参观访问武义，并在实验小学和溪边公园种植樱花树，纪念日本喜连川日中友好协会与武义县交往十五周年。

（王红英　郑凯媛）

衢州市

综　述

【外事工作概况】 2014年,衢州市审核审批党政机关、事业单位和企业因公出国(境)团组63批142人次,其中市管及以下国家工作人员因公出国(境)团组41批85人次、党政机关和参公事业单位因公出国(境)35人。全年审核审批邀请外国人来华邀请函87批122人次。全年取消、调整和压缩各类不符合因公出国(境)管理规定的团组24批76人次。

围绕全市发展大局,加强对外交流合作。完成因公电子护照项目"二期"建设工作,共办理APEC商务旅行卡37张,办理领事认证153批。与美国、俄罗斯、印度、日本等20多国驻沪使领馆,中国驻英国、法国等20多国使领馆保持工作交流。积极推动日本政府小额无偿援助开化县塘坞乡敬老院项目建设。做好领事保护工作,妥善处置龙游县毛菲菲在土耳其失踪、衢江区徐显忠在塔吉克斯坦被扣的领事保护事件。接待境外记者13人次。

【市委书记会见11国孔子学院嘉宾】 9月27日,市委书记陈新会见来衢参加纪念孔子诞辰2565周年祭祀典礼的墨西哥、英国、美国、加拿大、南非、德国、西班牙、俄罗斯、韩国、法国、挪威等11国孔子学院嘉宾。市领导杜世源、李锋、朱建华、马梅芝和孔子第75代嫡长孙孔祥楷以及市外侨办主任朱晓红等参加会见。

【纪念衢州与雷德温市建立友好城市二十周年】 10月15日至18日,纪念衢州与美国雷德温市建立友好城市二十周年系列活动在衢举行,雷德温市派出以原市长罗密欧·希尔为团长的友好代表团一行7人专程来衢州参加纪念活动。

15日,副市长朱建华与罗密欧·希尔在西区市民公园共同为"衢州国际友谊林"揭牌,系列纪念活动启幕。下午,举行衢州市与雷德温市建立姊妹城市二十周年纪念仪式,代市长杜世源代表衢州市人民政府出席纪念仪式并致辞。纪念仪式上,罗密欧·希尔接受杜世源颁发的"衢州市荣

◎衢州市委书记陈新会见来衢参加纪念孔子诞辰2565周年祭祀典礼活动的11国孔子学院嘉宾

誉市民”证书。衢州市友协副会长朱晓红宣读省友协贺电，并与雷德温姊妹城市委员会副主席彭涛共同续签两市友好交流协议书。雷德温市友好代表团，衢州市领导朱建华、傅炎康、余广宇，市相关部门和单位领导，市外侨办历届主任，各县(市、区)外办主任以及曾经赴美交流的机关干部、教师、艺术家代表等共60人参加纪念仪式。

活动期间，市政府还举办“营救杜立特机队飞行员行动”座谈会、中美艺术家作品展，雷德温市友好代表团与衢州二中、衢州职业技术学院、衢州学院交流，参观城市展示馆、第13航空总站遗址及根宫佛国，实地考察柯城区民间艺术农民画创作之乡沟溪，现场观摩邵永丰麻饼制作技艺等。

主要出访

【市绿色产业集聚区经贸团访问韩国】 9月25日至29日，市委常委、集聚区党工委书记傅根友率团一行6人访问韩国，对接引进晓星集团拟在华投资近50亿元的PTMG、氨纶丝等项目。经贸团实地考察首尔市的晓星集团总部、龟尾市晓星集团氨纶丝生产基地、韩国有关产业园区等，并与晓星集团产业资材部长、化学部长首席执行官、战略本部副社长赵显相，规划建设事业部社长李畅晃，氨纶事业部PU社长金致亨等10多位企业高层负责人举行对接洽谈。双方就氨纶丝项目选址地情况、水电气人力资源要素保障及后续投资项目等具体问题进行交流对接，并就相关合作事宜达成共识。

表24　2014年衢州市部分出访团组

序号	出访时间	出访国家、地区	团长职务、姓名	人数	出访任务
1	9月	香港	市政协副主席、市委统战部长余广宇	5	访问交流
2	10月	美国	副市长马梅芝	1	培训
3	11月	美国、加拿大、澳大利亚	市委组织部长陈玲玲	1	招才引智
4	11月	香港	副市长马梅芝	1	学习

主要来访

【美国驻沪总领馆副领事考察衢州】 5月6日至7日，美国驻上海副领事董克、珠丽娜等3人考察衢州，与市外侨办、衢州学院、市人民医院领导座谈。董克一行参观考察衢州学院、衢州市人民医院、浙江中关村科技产业园、汪村救助美国飞行员遗址、衢州孔氏南宗家庙，并在衢州学院举办关于赴美留学签证专题讲座。在衢州二中，董克一行看望美国雷德温市派来衢州的交流教师琼恩·海尼曼，参观衢州二中国际教育交流陈列室，并与2014年春节期间赴美国新泽西州品格瑞学校访学的师生进行互动交流。

【几内亚前总理访问衢州】 5月17日至18日，几内亚前总理迪亚洛一行5人访问衢州。迪亚洛一行先后考察绿色产业集聚区及部分企业、市区孔庙和龙游大街乡贺田村等地，市委常委、绿色产业集聚区党工委书记傅根友陪同考察。副市长朱建华会见代表团一行。市政府副秘书长童子侃、市外侨办副主任周立年陪同考察。

【美国威斯康星州教育代表团访问衢州】 6月26日至28日，美国威斯康星大学白水分校助理教授刘艳、麦迪逊分校东亚研究中心副主任理查德·米勒率威斯康星州教育代表团师生一行14人访问衢州。市外侨办主任朱晓红、副主任周立年就开展中美教育领域多层次的交流合作事宜与代表团交换意见。

友好交流

【纪念“杜立特行动”72周年暨民间外交助力衢州奔跑座谈会】 4月17日在衢州召开。市外侨办副主任周立年主持,市老科协会长姜宁馨、衢州二中校长潘志强、江山市档案局局长徐青及“杜立特行动”民间研究者等参加座谈会。

詹姆斯·哈罗德·杜立特是美国空军杰出的特技飞行员。1942年4月18日,杜立特率16架战机首次空袭日本本土,史称“杜立特行动”。美军顺利完成轰炸任务后向中国飞去,降落在浙江衢州机场。因美军飞机离坐标太远很容易落到日军占领区,杜利特下令弃机跳伞,先后有51位飞行员被衢州老百姓营救并集中在衢州汪村的空军航空第十三总站和战地服务团衢州空军招待所。

【德国城市议会亚洲事务专员考察衢州】 5月21日至23日,德国城市议会亚洲事务专员吕津生,德国凯宇地产集团总裁石凯,德国绿园公司、石门公司总经理王卫平访问考察衢州。(邓李薇)

县(市、区)外事

·衢 江 区·

【外事工作概况】 2014年,衢江区审核办理因公出国(境)团组9批12人次;审核邀请外国人来华邀请函20批29人次。

【主要外事活动】 6月27日,美国威斯康星大学白水分校助理教授刘艳、麦迪逊分校东亚研究中心副主任理查德·米勒率威斯康星州教育代表团师生一行14人访问衢江区。副区长袁亚平陪同考察区第一小学、区第一初中,在校园文化课堂与两校师生开展互动交流。双方就开展中美教育领域多层次交流合作事宜与代表团交换意见。督学瑞夫兰德·兰迪代表威斯康星州克林顿学区分别与衢江区第一初中、第一小学签署建立友好校际关系意向书。

7月2日,日本驻沪副领事井上隆颜率日资企业代表团一行6人考察衢江区莲花镇宁莲畜牧业有限公司,并对污水生物处理技术、污水深度处理技术等进行探讨。

【友好交流】 7月9日,法国波尔多区布莱德市市长米歇尔·度方与衢江区区长赖瑞洪通过网络进行视频交流。米歇尔·度方表示,非常愿意与衢江区结为友好交流城市,双方就结对后在经贸、科技、农业、文化、教育等领域深化合作事项进行探讨。(彭雪芳)

·江 山 市·

【外事工作概况】 2014年,江山市审核办理因公出国(境)团组5批9人次,为6家企业审核转报办理邀请外国人来华14批27人次,为2家企业申办APEC商务旅行卡进行审核。

【主要来访】 4月12日至13日,法国演员杰拉尔·德帕迪约来江山市为将参演的电影《营救飞虎队》踩点考察。杰拉尔·德帕迪约一行先后前往大陈村、清漾村、江郎山、保安乡、廿八都镇等地踩点考察,听取档案部门有关江山民众无私救护美军飞行员的情况介绍。

9月3日至5日,韩国麦松株式会社社长白铁基带队考察江山,有意来江投资建设年产150万吨生物质颗粒燃料和年产20万吨生物质木塑复合材料生产线项目,计划总投资3000万美元。

(徐荣清)

·开 化 县·

【外事工作概况】 2014年,开化县审核办理因公出国(境)团组1批2人次;审核邀请外国人来华邀请函2批4人次;接待来访外宾3批13人。

【主要外事活动】 10月18日至26日，世界地掷球(塑质球)女子团体锦标赛在开化县占旭刚体育馆举行。世界地掷球(塑质球)女子团体锦标赛首次在亚洲举办。18日，省人大常委会副主任程渭山在体育馆宣布锦标赛开幕，国际地掷球联合会副主席雷布蒙德·查尔和国家体育总局纪检组副组长、监察局局长、中国地掷球协会主席施泽华分别致辞。来自中国、美国、意大利、俄罗斯、奥地利、澳大利亚、德国、阿根廷、印度等20个国家和地区的21支球队近百名运动员参加比赛。

【友好交流】 2月15日，县长谢剑锋与罗马尼亚胡内多拉市市长维奥雷尔·阿里昂签订《建立友好交流城市关系协议书》。

11月18日至21日，胡内多拉市市长维奥雷尔·阿里昂与市长助理、胡内多拉市市政厅城市发展和公共资产办公室主任科琳娜·维奥莱·奥普里休对开化县进行友好访问。考察开化县工业园区、开化中学、开化职业技术学校、新农村建设及5A级景区根宫佛国、钱江源自然保护区等旅游开发建设情况。双方对如何推动开化县、胡内多拉市友好协作进行交流。

11月19日，开化县与罗马尼亚胡内多拉市友好城市关系签约仪式在开化举行。县长谢剑锋与胡内多拉市市长维奥雷尔·阿里昂代表双方签订合作协议书。胡内多拉市市政厅城市发展和公共遗产办公室主任科琳娜·维奥莱·奥普里休，衢州市外侨办主任朱晓红，县领导吴耀光、程育全、姜文军、周福云等出席签约仪式。 (邵和生)

·龙　游　县·

【外事工作概况】 2014年，龙游县审核办理因公出国(境)团组5批9人次；审核邀请外国人来华邀请函8批17人次。

【主要外事活动】 10月31日，“2014美丽浙江——全球商报联盟财经媒体连线浙江”参访团在龙游县参观采访。此次活动以“全面深化改革”为主题，参访团由环球商报传媒、加拿大商报社、浙江经视、浙江在线等近20家财经类媒体及中国主要涉外媒体记者组成。

11月7日，龙游县举行2014国际汽联亚太汽车拉力锦标赛“龙游石窟杯”中国(龙游)拉力赛。国际汽联仲裁主席阿兰·欧，国家体育总局汽车摩托车运动管理中心主任韦迪、汽车运动一部主任何建东、事业发展部主任郦春韦，省体育局副局长应祖明，省旅游局副局长许澎，衢州市副市长陈锦标，龙游县领导刘根宏、周中民、黄利荣等出席开幕式。龙游站正式赛事历时3天，共有来自中国、澳大利亚、日本、斯里兰卡、意大利、比利时等国家和地区41支车队110辆赛车800余人参赛。比赛在士元短道赛场、三门源、横山、社阳、沐尘、毛家铺、罗家等地举行，赛事总里程656.62公里，其中比赛路段总里程230.92公里。

【主要来访】 4月13日，法国演员杰拉尔·德帕迪约访问龙游，为参演的电影《营救飞虎队》踩点考察。

5月18日，几内亚前总理、几内亚民主力量同盟主席塞卢·达莱因·迪亚洛一行考察大街乡贺田村新农村建设情况，详细了解处理系统的运作流程、成本投入等问题，并表示将吸取贺田模式经验，运用到本国农村建设中。

7月7日，美国康奈尔大学亚洲研究系主任、历史学家罗斌一行访问龙游，对历史人物徐偃王的相关历史遗迹进行实地考察，了解和考证关于徐偃王的民间传说。这是他第三次来到龙游追寻徐氏遗迹。徐偃王是西周时期徐国第32代国君，是中国人工运河首创者。溪口镇灵上村建有徐偃王纪念馆，每年举办纪念徐偃王庙会，是传统的民俗文化活动，被列入衢州市非物质文化遗产保护名录。

9月27日，来衢参加祭孔典礼的11国孔子学院嘉宾参观龙游民居苑，感受中国文化，了解欣赏明清时期传统自然村落的生活场景和古民居建筑精湛的砖雕、木雕艺术。 (秦宏杰)

舟山市

综述

【外事工作概况】 2014年,舟山市外事与侨务办公室(简称市外侨办)紧紧围绕浙江舟山群岛新区建设大局,全市外事、侨务各项工作取得新成效。市外侨办获得"全省领事保护工作优秀集体"荣誉称号。

全年市委、市政府安排重要团组13批72人次赴国(境)外开展推介活动。接待外国驻华使领馆官员8批42人次,国(境)外来宾和友城团组10批155人次。会同市招商局设立美国芝加哥招商引资联络站。

制定出台《舟山市市管党政干部及国家工作人员因公临时出国管理若干规定》。全年办理因公出国(境)团组118批343人次,较上年分别下降41.29%、47.31%。邀请外国人来访舟山702批1324人次,与上年相比分别上升22%、17.7%,其中涉外远洋渔业签证邀请函62批150人次。办理因公签证59批259人,因私签证384批620人,各类认证419份,代办APEC商务旅行卡58张。

妥善处理涉外渔业、劳资纠纷、外籍人员意外死亡等涉外案(事)件33起,其中海外领事保护案(事)件17起。通过市外侨办门户网站向社会发布出国提醒,向"走出去"企业和公民发放《中国领事保护和协作指南》《海外安全常识》等宣传资料。

重要外事活动

【波音中国总裁和商飞公司总经理考察舟山】 4月22日,波音中国总裁唐义恩、中国商用飞机有限公司总经理贺东风一行考察舟山。副省长、新区党工委书记、市委书记孙景淼和新区党工委副书记、市委副书记、市长周江勇会见考察团一行。双方在推进务实合作、实现互利共赢等方面进行交流。

考察团一行先后考察普陀山机场、新区城市展示馆和朱家尖等地及新区部分基础设施。

【第16届舟山国际沙雕节】 9月28日至10月31日在舟山朱家尖南沙举行。本届沙雕节以"欢乐海洋"为主题,来自国内外的30名沙雕手在1.1万平方米沙雕区域创作"东方之箭""海市蜃楼""海纳百川""海洋之约""欢乐海洋"五大内容53座沙雕作品。

【驻华使领馆官员走进舟山群岛新区活动】 10月15日至17日举办,来自加纳、秘鲁、英国、德国、俄罗斯、日本、澳大利亚等22个国家的31位驻华使领馆官员走访舟山市进行交流。

在舟期间,驻华使领馆官员先后参观考察普陀山、舟山群岛国际邮轮港、舟山市富丹旅游食品有限公司,观赏《印象普陀》演出,并与舟山市部分政府部门、企业、学校等代表进行互动交流。

【市友协第六届理事会大会】 11月18日召开。会议选举产生舟山市人民对外友好协会第六届理事会会长、副会长、秘书长,通过舟山市对外友好协会第六届理事会理事名单。

主要出访

【市长率团访问香港】 2月26日至3月1日，新区党工委副书记、市委副书记、市长周江勇率领市发改委、招商、港务、口岸、侨务等相关部门负责人，赴香港学习自由港建设管理、海上燃料油供应业务先进经验，拜访重点企业，上门推介招商，开展联谊活动。

在港期间，代表团拜访专职拓展香港特别行政区全球贸易的香港贸易发展局，及主管航行事务、水域安全和船舶注册的香港海事处。代表团走访香港永顺集团、中远太平洋公司、裕程物流集团等企业，了解企业在舟项目进展情况及存在困难，并就下一步加快项目推进、扩大有效投资、寻求新的合作等事宜进行沟通洽谈。代表团还拜访中联办，出席香港舟山同乡会第13届理事会就职典礼暨2014年春茗茶会，周江勇向名誉会长颁发证书并致辞。

【舟山市政府代表团访问日本等国(地区)】 10月25日至11月3日，舟山新区党工委副书记、市委副书记、市长周江勇率团访问日本、法属波利尼西亚群岛、库克群岛等国家(地区)。拜访当地政府及渔业主管部门、渔业协会和远洋渔业企业，洽谈远洋渔业合作项目，学习水产交易市场和渔业基地建设、渔业产业化发展等方面的成功经验，并为舟山群岛新区海洋经济发展和远洋渔业母港建设等推介招商。

在日本，代表团访问北海道渔联、三菱商事株式会社，参观全球最大的金枪鱼拍卖市场——东京築地市场。周江勇诚邀北海道渔联和三菱商事水产部来舟山考察，投资水产加工贸易项目。

在法属波利尼西亚群岛、库克群岛，参观当地交易市场、渔业装卸补给基地和渔业管理服务站，并围绕进一步加强渔业捕捞养殖等方面的合作与对方探讨交流，双方就增加舟山市远洋渔业企业捕捞配额、渔业基地建设和渔业人才交流培养达成初步意向。

【舟山市代表团访问西班牙和意大利】 11月23日至30日，副省长、新区党工委书记、市委书记孙景淼率团对西班牙和意大利两国进行友好访问。

在西班牙，代表团一行实地考察巴塞罗那自贸区联盟蒙卡巴那交易市场，考察瓦伦西亚省与舟山合资的欧亚水产公司，探讨进一步扩大合作、加快发展的具体途径。

在意大利，代表团一行考察米兰滨海生态景观。孙景淼与罗马市议会第一副议长、罗马市商贸总会会长以及中意文化与对外项目合作委员会主席等商洽舟山与意大利文化、经贸合作事项，洽谈在舟山建设意大利商品城项目。

主要来访

【泰国驻沪总领事访问舟山】 2月17日至18日，泰国驻沪总领事芙诗功一行访问舟山，考察普陀山“自在亭”现状以及后期修缮等事项。

9月23日，芙诗功一行9人再抵舟山，为普陀山泰式“自在亭”捐赠两尊石雕大象。24日上午，捐赠仪式在普陀山举行。这是继捐建“自在亭”之后，泰国政府送给普陀山的又一份礼物，也是2015年纪念中泰建交40周年的配套活动。泰国驻沪总领事芙诗功、副市长方敬华致辞并向两尊石雕大象敬献花环。

【加拿大驻沪总领事访问舟山】 2月24日至25日，加拿大驻沪总领事尚锐恺一行参访舟山，副市长刘宏明会见尚锐恺一行。尚锐恺一行还参观舟山城市展览馆、舟山市船舶设计院、舟山海洋水产研究所、舟山声达公司，并就海洋科技合作方面与市科技局进行座谈交流。

【美国驻沪总领馆官员访问舟山】 3月13日至14日，美国驻沪总领馆领事处官员金爱琳一行访问舟山，参观舟山港综合保税区、舟山医院、舟山中学，并分别与市旅委、舟山医院、舟山中学、舟山综保区相关负责人进行座谈交流。金爱琳一行还拜会舟山市外侨办主任方维，并就如何开展赴美签证工作交换意见。

【秘鲁驻沪商务参赞一行访问舟山】 4月23日至25日，秘鲁驻上海经济商务参赞弗拉迪米尔·戈切哈一行访问考察舟山。在舟期间，弗拉迪米尔·戈切哈一行与舟山市外侨办、市海洋渔业局等相关单位负责人座谈，就秘鲁与舟山的商务合作和经贸交流以及舟山在秘鲁设立办事处等相关事宜进行洽谈。弗拉迪米尔·戈切哈一行还参观舟山三家鱼粉设备厂，就舟山鱼粉设备出口秘鲁事宜进行商谈。

【澳大利亚西澳州渔业部人员访问舟山】 9月1日，澳大利亚西澳州渔业部特雷弗·惠廷顿一行5人访问舟山，考察浙江海洋学院、舟山市水产研究所，双方围绕水产品养殖等进行交流与探讨。市海洋与渔业局、市外侨办、市水产研究所相关人员参与此次考察。

【香港舟山同乡会考察交流团访问舟山】 10月31日，副省长、新区党工委书记、市委书记孙景淼在市行政中心会见由香港舟山同乡会会长杨詠曼率领的香港舟山同乡会考察交流团一行。

【荷兰国家基础设施和环境部赴华考察团访问舟山】 10月31日至11月1日，由舟山籍华裔胡景淳任团长的荷兰国家基础设施和环境部赴华考察团一行40人访问舟山。在舟期间，考察团分别与舟山市大桥管理局、舟山市规划局、舟山市环境保护局的专家和金塘管委会进行两场座谈交流。考察团还参观舟山市城市展示馆、大浦口集装箱码头、舟山跨海大桥展览馆等。

友好城市交流

【舟山南海实验学校赴韩国江华郡交流】 1月22日至26日，舟山南海实验学校初中部师生一行23人在韩国江华郡开展一年一度的住家式交流活动。

【舟山市普陀区中学生赴韩交流访问】 1月22日至28日，普陀第二中学、沈家门第一初级中学25名中学生及6名教师组成的友好访问团在韩国谷城郡开展住家式交流活动。这是普陀区根据两地友好交流关系协议组织的第六批中学生交流团。

【澳大利亚杰尔顿市篮球协会代表团访问舟山】 7月9日至11日，以澳大利亚杰尔顿市篮协主席、杰尔顿文法学校校董达伦·李为团长的澳大利亚杰尔顿市篮球协会一行47人访问舟山。10日，普陀第二中学与杰尔顿文法学校签署《建立友好学校关系协议书》，杰尔顿篮球协会与舟山市男、女篮代表团进行篮球友谊赛。

◎“中国定海·美国海外引才引智工作联络站”成立

县(市、区)外事

·定　海　区·

【外事工作概况】 2014年,全区审核上报因公赴港自组团组2批11人次;审核市组团组因公出国6批6人次;审核省组团组2批2人次。共为21家涉外企业办理89份邀请函,邀请外国人来访142人次。

【设立定海首个海外引才引智工作联络站】 1月28日,区委组织部、区人才办举行"中国定海·美国海外引才引智工作联络站"成立仪式,区委常委、组织部长郑洪代表定海与留美博士姚海涛签订《关于建立中国定海·美国海外引才引智工作联络站的合作协议》,并为定海首个海外引才引智工作联络站授牌。

【舟嵊小学和香港拔萃男书院附属小学结成友好学校】 5月20日至24日,定海区教育交流团一行8人赴香港,与香港拔萃男书院附属小学、钟声慈善社胡陈金枝中学进行教育教学交流活动。其间,舟嵊小学和香港拔萃男书院附属小学签订友好结对协议书,正式结成姊妹学校。

【匈牙利塞格萨德市代表团访问定海】 6月11日,与定海区结成友好城市的匈牙利塞格萨德市代表团一行在副市长瑞兹索·埃克斯带领下访问定海。双方在优质农产品生产加工及互派留学生开展教育教学交流方面达成合作意愿。

【舟山市荣誉市民返乡】 12月6日,舟山市荣誉市民、港胞许志勤及其家人返乡,参加定海廷佐小学举行的许廷佐先生铜像揭幕仪式暨建校90周年学校发展座谈会。

·普　陀　区·

【普陀区中学生访问团访问韩国】 1月22日至28日,由普陀二中、沈家门第一初级中学25名中学生及6名教师组成的访问团一行,赴韩国谷城郡开展住家式交流访问活动。

在韩期间,学生们领略清静谷城的自然风情风貌,体验乐器制造,参观谷城中学等异国文化生活。住家式交流活动使学生们感受到韩国独特的文化底蕴和教育理念、模式。

【千校结好】 7月10日,澳大利亚杰尔顿文法学校校董会副主席达伦·李一行访问普陀二中,两校签署姊妹学校合作协议并互换校旗,议定将互派老师学生开展进一步交流。澳大利亚客人还参观普陀二中校园,听取学校师生对学校情况与设施环境介绍。

【韩国KBS国家电视台摄制组到普陀区取景】 8月21日至22日,韩国KBS国家电视台摄制组一行8人,专程到普陀区拍摄、制作一部关于海上丝绸之路方面的专题纪录片,在具有典型明代特征的"绿眉毛"船上取景,再现郑和下西洋的壮观场面。　(张璐璐)

◎韩国KBS国家电视台摄制组到普陀区"绿眉毛"船上拍摄纪录片

台 州 市

综 述

【外事工作概况】 2014年，台州市外事工作围绕“两个服务”，制订出台《台州市县处级以下国家工作人员因公临时出国管理办法》，建立市管干部出访档案与因公临时出国团组事前公示、事后公开制度。

全年审核审批各类因公出国（境）团组276批552人次，与上年相比分别下降31.5%和29.7%。全年办理邀请外国人来华590批832人次，办理各类认证749批1423份，申办APEC商旅卡320张，为企业提供因私签证服务1679批2492人次。

举办“2014世界500强及跨国公司台州行”活动，来自10个国家和地区的51名世界500强和跨国公司代表来访台州，就多个大型经贸合作项目进行洽谈。

全年妥善处理涉外事件10起。其中5起涉外渔事，另5起分别为涉外经济纠纷、突发安全事故和外国人在华治安纠纷。

主要出访

【台州市代表团访问波兰和匈牙利】 9月17日至24日，市人大常委会主任薛少仙率台州市代表团访问波兰和匈牙利。代表团出席在波兰友城凯尔采市举办的波兰（中国）国际建材、卫浴、五金家电展览会开幕式，参加“走进东方”经济论坛，向波兰及东欧各国企业与政府机构介绍台州。拜访欧亚商务教育基金会，看望慰问海外侨商。

【台州市经贸代表团访问日本、新加坡和泰国】 10月28日至11月6日，市委副书记、市长张兵率台州市经贸代表团访问日本、新加坡和泰国。在日本，代表团与友城敦贺市市长河濑一治、议长有马茂人等进行友好会谈，考察敦贺港、敦贺火力发电厂等地。在新加坡，代表团与裕廊工业园区管委会负责人会谈，实地考察裕廊港区，就加强港区建设、港务合作等事宜交流。代表团还走访科碧恩—普拉克集团泰国分公司、丰田公司元町厂部、JFE环境株式会社、辉瑞制药新加坡公司等世界500强企业，并看望在当地的台州企业和海外华侨。

【台州市代表团访问以色列和罗马尼亚】 12月10日至17日，市委书记吴蔚荣率台州市代表团访问以色列和罗马尼亚。

在以色列，代表团拜访海法市政府，与该市政府及市政发展委员会等相关部门举行座谈。实地考察海法港口和石化园区，并就相关项目合作进行商谈。

在罗马尼亚，代表团访问普拉霍瓦省阿祖加市，与普拉霍瓦工商会会长高吉勒兹·奥瑞连等会谈。拜访中国驻罗马尼亚大使馆，中国驻罗马尼亚大使霍玉珍会见代表团。吴蔚荣一行还看望罗马尼亚台州商会，并就新一届商会换届选举等事宜给予指导。

表25　2014年台州市部分出访团组

序号	出访时间	团长职务、姓名	人数	出访地点	出访任务
1	1月14～23日	市政协副主席马世宙	6	澳大利亚、新西兰、新加坡	社会建设工作访问
2	11月15～23日	副市长赵跃进	4	哥斯达黎加、墨西哥	参展及经贸招商

主要来访

【美国伊利诺伊州高校代表团访问台州】 3月2日至5日，由美国伊利诺伊州13所高校组成的教育代表团一行18人访问台州，考察台州职业技术学院，赴温岭中学、天台中学及天台育青中学举办讲座，并作为评委参加"我眼中的美国—台州市高中英语演讲比赛"。

【印度驻沪总领事访问台州】 4月2日至3日，印度驻沪总领事史耐恩一行3人访问台州，拜访市委书记吴蔚荣，走访相关企业并举行座谈会，与企业探讨加强经贸、投资等领域的合作事宜。

【德国哈瑙市代表团访问台州】 4月11日至14日，德国哈瑙市议长约根·舒尔曼率代表团一行5人访问台州，与市长张兵签署友好城市关系协议书，走访相关企业、学校，并与部分企业就加强经贸、投资等领域合作事宜座谈。

【"2014世界500强及跨国公司台州行"活动】 6月9日至10日，来自10个国家和地区的51名世界500强及跨国公司代表参加活动，走访台州湾循环集聚区及相关企业；参加台州投资推介会，听取市长张兵关于台州投资环境与重点投资区块等相关情况介绍。

【麦德龙高管访问台州】 7月1日至2日，麦德龙中国区总裁席龙一行8人访问台州，拜访市领导并出席麦德龙台州经济开发区商场开业仪式。

【印中商务投资论坛】 7月8日至9日，印度驻沪总领事史耐恩率印度工商会及印度企业家代表团一行9人访问台州，并举办"印中商务投资论坛"，寻求印度与台州在经贸领域的互赢合作。市委副书记、市长张兵会见史耐恩一行，副市长赵跃进出席论坛。史耐恩一行就印度投资环境与相关政策与近60位台州企业家进行面对面交流，并走访海正药业等台州企业。

【日本敦贺市小学生代表团访问台州】 7月24日至29日，日本友城敦贺市小学生代表团一行10人访问台州，在台州实验小学开展住家体验等交流活动。

【荷兰弗里福兰省代表团访问台州】 9月24日，荷兰弗里福兰省副省长阿普曼率省政府及企业代表团一行13人访问台州。市委书记吴蔚荣会见阿普曼一行。代表团考察双鸽集团等企业。

【辉瑞公司高管访问台州】 10月27日，辉瑞全球生物药对外合作战略副总裁阿瑞丹斯·博斯一行8人访问台州，与市长张兵会晤并访问海正集团。

【波兰友城凯尔采商界代表团访问台州】 12月10日，波兰凯尔采市展览中心总裁率代表团一行4人访问台州，推广凯尔采展览中心重点项目，并就加深双方贸易等进行交流。

县(市、区)外事

·椒　江　区·

【印度驻沪总领事访问椒江】 4月2日，印度驻沪总领事史耐恩一行2人访问椒江，寻求印度与椒江区在各领域互赢合作。

【德国哈瑙市经贸团访问椒江】 4月12日，德国哈瑙市经贸团与椒江企业举行座谈会，并参观新杰克缝纫机有限公司。

【椒江企业参加"印中商务投资论坛"】 7月9日，区内5家企业参加由市外事办组织的"印中商务投资论坛"，接待印度驻沪总领事史耐恩一行，并参加印度客人参观考察海正集团活动。

·黄　岩　区·

【荷兰弗里福兰省代表团访问黄岩】 9月24日，荷兰弗里福兰省副省长阿普曼率省政府及企业代表团一行14人访问黄岩，考察双鸽集团济民制药股份有限公司和台州润兰实验器材有限公司。

【参加"创新驱动与产业升级专题研究班"培训】 10月8日至25日，区委副书记、区长李昌道随省委组织部团组赴法国，参加"创新驱动与产业升级专题研究班"培训。

【美国驻沪副领事访问黄岩】 11月25日，美国驻沪总领馆副领事亚当·T·斯蒂文斯一行2人访问黄岩，考察黄岩中国柑橘博览园。

·路　桥　区·

【美国密歇根州经济发展署考察团访问路桥】 4月29日，美国密歇根州经济发展署招商引资经理康为率考察团一行4人访问路桥，参观考察浙江金刚汽车有限公司，并与路桥区10多家汽车配套生产企业负责人就有关汽车先进技术、人才、资金等方面合作进行座谈交流。

【第14届中国塑料交易会和2014中国(国际)塑料台州论坛】 9月25日至28日在路桥举行。来自欧洲、东南亚等地的塑料行业专家学者及11个国外塑协代表团共500余人次参加展会。

·临　海　市·

【韩国横城郡中学生访问团访问临海】 2月20日至25日，韩国横城郡中学生访问团一行15人访问临海，与临海外国语学校中学生开展住家式交流。

【韩国横城郡政府访问团访问临海】 3月3日至7日，由横城郡畜产课课长金宗洙率领的横城郡政府访问团一行8人访问临海，与临海市签订2014年友好交流计划。

【美国印第安纳特克大学教师访问临海】 10月28日，美国印第安纳特克大学4名教师访问临海，考察回浦中学国际部。

【日中文化交流协会佛教代表团访问临海】 11月1日，日中文化交流协会佛教代表团暨踏寻鉴真大师在中国的足迹访华团一行39人访问临海龙兴寺。

·温　岭　市·

【温岭市与韩国大田广域市西区开展友好交流】 3月19日，市长李斌会见新一任韩国大田广域市西区(简称西区)驻温岭国际协作官李钟明。4月17日，温岭市派驻西区公务员江晶亚赴西区开展为期一年的工作交流。7月至8月间，温岭市与西区开展为期4天的夏令营活动。韩国培才大学分别与温岭中学、新河中学、温岭市二中、箬横中学、温岭市之江高级中学、温岭市三中达成合作协议。

【埃塞俄比亚驻沪总领事访问温岭】 4月9日，副市长马健会见埃塞俄比亚驻沪总领事哈纳斯·方达·沃尔德·乔治一行，并出席在温岭举办的埃塞俄比亚投资推介会，30余家温岭市外向型企业负责人参加推介会。

·玉　环　县·

【友好城市交流】 4月至10月，玉环县派遣1名公务员(县委组织部副科长王涵)到韩国唐津市政府相应部门进行为期6个月挂职交流。7月3日至7日，玉环县学生交流访问团赴韩国唐津市开展小学教育交流访问。9月至10

月，玉环县玉城中学交流访问团一行赴美国罗克路德中学进行交流访问。

【玉环县政府代表团访问西班牙和阿联酋】 11月16日至23日，县长林先华率代表团一行6人出访西班牙和阿联酋。在西班牙，林先华代表玉环县与马尔托雷尔市签订建立友好城市合作交流意向书。

·天　台　县·

【日本IRIS集团会长访问天台】 1月20日，日本IRIS集团会长箱田秀夫访问天台，考察天台佛教城、天台山木雕厂、天皇药业。

【韩国绿茶世上会长访问天台】 2月16日至18日、5月10日和7月10日，韩国绿茶世上会长赵根元三度访问天台，考察国清寺、西部农业园区，讨论苍山顶旅游项目图纸设计等。

【天台县教育友好交流团访问韩国】 5月18日至23日，天台县教育友好交流团一行40人访问韩国全罗南道和顺郡，开展中小学生第四轮教育友好交流活动。

·仙　居　县·

【波兰驻华大使馆文化参赞访问仙居】 3月18日，波兰驻华大使馆文化参赞梅西亚一行访问仙居，参加2014仙居·第七届浙江油菜花节开游仪式。波兰国家级著名女钢琴家乔安娜·瓦乌丽诺维茨在开游仪式上表演钢琴独奏。

【县领导出席波兰国庆招待会】 5月3日，应波兰驻华大使及夫人邀请，县委宣传部部长陈红雷和外办主任李斌在北京出席波兰共和国国庆招待会。

【2014仙居·波兰国际文化旅游节暨神仙居美食音乐嘉年华活动】 12月19日至27日在仙居举行。波兰驻华使馆文化参赞、政治处领导和台州市副市长赵跃进以及仙居县领导和嘉宾出席开幕式。仙居县与波兰方签署《仙居·波兰友好城市意向协议》，举行仙居·波兰国际艺术夏令营、仙居·波兰旅游局、仙居·波兰旅游公司以及肖邦国际音乐艺术中心落户仙居授牌、签约等一系列仪式。

【友好往来】 4月2日至7日，澳大利亚肯布里亚中学文化交流团13人访问安洲中学，这是两校建立友好交流关系后澳方代表团第四次来访。

8月7日至14日，8月10日至16日，安洲中学与仙居二中分别派团赴澳大利亚和德国进行交流访问。

10月23日至30日，县委副书记刘中华率休闲旅游产业洽谈团出访美国和加拿大，与加拿大尼亚加拉瀑布城市政府洽谈并签订建立友好交流关系意向书。

10月23日至11月1日，县委书记单坚率经贸洽谈团出访俄罗斯、波兰和匈牙利，进行经贸洽谈和友好交流，与波兰扎科帕内市初步达成建立友好交流城市意向。

·三　门　县·

【德国哈瑙市代表团访问三门】 4月12日，德国哈瑙市议会议长约根·邵尔曼一行5人访问三门，台州市副市长赵跃进、三门县人大常委会主任章文英和副县长俞茂昊会见代表团一行。代表团参观三门中学、德企欧克奥拓凯斯勒手套(三门)有限公司等。

【千校结好】 4月2日至29日，德国哈瑙市卡尔·吕贝恩一级学校师生代表团一行19人访问三门中学，与三门中学师生进行友好交流和学习。

5月22日至25日，三门县海游初级中学师生代表团一行15人，赴韩国与济州中央中学师生进行友好交流和学习。

6月4日至5日，马来西亚三育华文学校理事和老师代表团一行14人访问三门县实验小学，进行友好交流和学习。

7月18日至31日，三门中学师生代表团一行15人赴德国哈瑙市卡尔·吕贝恩一级学校，开展教育交流。（於凌安）

丽水市

综　述

【外事工作概况】 2014年,丽水市严把因公出国(境)审核审批关。全年办理因公出国(境)审核审批270人次,出访团组20批,实际成行244人次,接待来自世界各地的考察团和外国友人64批419人次,因公护照、通行证收缴率均为100%。

应对涉外突发事件,做好领事保护工作。协助省外侨办处理好越南公民邓清雅在莲都因悔婚遭困案;赴缙云走访阿富汗遇难者家属;协助处理香港居民吕洁萍在丽水遭遇困难事等。2月,巴西里约热内卢华人总仓库发生火灾,造成巨大损失,及时与巴西里约华人联谊会联系,并发送慰问电。8月,埃博拉疫情蔓延利比里亚,丽水市有100多名侨胞迫切希望返回祖国,及时做好家属的安抚慰问工作。11月,西班牙开展代号为"玩具搜捕"的反偷税漏税行动,近20名中国人被捕,及时了解详情,编印专报向省外侨办、市政府汇报。

扩大丽水对外结好关系。与韩国丽水市、日本三岛市、智利塔尔卡市等在友城互访、文化交流等方面取得新进展。当年,正式结成友好城市2对,分别是丽水市与法国法属留尼汪省圣·皮埃尔市、丽水市与巴西伊塔博拉依市;意向结好城市2对,分别是丽水市与意大利曼托瓦市、丽水市与以色列贝尔谢巴市。

服务企业,做好外国人来华邀请工作。全年办理邀请外国人来华审批手续37批51人次。拓展代办因私签证和领事认证服务,代办因私签证111人次,领事认证454份,APEC商务旅行卡37张。

【丽水市青少年书画作品在日本展出】 1月8日至29日,与日本福井县胜山市教育委员会签订友好交流意向书的遂昌实验学校和庆元实验小学,选送60余幅青少年书画作品参加福井县组织的校际书画交流活动。作品先后在福井县芦原、敦贺、小浜、胜山等市展出。

【拜会以色列和瑞士驻沪总领馆】 3月3日,副市长陈重率团拜会以色列和瑞士驻上海总领事馆,分别与两国总领事进行会谈和交流,宣传推介丽水。与以色列领事馆会谈中,陈重就如何加强丽水与以色列之间在农业方面的合作进行交流。

【2014丽水国际轮滑公开赛】 8月22日至24日,2014丽水国际轮滑公开赛暨中国(丽水)速度轮滑公开赛在丽水举行,国家体育总局社会体育指导中心、中国轮滑协会主办,浙江省体育局和丽水市政府承办。来自德国、法国等25个国家和地区的500多名国内外轮滑顶尖选手参加。本届大赛竞赛项目分轮滑自由式、速度式、马拉松和高山速降四个项目,其中高山速降在白云山森林公园举行,这也是首次在亚洲举办该项目。

【丽水(上海)投资贸易恳谈会】 11月6日在上海举办,保加利亚、智利、瑞士、罗马尼亚、意大利、捷克斯洛伐克驻上海总领事馆及香港特区驻上海经济贸易办事处等机构的官员出席活动。保加利亚总领事白艾琳、上海美国商会副总裁威廉姆斯和香港中华工商总会副会长李道洪分别在会上致辞。白艾琳和威廉姆斯都表达了推动本国企业到丽水投资创业的浓厚兴趣。李道洪表示，希望到丽水来投资文化产业，向全世界展示丽水的好山好水和深厚文化。本次恳谈会完成5个工业和旅游引资项目，总投资额48.7亿元。

【市委书记拜会瑞士驻华大使馆及中国人民对外友好协会】 12月17日，市委书记王永康率团拜会瑞士驻华大使馆及中国人民对外友好协会，学习国外生态经济发展和生态保护的先进经验，寻求全国友协对丽水扩大开放、加强国际合作的大力支持。

主要出访

【市人大代表团访问意大利和斯洛文尼亚】 10月20日至28日，市人大常委会主任虞红鸣率团赴意大利和斯洛文尼亚就友城结好、经济文化建设及旅游业发展进行考察访问。虞红鸣代表丽水市政府与意大利曼托瓦市政府签署《建立友好交流关系意向协议》，双方将在经贸、教育、文化等领域开展交流与合作。

【市政协代表团访问以色列和法国】 11月6日至16日，应以色列海法市政府、法国国民议会邀请，市政协副主席庄志清率市政协代表团赴以色列和法国开展生态农业、休闲旅游及养生养老产业发展交流洽谈。庄志清代表丽水市政府与以色列贝尔谢巴市政府签署《建立友好交流关系意向协议》。代表团一行还拜访中国驻以色列大使馆。

主要来访

【德国驻沪总领事访问丽水】 3月12日至15日，德国驻上海总领事芮悟峰一行2人访问丽水，市长黄志平会见德国客人，介绍丽水市基本市情，希望总领事能继续推动丽水和德国在农业、经贸、教育、旅游等方面深入交流，努力实现共赢。芮悟峰就丽水发展机器人产业如何学习德国经验、吸引德资等提出交流。芮悟峰用德文题词："很高兴来到这个山清水秀的美丽城市。"

【瑞士驻沪总领事访问丽水】 5月5日至7日，瑞士驻上海总领事史伦博一行5人访问丽水，市委书记王永康会见访问团一行，市长黄志平与史伦博在国际友好林共同栽种友好树。

【瑞典于默奥市商务代表团访问丽水】 7月11日至13日，瑞典于默奥市商务代表团一行6人访问丽水，与丽水市相关部门就养生养老产业发展举行专题座谈。副市长任淑女向代表团介绍丽水市市情、经济社会发展及养生养老产业规划等情况。代表团专家成员介绍了瑞典在养生养老产业发展方面的成果与经验。

【智利驻华大使及驻沪总领事访问丽水】 8月17日至19日，智利驻华大使贺乔治及驻上海总领事安明远一行5人访问丽水，市委书记王永康会见代表团一行，双方进行友好交流座谈。代表团一行还考察了丽水城市建设、文化发展与美丽乡村建设。

【以色列驻沪总领事访问丽水】 9月22日至23日，以色列驻上海总领事柏安伦一行2人访问丽水，市长黄志平向客人介绍丽水市经济社会发展情况。柏安伦表示，推动以色列与丽水开展交流与合作是他的职责所在，非常乐意将以色列企业推介到丽水来发展，把以色列顶尖的技术和管理向丽水推广。

【美国驻沪总领馆联络官访问丽水】 10月22日至24日，美国驻上海总领馆联络官罗森一行3人到丽水考察访问，并与丽水市贸易促进委员会成员举行座谈会。罗森详细介绍美国的签证政策和要求，11家与会企业代表分别介绍各自企业情况，并提出企业赴美签证等相关问题。

友好城市交流

【希腊友城代表团访问丽水】 3月4日至9日，希腊爱琴娜岛市市长塞奥朵塞奥斯·塞基奥蒂斯一行5人到丽水市进行友好访问。市长黄志平会见代表团一行，双方就今后两市在市政基础设施建设、电子商务等领域开展广泛交流和合作，共同拓展两地城市发展空间等方面交换意见。

【丽水市代表团访问智利和巴西】 5月25日至6月2日，市外侨办主任潘志强率丽水市代表团赴智利和巴西，参加首届中国智利友好城市论坛。塔尔卡市市长会见代表团一行，双方就进一步加强两市友好合作等事宜进行座谈交流。代表团一行还走访云和县友城智利库里科市、青田县友城智利阿尔加罗沃市，以及巴西青田同乡会、巴西里约华人联谊会等侨团。

【丽水市与法属留尼汪省圣·皮埃尔市缔结友好城市】 6月5日至7日，法属留尼汪省圣·皮埃尔市市长米歇尔·封登一行12人访问丽水。市长黄志平与米歇尔·封登分别代表两市签署《建立友好交流城市关系协议书》。

【青少年交流团参加国际青少年节】 7月29日至8月3日，应韩国全罗南道丽水市政府邀请，景宁县民族青少年宫代表丽水市组团参加第14届韩国丽水国际青少年节。韩国丽水市议会议长朴正采接见代表团一行。开幕式上，代表团通过《畲山霓裳》等节目向各国友人展示畲族的传统文化。

【丽水学生代表团访问日本三岛市】 8月2日至7日，丽水市花园中学组织学生代表团赴日本三岛市进行友好访问。三岛市市长丰冈武士接见代表团一行。

【韩国友城代表团访问丽水】 10月13日至15日，韩国丽水市副市长李承玉一行5人在丽水考察访问，双方就2015年两市结好十周年共同举办庆典活动事宜进行商谈。

【丽水文化艺术交流团举办“一城丽水·摄影书法刻字作品展”】 11月7日至16日，丽水文化艺术交流团赴韩国丽水市、日本三岛市及胜山市举办“一城丽水·摄影书法刻字作品展”，这是丽水民间艺术家首次组团赴国外展出。访问团携带的65幅摄影、书法、刻字作品向友城人民展示丽水优美的自然风光、民风民俗、历史文化和地域特征。

【日本友城教师代表团访问丽水】 11月16日至21日，日本三岛市政府首次派教师代表团到丽水市开展教育交流活动。代表团在丽水市花园中学和景宁中学考察学习，双方各自介绍学校教学特点和经验，围绕课程设置等进行交流和研讨。其间，丽水市副市长任淑女会见代表团一行，代表团向任淑女转达了三岛市市长丰冈武士的亲笔信和问候。

【丽水市与巴西伊塔博拉伊市缔结友好城市】 12月6日至15日，副市长任淑女率团赴巴西和智利进行友好访问并考察生态农业。8日，任淑女与巴西伊塔博拉伊市市长艾李·卡多索分别代表两市签署《建立友好交流关系协议书》，根据这一协议，双方将开展经贸、文化、旅游以及教育等方面的交流与合作。访问团一行还参观了当地正在建设的拥有3000套住房的廉租房工程。

县(市、区)外事

·莲　都　区·

【外事工作概况】 2014年，莲都区审核审批因公出国(境)20人次，受理团组出访2批10人次。全年协助企业办理外国人来华签证 4 批 7 人次，接待外宾 7 批 30 人次。

【重要外事活动】 3 月 22 日至 27 日，美国威斯康星州高中部交流团到莲都区考察并与莲都外国语学校开展交流活动。

6 月 6 日，法属留尼汪岛圣·皮埃尔市市长米歇尔·封登一行到莲都考察古堰画乡。

12 月 15 日至 24 日，莲都区区委副书记陈元龙率团赴奥地利、匈牙利和波兰就农业发展、农田灌溉和农田水利建设进行考察访问。

12 月 18 日至 25 日，丽水工业园区管委会主任沈建祖率团赴美国和加拿大就生态工业发展、园区配套基础设施建设等进行考察访问。

【千校结好】 8 月 2 日至 7 日，莲都区花园中学交流团赴日本三岛市参加中日美三国学校交流活动。

8 月 16 日至 23 日，莲都区处州中学交流团赴韩国全罗南道咸平新光中学开展交流访问，加深两所友好学校友谊。

11 月 16 日至 18 日，日本三岛市教师访问团到莲都区花园中学开展学习交流，加强双方在教育、文化等方面的交流和沟通。

·龙　泉　市·

【外事工作概况】 2014 年，龙泉市接待外宾 13 批 116 人次，受理出访团组 3 批，办理因公出国手续 15 人次。

【主要来访】 3 月 13 日至 14 日，德国驻上海总领事芮悟峰一行 3 人到龙泉考察访问，市长季柏林会见客人。

5 月 6 日，瑞士驻上海总领事史伦博一行 5 人到龙泉考察访问。

8 月 19 日至 21 日，日本川根本町町长铃木敏夫、议长中田隆幸率代表团一行 16 人到龙泉访问。

9 月 23 日，以色列驻上海总领事柏安伦一行 4 人到龙泉考察，参观沈广隆剑铺和龙泉青瓷博物馆。

10 月 24 日，美国驻上海副领事张良忆一行到龙泉考察访问，副市长王正飞会见来宾。

10 月 28 日至 30 日，韩国康津郡副郡守丁承埈一行访问龙泉，市长季柏林会见客人，代表市政府与对方签订友好交流合作协议。副市长王正飞、王岚出席签约仪式。

11 月 25 日，国际陶艺学会主席雅克·考夫曼一行 5 人到龙泉考察交流。

【友好往来】 2 月 10 日至 15 日，韩国康津郡圣约瑟夫女子高中校长鲁海来罗率第六届教育交流访问团一行 31 人到龙泉开展教育交流活动。市长季柏林、副市长胡慧红参加欢迎仪式，季柏林致欢迎辞。

7 月 18 日至 22 日，龙泉学生访问团赴韩国康津郡进行交流访问。

7 月 26 日至 30 日，根据 2012 年龙泉市与康津郡签订的共同举办中韩陶瓷文化艺术节协议，副市长王正飞率团赴韩国康津郡参加首届中韩陶瓷文化艺术节，并与郡守姜珍远商议 2015 年在龙泉市举办第二届艺术节具体事宜。

7 月 26 日至 30 日，龙泉青瓷大师赴韩国康津郡参加第一届中韩陶瓷文化艺术节。

·青　田　县·

【外事工作概况】 2014 年，青田县审核办理出访团组 16 批 35 人次。接待外宾 5 批 54 人次。全年协助企业办理外国人来华签证 2 批 3 人次。

【主要出访】 9 月 26 日至 10 月 5 日，青田县委常委、组织部部长尚勇庆率团赴法国、西班牙和瑞典招才引智，与法国奥贝维利耶市初步达成结为友好城市意向。

12 月 28 日至 30 日，青田县委副书记、县长戴邦和率团赴香港执行城市规划建设合作交流任务，与香港奥建设计有限公司交流，双方就城市规划设计、双方未来合作交流等签订备忘录。

【主要来访】 3月8日，希腊爱琴娜岛市市长塞奥朵塞奥斯·塞基奥蒂斯一行访问青田，感受青田风光和石雕文化。

4月4日至5日，奥地利林茨市经济联盟代表团一行访问青田。代表团一行实地考察青山控股等企业，探讨两地间经济合作事项，与青田县签署《建立友好交流关系意向协议》。

6月6日，法属留尼汪岛圣·皮埃尔市市长米歇尔·封登一行访问青田，先后参观石门洞景区、石雕博物馆等，感受青田独特的石雕文化。

8月19日，智利驻华大使贺乔治一行访问青田，希望今后两地加强交流，不断密切及巩固交往和友谊。

·遂　昌　县·

【外事工作概况】 2014年，遂昌县办理因公出国(境)7批10人次。接待韩国丽水市代表团、以色列驻上海总领事等来宾。举办“2014中国遂昌汤显祖文化节”“科技对外合作洽谈会”。

【主要出访】 11月9日至16日，副县长朱芝贵率团赴英国、希腊进行文化交流合作和友好访问。双方就2016年纪念莎士比亚和汤显祖逝世四百周年系列活动、遂昌县与英国斯特拉福德市建立友好交流关系等具体事宜进行协商。与希腊太阳城市签署《建立友好交流关系意向协议》，双方商定进一步开展文化交流合作、建立互访机制等。

【主要来访】 4月11日至13日，英国莎士比亚出生地基金会创意总监尼克·福泽、英国伦敦大学亚非学院副教授陈䕫沅、新加坡亚太演艺研究中心教授蔡曙鹏、香港岭南大学中文系研究员司徒秀英、澳门新澄媒体有限公司李卉茵等专家学者到遂昌参加汤显祖—莎士比亚文化交流合作恳谈会和学术研讨会。

4月25日至27日，白俄罗斯国立大学化学博士达兹米特瑞·格林斯潘偕夫人塔兹安娜·萨维斯卡娅到遂昌参加科技对外合作洽谈会。

10月15日，韩国丽水市副市长李承玉一行到遂昌进行友好访问。

11月30日至12月1日，以色列驻上海政府关系与经商处主任徐俊杰一行到遂昌考察调研。

·云　和　县·

【外事工作概况】 2014年，云和县审核因公出国(境)参团4批4人次，组团4批15人次。接待外国来宾5批37人次。与希腊墨伽拉市签署《建立友好交流关系意向协议》。

【重要外事活动】 1月16日至17日，韩国康津郡高等学校师生访问团一行19人到云和中学开展教育文化交流活动，入住云和中学结对师生家中，体验中国学生学习生活，感受中国生活方式。

3月6日至7日，希腊爱琴娜岛市市长塞奥朵塞奥斯·塞基奥蒂斯和议长尼古拉奥斯·吉安努利斯一行5人到云和县进行友好交流访问。考察团一行先后考察云和梯田、浙江七彩工艺品有限公司。塞奥朵塞奥斯·塞基奥蒂斯希望通过此次访问交流，进一步促进双方在多个领域的合作，实现共同发展。

3月8日，韩国韩流文化产业论坛会长安大壁一行3人到云和出席中韩国际文化交流教玩具研发展示基地揭牌成立仪式。中韩国际文化交流教玩具研发展示基地建立后，将引进韩国技术团队，在云和应用先进教育理念技术和设计导入进行二次研发。

3月13日，德国驻上海总领事芮悟峰一行3人到云和县考察访问，参观考察七彩木制工艺品有限公司，详细了解木制玩具生产过程。

8月18日，智利驻华大使贺乔治到云和考察访问，实地考察浙江木玩世家玩具有限公司、浙江振鹏玩具有限公司，详细了解云和县木玩产业及社会发展情况。

（黄亦丹）

义乌市

（县级市）

【外事工作概况】 2014年，义乌市接待国（境）外来访代表团168批1206人次，其中副部级以上高访团12批174人次。接待外国新闻媒体42家，涉及26个国家的58名记者；办理因公出国（境）团组29批79人次；邀请外国人来华9483人次；代办因私签证248人次；代办领事认证269份；办理APEC商务旅行卡101张。处理和协助处理涉外涉侨案（事）件117起。

【跨国金融机构考察团访问义乌】 1月8日，市委书记李一飞会见巴克莱亚洲有限公司董事总经理颜湄之为团长的跨国金融机构考察团一行。双方就加强金融等领域合作进行交流。市领导王奎明、董凤鸣会见时在座。颜湄之一行参观国际商贸城、新光集团等。

【埃塞俄比亚投资说明会】 1月21日，埃塞俄比亚投资说明会在义乌国际贸易服务中心举行。会上，埃塞俄比亚驻上海总领事馆商务专员从地理位置、资源、市场等方面介绍该国的投资优势。市委常委、副市长董凤鸣，埃塞俄比亚驻上海总领事约哈内斯·乔吉斯等参加说明会。

【在义外国友人迎新春晚会】 1月22日，2014在义外国友人迎新春晚会在义乌大酒店举行。包括美国、英国、法国、韩国、伊朗等31个国家的60余名外籍人士参加晚会。市长何美华出席并致辞。

【日本福井县议员团访问义乌】 2月16日，市人大常委会主任陈秀仙会见日本福井县议会议长笹冈一彦为团长的议员团。双方就进一步加强在经贸、教育、友城等领域的交流合作进行探讨。笹冈一彦一行参观国际商贸城等。

【莫桑比克副外长访问义乌】 2月22日，市委常委、常务副市长王奎明会见莫桑比克副外长爱德华多·科洛马一行，重点考察义乌市场和企业，了解义乌市经济社会发展情况。爱德华多·科洛马一行参观国际商贸城等。

【联合国亚太经社会贸易投资司司长访问义乌】 4月10日，市长何美华会见联合国亚洲及太平洋经济社会委员会（简称亚太经社会）贸易投资司司长拉维·拉特纳亚克一行。双方就提升电子商务、物流、国际贸易、金融、会展等领域进行交流。拉维·拉特纳亚克一行出席中国国际电子商务博览会。

【香港贸发局浙江省代表访问义乌】 4月11日，市政协副主席徐江琦会见香港贸发局浙江省代表陈嘉贤一行。双方就进一步推动现代服务、金融、物流和电商等领域合作开展深入交流。陈嘉贤一行出席中国国际电子商务博览会。

【苏丹内阁事务部部长访问义乌】 4月12日，市委常委、常务副市长王奎明会见苏丹内阁事务部长艾哈默德·萨义德·奥马尔一行，出席由苏丹驻华大使馆和在义苏丹侨民共同举办的中苏建交55周年招待会。艾哈默德·萨义德·奥马尔，苏丹驻华大使馆副馆长阿卜杜高迪尔·阿布达拉，市委常委、常务副市长王奎明分别致辞。双方就进一步增进互动交流，加强联系沟通，拓展合作领域，促进两地经济持续健康发展等事项进行洽谈。艾哈默德·萨义德·奥马尔一行参观国际商贸城等。

【新加坡驻沪总领事访问义乌】 4月15日，市长何美华会见新加坡驻沪总领事王首毅一行。双方就在规划设计、国际贸易、金融等方面的合作事项进行探讨。市领导骆华勇、董凤鸣、张晋庆会见时在座。王首毅一行参观国际商贸城等。

【外交部高级外交官国情考察团访问义乌】 4月15日至18日，市领导李一飞、何美华、宋英豪、王奎明、董凤鸣、骆亘等会见外交部前驻伊拉克大使、外交部高级外交官创新实践委员会副主任倪坚为团长的外交部高级外交官国情考察团一行。考察团参观考察国际商贸城、淘源电子商务园区、工业设计中心、新农村建设(赤岸西海)及义乌本地企业。

【韩国CJ中国区总裁访问义乌】 4月27日，市委书记李一飞会见出席第九届中国(义乌)文化产品交易会的韩国CJ集团中国区总裁朴根太。双方就文化产业创新设计、物流业、餐饮娱乐以及教育IT等领域合作进行深入交流。

【越南谅山省代表团访问义乌】 4月27日，市长何美华，市委常委、副市长董凤鸣会见越南谅山省人民委员会副主席李荣光一行。双方共同签署友好交流关系意向书，两地将进一步推动在贸易、投资、旅游、人文、教育等领域开展务实合作。李荣光一行出席第九届中国(义乌)文化产品交易会。

【外国驻华记者团访问义乌】 4月28日，市委书记李一飞会见由越南通讯社、越南《人民报》、“越南之声”广播电台、越南电视台、新加坡《联合早报》、印度报业托拉斯、《印度时报》、《印度教徒报》、《印度斯坦时报》、南非卫星电视五台等10家媒体14名驻华记者组成的外国驻华记者团一行。在义期间，记者团参观采访巨龙箱包、何斯路村、婺剧传承保护中心、国际商贸城和义乌港等，并对第九届中国(义乌)文化产品交易会进行采访报道。

【瑞士驻沪总领事访问义乌】 5月8日，市委常委、副市长董凤鸣会见瑞士驻沪总领事史伦博一行。双方就在金融、电子商务、创意设计、职业教育等领域的实质性合作进行探讨。史伦博一行参观国际商贸城等。

【美国纽约布鲁克林区区长访问义乌】 5月25日，市长何美华会见美国纽约市布鲁克林区区长亚当斯·埃里克一行。双方共同签署友好交流意向书，标志着两地友好交流迈上新台阶。亚当斯·埃里克一行出席第六届中国国际旅游商品博览会。市委常委、副市长董凤鸣会见时在座。

【中国—西亚北非“未来发展愿景”对话会】 5月27日至28日，由中共中央对外联络部与浙江省人民政府共同主办的中国—西亚北非“未来发展愿景”对话会在义乌举行。开幕式上，全国政协副主席马飚，苏丹副总统哈赛卜、土耳其大国民议会副议长雅库特，中联部副部长李进军、副省长梁黎明共同触摸水晶球，宣布对话会开幕。来自西亚北非地区的22个国家近70位外方代表，以及中央和国家机关、浙江省等相关单位负责人参加对话会。

【外交部大使参赞学习班访问义乌】 6月17日至18日，市委书记李一飞会见中国常驻联合国代表刘结一为团长的外交部2014年第三期大使参赞学习班一行。市长何美华参加座谈会，市委常委、副市长董凤鸣陪同参观考察。在义期间，外交部大使参赞学习班一行参观国际商贸城、梦娜袜业、巨龙箱包等。

【埃革阵高级干部考察团访问义乌】 6月18日，市人大常委会副主任吴伟兴会见埃塞俄比亚人民革命民主阵线(简称埃革阵)中央委员、政府政策研究中心主任阿贝·特斯哈耶·阿贝为团长的埃革阵高级干部考察团一行。双方表示将进一步加强联系，促进经济社会共同发展。考察团一行参观国际商贸城等。

【韩国设计振兴院院长访问义乌】 6月25日，市委书记李一飞会见韩国设计振兴院院长李泰鎔一行。双方签署设计领域合作意向书。李泰鎔一行参观国际商贸城、工业设计中心等。

【食尚新加坡食品中心开幕】 7月9日，食尚新加坡食品中心开幕仪式在国际商贸城五区进口商品馆举行。新加坡贸易及工业部部长林勋强、新加坡食品厂商联合会会长白毅柏、新加坡驻上海总领事王首毅、新加坡国际企业发展局副局长尤善钡，浙江省副省长梁黎明、省外侨办副主任虞希华、省商务厅副厅长韩杰和义乌市领导李一飞、盛秋平、董凤鸣等出席仪式。

【日本淡路市市长访问义乌】 7月10日，代市长盛秋平会见日本兵库县淡路市市长门康彦一行。双方签署两市友好交流协议书。代表团一行参观国际商贸城、佛堂老街等地，淡路梦舞台董事长谷口进一向义乌市酒店管理人员就日酒店管理服务经验作讲座。

【泰国外交部东亚事务司副司长访问义乌】 9月1日，代市长盛秋平会见泰国外交部东亚事务司副司长罗曼妮·卡纳努拉一行。双方就进一步推动两地间在贸易、投资、旅游等多领域全方位合作进行商讨。罗曼妮·卡纳努拉一行参观国际商贸城等。

【义乌市代表团访问韩国和马来西亚】 9月1日至8日，市委常委、副市长董凤鸣率义乌市代表团访问韩国和马来西亚。

在韩国，代表团出席第16届中日韩友城交流大会，并作为下届大会承办城市义乌进行宣传推介。同时，代表团与大邱广域市、济州道、龟尾市、济州市政府等地方政府及韩国进口业协会、韩国设计振兴院、韩国贸易协会等经贸机构座谈。

在马来西亚，代表团与巴生市议会、巴生市中华总商会、GM KLANG小商品批发市场及当地政商界人士进行广泛交流，宣传介绍义乌市场和展会。

【泰国东北部四府代表团访问义乌】 9月10日，代市长盛秋平会见以孔敬府府尹甘通·塔温萨提为团长的泰国东北部四府代表团一行。双方就深化在贸易、展会、投资等多领域的合作交流交换意见。代表团一行参观国际商贸城等。

【澳大利亚阿拉瑞特市市长访问义乌】 9月16日，代市长盛秋平会见澳大利亚阿拉瑞特市市长保罗·奥佩尔一行。双方就进一步推动两市建立长期友好关系，使双方合作交流充满活力、富有成效等事宜达成共识。市委常委、副市长董凤鸣会见时在座。保罗·奥佩尔一行参观国际商贸城等。

【义乌市委书记拜会西班牙驻华大使】 10月14日，市委书记李一飞专程赴北京拜会西班牙驻华大使马努埃尔，就落实两国元首会晤共识，洽谈"义新欧"铁路合作事宜。

【义乌市政府代表团访问日本】 10月14日至18日，代市长盛秋平率义乌市代表团出席在日本东京举行的世界商会联合会理事大会。其间，代表团与兵库县淡路市市长会晤，考察调研淡路梦舞台、花卉园、小学、养老院等项目。

【韩国济州道商品馆开馆】 10月20日，韩国济州道商品馆开馆仪式在义乌国际商贸城五区进口商品馆举行。市委常委、副市长董凤鸣参加仪式并致辞。

【汤加驻华大使访问义乌】 10月21日，代市长盛秋平会见汤加驻华大使西亚梅利耶·拉图一行。双方就经贸、会展等方面交流合作交换意见。西亚梅利耶·拉图一行出席第20届中国义乌国际小商品博览会。

【"义乌国际友好城市日"活动开幕】 10月21日，"义乌国际友好城市日"活动在义乌国际博览中心启幕。市委常委、副市长董凤鸣参加开幕式并致辞。来自马来西亚雪兰莪州、土耳其马尼萨市、韩国济州市等外国友城的官员代表分别致辞，并表示愿与义乌进一步加深了解，不断深化友谊，推动友好交流务实合作。

【伊朗驻沪总领事访问义乌】 10月22日，市委书记李一飞会见伊朗驻上海总领事索布哈尼一行，双方就加强经贸合作等进行深入交流。市委常委、副市长王小颖参加会见。索布哈尼一行出席第20届中国义乌国际小商品博览会。

【印度驻沪总领事访问义乌】 10月22日，市委书记李一飞会见印度驻上海总领事史耐恩一行。市委常委、副市长王小颖参加会见。史耐恩一行出席第20届中国义乌国际小商品博览会。

【韩国设计振兴院优秀设计推介对接会】 10月24日在义乌国际博览中心举行。市领导李一飞、盛秋平以及韩国设计振兴院院长李泰镕等出席对接会。此次对接会旨在深入推进中韩交流合作，进一步丰富义博会内涵，全面提升义乌工业设计水平，共同助推义乌市场、产业转型提升。

【第二届中国—中亚合作论坛】 10月28日，由上海合作组织睦邻友好合作委员会与义乌市人民政府共同举办的第二届中国—中亚合作论坛在义乌召开。全国人大常委会原副委员长周铁农、吉尔吉斯斯坦前总理萨特巴尔季耶夫、中国外交部副部长程国平、上海合作组织秘书处秘书长梅津采夫、浙江省副省长梁黎明、义乌市委书记李一飞在论坛开幕式上先后致辞，义乌市代市长盛秋平在专题研讨中发表演讲。本次论坛主题是“中国—中亚：丝绸之路的传承与振兴”。

【第七届义乌国际森博会】 11月1日，第七届中国义乌国际森林产品博览会（简称“森博会”）在义乌国际博览中心召开。本届森博会以“和谐共生、持续发展”为主题，由国家林业局、省政府联合主办，为期4天。

国家林业局党组副书记、副局长张建龙和浙江省副省长黄旭明共同启动开幕水晶球。来自国内23个省（区、市）及境外29个国家和地区的1322家企业参展。

【巴勒斯坦希伯伦市市长访问义乌】 11月2日，代市长盛秋平会见巴勒斯坦希伯伦市市长达乌德·扎塔里一行。对方签署友好交流关系备忘录，将推动双方频繁往来和交流互访。达乌德·扎塔里一行出席第七届中国义乌国际森林产品博览会。

【义乌市政府代表团访问德国、法国和韩国】 11月2日至11日，市委书记李一飞率义乌市政府代表团赴德国、法国和韩国访问。

在德国，代表团分别与德前国防部长、社会民主党前主席沙尔平，巴伐利亚州经济与媒体、能源与技术部国际化与工业司副司长里戈尔，诺伊斯市第一副市长尼科尔，“义新欧”铁路班列合作方等进行交流座谈。

在法国，代表团拜会国际商会秘书长约翰·丹尼洛维奇和世界商会联合会秘书长安东尼·帕克斯，就加强资源对接、深化国际商务协作等进行探讨。代表团还与巴黎欧拜赫维里耶市签署友好交流协议，并见证“义乌购”与法国万利贸易公司的签约活动。

在韩国，代表团参观韩国设计展，拜访韩国贸易协会和世界海外韩人贸易协会，并分别与韩国设计振兴院、三星物产集团签订合作协议。

出访期间，代表团一行深入考察当地市场，详细了解当前国际经济形势以及互联网经济驱动下，出口贸易情况和跨境电子商务发展情况。

【北德地区投资环境说明会】 11月25日，北德地区投资环境说明会在义乌举行。双方就如何深入与北德地区开展合作进行交流探讨。副市长贺少军、德国石荷州劳恩堡市市长提德等出席说明会。

（王静娴）

附录

Appendix

表 26　浙江省友好关系一览表(1979 年—2014 年)

序号	地区	中方城市	对方城市	对方国家	缔结时间	签字地点
1	美洲13国	浙江省	新泽西州	美国	1981.05.11	新泽西州特伦顿(友城)
2		浙江省	巴拉那州	巴西	1986.06.07	杭州市(友城)
3		浙江省	印第安纳州	美国	1987.07.23	印第安纳波利斯市(友城)
4		浙江省	科罗尼亚省	乌拉圭	1995.10.20	科罗尼亚省(友交)
5		浙江省	圣詹姆斯大区	牙买加	2000.05.22	杭州市(友交)
6		浙江省	马坦萨斯省	古巴	2000.09.27	北京市(友城)
7		浙江省	纽芬兰省	加拿大	2001.04.12 2013.06	纽芬兰省圣・翰斯市(意向) 杭州市(友交)
8		浙江省	得克萨斯州	美国	2002.12.09	杭州市(友交)
9		浙江省	门多萨省	阿根廷	2004.11.09	杭州市(友交)
10		浙江省	梅里达州	委内瑞拉	2006.09.23	梅里达市(友交)
11		浙江省	米却肯州	墨西哥	2006.09.11	莫雷利亚市(友交)
12		浙江省	卡亚俄大区	秘鲁	2007.05.21	卡亚俄(友交)
13		浙江省	艾森大区	智利	2009.11.24	艾森市(友交)
14		浙江省	特拉华州	美国	2011.07.14	盐湖城(友交)
15		浙江省	卡罗来纳州	美国	2011.07.16	盐湖城(友交)
16		浙江省	密苏里州	美国	2011.10.27	杭州市(友交)
17		杭州市	马萨诸塞州波士顿市	美国	1982.05.01	杭州市(友城)
18		杭州市	帕拉马里博市	苏里南	1998.05.23	杭州市(友城)
19		杭州市	库里蒂巴市	巴西	2001.09.19	库里蒂巴市(友城)
20		杭州市	拉塞雷纳市	智利	2008.09.12	拉塞雷纳市(友交)
21		杭州市	坎昆市	墨西哥	2008.10.17	杭州市(友城)
22		杭州市	蒙特哥贝市	牙买加	2010.10.15	杭州市(友城)
23		杭州市	亚特兰大	美国	2012.06.18	杭州(友交)
24		杭州市	印第安纳波利斯市	美国	2012.08.16	杭州(友城)
25		杭州市	卡拉法特	阿根廷	2013.11.03 2014.10.16	杭州(友交) 杭州(友城)
26		杭州市	罗索市	多米尼克	2014.06.07	罗索市(友交)
27		余杭区	印第安纳州安德森市	美国	2010.10.15	(友交)
28		富阳市	里弗班克市	美国	2004.04.13	(友城)
29		宁波市	特拉华州威尔明顿市	美国	1988.05.31	威尔明顿市(友城)
30		宁波市	萨里市	加拿大	1999.05.24	宁波市(友交)
31		宁波市	休斯顿市	美国	2000.09.19	休斯顿市(友交)

续表

序号	地区	中方城市	对方城市	对方国家	缔结时间	签字地点
32	美洲13国	宁波市	桑托斯市	巴西	2002.01.08	桑托斯市(友城)
33		宁波市	密尔沃基市	美国	2006.05.11	密尔沃基市(友交)
34		宁波市	杰克逊维尔市	美国	2007.12.03	杰克逊维尔市(友交)
35		宁波市	曼萨尼约市	墨西哥	2010.10.14	曼萨尼约市(友交)
36		宁波市	杜兰戈市	墨西哥	2014.09.23	宁波市(友交)
37		慈溪市	加州贝克斯菲尔德市	美国	1996.04.13	(友交)
38		余姚市	沃尔纳特市	美国	2005.07.26	沃尔纳特市(友城)
39		宁海县	沙佩科市	巴西	2011.05.26	(友交)
40		北仑区	弗吉尼亚州诺福克市	美国	2013.04.19	北仑区(友交)需补办手续
41		奉化市	贝德福德市	美国	2013.11.18	贝德福德市(友城)
42		温州市	新泽西州尤宁郡	美国	1998.06.29	尤宁郡(友城)
43		温州市	德鲁蒙	加拿大	2005.10.	温州市(友交)
44		温州市	本拿比市	加拿大	2006.06.14	温州市(友城)
45		温州市	帝王郡	美国	2009.09.09	温州市(友交)
46		温州市	加利福尼亚州匹茨堡市	美国	2008.05.	温州市(友交)
47		温州市	德克萨斯州博尔郡	美国	2009.12.21	温州市(友交)
48		湖州市	哥伦布市	美国	2011.09.20 2014.01.批	湖州(意向书) (友交)*外方认定已是友城
49		安吉县	艾尔蒙迪市	美国	2004.04.15	艾尔蒙迪市
50		德清县	蒙特赛罗市	美国	2011.07.02	蒙特赛罗市
51		南浔区	都柏林市	美国	2012.05.15	都柏林市
52		嘉兴市	印第安纳州布鲁明顿市	美国	1994.05.20	布鲁明顿市(友交)
53		嘉兴市	坦帕市	美国	2001.06.06	坦帕市(友交)
54		嘉兴市	伊利诺伊州昆西市	美国	2004.04.25	昆西市(友交)
55		嘉兴市	马里兰州洛克维尔市	美国	2009.09.14	洛克维尔市(友交)
56		嘉兴市	达蒙维市	加拿大	2011.04.19	嘉兴市(友交)
57		南湖区	印第安纳州瓦尔普莱索市	美国	2013.06.19	瓦尔普莱索市(友交)
58		秀洲区	林肯郡	美国	2006.03.11	林肯郡
59		嘉善县	明尼苏达州摩瑞斯市	美国	2006.04.18	嘉善县
60		平湖市	华盛维尔市	美国	2006.08.31	华盛维尔市
61		桐乡市	安大略省韦兰市	加拿大	1998.12.05	桐乡市(友城)
62		绍兴市	密苏里州开普吉拉多市	美国	1996.10.14	开普吉拉多市(友交)

续表

序号	地区	中方城市	对方城市	对方国家	缔结时间	签字地点
63	美洲13国	绍兴市	加利福尼亚州卡马里罗市	美国	2001.10.17	绍兴市(友交)
64		绍兴市	新泽西州萨默塞特郡	美国	2003.11.14	萨默塞特郡(友城)
65		绍兴市	佛罗里达州杰克逊维尔市	美国	2004.09.24	绍兴市(友交)
66		绍兴市	贝伦市	巴西	2006.11	邮件(友城)
67		诸暨市	拉朋地市	美国	2005.12.12	拉朋地市(友交)
68		诸暨市	印第安纳州曼西市	美国	2010.11.09	诸暨市(友交)
69		上虞市	洛克哈特市	美国	2005.11.03	(友交)
70		上虞市	加利福尼亚州北湾拉克斯帕市	美国	2012.11.15	拉克斯帕市(友交)
71		金华市	印第安纳州阿尔卡特郡	美国	2011.03.21	金华市(友交)
72		永康市	贝尔维尔市	阿根廷	2004.09.25	永康市(友交,20050206全国友协已批友城,但未正式签字)
73		衢州市	明尼苏达州雷德温市	美国	1994.10.06	衢州市(友城)
74		柯城区	魁北克省和邦吉尼市	加拿大	2012.06.18	和邦吉尼市(友交)
75		舟山市	加利福尼亚州里士满市	美国	1994.09.23	舟山市(友城)
76		台州市	圣保罗州桑托斯市	巴西	1996.10.18	友好交流关系中断
77		台州市	伊基克市	智利	2005.07.08	伊基克市(友城)
78		台州市	桑贡萨洛市	巴西	2008.10.29	桑贡萨洛市(友交)
79		台州市	韦恩堡市	美国	2012.05.10 2013.08批	韦恩堡市(友交) (友城)
80		路桥区	波莫纳市	美国	2012.08.13	(友交)
81		路桥区	团结特特拉市	墨西哥	2012.08.13	(友交)
82		丽水市	新泽西州罗威市	美国	2003.02.10	罗威市(友交)
83		丽水市	塔尔卡市	智利	2011.11.14	塔尔卡市(友交)
84		丽水市	伊塔博拉依市	巴西	2014.12.08	伊塔博拉依市(友交)
85		云和县	库里科市	智利	2012.02.22	云和县(友交)
86		青田县	阿尔加罗沃市	智利	2013.11.04 2014.02.批	阿尔加罗沃市(友交)
87	大洋洲5国	浙江省	西澳州	澳大利亚	1987.11.06	西澳州珀斯(友城)
88		浙江省	波纳佩州	密克罗尼西亚	1999.09.25	杭州市(友城)
89		浙江省	巴省	斐济	2010.05.28	楠迪(友交)
90		浙江省	惠灵顿大区	新西兰	2012.09.11	惠灵顿(友交)
91		杭州市	堪培拉市	澳大利亚	2003.04.10	堪培拉市(友交)
92		杭州市	兰德维克市	澳大利亚	2010.10.15	杭州市(友交)
93		杭州市	楠迪市	斐济	2010.10.15	杭州市(友城)

续表

序号	地区	中方城市	对方城市	对方国家	缔结时间	签字地点
94	大洋洲5国	杭州市	洛哈市	厄瓜多尔	2013.04.19	洛哈市(友交)
95		杭州市	皇后镇	新西兰	2013.11.04 2014.10.16	杭州(友交) 杭州(友城)
96		宁波市	奥克兰市	新西兰	1998.12.02	(友城)
97		北仑区	宝活市	澳大利亚	2007.10.24	宝活市(友交)
98		慈溪市	滨湾市	澳大利亚	2004.06	(友交)
99		宁海县	戈斯福德市	澳大利亚	2013.05.19	宁海县(友交)需补办手续
100		温州市	伊普斯维奇市	澳大利亚	2011.04.01	伊普斯维奇市(友城)
101		湖州市	阿拉阿特市	澳大利亚	2008.08.28	湖州
102		嘉兴市	班布里市	澳大利亚	2000.10.13	班布里市(友城)
103		海宁市	西澳州玛格丽特河郡	澳大利亚	2014.11.07	嘉兴市(友交)
104		绍兴市	白马市	澳大利亚	2007.09.21	白马市(友交)
105		绍兴市	苏瓦市	斐济	2014.07.28	苏瓦市(友城)
106		上虞市	维多利亚州云顿市	澳大利亚	1997.01.24	云顿市(友交)
107		金华市	戈斯福德市	澳大利亚	2000.10.15	戈斯福德市(友交,20040830全国友协已批友城,但未正式签字)
108		龙游县	尼尔森大区尼尔森市	新西兰	2012.12.12	(友交)
109		舟山市	杰尔顿	澳大利亚	2014.09.22	杰尔顿(友交)
110		温岭市	昆士兰州洛根市	澳大利亚	1995.12.30	(友交)
111	欧洲35国	浙江省	上诺曼底大区	法国	1990.03.18	杭州市(友城)
112		浙江省	石荷州	德国	1986.04.20	杭州市(友城)
113		浙江省	新西伯利亚州	俄罗斯	1995.10.06	新西伯利亚州(友交)
114		浙江省	瓦莱达奥斯塔自治区	意大利	1995.11.02	杭州市(友交)
115		浙江省	卢瓦尔·歇尔省	法国	1995.11.06	杭州市(友交)
116		浙江省	迦太罗尼亚大区	西班牙	1997.05.30	杭州市(友好交流关系中断)
117		浙江省	西弗兰德省	比利时	2000.05.06	杭州市(友交)
118		浙江省	乌普萨拉省	瑞典	2000.09.20	杭州市(友城)
119		浙江省	下奥州	奥地利	2001.12.14	杭州市(友交)
120		浙江省	卢夫诺州	乌克兰	2004.04.22	杭州市(友交)
121		浙江省	约克·恒勃大区(大区已撤消)	英国	2004.05	杭州市(友交)
122		浙江省	巴兰尼亚州	匈牙利	2004.06.30	巴兰尼亚州(友交)
123		浙江省	阿尔卑斯一滨海省	法国	2004.11.05	尼斯(友交)
124		浙江省	阿斯图里亚斯大区	西班牙	2005.07.18	奥维耶多(友交)

续表

序号	地区	中方城市	对方城市	对方国家	缔结时间	签字地点
125	欧洲35国	浙江省	坎帕尼亚大区	意大利	2005.09.09	那不勒斯(友交)
126		浙江省	赤塔州	俄罗斯	2005.11.02	杭州市(友交)
127		浙江省	提契诺州	瑞士	2006.06.06	杭州市(友交)
128		浙江省	伊斯特利亚省	克罗地亚	2006.09.19	普拉(友交)
129		浙江省	车臣共和国	俄罗斯	2006.10.16	杭州市(友交)
130		浙江省	皮尔森州	捷克	2007.07.18	皮尔森州(友交)
131		浙江省	西兰岛大区	丹麦	2007.09.10	西兰岛大区(友交)
132		浙江省	汝拉州	瑞士	2008.04.16	德雷蒙(友交)
133		浙江省	瓦尔纳大区	保加利亚	2008.11.13	瓦尔纳(友交)
134		浙江省	艾米利亚—罗马涅大区	意大利	2008.11.14	博洛尼亚(友交)
135		浙江省	弗利堡州	瑞士	2009.03.25	弗利堡(友交)
136		浙江省	中部马其顿省	希腊	2009.10.29	萨洛尼卡(友交)
137		浙江省	北挪威省	挪威	2010.05.31	(友好交流关系中断)
138		浙江省	托斯卡纳大区	意大利	2011	杭州市(友交)
139		浙江省	日利纳自治州	斯洛伐克	2012.11.15	杭州市(友交)
140		浙江省	凯瑞郡	爱尔兰	2013.05.	杭州市(友交)
141		浙江省	伊尔福夫县	罗马尼亚	2013.07.	伊尔福夫县(意向)
142		杭州市	西约克郡利兹市	英国	1988.06.08	利兹市(友城)
143		杭州市	汉诺威市	德国	1989.03.14	汉诺威市(友交)
144		杭州市	特兰托市	意大利	1993.05.	特兰托市(友交)
145		杭州市	魏尔茨堡市	德国	1997.11.26	魏尔茨堡市(友交)
146		杭州市	海牙市	荷兰	1997.12.05	海牙市(友交)
147		杭州市	尼斯市	法国	1998.03.30	杭州市(友城)
148		杭州市	布达佩斯市	匈牙利	1999.08.09	布达佩斯市(友城)
149		杭州市	喀山市	俄罗斯	2003.10.16	杭州市(友城)
150		杭州市	日内瓦市	瑞士	2004.08.26	日内瓦市(友交)
151		杭州市	奥维耶多市	西班牙	2006.05.12	杭州市(友城)
152		杭州市	比萨市	意大利	2008.10.17	杭州市(友城)
153		杭州市	隆德市	瑞典	2008.10.17	杭州市(友交)
154		杭州市	塔林市	爱沙尼亚	2008.10.17	杭州市(友交)
155		杭州市	德累斯顿市	德国	2009.10.16	杭州市(友城)

续表

序号	地区	中方城市	对方城市	对方国家	缔结时间	签字地点
156	欧洲35国	杭州市	奥洛莫乌茨市	捷克	2009.10.16	杭州市(友交)
157		杭州市	科克市	爱尔兰	2011.03.09	杭州市(友交)
158		杭州市	奥鲁市	芬兰	2011.10.13	杭州市(友城)
159		杭州市	威尼斯市	意大利	2011.11.19	威尼斯市(友交)
160		杭州市	卢加诺市	瑞士	2012.10.12	杭州市(友城)
161		杭州市	波兹南	波兰	3013.05.22	杭州市(友交)
162		杭州市	马里博	斯洛文尼亚	2013.11.25	杭州市(友交)
163		杭州市	斯普利特	克罗地亚	2014.10.16	杭州市(友城)
164		余杭区	维特	荷兰	2009.10.14	(友交)
165		宁波市	北威州亚琛市	德国	1986.10.25	(友城)
166		宁波市	上诺曼底大区鲁昂市	法国	1990.03.16	(友城)
167		宁波市	巴塞罗那市	西班牙	1995.10.27	巴塞罗那市(友交)
168		宁波市	维也纳新城市	奥地利	2002.09.17	(友交)
169		宁波市	维斯普雷姆市	匈牙利	2003.07.18	维斯普雷姆市(友城)
170		宁波市	瓦尔纳市	保加利亚	2004.06.21	瓦尔纳市(友城)
171		宁波市	斯塔万格市	挪威	2004.09.09	斯塔万格市(友城)
172		宁波市	诺丁汉市	英国	2005.09.14	诺丁汉市(友城)
173		宁波市	维罗纳市	意大利	2005.09.30	宁波市(友交)
174		宁波市	比得哥什市	波兰	2005.10.11	宁波市(友城)
175		宁波市	佛罗伦萨市	意大利	2008.09.25	佛罗伦萨市(友城)
176		宁波市	敖德萨市	乌克兰	2008.09.29	敖德萨市(友交)
177		宁波市	安特卫普市	比利时	2009.10.29	安特卫普市(友交)
178		宁波市	塔尔图市	爱沙尼亚	2011.04.11	塔尔图市(友交)
179		宁波市	里耶卡市	克罗地亚	2011.06.06	宁波市(友交)
180		宁波市	文茨皮尔斯市	拉脱维亚	2014.06.08	宁波市(友交)
181		宁波市	阿利图斯市	立陶宛	2014.06.08	宁波市(友交)
182		宁波市	马丁市	斯洛伐克	2014.06.08	宁波市(友交)
183		宁波市	科佩尔市	斯洛文尼亚	2014.06.08	宁波市(友交)
184		宁波市	克卢日纳波卡市	罗马尼亚	2014.06.08	宁波市(友交)
185		宁波市	克拉古耶瓦茨市	塞尔维亚	2014.06.08	宁波市(友交)
186		宁波市	都拉斯市	阿尔巴尼亚	2014.06.08	宁波市(友交)

续表

序号	地区	中方城市	对方城市	对方国家	缔结时间	签字地点
187	欧洲35国	宁波市	比托拉市	马其顿	2014.11.04	比托拉市(友交)
188		余姚市	凯尔采市	波兰	2013.09.25	余姚市(友交)需补办手续
189		温州市	瓦伦西亚大区阿利坎特市	西班牙	1995.12.04	阿利坎特市(友城)
190		温州市	普拉托省	意大利	2002.10.13	温州市(友城)
191		温州市	勒瓦鲁瓦市	法国	2007.09.	温州市(友交)
192		温州市	吉森市	德国	2011.05.	吉森市(友城)
193		温州市	科沃拉市	芬兰	2007.01.19	温州市(友交)
194		温州市	那不勒斯市	意大利	2009.04.	那不勒斯市(友交)
195		温州市	圣彼得堡市	俄罗斯	2009.04.14	温州市(友交)
196		温州市	巴塞罗那市	西班牙	2011.01.	温州市(友交)
197		温州市	维也纳第九区	奥地利	2014.09.25	温州市(友交)
198		瑞安市	瓦伦西亚大区库耶拉市	西班牙	2002.12.08	库耶拉市(友交)
199		湖州市	蒙达尔纪市	法国	2006.02.27	湖州市
200		湖州市	雷嘎纳斯市	西班牙	2009.10.19	湖州市
201		湖州市	拉多姆市	波兰	2012.09.24	拉多姆市
202		湖州市	圣彼得堡市海军部区	俄罗斯	2013.10.14 2014.01.批	湖州(意向书) (友交)＊外方认定已是友城
203		德清县	梅尔市	法国	1999.06.02	梅尔市
204		德清县	勒涵兹市	法国	2013.11.19	德清(友交)
205		长兴县	卡尔马省	瑞典	2004.06.29	卡尔马
206		安吉县	布希一圣乔治市	法国	2006.03.03	圣乔治
207		嘉兴市	圣地费尔市	挪威	2001.05.11	嘉兴市(友交)
208		嘉兴市	里比市	丹麦	2011.04.29	里比市(友交)
209		嘉兴市	哈勒市	德国	2011.05.17	嘉兴、哈勒(友交)
210		嘉兴市	普利茅斯市	英国	2011.09.26	普利茅斯市(友交)
211		桐乡市	巴塞罗那省马达罗市	西班牙	2010.07.16	桐乡市(友交)
212		绍兴市	菲英岛欧登塞市	丹麦	1991.05.17	欧登塞市(友城)
213		绍兴市	海滨夏隆省鲁瓦扬市	法国	1994.09.04	鲁瓦扬市(友交)
214		绍兴市	卢瓦尔·歇尔省布鲁瓦市	法国	1995.07.10	布鲁瓦市(友交)
215		绍兴市	马切拉塔省	意大利	1997.11.21	马切拉塔省(友交)
216		绍兴市	德比郡安伯瓦利市	英国	2001.10.17	绍兴市(友交)
217		绍兴市	拜罗伊特市	德国	2005.10.24	绍兴市(友交)

续表

序号	地区	中方城市	对方城市	对方国家	缔结时间	签字地点
218	欧洲35国	绍兴市	列宁大区	俄罗斯	2006.11.02	列宁大区(友交)
219		绍兴市	艾克斯市	法国	2011.03.10	艾克斯市(友交)
220		绍兴市	佩奇市	匈牙利	2011.09.01	佩奇市(友交)
221		绍兴市	南塞沃地区	芬兰	2014.01.07	绍兴市(友城)
222		诸暨市	欧文卡利	瑞典	2002.08.16	欧文卡利(友交)
223		诸暨市	波里市	芬兰	2003.08.28	波里市(友交)
224		金华市	霍拉布隆市	奥地利	2000.09.27	北京市(友城)
225		金华市	北莱茵州迪恩市	德国	2002.10.24	金华市(友交)
226		金华市	基米省考沃拉市	芬兰	2004.10.23	金华市(友交)
227		义乌市	布达佩斯市十一区	匈牙利	2013.09	布达佩斯市十一区(友交)
228		义乌市	亚沃日诺市	波兰	2013.08	亚沃日诺市(友交)
229		义乌市	布加勒斯特二区	罗马尼亚	2013.1	义乌市(友交)
230		义乌市	欧拜赫维里耶市	法国	2014.11.08	欧拜赫维里耶市(友交)
231		衢州市	库塔伊西市	格鲁吉亚	2001.05.28	库塔伊西市(友交)
232		衢州市	万纳佐尔市	亚美尼亚	2001.05.29	万纳佐尔市(友交)
233		衢州市	卡坦扎罗省	意大利	2011.11.14	卡坦扎罗省(友交)
234		衢州市	穆西亚市	西班牙	2012.08.27	穆西亚市(友交)
235		江山市	卡坦扎罗省拉梅齐亚泰尔梅市	意大利	2012.05.24	卡坦扎罗省(友交)
236		开化县	胡内多拉市	罗马尼亚	2014.02.15	传真(友交)
237		舟山市	拉斯佩奇亚省	意大利	2010.11.11	舟山市(友交)
238		台州市	纳维尔市	法国	2006.09.17	纳维尔市(友城)
239		台州市	波尔巴市	葡萄牙	2009.06.24	波尔巴市(友交)
240		台州市	哈瑙市	德国	2012.09.05 2014.04.11	哈瑙市(友交) 台州市(友城)
241		椒江区	季米托洛夫市	保加利亚	1997.07.16	(友交)
242		丽水市	爱琴岛市	希腊	2011.11.01	丽水市(友交)
243		丽水市	珍珠市	匈牙利	2012.05.11	珍珠市(友交)
244		丽水市	索非亚市纳得日达区	保加利亚	2012.05.04	纳得日达区(友交)
245		丽水市	法属留尼汪省圣·皮埃尔市	法国	2014.06.06	丽水市(友交)
246		青田县	皇宫堡市	匈牙利	2012.08.16	皇宫堡市(友交)

续表

序号	地区	中方城市	对方城市	对方国家	缔结时间	签字地点
247	非洲10国	浙江省	东开普省	南非	2000.09.27	北京(友城)
248		浙江省	哈博罗内市	博茨瓦纳	2008.03.31	哈博罗内市(友交)
249		浙江省	塞得港省	埃及	2010.09.27	塞得港(友交)
250		浙江省	南方人民州	埃塞俄比亚	1999	杭州市(友交)
251		杭州市	达米埃塔市	埃及	1994.10.13	达米埃塔市(友交)
252		杭州市	阿加迪尔市	摩洛哥	2000.06.29	杭州市(友城)
253		杭州市	阿斯旺市	埃及	2004.03.22	阿斯旺市(友交)
254		杭州市	开普敦市	南非	2005.04.18	开普敦市(友城)
255		宁波市	曼德拉市	南非	2003.09.17	曼德拉市(友城)
256		宁波市	马拉喀什市	摩洛哥	2007.12.24	马拉喀什市(友交)
257		宁波市	科托努市	贝宁	2012.06.07	宁波市(友交)
258		宁波市	塔马塔夫市	马达加斯加	2012.06.09	宁波市(友交)
259		温州市	沃湾市	纳米比亚	2008.11.08	温州市(友交)
260		温州市	让蒂尔港市	加蓬	2010.07.30	上海(友城)
261		湖州市	梅克内斯市	摩洛哥	2011.03.23	湖州市(友交)
262		绍兴市	达累斯萨拉姆市	坦桑尼亚	2013.04.05	达累斯萨拉姆市(友交)
263		金华市	东开普省布法罗市	南非	2002.12.19	布法罗市(友交)
264		义乌市	达累斯萨拉姆市	坦桑尼亚	2011.06.24	义乌市(友交)
265		衢州市	茵佛里尼市	南非	2012.05.24	茵佛里尼市(友交)
266	亚洲15国	浙江省	静冈县	日本	1982.04.20	静冈县(友城)
267		浙江省	福井县	日本	1993.10.06	福井县(友城)
268		浙江省	枥木县	日本	1993.10.13	枥木县(友城)
269		浙江省	哈瓦利省	科威特	1994.11.26	哈瓦利省(友交)
270		浙江省	全罗南道	韩国	1998.05.17	全罗南道光州(友城)
271		浙江省	达尔汉乌勒省	蒙古	1998.08.25	杭州市(友交)
272		浙江省	承天—顺化省	越南	1999.09.25	杭州市(友交)
273		浙江省	彭世洛府	泰国	1999.09.25	杭州市(友交)
274		浙江省	布拉干省	菲律宾	2006.08.09	杭州市(友交)
275		浙江省	东爪哇省	印尼	2007.11.20	东爪哇省泗水市(友交)
276		浙江省	首尔市	韩国	2009.04.10	杭州市(友交)
277		浙江省	沙迦酋长国	阿联酋	2009.10.28	沙迦酋长国(友交)
278		浙江省	万丹省	印尼	2010.08.20	杭州市(友交)

续表

序号	地区	中方城市	对方城市	对方国家	缔结时间	签字地点
279	亚洲15国	浙江省	罗勇府	泰国	2011.08.30	罗勇府(友交)
280		浙江省	忠清北道	韩国	2012.05.31	杭州市(友交)
281		杭州市	岐阜县岐阜市	日本	1979.02.21	岐阜市(友城)
282		杭州市	本格特省碧瑶市	菲律宾	1982.08.13	杭州市(友城)
283		杭州市	京都府向日市	日本	1985.09.27	向日市(友交)
284		杭州市	福井县福井市	日本	1989.11.23	杭州市(友城)
285		杭州市	春川市	韩国	1994.09.01	春川市(友交)
286		杭州市	全罗南道丽水市(原丽川郡)	韩国	1994.11.01	丽川郡(友城)
287		杭州市	佛统市	泰国	1994.12.14	佛统市(友交)
288		杭州市	万象市	老挝	1995.07.25	杭州市(友交)
289		杭州市	狭山市	日本	1996.07.08	杭州市(友交)
290		杭州市	奥法基姆市	以色列	1998.03.02	奥法基姆市(友交)
291		杭州市	勒利德布尔市	尼泊尔	1999.05.28	杭州市(友交)
292		杭州市	贝特谢梅什市	以色列	2000.03.12	杭州市(友城)
293		杭州市	首尔江东区	韩国	2000.05.06	首尔江东区(友交)
294		杭州市	庆尚北道庆山市	韩国	2001.10.30	杭州市(友交)
295		杭州市	松江市	日本	2003.10.17	杭州市(友交)
296		杭州市	上尾市	日本	2004.03.26	杭州市(友交)
297		杭州市	札幌市	日本	2004.07.30	札幌市(友交)
298		杭州市	岩国市	日本	2004.11.06	杭州市(友交)
299		杭州市	斯里贾亚瓦德纳普拉市	斯里兰卡	2008.10.17	杭州市(友交)
300		杭州市	水原市	韩国	2009.10.16	杭州市(友城)
301		杭州市	南原市	韩国	2011.04.19	杭州市(友交)
302		杭州市	静冈县浜松市	日本	2012.04.06	浜松市(友城)
303		杭州市	曼谷市	泰国	2012.08.22	杭州市(友交)
304		杭州市	西归浦市	韩国	2012.10.12	杭州市(友城)
305		杭州市	暹粒省	柬埔寨	2014.10.16	杭州市(友交)
306		萧山区	山梨县山梨市	日本	1993.10.14	(友城)
307		淳安县	奥多摩町	日本	1998.04.22	(友交)
308		富阳区	郡山市	韩国	2003.09.25	(友交)
309		宁波市	京都府长冈京市	日本	1983.04.21	长冈京市(友城)
310		宁波市	岛根县益田市	日本	1991.10.20	宁波市(友交)

续表

序号	地区	中方城市	对方城市	对方国家	缔结时间	签字地点
311	亚洲15国	宁波市	长野县上田市	日本	1995.02.09	宁波市(友交)
312		宁波市	全罗南道顺天市	韩国	1997.06.24	宁波市(友交)
313		宁波市	大邱广域市	韩国	2002.09.18 2013.07.08	大邱市(友交) 宁波市(友城)
314		鄞州区	南砺市	日本	2005.04.08	鄞州区(友交)
315		象山县	爱媛县宇和岛市(吉田町)	日本	1994.10.24	(友交)
316		象山县	瓮津郡	韩国	2004.10.26	象山县(友交)
317		余姚市	全罗南道罗州市	韩国	1997.06.16	(友交)
318		余姚市	茨城县常陆太田市	日本	1999.11.17	(友城)
319		奉化市	琦玉县入间市	日本	2000.05.16	(友城)
320		奉化市	塔玛市	以色列	2011.04.06	(友城)
321		温州市	宫城县石卷市	日本	1984.10.23	石卷市(友城)
322		温州市	广岛县吴市	日本	2006.10.11	吴市(友交)
323		温州市	仁川广域市中区	韩国	2006.11.07	仁川广域市中区(友交)
324		温州市	霹雳州怡保市	马来西亚	2010.06.17	温州市(友城)
325		温州市	光州广域市	韩国	2012.03.20	温州市(友交)
326		湖州市	静冈县岛田市	日本	1987.05.30	湖州市
327		湖州市	灵岩郡	韩国	2003.10.10	湖州市
328		湖州市	尤其尼姆利特市	以色列	2012.07.26 2014.01.批	尤其尼姆利特市(意向书) (友交)＊外方认定已是友城
329		德清县	矢板市	日本	2002.04.12	矢板市
330		安吉县	宫之城町	日本	1999.04.13	安吉县
331		安吉县	全罗南道潭阳郡	韩国	2004.04.21	安吉县
332		嘉兴市	静冈县富士市	日本	1989.01.13	富士市(友城)
333		嘉兴市	江原道江陵市	韩国	1999.06.11	嘉兴市(友城)
334		嘉兴市	福井县坂井市	日本	2013.10.28	嘉兴市(友交)
335		平湖市	广岛县府中市	日本	2004.05.25	平湖市(友交)
336		平湖市	福井县小浜市	日本	2011.10.07 2012.03.批	小浜市(友交) (友城)
337		海盐县	福岛县富冈町	日本	1995.06.20	海盐县(友交)
338		海盐县	全罗南道长兴郡	韩国	2006.03.28	长兴郡(友交)
339		绍兴市	富山县南砺市 (福光町)	日本	2005.04.19 (1983.03.21)	绍兴市(友城)
340		绍兴市	福井县芦原市 (芦原町)	日本	2004.09.24 (1983.05.18)	绍兴市(友城)
341		绍兴市	兵库县西宫市	日本	1985.07.23	西宫市(友城)
342		绍兴市	全罗南道丽水市(原丽川郡)	韩国	1997.05.21	丽川郡(友交)

续表

序号	地区	中方城市	对方城市	对方国家	缔结时间	签字地点
343	亚洲15国	绍兴市	静冈县富士宫市	日本	1997.11.21	绍兴市(友交)
344		绍兴市	汉城市龙山区	韩国	2004.10.19	绍兴市(友交)
345		绍兴市	枥木县小山市	日本	2009.10.22	绍兴市(友交)
346		绍兴县	全罗南道潭阳郡	韩国	1997.01.22	绍兴县(友交)
347		诸暨市	仁贺保市 (象泻町)	日本	2008.10.23 (2002.10.22)	诸暨市(友交) 象泻町
348		诸暨市	中央省龙县	蒙古	2003.09.06	龙县(友交)
349		上虞市	茨城县神栖市	日本	2009.02.16	上虞市(友城)
340		嵊州市	庆山市	韩国	2000.03.07	嵊州市(友交)
351		嵊州市	拉宝市	菲律宾	2003.02.27	嵊州市(友交)
352		新昌县	庆尚南道陕川郡	韩国	2004.11.26	陕川郡(友交)
353		金华市	枥木县枥木市	日本	1994.01.19	枥木市(友城)
354		金华市	彭世洛市	泰国	2013.11.26	彭世洛市(友交)
355		义乌市	首尔中区	韩国	2012.05.13	首尔中区(友交)
356		义乌市	全罗南道长城郡	韩国	2013.1	义乌市(友交)
357		义乌市	兵库县淡路市	日本	2014.07.11	淡路市(友交)
358		衢州市	枥木县佐野市	日本	1997.11.11	衢州市(友交)
359		衢州市	苏姆盖依特市	阿塞拜疆	2002.11.08	传真互换签字文本(友城)
360		舟山市	宫城县气仙沼市	日本	1997.10.08	舟山市(友城)
361		舟山市	江华郡	韩国	1999.10.	舟山市(友交)
362		舟山市	伊慕斯市	菲律宾	1997.04.	伊慕斯市(友交)
363		普陀区	全罗南道谷城郡	韩国	2001.11.17	普陀(友交)
364		台州市	务安郡	韩国	2000.09.27	北京(友城)
365		台州市	福井县敦贺市	日本	2001.11.13	台州市(友城)
366		临海市	江原道横城郡	韩国	2005.11.06	临海市(友交)
367		温岭市	大田广域市西区	韩国	2006.12.22	温岭市(友交)
368		玉环县	忠清南道唐津市	韩国	2012.06.01	玉环县(友交)
369		天台县	全罗南道和顺郡	韩国	2006.04.22	天台县(友交)
370		天台县	枥木县岩舟町	日本	2007.05.08	天台县(友交)
371		天台县	岩手县平泉町	日本	2010.06.28	(友交)
372		丽水市	静冈县三岛市	日本	2001.08.15	三岛市(友城)
373		丽水市	韩国丽水市	韩国	2005.07.21	丽水市(友交)
374		龙泉市	康津郡	韩国	2008.11.04	康津郡(友城)

表 27　2014 年外国记者来浙采访汇总表

序号	机构名称	记者姓名及人数	采访时间	采访地点	采访内容
1	蒙古外交部、记者协会、蒙古通讯社、MNC 电视台等	策・巴特巴雅尔等 5 人	1 月 15～16 日	杭州	采访科技园、企业、体验民族、人民生活
2	日本福井放送、福井电视台	山本祐之等 2 人	2 月 15～16 日	杭州	采访福井县知事、议长一行访问浙江
3	法国独立电视台 TV1	安东尼奥・维埃拉等 2 人	3 月 1～10 日	杭州	采访波尔图市乐团在浙演出场地
4	日本 NHK	鹤谷邦显等 3 人	4 月 12 日	绍兴	采访绍兴酒文化及人文历史等
5	ZERO ONE 制片公司	David Nawrath 等 5 人	4 月 18～27 日	绍兴、安吉	采访拍摄绍兴、安吉饮食
6	捷克《E15》杂志、捷克广播电台、《DNES》日报、捷通社等	IGOR ZARUBA 等 6 人	4 月 19 日	宁波	参观上海大众公司宁波工厂
7	日本富士电视台	浦上哲也等 4 人	4 月 26 日	杭州	采访中日合作企业及在华日籍演员
8	印尼、马来西亚、越南等国	15 人	4 月 26～28 日	义乌	采访第 9 届中国（义乌）文化产品交易会
9	丹麦皇家杂志、Scanpix 公司	Keld Navntoft Sorensen 等 14 人	4 月 27 日	嘉兴	报道丹麦女王访华情况
10	土库曼斯坦媒体报道组	6 人	5 月 13 日	杭州	报道土库曼斯坦总统访浙情况
11	每日电讯、PR Agency one、苏格兰《周日快报》	WILLIAM JAMES WINTERCROSS 等 3 人	5 月 19～21 日	杭州	采访"现代马可波罗—杭州博士"的社交媒体推建活动
12	法国《尼斯日报》	Sophie Casals	5 月 29～30 日	杭州	采访报道滨海省议会主席访问浙江
13	捷克《经济日报》	米哈尔・胡戴玛	6 月 6～15 日	宁波	采访捷克工贸部部长出席中国—中东欧国家经贸促进部长级会议
14	日本 NHK	片冈利文	6 月 27 日～7 月 3 日	杭州	采访拍摄稻森和夫及"稻森和夫经营哲学报告会"
15	突尼斯共和国电视台	Adel Soltani 等 3 人	7 月 9～10 日	湖州	拍摄湖州地方特色、新农村建设等
16	路透社驻上海记者站	石秉昆	7 月 10 日	杭州	采访省经信委，了解浙江推进"机器换人"的举措和成效
17	美国《华尔街日报》	Anna Christina Junghard Zander	7 月 16～18 日	杭州	采访吉利集团董事长李书福

续表

序号	机构名称	记者姓名及人数	采访时间	采访地点	采访内容
18	日本 NHK 电视台	松井克尚等 3 人	7 月 22～29 日	杭州、宁波	制作《雪舟》专题片，采访拍摄西湖、大运河、天童寺等
19	Rusty Cage 制片公司	Michael Lee 等 6 人	8 月 11～16 日	杭州	拍摄《旅行虫：背包游中国》采访杭州
20	韩国 KBS 电视台	杨宏轩等 7 人	8 月 21 日	舟山	拍摄住家舰船之“绿眉毛”
21	新加坡、印尼、马来西亚、泰国、柬埔寨、老挝、越南、缅甸、菲律宾、文莱等国媒体	周兆呈等 22 人	9 月 2～5 日	杭州、义乌、乌镇	采访大运河、吉利集团、义乌中国一东盟商品交易中心、乌镇等
22	马来西亚 BERNAMA	Rusly Bin Asha Ari 等 5 人	9 月 5～8 日	杭州	采访马来西亚最高元首访问浙江
23	韩国 MEDIART N COMM 株式会社摄制组	金起用等 2 人	9 月 5～20 日	杭州、绍兴、乌镇	拍摄记录片《古老的 3 本食谱》中国篇——《随园食单》
24	法国 GEO 杂志社	Saintourens Thomas	9 月 17～19 日	横店	访问横店集团影视基地
25	雄狮电视制片公司	Brian McDairmant 等 5 人	9 月 21～24 日	杭州	拍摄考古纪录片《长城的秘密》
26	荷兰弗里福兰省电视台	文森特·科佩塔	9 月 21～24 日	杭州	报道荷兰弗里福兰省副省长阿普曼访浙
27	塞内加尔《太阳报》、加纳《每日写真报》、苏丹媒体中心、“阿拉伯之声”电台、赞比亚新闻通讯社、坦桑尼亚《每日新闻报》、卢旺达《新时代报》、喀麦隆《论坛报》、肯尼亚《旗帜报》等媒体	费耶等 9 人	9 月 22～24 日	杭州、义乌	报道中非经贸交流情况
28	日本中日新闻	宇佐美尚	10 月 14～19 日	杭州	采访杭州岐阜结好 35 周年岐阜市市长访杭
29	荷兰佛教电视台	Yan Ting Yuen 等 3 人	10 月 17～30 日	舟山	拍摄普陀山纪录片
30	阿里图斯市报社	Ruta Jasioniene	10 月 18～24 日	宁波	参加宁波市“友城媒体看宁波”活动
31	韩国 KBS 电视台	黄应九等 2 人	10 月 18～27 日	义乌	中国义务国际小商品博览会
32	日本电视台	藤嘉行等 6 人	10 月 29 日～11 月 8 日	杭州、绍兴、金华	拍摄绍兴黄酒节等

续表

序号	机构名称	记者姓名及人数	采访时间	采访地点	采访内容
33	韩国 EBS 教育电视台	金亨俊等 5 人	11 月 8～17 日	金华横店	拍摄专题纪录片《NUMBERS》
34	加拿大 REUTERS 等	Andrealynn Hopkins19 人	11 月 6～7 日	杭州	采访加拿大总理访问杭州
35	《亚洲华尔街日报》	大泽树郎	11 月 9～13 日	杭州	采访“11.11 天猫购物狂欢节”
36	《金融时报》	Elizabeth Anne Lucy Colback	11 月 9～17 日	杭州	采访“11.11 天猫购物狂欢节”
37	法国法新社	William Savadove 等 3 人	11 月 18～21 日	桐乡乌镇	采访世界互联网大会
38	英国广播公司(BBC)	Caroline Gracie 等 4 人	11 月 18～21 日	桐乡乌镇	采访世界互联网大会
39	欧华联合时报	李雪锋等 3 人	11 月 18～21 日	桐乡乌镇	采访世界互联网大会
40	俄罗斯俄通社一塔斯社	Alerey Selishchev 等 2 人	11 月 18～21 日	桐乡乌镇	采访世界互联网大会
41	美国彭博电视台、新闻社	Stephen Engle 等 6 人	11 月 18～21 日	桐乡乌镇	采访世界互联网大会
42	德国广播协会	Markus Rimmele 等 2 人	11 月 19～21 日	桐乡乌镇	采访世界互联网大会
43	日本经济新闻社	山田周平等 3 人	11 月 19～21 日	桐乡乌镇	采访世界互联网大会
44	新加坡《联合早报》	蔡永伟	11 月 19～21 日	桐乡乌镇	采访世界互联网大会
45	美国《华尔街日报》	James T AREDDY 等 2 人	11 月 19～21 日	桐乡乌镇	采访世界互联网大会
46	日本《读卖新闻》	田村满等 3 人	11 月 20～21 日	桐乡乌镇	采访世界互联网大会
47	美国美联社电视新闻	Paul Traynor	11 月 20～21 日	桐乡乌镇	采访世界互联网大会
48	美国“美国之音”广播电台	许重伟	12 月 10～31 日	杭州	
49	爱尔兰国家电视台等	5 人	12 月 12～14 日	杭州	采访爱尔兰总统访问杭州
50	日本托福新公司	福泽朗等 6 人	12 月 23～25 日	杭州、绍兴	拍摄《改变人生之中国 7 日纪行》，采访西湖风景、灵隐寺、雷峰塔、咸亨酒店等
	计:50 批	**214 人**			